Hans-Joachim Kornadt

Aggression

Hans-Joachim Kornadt

Aggression

Die Rolle der Erziehung
in Europa und Ostasien

Bibliografische Information der Deutschen Nationalbibliothek
Die Deutsche Nationalbibliothek verzeichnet diese Publikation in der
Deutschen Nationalbibliografie; detaillierte bibliografische Daten sind im Internet über
<http://dnb.d-nb.de> abrufbar.

1. Auflage 2011

Alle Rechte vorbehalten
© VS Verlag für Sozialwissenschaften | Springer Fachmedien Wiesbaden GmbH 2011

Lektorat: Kea S. Brahms

VS Verlag für Sozialwissenschaften ist eine Marke von Springer Fachmedien.
Springer Fachmedien ist Teil der Fachverlagsgruppe Springer Science+Business Media.
www.vs-verlag.de

Das Werk einschließlich aller seiner Teile ist urheberrechtlich geschützt. Jede Verwertung außerhalb der engen Grenzen des Urheberrechtsgesetzes ist ohne Zustimmung des Verlags unzulässig und strafbar. Das gilt insbesondere für Vervielfältigungen, Übersetzungen, Mikroverfilmungen und die Einspeicherung und Verarbeitung in elektronischen Systemen.

Die Wiedergabe von Gebrauchsnamen, Handelsnamen, Warenbezeichnungen usw. in diesem Werk berechtigt auch ohne besondere Kennzeichnung nicht zu der Annahme, dass solche Namen im Sinne der Warenzeichen- und Markenschutz-Gesetzgebung als frei zu betrachten wären und daher von jedermann benutzt werden dürften.

Umschlaggestaltung: KünkelLopka Medienentwicklung, Heidelberg
Gedruckt auf säurefreiem und chlorfrei gebleichtem Papier
Printed in Germany

ISBN 978-3-531-16550-9

GEWIDMET

Gisela Trommsdorff

meiner Frau und Kollegin
der ich für die Zusammenarbeit, ihre unermüdliche Unterstützung
und ihren unverzichtbaren und stets kompetenten Rat

danke,

und ohne die dieses ganze Projekt niemals zustande gekommen wäre.

Inhalt

Vorwort 13

1   **Einleitung** 15

1.1   Zu diesem Buch 15

1.2   Forschung in anderen Kulturen 22

1.3   Gewinnung von ausländischen Kooperateuren und Aufbau der Untersuchung 24

2   **Was ist Aggression? Was ist Aggressivität? Und wie entstehen sie?** 31

2.1   Die Frage der Definition 31

2.2   Herkömmliche theoretische Annahmen 33

2.2.1 Biologisch orientierte Aggressionsforschung 34

2.2.2 Lerntheoretische Ansätze 35

2.2.3 Sozialpsychologische Ansätze 36

2.2.4 Soziale Lern- und Script-Theorie 37

2.2.5 Spezifisch psychoanalytische Annahmen 37

2.2.6 Die Frustrations-Aggressions-Theorie 38

3   **Motivationstheorie: Aggression und Aggressivität** 39

3.1   Aggression als motivierte Handlung 39

3.2   Individuelle Differenzen 41

3.3   Intendierte „echte" und „instrumentelle" Aggression 42

3.4   Genese individueller Unterschiede in der Aggressivität 43

4	**Fragestellungen und Hypothesen der kulturvergleichenden Untersuchung**	45
4.1	Aggressivitäts-Unterschiede zwischen Kulturen?	45
4.2	Fragestellungen zur Genese	47
4.3	Hypothesen zur Aggressivitätsgenese	51
5	**Die Kulturen unserer Untersuchung**	53
5.1	Japan	54
5.2	Indonesien allgemein	61
5.2.1	Bali	64
5.2.2	Batak	69
5.3	Deutschland	74
5.4	Schweiz	82
6	**Die kulturvergleichende Untersuchung**	85
6.1	Untersuchungs-Regionen und „nationale" Untersuchungsteams	85
6.1.1	Deutschland	85
6.1.2	Schweiz	86
6.1.3	Japan	86
6.1.4	Bali	87
6.1.5	Batak-Regionen	89
6.2	Probanden und Untersuchungsplan	92
6.3	Methoden	93
6.4	Untersuchungs-Instrumente	94
7	**Ergebnisse 1: Aggressivität der Jugendlichen aus verschiedenen Kulturen**	105
7.1	Globale quantitative Ergebnisse über alle Kulturen	105
7.2	Qualitative Ergebnisse	110
7.2.1	Erste qualitative Auswertung vor Ort und Kategorisierung	110
7.2.2	Qualitative Analysen hinsichtlich der Aggressionsrelevanz	111
7.3	Quantitative Ergebnisse und Kulturvergleiche	123
7.3.1	Zur Quantifizierung der qualitativen Ergebnisse	123

Inhalt 9

7.3.2	Ergebnisse	125
7.4	Zusammenfassung der Jugendlichen-Ergebnisse	133

8 Ergebnisse 2: Die Rolle der Erziehung: Die Mütter-Untersuchungen ... 135

8.1	Allgemeine Erläuterung: Vorgehen – Verfahren – Informationsquellen	135
8.2	Erziehungssituationen: Beispiele von Mütter-Antworten	139
8.3	Zur Quantifizierung der qualitativen Mütter-Daten, Kategorien-Bildung	142
8.4	Ergebnisse	146
8.4.1	Handlungssequenzen	146
8.4.2	Kulturdifferenzen in Einzelvariablen	150
8.4.3	Spezieller Deutsch-Japanischer Vergleich	154
8.5	Zusammenfassung der Mütter-Ergebnisse	155

9 Ergebnisse 3: Zusammenhang von Erziehung, Aggressivität und Altruismus ... 157

9.1	Zusammenhang von Erziehung und Aggressivität auf dem Niveau der Kulturen	157
9.2	Zusammenhang von Erziehung und Aggressivität bei ~5-Jährigen – auf Individualniveau	159
9.3	Stabilität der Aggressivität über 9 Jahre	161
9.4	Langfristiger Einfluss der Erziehung auf Aggressivität und Altruismus	163
9.4.1	Aggressivität	163
9.4.2	Altruismus und Hilfemotiv	170
9.5	Zusammenfassung der Haupt-Ergebnisse	172

10 Aggression und Aggressivität auf der Basis neuerer Forschungen . 173

10.1	Nochmal genauer: Was ist Aggression und Aggressivität?	173
10.2	Biologische Komponenten der Aggressivität	175
10.3	Ausgangslage beim Neugeborenen	181

10.4	Frühe Mutter-Kind-Beziehung 184
10.5	Weitere Entwicklung 189
10.6	Resümee: Aggressionsmotiv als komplexes System 193
11	**Zusammenfassende Interpretation** 197
11.1	Erziehung und Aggressivität in Japan 198
11.1.1	Japan als „kollektivistische" Kultur 199
11.1.2	Familie 202
11.1.3	Schule und Lernen 204
11.1.4	Rituale, Aufgaben und Verantwortung 207
11.1.5	Das Erziehungsverhalten der Mütter 210
11.1.6	Ergebnisse: Erziehung und Aggressivität in Japan 211
11.2	Erziehung und Aggressivität in der Balinesischen Kultur 218
11.2.1	Sozio-kulturelle Rahmenbedingungen 218
11.2.2	Ergebnisse: Erziehung der Mütter 222
11.2.3	Ergebnisse: Aggressivität balinesischer Jugendlicher 228
11.3	Erziehung und Aggressivität in der Kultur der Bataker 229
11.3.1	Gesellschaft und Kultur der Bataker 229
11.3.2	Ergebnisse: Erziehung der Mütter 234
11.3.3	Ergebnisse: Aggressivität Jugendlicher Bataker 236
11.4	Erziehungsbedingungen und Aggressivität in Deutschland 238
11.4.1	Das sozio-ökonomische Umfeld: Entwicklungsanforderungen, Anreize, Frustrationsquellen 240
	Wohlstand 240
	Lebensverhältnisse 241
	Verzichtbereitschaft – Selbstdisziplin 241
	Chancengleichheit 242
	Werteambivalenz 242
	Auswirkungen auf die Aggressivität? 243
11.4.2	Erziehungsziele und -methoden 244
	Traditionelle Erziehungsziele 245
	Verunsicherung 245
	Studentenrevolte und antiautoritäre Erziehung 245
	Antiautoritärer Zeitgeist 246
	Überforderung der Eltern und Erzieher 247
	Die Situation der deutschen Mütter in diesen Rahmenbedingungen 247
	Rolle und Selbstbild der Frau in Deutschland 249

Einstellung zu Heirat und Ehe 250
Zur Mutterrolle 250
11.4.3 Ergebnisse: Erziehung und Aggressivität in Deutschland 251
Frühe Mutter-Kind-Bindung 251
Erziehungsziele 252
Erziehungsmethoden 254
11.4.4 Ergebnisse: Aggressivität bei deutschen Jugendlichen 255

12 Abschließende Diskussion und Resümee 259

12.1 Überblick über die Ergebnisse der Untersuchung 259

12.2 Bereichsspezifität mit speziellem Blick auf Japan 262

12.3 Exkurs: Killerspiele 264

12.4 Erziehung in Deutschland 265

Literaturverzeichnis 267

Abbildungsverzeichnis 281

Graphikverzeichnis 283

Tabellenverzeichnis 285

Vorwort

Dieses Buch ist das Endprodukt von vielen Jahren Arbeit. Sie begann in den 70er Jahren mit der ersten Planung und Vorbereitung einer größeren kulturvergleichenden Untersuchung. Sie sollte ursprünglich in 5 Kulturen (zwei europäischen und drei ost- bzw. Südost-asiatischen) bzw. in insgesamt 8 Subkulturen durchgeführt werden. Etwas reduziert wurden dann die erforderlichen Felduntersuchungen auch in mehreren Etappen durchgeführt. Diese erstreckten sich allerdings über einen Zeitraum von etwa 20 Jahren, in dem allerdings auch ein 10-Jahres-Intervall für eine Längsschnittstudie und die umfangreichen Auswertungen mit enthalten sind.

Die statistischen Auswertungen waren etwa Mitte der 90er Jahre abgeschlossen, und die ersten Arbeiten an der umfassenden Gesamt-Veröffentlichung waren bereits begonnen – eine Reihe von Teilveröffentlichungen waren ja bereits in früheren Jahren erfolgt. Aber dann kam eines Tages Peter Glotz, der Gründungsrektor der wiedergegründeten Universität Erfurt zu mir und überzeugte mich davon, am Aufbau der Universität (zur Gründung der Erziehungswissenschaftlichen Fakultät und für die Gestaltung der Lehrerbildung) mitzuarbeiten. Dem bin ich gefolgt, aber mit einem Engagement für die neue (eigentlich sehr alte) Universität waren die Pläne für eine umfangreiche Publikation nicht vereinbar und mussten schließlich für mehr als 7 Jahre ruhen.

Erst danach konnten sie wieder aufgegriffen werden, diesmal wegen des Abstandes mühsam, u. a. auch weil in der Zwischenzeit in der Saarbrücker Universität bei einem Umzug, der ohne mein Wissen und meine Anwesenheit geschah, wichtige Forschungs-Unterlagen verloren gegangen waren.

Aber nun freue ich mich, hier den Ertrag der Arbeiten, zu dem viele beigetragen haben, endlich vorlegen zu können. Dass all die umfangreichen Arbeiten möglich wurden, ist in der Tat dem Beitrag und der Unterstützung und z. T. unermüdlichen Mitwirkung vieler zu verdanken. Dabei sind in erster Linie die Förderer zu nennen, die durch die Gewährung der Forschungsmittel und auf andere Weise die jahrelangen Arbeiten, vor allem im Ausland, überhaupt erst ermöglicht haben: Allen voran die Volkswagen-Stiftung und die Deutsche Forschungsgemeinschaft, sodann die Japan Society for the Promotion of Sciences, Tokyo, die Alexander-von-Humboldt- und die Werner Reimers-Stiftung sowie die Universität des Saarlandes und die Keio-University, Tokyo.

Natürlich ist ein so umfangreiches Forschungsprogramm nicht ohne die maßgebende Mitwirkung zahlloser Kollegen und Mitarbeitern denkbar, die hier auch nicht alle erwähnt werden können. Allen voran habe ich aber Gisela Trommsdorff für ihre ständige Unterstützung und Ermutigung und für die kompetente Beteiligung zu danken, ohne die das Projekt nicht erfolgreich durchgeführt worden wäre. Sodann gebührt besonderer Dank den als Team-Chefs kooperierenden Kollegen: Prof. T. Hayashi, Kyoto und Prof. Y. Tachibana, Gifu, für Japan, Prof. Mar'at, Bandung, (†) für Bali und Batak und Prof. K. Foppa, Bern, für die Schweiz, ohne die keine Untersuchung in den ausländischen Kulturen möglich gewesen wäre, allerdings auch nicht ohne die maßgebende Mitarbeit von Prof. Yamauchi, Kyoto, Dr. Ponpon Harahap und Dr. Sri Pidada, beide Bandung. Sie wurden bei wichtigen Aufgaben unterstützt von Dr. Bill Raksadjaga und Dr. Lieke Wisnubrata. Sodann habe ich meinen Mitarbeitern in Saarbrücken zu danken: in einem frühen Stadium Wolf B. Emminghaus und Ulrike Menard-Holzhauser, ferner Dr. Brigitte Husarek, die besonderen Anteil an der Verfahrens-Entwicklung hatte, sowie gegen Ende Anja Eisler und vor allem Peer Dornbusch, dem ich für die umfangreichen statistischen Analysen dankbar bin. Nicht für ihre unmittelbare Beteiligung an dieser Forschung aber für vielfältige sonstige Unterstützung und Zusammenarbeit danke ich meinen langjährigen Mitarbeitern und Kollegen PD Dr. Cordula Zumkley-Münkel und Dr. Horst Zumkley, sowie vielen Doktoranden und Studenten für ihre Beiträge durch Dissertationen und Magisterarbeiten – ich kann sie hier nicht alle erwähnen. Besonders dankbar bin ich vor allem auch Christine Kirsch, die über viele Jahre und bis zuletzt in den verschiedensten Funktionen eine immer zuverlässige Mitarbeiterin war, und last but not least danke ich Jeanette Ziehm für die Erstellung von Graphiken, sowie besonders Rozalia Horvath für ihre kompetente Hilfe, das Manuskript druckfertig zu machen.

Dem VS Verlag und vor allem dessen Lektorin für Psychologie, Kea Brahms, möchte ich besonders danken für die Unterstützung und für die von Anfang an erfolgte Ermunterung zu diesem Werk.

Ich wünsche dem Buche eine freundliche Aufnahme, vor allem durch diejenigen, – sei es in Forschung, Lehre oder im täglichen Handeln – für die Erziehung sowie wenig Aggression ein Thema ist.

Forst/Weinstraße (Saarbrücken; Konstanz),
Sommer 2010

1 Einleitung

1.1 Zu diesem Buch

Dieses Buch – das nicht in erster Linie für Fachleute geschrieben ist – behandelt das Verhältnis von Erziehung und Aggression. Es berichtet über eine kulturvergleichende Untersuchung hierzu, die in Deutschland und der Schweiz und im Vergleich dazu in Japan und bei Balinesen und Batakern (auf Sumatra) durchgeführt wurde. Erziehung ist hier im weiten Sinne gemeint: Es geht nicht nur um die Erziehung durch die Eltern, sondern auch um die Rolle von Gesellschaft und Kultur.

Wir alle haben ja wohl ein Potential und eine grundsätzliche Fähigkeit zur Aggression. Das ist unser biologisches Erbe aus der Evolution. Aber wir sind vor allem Kulturwesen, und was jeder von uns tatsächlich an Fähigkeiten und Bereitschaft zur Aggression entwickelt, hängt von der Erziehung ab und von der Kultur, in die er hineinwächst, mit ihren Werten, Regeln, Verlockungen und mit ihren Beeinträchtigungen und Gefährdungen.

Nun gibt es Kulturen mit klaren Regeln und mit Eltern, die ihre Kinder ohne viel nachzudenken erziehen, so wie das immer schon war. Wir werden in diesem Buch solche kennen lernen. Bei uns gibt es dagegen Theorien und Meinungen, die gegensätzlich sind, wie der gute alte Kindergarten gegenüber dem Kinderladen der 60er Jahre, oder wie die antiautoritäre Erziehung zu den preußischen Idealen. Heute taucht sogar die verzweifelte Frage auf: Erziehen wir unsere Kinder etwa zu kleinen Tyrannen? Und werden womöglich einige dieser „Tyrannen" später etwa in spektakulären Fällen die öffentliche Aufmerksamkeit auf sich ziehen, wie z. B. Steinhäuser oder Kretschmer? Ganz sicher betrifft das bei weitem nicht alle, aber einige vielleicht doch. Und woran liegt das dann? Dieser Frage werden wir nachgehen, und wir werden dazu in die verschiedenen Kulturen hineinsehen.

Wir erinnern uns: Am 26.04.2002 betrat der 18-jährige Steinhäuser in Erfurt sein ehemaliges Gymnasium und erschoss zwölf Lehrer, zwei Schüler, eine Sekretärin und einen Polizisten. Von einem seiner ehemaligen Lehrer gestellt, erschoss er sich schließlich selbst. Bis vor einem Jahr war er noch Schüler dieser Schule gewesen, kein erfolgreicher, aber er galt unter seinen Mitschülern und Lehrern als eher unauffällig, zurückgezogen und auf gar keinen Fall aggressiv. Niemand hätte eine solche Tat erwartet. Er war allerdings ein Waffennarr und Mitglied eines Schützenvereins. Dass er aber von gewaltsamen Videospielen fasziniert war und sich stundenlang in sie vertieft hatte, war kaum bekannt. In die Schule war er dann in einer Kleidung gekommen wie einer seiner Videohelden, mit denen er sich offenbar identifiziert hatte.

Im März 2009 wiederholte sich ein ähnlicher Fall in Winnenden. Wieder kommt Kretschmer, ein 17-jähriger ehemaliger Schüler, schwer bewaffnet in seine frühere Schule, und er erschießt dort neun Schülerinnen, drei Lehrer und anschließend auf der Flucht noch drei weitere Personen. Wieder war er nicht als aggressiv aufgefallen, aber auch er war Sportschütze und hatte sich stundenlang in Gewaltspiele am PC vertieft.

Nun sind derartige Extremfälle und deren psychologische Hintergründe *nicht* das Thema dieses Buches. Beide weisen für unser Thema Besonderheiten auf. Bei Steinhäuser mag das permanente Versagen in der Schule und auch in seiner sozialen Umgebung eine Rolle spielen. Es ist vor allem zu fragen, warum nach einem langen, äußerlich völlig unauffälligen Verhalten plötzlich eine solche Tat zustande kommt, die dann – wie es scheint – wie in einem Rausch ausgeführt wird. War hier vielleicht eine extreme Aggressionshemmung im Spiel? Bei Kretschmer dagegen lag vermutlich eine psychotische Störung vor, also eine pathologische Komponente, die man medizinisch erklären müsste und die damit außerhalb unserer Betrachtung liegt. Insofern sind das besondere Ausnahmefälle, mit denen wir uns hier nicht beschäftigen wollen.

Zu unserem Thema gehören viel eher die beiden spektakulären, wenn auch ebenfalls extremen Überfälle in der Münchner S- bzw. U-Bahn:

Am 12. September 2009 wollen zwei Jugendliche in der Münchner S-Bahn von Kindern Geld erpressen. Ein 50-Jähriger stellt sich schützend vor sie und er wird deswegen schließlich von den Jugendlichen schwer geprügelt und stirbt (vgl. SPIEGEL, Nr. 39, 21.09.2009, S. 70-72).

Im Dezember 2007 macht in der Münchner U-Bahn ein 76-jähriger ehemaliger Schuldirektor Jugendliche auf das Rauchverbot aufmerksam und wird anschließend fast zu Tode getreten (vgl. FOCUS, Nr. 1, 31.12.2007, S. 28-32).

Aber es gibt noch andere Fälle, an die man denken muss:

In Berlin bringt ein junger Türke seine Schwester mit zahllosen Messerstichen um. Sie wollte wie eine Deutsche leben, aber damit hatte sie die „Ehre" seiner Familie beschmutzt. Hier spielt selbstverständlich die Besonderheit der kulturellen Werte in ihrer archaisch-islamischen Form, in die der junge Mann offenbar eingebunden war, eine entscheidende, wenn auch nicht entschuldigende Rolle. Dazu gehören u. a. die besonderen moralischen Verhaltensvorschriften, Vorstellung von der Familienehre und von Gewalt als Rechtfertigung. Ohne den kulturellen Hintergrund dieser türkischen Familie und ihre Einbettung in den sozialen Kontext ihrer Herkunft ist dies nicht zu verstehen, auch wenn vielleicht noch andere Gründe eine Rolle spielten.

1.1 Zu diesem Buch

Fälle dieser Art sind im Prinzip *typische Aggressionshandlungen*, mit denen wir uns beschäftigen. Natürlich sind auch dies sehr extreme und exzessive und zum Glück auch seltene Fälle, aber in ihrem Ablauf typisch, wie er auch in viel harmloseren Aggressionshandlungen vorkommt: Jemand möchte irgend etwas erreichen, wird von jemandem gehindert, vielleicht noch mit moralischen Argumenten kritisiert. Neben der Behinderung wirkt eine moralische Beeinträchtigung zusätzlich kränkend und verstärkt damit die Aggressivität.

Fälle dieser Art sind also eher das Thema unserer Untersuchung. Um es noch einmal zu betonen: *Das Buch hat nicht solche extremen und spektakulären Sonderfälle zum Thema*. Sie dienen hier der Erläuterung, um was für eine Art von Handlungen es sich prinzipiell handelt, mit denen wir uns in diesem Buch beschäftigen wollen. Zu unserem Thema gehören auch die *Hintergründe*, wie es dazu kommen kann, dass Menschen solche Haltungen, Wertschätzungen, Gewohnheiten, oder auch Affekte, d. h. also eine solche *Aggressivität*, entwickelt haben; und dass die *Entwicklungsbedingungen* dazu in verschiedenen *Kulturen sehr verschieden* sein können. Die Anfänge der Entwicklung von Aggressivität vermuten wir bereits in der *frühen Kindheit*, wobei die Eltern eine entscheidende Rolle in der Art der Zuwendung und dem Eingehen auf die elementaren Bedürfnisse ihrer Kinder eine Rolle spielen dürften: So waren die Schläger in der Münchner S-Bahn z. B. in extrem gestörten Familienverhältnissen und sicher ohne hinreichende Zuwendung aufgewachsen.

Dies wird ein zentrales Thema des Buches sein, und es wird gezeigt werden, wie unterschiedlich diese Art der Zuwendung in den verschiedenen Kulturen ist.

Zu unserem Thema gehören also vor allem die *alltägliche Aggression*, wie die Prügeleien in der Schule oder am Rande eines Fußballspiels, ein eskalierender Streit zwischen Nachbarn, oder dass jemand seinen Kollegen, den er als Konkurrenten sieht, beleidigt, oder hinter dessen Rücken schlecht macht.

Aber alle diese Fälle werfen die gleichen *Fragen* auf, die es zu beantworten gilt: Was macht das *Spezifische einer Aggression* aus? Was sind die genauen Beweggründe und Ziele? Welche Affekte und Emotionen sind im Spiel oder fehlen vielleicht? Welche Wertschätzungen und Gewohnheiten liegen solchen Handlungen zugrunde? Und noch wichtiger: Wie können sich solche Motive, eine entsprechende Aggressionsbereitschaft in jungen Menschen entwickeln? Welche Rolle spielt also die Erziehung überhaupt? Haben die Eltern eventuell tatsächlich in der Erziehung Fehler gemacht oder etwas versäumt? In Deutschland ist dazu in der letzten Zeit die Diskussion wieder aufgeflammt, ob nicht doch Ordnung, Regeln und Disziplin in der Erziehung nötig sind, anstelle einer „partnerschaftlichen" Erziehungshaltung, die Kinder wie gleichberechtigte Partner behandelt und daher auf das Durchsetzen von Erziehungszielen und Regeln verzichtet, die den Kindern viel Freiraum lässt und sie vielleicht gerade daher alleine lässt.

Wie groß mag auch ein Einfluss aus der sozio-kulturellen Umgebung sein? Welche Rolle spielt der Zeitgeist? Welchen Einfluss haben bestimmte Jugendgruppen, vor allem solche mit entsprechender Aggressionskultur, wie z. B. die Hooligans, oder der Fanatismus in manchen islamischen Familien? Wir hören ja auch, dass es überhaupt gesellschaftliche Gruppen und Kulturen gibt, in denen Aggressivität besonders hoch ist, und andere, bei denen sie sehr niedrig ist (Kornadt, 2007a). Aber was unterscheidet diese Kulturen sonst noch, und welchen Einfluss hat dies dann auf die Entwicklung von Aggressivität – wird sie vielleicht nur unterdrückt? Und schließlich: Welchen Einfluss mögen die Video-Killerspiele haben? Von manchen wird ein solcher Einfluss auf die Aggressivität vehement bestritten, von anderen immer wieder behauptet und auch mit Beispielen belegt, wie z. B. die beiden Fälle, die wir genannt haben, Steinhäuser und Kretschmer, die sich ja exzessiv in solche Killerspiele vertieft haben.

Und könnten nicht doch *biologische Faktoren* eine entscheidende Rolle spielen, abgesehen von pathologischen Fällen, wie es wohl bei Kretschmer der Fall war? Wie weit ist Aggressivität überhaupt allgemein durch „die *Gene*", d. h. durch physiologische Faktoren beispielsweise der Hirnfunktion oder durch Hormone und somit durch *Vererbung* mitbedingt? Gibt es wirklich einen angeborenen Aggressionstrieb, wie behauptet wurde? Gibt es eine angeborene Tendenz, sich bei Bedrohung mit Gewalt zu verteidigen, wie es ja auch bei uns nahestehenden Tieren der Fall ist? Und könnten dann Störungen in diesem neurophysiologischen System, z. B. aufgrund von Hirntumoren, solche extremen Ausbrüche von Aggressivität zur Folge haben?

Derartige Fragen sind Gegenstand dieses Buches. Sie werden in unterschiedlicher Ausführlichkeit in *verschiedenen Kapiteln* behandelt:

Im *Hauptteil* des Buches wird als konkrete Basis dafür eine umfangreiche *Felduntersuchung* dargestellt. Es ist eine empirische Untersuchung in *unterschiedlichen Kulturen*, an der *1733 Jugendliche und 1133 Mütter* von vier- bis fünfjährigen Kindern teilgenommen haben. Es ging dabei um Unterschiede in der Aggressivität von Jugendlichen in den verschiedenen Kulturen, um Unterschiede im Erziehungsverhalten von Müttern in diesen Kulturen und um *die eigentliche Frage*, ob diese Erziehung *langfristig*, d. h. auch nach neun Jahren noch einen Einfluss auf die Aggressivität ihrer Kinder hat. Um Unterschiede möglichst deutlich zu machen und sie auch in ihrer sozio-kulturellen Einbettung zu verstehen, wurde die Untersuchung vergleichend *in europäischen (Schweiz und Deutschland) und ostasiatischen (Japan und Indonesien) Kulturen* durchgeführt. Damit die Ergebnisse nachvollziehbar sind, werden die Untersuchungsmethoden und -ergebnisse ausführlich berichtet, und um die relevanten Besonderheiten und Zusammenhänge in den Kulturen verständlich werden zu lassen, werden auch die *Kulturen mit ihren Besonderheiten ausführlich geschildert*. Die zentralen Themen des Buches sind dementsprechend:

1. *Was genau ist eigentlich Aggressivität?*
Was für eine Vorstellung darüber liegt diesem Buch und der darin geschilderten kulturvergleichenden Untersuchung zugrunde?

Mit Aggression wird eine große Palette sehr unterschiedlicher Phänomene bezeichnet. Das reicht von dem schon erwähnten Schlechtmachen und Beleidigen, über Beschädigen des Eigentums (Reifen zerstechen, Fenster einwerfen), über Bedrohen und Gewaltanwendung (z. B. beim Raubüberfall), bis hin zu spektakulären Mordfällen, einschließlich der Kindestötung. Aber fällt nicht auch der Scheckbetrug oder die betrügerische Manipulation am Geldautomaten darunter? Und wie ist es mit der Kopfjägerei, oder mit der „strukturellen Gewalt" von Regierungen? Und wie ist es bei einem Sportler, der gewinnen will, aber damit einen Konkurrenten um den Sieg brächte?

Im theoretischen Verständnis gibt es u. a. die Vorstellung eines angeborenen Aggressionstriebs oder, im anderen Extrem, die sozialpsychologische Vorstellung, dass Aggression eigentlich nur situativ, eine Reaktion auf eine Normverletzung ist, oder dass die so genannte Aggression nur eine Zweckhandlung wie jede andere sei. Ferner es gibt die Frustrations-Aggressions-Theorie mit der Annahme, dass Aggressionshandlungen zustande kommen, wenn eine Zielintention blockiert wird.

Für eine wissenschaftliche Analyse und vor allem eine empirische Untersuchung der Aggressivität und ihrer Entwicklung ist jedoch Klarheit über einen einheitlichen Gegenstand unerlässlich. In unseren Untersuchungen und unserem Verständnis der Aggressivität gehen wir von einer *Motivationstheorie der Aggression* aus (Kornadt, 1974, 1981a, b), die sich an den theoretischen Grundvorstellungen von McClelland, Atkinson, Clark und Lowell (1953) orientiert. Dabei spielt als wesentliches Merkmal die Handlungs*absicht*, in irgendeiner Weise eine *Schädigung* zu erreichen, z. B. um eine Bedrohung abzuwenden, eine entscheidende Rolle. Wir zeigen, dass sich auf diese Weise eine Klasse von Handlungen von anderen abgrenzen lässt, und zwar auf Grund ihrer funktionellen Merkmale.

Im *individuellen Aggressionsverhalten* zeigen sich außerdem ganz erhebliche individuelle Unterschiede: Auf eine Behinderung oder Beleidigung reagiert der eine mit Ärger oder lautem Schimpfen, ein anderer reagiert gelassen und unaggressiv. Wieder ein anderer ist furchtbar wütend und schwelgt in Aggressionsphantasien, tut aber nichts; und für wieder andere ist offenbar die einzig mögliche Reaktion, drauf zu hauen, also primitive körperliche Gewalt anzuwenden. Schließlich ist für manche Aggressivität, d. h. also andere zu schädigen, überhaupt völlig undenkbar: Es gibt Leute, die keiner Fliege etwas zu Leide tun können, selbst wenn es ihnen selbst an den Kragen geht. Aber ist das nun ein Zei-

chen fehlender Aggressivität oder ist diese bei ihnen nur unterdrückt, eventuell mit psychosomatischen Folgen?
Ein wichtiges Thema des Buches ist also eine genaue Analyse der Aggressionshandlung, der zugrundeliegenden Einzelheiten und der individuellen Unterschiede darin: Kann man eigentlich *Aggressivität* nur der *Stärke* nach unterscheiden, oder vielleicht auch nach *qualitativen Merkmalen?*

2. Der zweite große Fragenkomplex betrifft die *Genese der Aggressivität und die Rolle der* Erziehung.

Hierbei geht es um die Frage, wie es zu einer Aggressions-Handlung kommt, und noch wichtiger, wie kommen die individuellen Differenzen in der Aggressivität zustande? Dieser Frage gehen wir in zwei Richtungen nach:

- Einmal in Bezug auf die *biologischen Ausgangsbedingungen*, also der Frage: Müssen wir Aggression als eine *angeborene Verhaltensweise* verstehen mit *genetisch* bedingten Unterschieden der *individuellen Aggressivität*, oder ist vielleicht nur eine *Ausgangsbedingung* angeboren *für die Möglichkeit*, Aggressivität (z. B. bei bestimmter Erziehung) zu entwickeln? Dazu betrachten wir – zusammengefasst – die wesentlichen Ergebnisse der umfangreichen Forschung aus der Medizin und der Biologie. Eigene Untersuchungen konnten wir hierzu nicht durchführen.
- Zum anderen gehen wir der Frage nach der *erfahrungsbedingten Entstehung von Unterschieden* in der Aggressivität nach. Auch hier gehen wir auf vorliegende Forschungsergebnisse ein, aber die eigentliche Antwort soll unsere eigene umfangreiche *kulturvergleichende Untersuchung* liefern. Sie ist Einzelheiten der frühen Erziehung der Kinder gewidmet, und der Einbettung dieser Erziehung in den sozio-kulturellen Hintergrund. Dieser prägt auch das Handeln der Mütter und die Wertschätzungen, die die Kinder erfahren. Es zeigt sich in der Tat, dass bestimmte Erziehungsbedingungen für die Entwicklung von Aggressivität förderlich sind, andere diese eher vermindern.

3. Der dritte Fragenkomplex betrifft die *Rolle von Gesellschaft und Kultur.*
Sowohl die biologischen Voraussetzungen für die Entwicklungen von Aggressivität, als auch die Erziehungsbedingungen der Eltern alleine werden die Entwicklung von Aggressivität noch nicht vollständig ausmachen. In der Gesellschaft kommt es darauf an, welche Rolle die Aggressivität in der jeweiligen Kultur überhaupt spielt. Das betrifft die Unterschiede im aggressionsrelevanten Verhalten der Einzelnen zueinander, z. B. im Konflikt. Es betrifft ferner generell die Bedeutung und den Inhalt von Normen und Werten. Dies alles sind Rahmenbedingungen für die Entwicklung von Aggressivität von Kindern, ebenso wie für die Erziehung der Mütter als Methode und als Ideal.

Damit ist die Frage aufgeworfen, ob es denn tatsächlich relativ gewaltfreie Kulturen gibt und andererseits tatsächlich eher gewalttätige: So wie den Deutschen nach dem Zweiten Weltkrieg vorgeworfen wurde, eine Kultur militaristischer Wertschätzungen zu sein, die Aggressivität fördert. Wir studieren daher, ob es in dieser Hinsicht tatsächlich Unterschiede zwischen den von uns untersuchten Kulturen gibt, die dann auch in das Erziehungsverhalten der Mütter eingehen. Um dem Leser ein Verständnis dafür zu erleichtern, werden vor allem die *asiatischen Kulturen* in ihrer Lage und Entwicklung genauer beschrieben. Das macht nicht nur Eigentümlichkeiten der *Japaner* verständlich, es zeigt auch, wie irreführend die Vorstellung von Bali als der „Ferieninsel" ist, wenn es um die lebendige Kultur der *Balinesen* mit ihrer Beziehung zu den Geistern geht, oder wie weit sich die *Bataker auf Sumatra* von ihrer alten Kultur mit Kannibalismus inzwischen als Protestanten entfernt haben.

4. Den Hauptteil macht die *kulturvergleichende Feld-Untersuchung* aus.

Zum Verständnis unserer Ergebnisse werden die Anlage, die Methoden und die Durchführung unserer umfangreichen, empirischen Untersuchung dargestellt, die ursprünglich in fünf verschiedenen Kulturen durchgeführt worden war. Eine Ausgangsfrage war, ob die Kulturen wirklich unterschiedliche Rahmenbedingungen für Unterschiede in der Aggressivität und ihre Entwicklung darstellen. Die *Kulturen und ihre sozio-kulturellen Besonderheiten* werden ausführlich beschrieben, um Unterschiede in den Entwicklungsbedingungen für Aggressivität anschaulich zu machen. Die Einzeluntersuchungen haben sich insgesamt über einen Zeitraum von mehr als 14 Jahren erstreckt. Das wiederholte Leben in diesen Kulturen ermöglichte es auch, sie besser zu verstehen, und der lange Zeitraum ermöglichte auch eine *Längsschnittstudie über neun Jahre*, die wir im Einzelnen darstellen.

5. Gegen Ende werden die *qualitativen und quantitativen Ergebnisse* berichtet und kommentiert.

Das wichtigste Ergebnis ist, dass tatsächlich die Höhe der Aggressivität bei ~14-Jährigen von der Art ihrer frühen Beziehung (Bindung) zur Mutter und deren Erziehung abhängt. Das zeigt sich ebenso im Unterschied zwischen den Kulturen, wie auch innerhalb jeder Kultur. Das Eingehen auf die grundlegenden Bedürfnisse des Kindes nach Geborgenheit und unterschiedliches Verhalten in der Erziehung tragen auch langfristig zu unterschiedlicher Aggressivität bei. Ferner wird gezeigt, dass sich hohe und niedrige Aggressivität nicht nur quantitativ, sondern auch qualitativ unterscheiden, und dass niedrige Aggressivität im Verhalten nicht bedeuten muss, dass es sich um „normale" und nur unterdrückte Aggressivität handelt. Das gilt offenbar im Prinzip generell über die Kulturen hinweg, jedenfalls in den von uns erfassten, psychologisch relevanten und vergleichbaren Merkmalen. Schließlich werden dabei auch erhebliche *Unterschiede zwischen den Kulturen* in der Bevorzugung solcher Verhaltensweisen deutlich.

Am Ende ergibt sich so ein ziemlich klares Bild von den Entwicklungsbedingungen, die zu hoher und niedriger Aggressivität führen, und in der sich die asiatischen und die europäischen Kulturen unterscheiden. Um die nüchternen Daten besser verstehen zu können, beschreiben wir auch die erziehungsrelevanten *sozio-kulturellen Merkmale jeder der Kulturen* und in einem Schlusskapitel das darin eingebettete typische Verhalten der Mütter. Der Leser kann sich so ein Bild von der Situation der Mütter in den verschiedenen Kulturen machen und damit auch die erheblichen Aggressivitäts-Unterschiede verstehen, die wir zwischen den Kulturen gefunden haben.

6. *Besonderes Augenmerk gilt den deutschen Verhältnissen*
Wir gehen auf die Rahmenbedingungen ein, die für deutsche und ostasiatische Mütter aufgrund der Kulturen unterschiedlich sind. Wir schildern dazu ausführlicher die besonderen Bedingungen für die deutschen Mütter und ihr Erziehungsverhalten im Vergleich zu den ostasiatischen Müttern. Wir können so zeigen, wie die Methoden der deutschen Mütter bei aller Varianz innerhalb der Kulturen mit der etwas höheren Aggressivität der deutschen Jugendlichen im Zusammenhang stehen. Schließlich erörtern wir auch Probleme der deutschen Mütter, die sich nach dem Zweiten Weltkrieg aus den Strömungen des Zeitgeistes und den politischen Vorgaben ergeben haben. Man muss sie mit bedenken, wenn man das Erziehungsverhalten der deutschen Mütter und eventuelle Probleme, die dabei auftreten, richtig verstehen und unsere Ergebnisse einordnen will.

Nicht behandeln wollen wir – wie bereits erwähnt – solche Extremfälle, wie anfänglich am Beispiel der Amokläufer oder der Überfälle in der Münchner S-Bahn beschrieben. Das sind Ausnahmezustände, die sehr viel gründlicher untersucht werden müssten hinsichtlich der Vorgeschichte der Taten und vor allem der Erziehungs- und Entwicklungsbedingungen der Täter. Da sich die Amokläufer in der Regel am Ende selbst erschossen haben, sind schon deswegen genauere Untersuchungen nicht mehr möglich. Es werden lediglich einige Sonderfälle am Rande angeschnitten, wie z. B. die japanischen Massaker in Nanjing oder der Einfluss von Video-Killerspielen.

1.2 Forschung in anderen Kulturen

Anlass der kulturvergleichenden Untersuchung

Fremde Kulturen in eine Forschung über die Entwicklungsbedingungen von Aggressivität einzubeziehen, ist keine Selbstverständlichkeit. Eine solche Erweiterung über Laboruntersuchungen oder auch Feldforschungen in der eigenen Kultur hinaus, ist viel riskanter und aufwendiger: Sie erfordert einen ungleich größeren Aufwand an Vorbereitung und Planung, an finanziellen Mitteln und Zeit. Zudem sind Untersuchungen in fremden Kulturen mit unwägbaren Schwierigkeiten und Hindernissen verbunden. Das ist jedenfalls dann der Fall, wenn es sich um echte Feldforschung handelt, bei der man selbst vor Ort ist. Und besonders dann, wenn es sich auch noch um Kulturen mit schwacher Infrastruktur (sog. „Entwicklungsländer") handelt, bei denen man sich nicht auf die Straßen (Regenzeit), auf Fahrzeuge und Flugzeuge, auf Post und Telefon, auf die Behörden, auf Elektrizität und dergl. und auch nicht auf Verabredungen und Versprechungen verlassen kann.

Allerdings war bei der Motivationstheorie, von der wir ausgingen, von vornherein klar, dass neben dem Erziehungsverhalten der Eltern auch die soziokulturellen Rahmenbedingungen für die Entwicklung von Aggressivität wichtig sind und berücksichtigt werden müssten.

Daher konnte aus einer eher beiläufigen Beobachtung in einer anderen Kultur auch die *Anregung* für diese kulturvergleichende Untersuchung entstehen. Sie ergab sich, als ich mit einigen Kollegen eine Reise durch Japan machte, im Anschluss an einen internationalen Psychologenkongress in Tokio. Dabei habe ich mich nicht nur für die Landschaft und die Tempel, sondern vor allem für das Alltagsverhalten der Japaner interessiert und dies intensiv beobachtet. Dabei wurde mir allmählich bewusst, wie generell zurückhaltend, höflich, freundlich, zuverlässig und vor allem aber völlig unaggressiv das Verhalten der Japaner untereinander war – unaggressiv selbst in schwierigen, für uns konfliktträchtigen Situationen. Danach war ich in Hongkong, damals noch britische Kolonie. Dort fiel mir plötzlich auf, *„hier schreien ja die Kinder wieder anhaltend und die Mütter schimpfen laut"*, so wie ich das von zu Hause gewohnt war. Da wurde mir plötzlich bewusst, dass ich das in Japan fast nie gehört hatte: Japanische Kinder haben selten geschrien, und wenn doch, dann waren sie sehr schnell wieder still.

Da ich bereits seit über 10 Jahren intensiv Motivationsforschung, speziell im Bereich der Aggressivität gemacht hatte (Kornadt, 1974), faszinierten mich diese Phänomene. Könnte vielleicht die beobachtete geringe Aggressivität der Erwachsenen in Japan etwas mit diesem Verhalten der japanischen Mütter und Kinder zu tun haben? Die Motivationstheorie würde dies jedenfalls nahe legen: könnte man dort eine *Kulturbesonderheit der Aggressivitätsentwicklung* vermuten?

So entstand daraus die zunächst vage Absicht, dieser Frage in einer empirischen Untersuchung nachzugehen. Es wurde die einschlägige Literatur über Japan studiert (z. B. DeVos, 1973; Doi, 1973; Lebra & Lebra, 1974; Nakane, 1970; Vogel, 1971 u. a.) und z. B. auf internationalen Kongressen mit Kollegen, die Japan oder Ostasien kannten, diese Frage diskutiert. So reifte der Plan, eine solche Untersuchung tatsächlich durchzuführen. Zwar war Ostasien eine ganz fremde Welt für mich, aber grundsätzlich war Forschung in fremden Kulturen nichts Neues für mich: Ich hatte einige Jahre zuvor ein Forschungsteam in Ost-

Afrika geleitet (Kornadt & Voigt, 1970). Außerdem war ich als langjähriges Mitglied des Beirats beim Bundesentwicklungsminister und als stellvertretender Direktor der sozialpsychologischen Forschungsstelle für Entwicklungsplanung der Universität Saarbrücken ebenfalls laufend mit Forschungen in fremden Kulturen (Entwicklungsländern) befasst.

Von vornherein wollte ich mich aber nicht allein auf einen Deutsch-Japanischen Vergleich verlassen. Daher suchte ich nach einer weiteren ostasiatischen Kultur, die als Kontrast und/oder Vergleich in Frage käme. Ich habe dann den Rat von ausländischen Kollegen aufgegriffen und beschlossen, es mit Indonesien zu versuchen.

1.3 Gewinnung von ausländischen Kooperateuren und Aufbau der Untersuchung

Es wurde dann eine *erste Erkundungsreise in beide Länder* unternommen. Sie diente der ersten Kontaktaufnahme mit Kollegen als potentiellen Kooperateuren und einem Sammeln möglichst vieler Eindrücke und Informationen über sehr verschiedene Regionen beider Länder und über die jeweilige Lebensweise dort. Ferner diente sie auch der allerersten vorläufigen Prüfung, ob denn eine größere Felduntersuchung in diesen Ländern überhaupt möglich sein würde.

Ihr folgte eine *zweite* ausgedehntere Reise. Sie diente der eingehenden Besprechung mit Kollegen, die als *Kooperateure* in Frage kämen. Es ging um deren Bereitschaft und ihre konkreten Möglichkeiten einer Kooperation. Es wurden auch die nötigen *Voraussetzungen* erörtert, ferner wo eine solche Untersuchung durchgeführt werden könnte, ob die erforderlichen *Probanden* (Jugendliche und Mütter) überhaupt zur Mitwirkung zu gewinnen wären, ob *Mitarbeiter* als Untersucher zur Verfügung stehen könnten, und schließlich vor allem auch darum, wie eine solche Untersuchung *finanziert* werden könnte.

Als *Hauptkooperateure* wurden in Japan – nach einigen unerwarteten Problemen in Tokio (s. am Ende des Kapitels) – *Prof. Tamatsu Hayashi*, Präsident der Kyoto Kyoiku Diagaku (University of Education) als Chef des japanischen Teams, und in Indonesien *Prof. Mar'at* von der Universitas Padjadjaran in Bandung als Chef des indonesischen Teams vorläufig gewonnen. Nach langen Abwägungen (u. a. wegen des Problems der Burakumin, einer speziellen Bevölkerungsgruppe) wurden in Japan die Regionen *Tokio, Kyoto, Gifu und Kanazawa* in Aussicht genommen.

1.3 Gewinnung von ausländischen Kooperateuren und Aufbau der Untersuchung

Abbildung 1: Traditionelle und moderne Wohngegend in Japan (zu S. 846; 6f)

In Indonesien sollten aus den vielen verschiedenen Volksgruppen zwei gewählt werden, die sich möglichst in ihrer Aggressivität unterscheiden. Als besonders aggressiv waren zunächst die *Adjeh aus Sumatra* in Betracht gezogen worden. Sie wurden dann aber auf Rat von Prof. Mar'at als wahrscheinlich zu schwierig und zu unkooperativ ausgeschieden. (Die Adjeh waren bis zur Tsunami-Katastrophe diejenigen, die jahrelang mit der Zentralregierung in Jakarta in einer Art Bürgerkrieg lagen, und deren Seeräuberei die Straße von Malakka extrem unsicher gemacht hatte.) Stattdessen wurden dann die *Bataker*, ebenfalls in Nordsumatra, ins Auge gefasst, bei denen es noch Anfang des 20. Jahrhunderts Kannibalismus gegeben hat; und als eher unaggressive Vergleichs-Kultur die Balinesen.

Die jeweiligen Regionen wurden von uns dann *erneut bereist*, um ein eigenes Bild von den Menschen und ihrer Lebensweise und den näheren Verhältnissen zu gewinnen. Auf touristische Bequemlichkeit musste dazu verzichtet werden. Die Unterkünfte waren meist landestypisch sehr schlicht, wir wohnten im Winter in einem traditionellen japanischen Haus mit Papierfenstern. Wir schliefen in einem ungeheizten japanischen Kloster, das eineinhalb Meter hoch eingeschneit war. In Indonesien wohnten wir viel in Bambushütten und reisten im landesüblichen, überfüllten Kleinbus zwischen Ziegen und Hühnern.

In einem *dritten längeren Aufenthalt bei beiden Hauptkooperateuren* und nach nochmaliger Prüfung der Möglichkeiten einer Untersuchung (mit einem Verzicht auf Tokio wegen personeller Probleme) wurden *konkrete Vereinbarungen* getroffen über die Einzelheiten der Untersuchungen und der Regionen, der Durchführung, der Datenübermittlung, der Finanzierung und Abrechnung. Zudem wurde ein Zeitplan vereinbart. Inzwischen waren uns von der VW-Stiftung die erforderlichen finanziellen Mittel für eine so große kulturvergleichende Untersuchung bewilligt worden. Schon während dieser ersten Aufenthalte in Indonesien und Japan haben sich übrigens enge, sehr freundschaftliche Kontakte zu einer Reihe von Kollegen ergeben (in Japan u. a. die Professoren *Tamatsu Hayashi, Chikio Hayashi (†), Ishida (†), Koyano, Namiki, Tsuji, Takase (†), Takuma*). Dazu trug auch eine Serie von deutsch-japanischen Kolloquien zum Thema Sozialisation bei. Sie war von der Reimers-Stiftung über eine Reihe von Jahren mit abwechselnden Aufenthalten in Japan und Deutschland ermöglicht worden. Die sehr intensiven Diskussionen mit den Japanischen Kollegen haben uns unschätzbare Aufschlüsse und Einsichten in die japanische Kultur vermittelt.

Ähnliches gilt auch für Indonesien, wo sich enge Beziehungen zu *Professor Mar'at* und *Professor Nimpoeno* ergaben, die beide in Deutschland studiert hatten. Später wurde dies ergänzt durch nähere Beziehungen zu *Lieke Wisnubrata, Bill Raksagjaga, Wiwi Mar'at* sowie auch zu *Ponpon Harahap* und *Sri Pidada*. Sie alle haben uns in stundenlangen, ja tagelangen Gesprächen und bei langen gemeinsamen Aufenthalten in den Untersuchungsregionen mit allen möglichen Facetten des jeweiligen Denkens und der Kultur vertraut gemacht.

Indonesier wie Japaner haben darüber hinaus mit uns viele tagelange Reisen zu den verschiedensten Regionen des Landes unternommen. Auf diese Weise sind uns viele zusätzliche unmittelbare Erfahrungen über die Länder, über die Lebensweise und das Denken in den Kulturen vermittelt worden.

Eine wesentliche Erweiterung des ursprünglich angesprochenen Kreises der Kollegen hatte sich übrigens aus einem besonderen Umstand ergeben. Unter den Kollegen, die mich im Vorfeld mit ihrem Rat unterstützt hatten, war auch *Prof. Gisela Trommsdorff*, damals RWTH Aachen. Sie verfügte ihrerseits bereits über Japan-Erfahrungen, und sie hatte mich auf Grund eigener Eindrücke zur Untersuchung ermutigt. Sie konnte schließlich gewonnen werden, sich dem Projekt anzuschließen. Sie wurde zu einer kenntnisreichen und äußerst hilfreichen, aber auch kritischen Unterstützung der Gesamtuntersuchung. Nahezu *entscheidend* wurde schließlich, dass sie weitere japanische Wissenschaftler an der Untersuchung interessieren konnte: Der Versuch, eine Gruppe japanischer Kollegen für die Untersuchung zu gewinnen, wäre ohne sie vermutlich gescheitert. Ich war von den im Westen üblichen Vorstellungen über eine Zusammenarbeit verschiedener Wissenschaftler an einem gemeinsamen Thema ausgegangen und hatte eine Reihe japanischer Professoren nach Tokio eingeladen, um dort das Projekt vorzustellen und über die Möglichkeit einer Kooperation zu sprechen. Aber niemand kam, außer *Prof. Iwahara*. Ohne Kulturkenntnisse hatte ich einen für die japanische Kultur damals *kardinalen Fehler* begangen: Japanische Professoren zusammenbringen zu wollen, die normalerweise in Japan niemals zusammen kommen, und erst recht nicht zusammen arbeiten würden: Professoren von verschiedenen Universitäten; Professoren, die Schüler verschiedener wissenschaftlicher „Großväter" waren, oder die verschiedenen Schulen angehörten; und noch schlimmer – aus verschiedenen Disziplinen kamen: Psychologen und Soziolo-

1.3 Gewinnung von ausländischen Kooperateuren und Aufbau der Untersuchung 27

gen. Dass dies beim zweiten Anlauf in Kyoto schließlich doch gelang, ist nur dem ungewöhnlichen vermittelnden Geschick von *Prof. Koyano* zu verdanken (Kornadt, 1993). Ihn hatte Gisela Trommsdorff zuvor für das Projekt begeistert. Er war Soziologe und hatte seinerseits bereits Erfahrung mit kulturvergleichender Forschung. Das erste Scheitern und die Art der späteren Zusammenarbeit, von sich eigentlich eher aus dem Weg gehenden japanischen Professoren, war für uns zugleich eine weitere unvergessliche Lektion der japanischen Kulturbesonderheiten (Kornadt, 1993).

Die konkrete Vorbereitung der ersten Felduntersuchung, die 1980 begann, die Einzelheiten der Wahl der Untersuchungsorte und der Probanden konnten wir nach eingehender Besichtigung und Absprache vor Ort in die Hand ausländischer Teams legen. In Indonesien ergab sich aber zusätzlich eine für uns völlig unerwartete Schwierigkeit: Jede Felduntersuchung benötigte dort eigentlich die *Genehmigung* eines zentralen Instituts (Lipi), die wohl nicht leicht und meist erst nach langwierigem Prüfungsprozess gewährt wurde. Prof. Mar'at, Dekan der Fakultas Psikologi der Universität Padjadjaran Bandung, fand daher einen Ausweg. Er deklarierte die Untersuchung als eine der Universität: als im Rahmen von Doktorarbeiten, die von uns betreut werden, erforderlich, was in Grenzen ja auch zutraf. So wurde es möglich, auch überall vor Ort die notwendigen Genehmigungen zu bekommen: von der regionalen Branch der Bank of Indonesia, dem zuständigen Militärkommandeur, dem regionalen und dem örtlichen Polizeichef, dem jeweiligen Bürgermeister und schließlich ggf. dem Schulleiter. Wir erwähnen dies, weil es uns auch einen Einblick in die (damalige) indonesische Verwaltungsstruktur und politische Kontrolle vermittelte. Es lässt auch den *Aufwand* erkennen, der unerlässlich war, bevor die eigentliche Forschungsarbeit beginnen konnte.

Zwei besondere Probleme sollen noch erwähnt werden. Das eine war die *Finanzierung*. In Japan haben die japanischen Kollegen einen Teil der Arbeiten durch eigene, selbst eingeworbene Forschungsmittel finanzieren können, auch wenn dort die Antrags- und Bewilligungsverfahren viel langwieriger und schwieriger waren als bei uns. Die indonesischen Untersuchungen wurden ganz von uns finanziert, und zwar im Wesentlichen aus den uns bewilligten Forschungsmitteln. Das aber erforderte – wegen der komplizierten und schwer zu beschaffenden *Nachweise* – schwierige Vereinbarungen über die genauen Abrechnungsmodalitäten.

Das zweite Problem betraf die Sicherstellung der *Infrastruktur* und die *Organisation* der Feldforschung, vor allem in Indonesien: Die weitgehend in Bandung zusammengestellten 10- bis 12-köpfigen Forschungsteams mussten von Bandung nach Nord-Sumatra bzw. nach Bali transportiert werden. Sie mussten dort untergebracht, verpflegt und mit den notwendigen technischen Voraussetzungen versorgt werden; sie brauchten Transportmittel, um die Probanden in den

z. T. abgelegenen Bergregionen aufsuchen zu können. Ferner musste alles *Forschungs-Material* so vorbereitet und bereitgestellt werden, dass die erforderlichen Daten der Probanden, die Tonband-Aufnahmen aus Interviews, das Test-Material usw. über alle Kulturen (und Teams!) nicht nur einheitlich verwendet und gesammelt, sondern auch so transportiert werden konnten, dass alles später zuverlässig auswertbar war. In dem z. T. unwegsamen Gelände und besonders bei *Regenzeit in den Tropen,* ist das keineswegs eine Selbstverständlichkeit. Schließlich sollten in der zweiten Untersuchung auch noch alle persönlichen Daten der Probanden – ohne Datenschutzregeln zu verletzen – so registriert werden, dass die Probanden später nach Jahren noch einmal für eine eventuelle *Follow-up-Studie* wieder aufgesucht werden konnten. In dem administrativ wohl organisierten Japan war das kein großes Problem, anders aber in Indonesien, besonders in Nord-Sumatra und in Jakarta mit der undurchsichtigen Fluktuation. Auch in den Bergregionen in Bali war das nicht ohne weiteres selbstverständlich.

Es waren also jeweils erhebliche *Anstrengungen* nötig, mit denen diese Probleme schließlich bewältigt wurden. Und obwohl wir nicht während der ganzen Zeit vor Ort sein konnten, z. T. schon allein wegen der Gleichzeitigkeit der Untersuchungen in Indonesien und Japan, war doch immer wieder unser persönlicher Einsatz unerlässlich. Wir mussten Problem lösen, die unerwartet vor Ort auftauchten, und wir mussten die Teammitglieder an die Regeln erinnern und zum Durchhalten ermutigen. Dieses zeitweilige Zusammenarbeiten mit den Teams, und das unmittelbare Miterleben mannigfacher Schwierigkeiten im Feld und auch der besonderen Atmosphäre und Arbeitsfreude in den Teams hat neben den vielen Diskussionen mit Kollegen und bei der Schulung der Team-Mitarbeiter wesentlich zu unserem Verständnis der jeweiligen Kultur und ihrer Menschen beigetragen.

Im Laufe der Zeit kamen allmählich auch eine Reihe von Funktionen hinzu, die sich aus den vielen Aufenthalten ergaben, und das Einleben in die Kultur vertieften, so z. B. die Betreuung von *Doktoranden* in Indonesien: Nimpoeno (Trommsdorff), Ponpon Harahap und Sri Pidada (Kornadt) und Mitgliedschaften dazu im Senat der Universität Padjadjaran, so wie eine Reihe von Gastprofessuren in Japan: *Institute for Mathematical Statistics* Tokio (Trommsdorff), mehrmalige Gastprofessuren an der *Keio Universität* Tokio (Kornadt, Trommsdorff), dann an der Internationalen *University for Social Sciences* Nagoya (Trommsdorff) und der *Kansei Universität,* Osaka (Kornadt, Trommsdorff), die Verleihung des Deutsch-Japanischen Forschungspreises an Kornadt, mit dem ein langer Aufenthalt in Japan verbunden war, und dessen Berufung zum Vorsitzenden des *Beirates des Deutschen Japaninstituts in Tokio,* und schließlich die Gründung der Deutsch-Japanischen Gesellschaft für Sozialwissenschaften. Das alles wird erwähnt, weil es erheblich zur Entwicklung der kulturbezogenen Verfahren, zu deren Interpretation und am Ende auch zur kulturbezogenen Interpretation der Daten in den jeweiligen Kulturen beitrug.

1.3 Gewinnung von ausländischen Kooperateuren und Aufbau der Untersuchung

Nicht unerwähnt bleiben sollte am Ende aber auch, dass es leider auch eine Reihe von *menschlichen Problemen* gab, die wir sehr bedauert haben. Dazu gehörte z. B., dass einer der japanischen Kollegen aus Tokio sich schließlich doch nicht überwinden konnte, mit den anderen Kollegen des Teams von Prof. Hayashi in Kyoto zusammen zu arbeiten. Wir mussten daher leider auf eine Stichprobe aus Tokio verzichten. Tragisch waren zudem der frühe Tod der Professoren Ch. Hayashi und Isida, Tokio, zwei besonders intensive Förderer zu Anfang unseres Projektes in Japan, und später die schweren Erkrankungen von Prof. Mar'at und Ponpon Harahap gegen Ende der dritten Untersuchung, wodurch auch ein Teil der Längsschnitt-Studie beeinträchtigt wurde.

2 Was ist Aggression? Was ist Aggressivität? Und wie entstehen sie?

2.1 Die Frage der Definition

Das zentrale Thema dieses Buches ist Aggression und Aggressivität und deren Entwicklung. Aber wie schon erwähnt, ist häufig unklar, was mit diesen Bezeichnungen genau gemeint ist. Die verschiedensten Phänomene können damit bezeichnet werden. Eine wissenschaftliche Antwort auf die Frage, wie sich „so etwas entwickelt", setzt aber eine Klärung dessen voraus, was denn eigentlich erklärt werden soll. Wenn wir die Frage beantworten wollen, ob „*die* Aggression" in verschiedenen Kulturen verschieden ist, und ob sich „*die* Aggressivität" bei unterschiedlichen Erziehungsbedingungen verschieden entwickelt, müssen wir uns auf einen eindeutigen, theoretisch verankerten Phänomenbereich beziehen.

Daher folgt hier zunächst einmal eine vorläufige terminologische Klärung. Unter *Aggression* verstehen wir im Folgenden den spezifischen Typ einer *Handlung*, die auf eine Verletzung, Beeinträchtigung, Schädigung, o. Ä. zielt.

Unter *Aggressivität* verstehen wir die individuell *überdauernde Disposition*, Eigenschaft, oder Neigung eines Menschen, diese Art von Aggressionshandlungen auszuführen. Sie ist individuell verschieden ausgeprägt.

Was aber ist eine Aggression im engeren Sinne? Wenn man das Verhalten einer Person „von außen" betrachtet, kann es z. B. eine Handlung sein, durch die sich eine andere Person subjektiv angegriffen oder beeinträchtigt fühlt, ob das beabsichtigt war oder nicht. Es kann sich um eine objektive Normverletzung handeln, die Übertretung einer Höflichkeitsregel oder einer Vorschrift. Man kann Aggression auch anhand des Ausdrucksverhaltens des Handelnden beschreiben, wenn er z. B. laut schimpft, oder wütend, oder mit Gewaltanwendung und hohem Kraftaufwand auf eine Sache oder eine Person losgeht. So ist es unbestritten eine Aggression, wenn im Streit einer den anderen laut als Idioten beschimpft. Ferner gehören natürlich alle Formen der körperlichen Beeinträchtigung oder des Angriffs dazu, vom Schubsen über Schlagen bis zum Raubüberfall oder Totschlag; und ebenso gehört auch das Verhalten von Kindern dazu, wenn sie einander kneifen, stoßen, treten usw. als Ausdruck von Wut, wie dies übrigens offensichtlich universell ist (Eibl-Eibesfeldt, 1972, 1977).

Aber was ist es denn, wenn Demonstranten Steine auf Polizisten werfen, oder wenn einer im sportlichen Wettkampf den Konkurrenten besiegen will, oder wie muss man die Taten der „Märtyrer" beurteilen, die sich in Selbstmordattentaten opfern, um zu Ehren Allahs andere umzubringen? So kann man sich auch fragen, wie das Auslösen der Atombombe aus einem US-Flugzeug über Hiroshima zu werten ist, oder sind auch die Mohammed-Karikaturen in einer dänischen Zeitschrift eine Aggression, wie das von vielen Moslems gesehen wird? Ist es eine Aggression, wenn ein Raser auf der Autobahn einen anderen beiseite drängelt, um selber schneller voranzukommen? Und wie ist schließlich die Kopfjägerei auf Borneo oder Sumba (Hoskins, 1989) zu bewerten, oder die schwarze Magie, bei der jemand in dessen Abwesenheit durch Beschwörung seiner (früheren) Körperteile (z. B. Haare oder Nägel) durch magische Kraft geschädigt (oder getötet) werden soll? Kommt es nur auf die Absicht an, oder nur auf den Effekt einer Handlung, also ob jemand tatsächlich verletzt wird? Und was ist es denn, wenn einem Dachdecker ein Ziegel aus der Hand fällt, der unten einen Passanten erschlägt – ist das auch eine Aggressionshandlung? Schließlich kann man ja sagen, er hätte besser aufpassen müssen.

Wenn man all diese Verhaltensweisen in einen Topf wirft, dann hat man ganz unterschiedliche psychologische Bedingungen vor sich, die zu diesen Verhaltensweisen geführt haben. Das sind Unterschiede in den *Affekten*, Unterschiede in den *Situationen*, ihren *Beurteilungen*, den *Wertschätzungen*, den *Zielen*, unmittelbaren und mittelbaren usw. Daher wird man auch *keine gemeinsame Erklärung* für das Zustandekommen aller dieser Verhaltensweisen finden können. So etwas wird nur dann möglich, wenn man einen Phänomenbereich abgrenzen kann, der einen funktional nach gleichen Prinzipien organisierten Verhaltensbereich darstellt. Das kann aber nur auf der Basis eines empirisch gut fundierten theoretischen Verständnisses geschehen.

Dies ist der schon erwähnten *Motivationstheorie der Aggression*, von der wir ausgehen, möglich. *Im nächsten Kapitel werden wir sie erläutern*. Hier sei nur schon so viel vorweg gesagt, dass wir auf dieser Basis unter einer Aggression eine Handlung verstehen, die absichtlich auf eine *Beeinträchtigung* u. Ä. eines anderen gerichtet ist, das bedeutet, eine *spezifisch intendierte* Handlung. Damit ist zwar auch die Frage aufgeworfen nach dem Unterschied zwischen einer eine Beeinträchtigung intendierenden Handlung und einer „*instrumentellen*" Aggression, bei der die Schädigung nur ein Nebeneffekt ist. Auch darauf gehen wir im Rahmen der Darlegung unserer Motivationstheorie ein (Kapitel 3).

Zur Abgrenzung und Erläuterung beschreiben wir zunächst diejenigen theoretischen Erklärungsansätze, die etwa in der Zeit der Planung und Vorbereitung unserer Untersuchung vertreten worden waren.

2.2 Herkömmliche theoretische Annahmen

Zur Zeit der Vorbereitung unserer Untersuchung war die Aggressionsforschung, wie wir in früheren Übersichtskapiteln dargelegt haben (Kornadt, 1981a, b, 1992), dadurch gekennzeichnet, dass sie in separaten und kaum miteinander verknüpften Richtungen und Gebieten stattfand. Die grundlegenden theoretischen Positionen sind auch heute noch relevant.

Auf der einen Seite gab es eine *biologisch* orientierte Forschung, die neurophysiologische, hormonelle, erbgenetische und evolutionstheoretische Fragen der Aggression bearbeitete. Auf der anderen Seite, sozusagen als anderes Extrem, gab es *lerntheoretisch* orientierte und *sozialpsychologische* Forschung, und eine weitere Gruppe bildet die *psychoanalytisch* orientierte Forschung. Jedes dieser Lager arbeitete im Rahmen seines Theorierahmens und der daraus folgenden Fragestellungen, ohne von den Ansätzen und Ergebnissen der jeweils anderen viel Notiz zu nehmen.

In den 70er und 80er Jahren hatte die biologisch orientierte Forschung zur Aggression bereits erhebliche Fortschritte gemacht. Aber sie wurde damals nicht selten abgelehnt, weil sie offenbar manch einen an die nationalsozialistische Rassentheorie erinnerte. Man befürchtete *„vielleicht ungewollte, gefährliche, politisch-soziale Implikationen"* (Kornadt, 1992). Eine Position, die wir schon damals ablehnten, weil sie eine unwissenschaftliche Ausblendung von Erkenntnismöglichkeiten zur Folge hätte.

Was ist eigentlich „Aggression"?

Ein spezielles Problem war zu dieser Zeit die Frage der *Definition der Aggression*. Bandura hatte schon 1973 im Rahmen seiner sozialen Lerntheorie vielerlei verschiedene Faktoren, die das Aggressionsverhalten steuern, für möglich gehalten. Geht man aber davon aus, wird im Grunde auf eine Aggressionstheorie, die das Spezifische des Aggressionsverhaltens zu erklären versucht, verzichtet. Während biologisch orientierte Forschung zum Teil aufgrund hirnphysiologischer Befunde verschiedene Aggressionsarten unterscheidet (z. B. predatory, intermale, maternal usw.), spielen für die sozialpsychologische Forschung vor allem soziale Normen und ihre Verletzung aus der Sicht des Angegriffenen eine entscheidende Rolle. Aber da dies nicht nur individuell, sondern auch zwischen Kulturen sehr unterschiedlich ist, würde sich daraus kein eindeutiges Phänomen erkennen lassen, das aggressionsspezifisch ist, und das eine spezifische Erklärung ermöglichen würde.

Es war daher folgerichtig, dass Forscher wie Tedeschi (1984) und Mummendey (1982) vorschlugen, Aggression als Gegenstand der Forschung überhaupt fallen zu lassen, und statt dessen Formen sozialer Einflussnahme (coercive power) zu studieren: *"Not to try to distinguish between aggressive and nonaggressive behavior or between intentional and accidental responses"* (Tedeschi, 1984, S. 10). Seine Theorie *"of coercive power should consider all occurences of the relevant events, whatever the reason for them"* (Tedeschi, 1984, S. 19). Per definitionem wäre jedoch damit das spezifische Phänomen von Aggression und Aggressivität und die Möglichkeit seiner theoretischen Erklärung weg definiert. Es muss dann zahllose Erklärungen für alles Mögliche geben.

2.2.1 Biologisch orientierte Aggressionsforschung

Die Grundannahme ist hier, dass die Aggressivität ein weit in die Phylogenese hinab reichendes biologisch verankertes Verhaltenssystem darstellt. Es wird von spezifischen physiologischen Subsystemen im Organismus gesteuert. Sie sind jedoch nur die Voraussetzung für komplexes Aggressionsverhalten und den Aufbau von Aggressivität. Die bekannteste Form dieser Annahmen war die *Aggressionstrieb*-Theorie von Lorenz (1963). Seine vor allem auf Tierbeobachtung gestützte Annahme war, dass auch der Mensch einen angeborenen Aggressionstrieb habe, der spontan nach „Abreaktion" verlangen würde. Würde dessen Befriedigung verhindert, könne es zu einer gefährlichen Triebstauung kommen. Inzwischen wird diese Triebtheorie eines angeborenen und spontanen Triebes nicht mehr vertreten.

In bestimmter Weise ähnelte diese Auffassung einigen bereits 40 Jahre früher vertretenen Auffassungen: Nämlich einerseits der von McDougall (1923). Er hatte aus psychologischer Sicht den Aggressionstrieb als Ausdruck eines bestimmten spezifischen *Instinkts* gedeutet. Andererseits in der dritten Deutung der Aggressivität von Freud (s. Kornadt, 1981, S. 8) hatte dieser in seiner Weiterentwicklung der psychoanalytischen Theorie einen spontanen Destruktions- oder *Todestrieb* postuliert.

Die biologisch orientierte Forschung (der 80er Jahre) hat sich vor allem auf zwei Fragen konzentriert. Den Nachweis einer *erbgenetischen* Verankerung von Aggression als einer spezifischen Verhaltensform und dem Studium der *neurophysiologischen* Basis, d. h. von Hirnarealen, Neurotransmittern, Hormonen und Ähnlichem, die etwas mit dem Aggressionsverhalten zu tun haben. Zur Forschung über eine genetische Basis gehören zum einem Tierversuche und zum anderen vergleichende Beobachtungen. So hat z. B. Angst (1980) die weitreichende Ähnlichkeit des Aggressionsverhaltens von Primaten und Menschen eingehend beobachtet und beschrieben. Weiterhin hatte Eibl-Eibesfeldt (1972, 1977) in kulturvergleichenden Beobachtungen frühkindlichen Verhaltens kulturübergreifende Ähnlichkeiten im Aggressionsverhalten gefunden, die er als Argument für eine „stammesgeschichtliche Anpassung" wertet. Die wohl überzeu-

2.2 Herkömmliche theoretische Annahmen

gendsten Sachverhalte, die für eine erbgenetische Fundierung der Aggression sprechen, sind die Ergebnisse von *Züchtungen* (Kampf-Hunde, Stiere, Pferde), mit denen schon immer hoch- und schwach aggressive Tierstämme gezüchtet worden waren; ebenso der nachhaltig aggressionsmindernde Effekt der Kastration männlicher Tiere, oder die Experimente von Lagerspetz und Fuorinen (1981). Sie hatten zeigen können, dass das Aggressivitätsniveau bei den Nachkommen aggressiver Mäuse durch selektive Züchtung wesentlich höher lag als bei den Nachkommen nicht aggressiver Mäuse. Dass ähnliche erbgenetische Faktoren auch beim Menschen eine Rolle spielen müssen, wurde schließlich auch durch Zwillingsuntersuchungen nachgewiesen (Christiansen, 1974).

Zum anderen gehört dazu die große Zahl von Untersuchungen über die hirnphysiologische Basis von Aggressionsverhalten. Auch hier gab es bereits eine Fülle von Tierversuchen, aber ebenso viele Kenntnisse über *anatomische Strukturen* auch im menschlichen Gehirn, die mit Aggressionsverhalten, z. B. Ärger, unkontrollierten Wutausbrüchen oder Angriffen, oder sonstigem Aggressionsverhalten zu tun haben. Die Kenntnisse beruhten z. T. auf dem Studium von Läsionen, z. B. durch Verletzungen, oder von Tumoren, die bestimmte neuronale Netzwerke betreffen, z. B. das Limbische System, insbesondere die Amygdala, den Hypothalamus, aber auch Frontal- und Seitenlappen (Moyer, 1981). Gelegentlich wurde dies auch durch telemetrische Reizung nachgewiesen. Ebenso war aber auch zu der Zeit schon die aggressionsrelevante Rolle von *Hormonen,* insbesondere Testosteron und Progesteron und von Neurotransmittern, z. B. Noradrenalin (Meyer-Bahlburg, 1981), bekannt.

Diese Befunde zeigen, dass es eine biologische und erbgenetische Basis für Aggressionsverhalten gibt, die wir aus der Evolution mit verwandten Tieren gemein haben. Aber wie genau dies im Aggressionsverhalten von erwachsenen Menschen eine Rolle spielt, war nach wie vor unklar. Aufgrund der viel höher ausgebildeten kognitiven Steuerungs- und sonstiger Kontrollfunktionen und der ganz andersartigen erfahrungsabhängigen Entwicklung von Motiven kann dies beim Menschen nicht schlicht durch biologische Bedingungen determiniert sein.

2.2.2 Lerntheoretische Ansätze

Entgegengesetzte Positionen wurden einmal aus lerntheoretischer Perspektive vertreten. Die Grundannahme der lerntheoretischen Position ist, dass das Aggressionsverhalten (wie alles andere) am Erfolg orientiert, entwickelt und verstärkt wird. Wo immer durch eine Aggressionshandlung ein positiver Effekt erlebt wird, wird dieses Verhalten *verstärkt* und auf Dauer Teil des Verhaltensrepertoires; d. h. also bei Erfolg durch Aggression erfolgt eine Verstärkung dieses Verhaltens. Prozesse des klassischen Konditionierens wie auch der kognitiven Strukturierung durch Imitation (Bandura, 1973), spielen dabei die Hauptrolle. Damit gewinnen Erziehungs- und kulturelle Bedingungen für die Entwicklung an Bedeutung, Aber damit ist nichts vom aggressions*spezifischen* Verhalten erklärt. Es wird nicht erklärt, wie Aggression überhaupt einmal zustande kommt. Aggression ist ein Verhalten wie jedes andere, und es kann sich bei diesem Ansatz nur darum handeln, *einen Beitrag* zum Aufbau von Aggressionsverhaltens-Tendenzen und vielleicht auch zur individuellen Aggressivität zu leisten. Aggressivität selber als Verhaltens-System wird aber damit nicht erklärbar.

2.2.3 Sozialpsychologische Ansätze

Eine ebenso – wenn man so will – extreme Position war zum anderen von *sozialpsychologischer* Forschung eingenommen worden. Sie beschäftigte sich mit den Bedingungen, unter denen Aggressionsverhalten zustande kommt, oder genauer gesagt, das Verhalten anderer als Aggression verstanden wird. Dazu wurde ein *attributionstheoretischer* Zugang gewählt, der zeigen konnte, dass das Verhalten eines anderen, wenn es als Verletzung einer sozialen Norm aufgefasst wird, als Aggression gedeutet wird, und dass darauf dann Aggression selbst ausgeführt wird, weil sie sozusagen als berechtigt verstanden wird. Eine Rolle spielte dabei die Frage, in welcher Weise die individuelle Hierarchie von Normen oder die Gruppenzugehörigkeit eines Opfers eine aggressionsrelevante Reaktion zur Folge hat (Zuschreiben von Ursachen, Ärger, Vergeltung). Es wurden viele Details dieser einzelnen Elemente empirisch genauer analysiert, z. B. die Attribuierung von Bösartigkeit in Abhängigkeit von Erwartungen. So spielten dann die neueren Konzepte, wie *Kausalattribuierung, Intentionsattribuierung, moralische Bedeutung* hinsichtlich der *Werteverletzung u. Ä.* eine wichtige Rolle.

Noch einen Schritt weiter ging die sozialpsychologische Forschung, die sich mit dem Konfliktverhältnis zwischen Aggressor und Opfer beschäftigte und davon ausging, dass Akteur und Betroffener (also Aggressor und Opfer) per definitionem *inkompatible Interessen* haben, und dass sie sich damit auch in der Beurteilung der vom Akteur auf den Betroffenen gerichteten Handlung (Normabweichung) unterscheiden. (Mummendey, 1982, S. 329). In empirischen Untersuchungen konnte tatsächlich gezeigt werden, dass *aggressive Ereignisse als sanktionswürdig* beurteilt werden, wenn sie als *normverletzend, ungerechtfertigt, intendiert* und *schädigend* aufgefasst werden. Allerdings verlagert sich damit das Forschungsinteresse einseitig auf die Interaktion bzw. auf die Beurteilungsprozesse in einer solchen Interaktion, was nur einen schmalen Ausschnitt aus aggressionsrelevanten Faktoren darstellt, auf den eine allgemeine Theorie der Aggression sicher nicht gegründet werden kann. Wie bereits erwähnt: Aggressivität als spezifisches Verhaltens-System kann aber damit nicht erklärt werden.

2.2.4 Soziale Lern- und Script-Theorie

Bandura (1973) entwickelte aus den Anfängen des Imitationslernens eine viel beachtete Theorie der Entwicklung von Aggressivität. Mit ihr ist er endgültig über die alte, auf dem Konditionierungs-Konzept beruhende behavioristische Lerntheorie hinausgegangen, indem er die Bedeutung kognitiver Konzepte erkannt und nachgewiesen hat. Seine Theorie beschreibt und erklärt die Entwicklung von *Annahmen* und *Erwartungen* über die soziale Welt, in der ein Kind aufwächst, die sein Verhalten ausrichten.

Eine wichtige Ergänzung und Erweiterung (oder wenn man so will Präzisierung) hierzu ist die Script-Theorie von Huesmann (1988). Er geht davon aus, dass eine Situation und das angemessene Verhalten in ihr beobachtet, kognitiv strukturiert und so im Gedächtnis gespeichert wird. Auf diese Weise werden im Laufe der individuellen Entwicklung kognitive Schemata, Verhaltensmodelle, Erwartungen auch über eigene Handlungsfolgen und Intentionen ausgebildet, so genannte *Scripts*. Sie werden als Handlungsmuster Teile des eigenen sozialen Verhaltensrepertoires. Beobachtungen von Aggressionshandlungen und eigene erfolgreiche Erfahrungen mit Aggression können so einen Teil dieser Scripts bilden. Unter entsprechenden Bedingungen treten sie dann als Handlungsmuster in Funktion. Aggressionshandlungen werden somit erfahrungsabhängig gesteuert, was zu einer individuellen Handlungsausführung führt.

Dass derartige Handlungsmuster aus der Erfahrung individuell aufgebaut werden, gegebenenfalls wieder abgerufen werden können, ist nicht zu bezweifeln und empirisch bestätigt. Aber auch diese Theorien beschreiben nur einen Teil des insgesamt ablaufenden Handlungsprozesses. Die affektiven Komponenten bleiben weitgehend unberücksichtigt.

2.2.5 Spezifisch Psychoanalytische Annahmen

In der weiteren Entwicklung der *psychoanalytischen Theorie* tritt jedoch die späte Auffassung Freuds zugunsten einer anderen, schon früher vertretenen Theorie, in der Aggression „als eine Reaktion auf Versagungen" aufgefasst wird, zurück. Für die Aggression wird hier nicht eine eigene biologische Energiequelle angenommen wie für die Sexualität. Sie ist eine Reaktion des Ich, die auf die Beseitigung von Quellen der Unlust gerichtet ist (Kornadt, 1981, S. 7). Diese Auffassung ist wohl auch die Basis der Frustrations-Aggressions-Theorie.

2.2.6 Die Frustrations-Aggressions-Theorie

Als zwischen den Extremen der biologischen und sozialpsychologischen Forschung liegend ist vor allem die Frustrations-Aggressions-Theorie der Yale-Gruppe (Dollard et al., 1939) zu sehen. Diese Autoren haben noch am ehesten eine Theorie entwickelt, mit der das Zustandekommen und der Ablauf von vollständigen Aggressionshandlungen erklärt wird. Sie nahmen an, dass eine Aggression eine *Reaktion auf eine Frustration* ist. Unter Frustration verstanden sie die *Blockierung einer zielgerichteten Handlung*, die eine Affektreaktion auslöst, und die dann Aggressionshandlungen in Richtung auf die Beseitigung dieser Frustrationsquelle zur Folge haben. Die ursprüngliche Theorie der Yale-Gruppe besagte, dass eine Aggression *immer* die Folge einer Frustration ist. Dann stellte sich jedoch heraus, dass es auch andere Reaktionsformen auf Frustration gibt, wie z. B. Regression oder Depression, so dass die spätere und endgültige Version der Frustrations-Aggressions-Theorie besagt, dass *Aggression eine mögliche Folge von Frustration* ist. Die Theorie ist relativ elaboriert, hat die Untersuchung vieler Einzelheiten angeregt, und viele Details sind auch bestätigt worden. Sie hat den Vorteil, dass sie eine Reihe einzelner Elemente, die von anderen Autoren hervorgehoben und auch empirisch bestätigt wurden, mit einschließt.

Rückblick, Zusammenfassung

Das Problem aller geschilderten theoretischen Ansätze ist, dass sie jeweils einen bestimmten Ausschnitt aus dem gesamten Handlungsablauf untersuchen und meist auch zu empirischen Belegen angeregt haben. Das kann zwar interessante Teilergebnisse bringen, aber eine Aggressionshandlung insgesamt mit dem Zusammenspiel der Teile in ihrem Ablauf nicht erklären. Häufig fehlt die Einbeziehung des Entwicklungs-Aspektes, wie es denn zu überdauernden, individuell verschiedenen Dispositionen zur Aggression kommt, und meist werden die affektiven Aspekte vernachlässigt, die doch ohne Zweifel eine wesentliche Komponente des Aggressions-Verhaltens ausmachen.

3 Motivationstheorie: Aggression und Aggressivität

3.1 Aggression als motivierte Handlung

Das Voranstehende hat zweierlei gezeigt. Zur Zeit von Planung und Vorbereitung unserer Untersuchung gab es eine sehr ausgedehnte, aber auch aufgefächerte Aggressionsforschung. Sie hatte bereits eine Fülle von Einzelergebnissen erbracht. Sie beruhte teils auf Beobachtungen (an Tieren wie an Menschen), teils auf vielfältigen Laborexperimenten, auf Längsschnittstudien über die Entwicklung von Aggressivität (z. B. Lefkowitz, Eron, Walder & Huesmann, 1977) und auf anthropologischen Berichten über Aggressionsverhalten in anderen Völkern (s. u. a. Kornadt, 2007a; Kornadt, Eckensberger & Emminghaus, 1980).

Es fehlte also nicht an Einzelkenntnissen. Sie waren jedoch disparat und nur auf den Kontext ihrer jeweiligen theoretischen Ansätze bezogen. Daraus ergab sich kein Verständnis dessen, was eigentlich unter Aggression und Aggressivität als einer qualitativ spezifischen Verhaltensweise verstanden werden kann. Vor allem fehlte es an einem einigermaßen fundierten Konzept zum Verständnis, in welcher (funktionalen) Beziehung die verschiedenartigen Befunde dieses Phänomenbereichs zueinander stehen könnten, die vielleicht alle etwas mit „Aggression" zu tun haben. Damit fehlte auch ein theoretisches Prinzip, das erlauben würde, aus der Fülle von „Aggression" genannten Phänomenen einen bestimmten Bereich nicht beliebig zusammenzufassen, sondern nach einem gemeinsamen (funktionalen) Prinzip. Damit könnte er von anderen abgegrenzt werden, auf die dieses Prinzip nicht zutrifft, die also keine „Aggression" in diesem engeren Sinne sind.

Das müsste möglich sein, denn die *Teilphänomene*, die aus verschiedenen Forschungsansätzen ermittelt wurden (z. B. die biologisch fundierte Affektaktivierung, die Deutung der sozialen Situation und der Frustrations-Ursachen [böswillig?], sowie das Ziel, [berechtigte] Interessen zu verteidigen oder durchzusetzen), sind Bestandteile eines komplexen Handlungsablaufes.

Für uns waren dabei schon früh zwei Sachverhalte evident: Einmal, dass das „gewöhnliche" Aggressionsverhalten (von komplizierten Sonderfällen einmal abgesehen) eine *zielgerichtete Handlung* ist; zum anderen, dass diese Handlung durch einen spezifischen Anlass, eine *„Frustration"*, und die dadurch *ausgelösten Affekte* angeregt und damit auf ein Aggressions*ziel* im engeren Sinne gerichtet wird, durch dessen Erreichung ein *Abklingen* des Affektes erfolgt. Dies macht die Spezifität dieser Handlungsklasse aus und erlaubt es, sie von anderen zu unterscheiden.

Ein solcher Handlungsablauf ist Gegenstand klassischer Motivationstheorien und -forschungen. Diese Vorstellung einer spezifisch motivierten Handlung geht im Wesentlichen auf McClelland zurück (McClelland, 1951; McClelland, Atkinson, Clark & Lowell, 1953). Damit lag auch für uns hier eine motivationstheoretische Erklärung nahe. In einem solchen Rahmen ist es möglich, die verschiedenen Befunde aus der übrigen Forschung über Teilelemente in einem funktionalen Zusammenhang zu verstehen. Dazu würden auch Erziehungs- und Entwicklungsbedingungen in ihrem Einfluss gehören.

Somit haben wir in Anlehnung an Fuchs (1963), McClelland (1951), Feshbach (1974), Atkinson (1958), Heckhausen (1963) und Olweus (1978) eine Motivationstheorie der Aggression entwickelt (u. a. Kornadt, 1974, 1982). Ihre zentralen Annahmen beschreiben das Zustandekommen und den Ablauf einer Aggressionshandlung folgendermaßen: Eine Frustration im Sinne einer Beeinträchtigung, die körperlicher (im Sinne einer Behinderung, Verletzung o. Ä.) oder ideeller (Beleidigung) Natur sein kann, aktiviert einen Ärger-artigen Affekt. Hier ist ein angeborener biologischer Prozess zu sehen, der von spezifischen neurophysiologischen Subsystemen im Organismus gesteuert wird. Das Erleben eines solchen Affektes und die Deutung der ihn auslösenden Situation (als böswillig, gefährlich) führt zur Aktivierung eines erfahrungsbedingten überdauernden Systems von Zielvorstellungen und möglichen aggressiven Handlungsmustern (z. B. die Beeinträchtigung kann notfalls gewaltsam beseitigt werden). Dies jedoch nur, wenn die Beeinträchtigung als aggressionsrelevant verstanden wird: z. B. wenn die Situation als bösartig intendiert, nicht aber, wenn sie als Folge eines Zufalls verstanden wird (Rule & Ferguson, 1984). Zielvorstellungen und Handlungsmuster (Script) sind individuell aus der Erfahrung aufgebaut. Hier gehen also die lerntheoretischen Erkenntnisse über den Lerneffekt von erfolgreichen oder nicht erfolgreichen Handlungen entscheidend ein. Sofern nicht Gegenmotive (Aggressionshemmung, andere Motive wie Wertschätzung oder Angst vor Vergeltung) ansprechen, wird eine Handlung ausgeführt, die geeignet ist, das (Aggressions-) Ziel, z. B. die (gewaltsame!) Beseitigung der Frustrationsquelle (der Beeinträchtigung, Bedrohung; die Wiederherstellung des sozialen Ansehens; Vergeltung o. Ä.), zu erreichen. Ist dieses Ziel erreicht, so klingt das aktivierte Motivsystem wieder ab. Diese *Desaktivierung* nach Erreichung eines Aggressionsziels ist übrigens ein wichtiges *Kriterium* dafür, dass es sich hier tatsächlich um ein Aggressionsmotiv handelt (andere aktivierte Motive, z. B. Leistung, lassen sich durch Aggression nicht befriedigen – s. dazu Kornadt, 1982). Nach Abklingen können nun auch andere Motive wieder verhaltensrelevant werden. Diesen Ablauf haben wir übrigens in einer ganzen Reihe von (auch experimentellen) Untersuchungen nachgewiesen (Kornadt & Zumkley, 1992; Peper, 1980; Zumkley, 1984 u. a.).

Motivationstheoretisch gesehen, besteht eine *spezifische Aggressionshandlung* also aus einer Kette aufeinander folgender und *miteinander verknüpfter*

Einzelschritte, in denen einzelne Elemente nacheinander in Funktion treten. Eine Aggressionshandlung muss also nicht „automatisch", en block ablaufen, sie ist keine (automatische) Instinkt- oder Triebhandlung, sie kann, wenn aus bestimmten Gründen ein Element nicht anspricht oder blockiert wird (z. B. Ablenkung, Zielkonflikte), auch ausbleiben oder unterbrochen werden. *Das Aggressionsmotiv* seinerseits besteht somit aus der funktionalen Verknüpfung einer Reihe von aggressions-spezifischen Einzelelementen (Affekt, Intentionsdeutung, Handlungsmuster (Scripts), Wertungen, Zielvorstellungen), die ein *funktionales System* bilden. Dieses System wird allmählich erfahrungsabhängig aufgebaut.

Im folgenden Handlungsschema sind die einzelnen Elemente des Motiv-Systems und ihre Abfolge in einer Aggressionshandlung schematisch dargestellt:

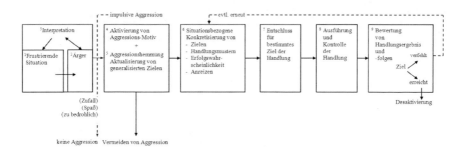

Abbildung 2: Handlungsschema einer Aggressionshandlung

3.2 Individuelle Differenzen

Aus dem Ablauf und den Phasen einer Aggressionshandlung lässt sich leicht ersehen, welche Elemente in der jeweiligen Phase des Prozesses beteiligt sind. An all diesen Stellen sind auch *individuelle Unterschiede* zu vermuten. So könnten z. B. am Anfang hinsichtlich der erlebten *Stärke des Ärgers* und der Deutung der Situation deutliche individuelle Unterschiede bestehen. Aus biologischen Gründen (Temperamentsunterschiede) kann es schon im Ansprechen des Ärgers Unterschiede zwischen Menschen geben: beim einen spricht der Ärger vielleicht schnell an und klingt auch schnell wieder ab, beim anderen spricht er erst langsam an und hält länger an.

Auch die *Stärke der Ärgerreaktion* (Intensität der physiologischen Erregung) mag individuell verschieden sein. Ebenso wichtig ist aber auch die Verknüpfung dieser ersten Affektreaktion mit der *Deutung des Anlasses* (wie wichtig ist die Bedrohung, wie bösartig die Intention?). Wird der Anlass als tatsächlich besonders schwerwiegend verstanden („*das ist eine grobe Gemeinheit, die mich kränkt und mit der er mir schwer schaden will*"), so steigt die Ärgerintensität. Wird dagegen die Situation bei näherer Prüfung als bedeutungslos gesehen (zufällig oder unbeabsichtigt), klingt der Ärger schnell wieder ab. Die Beziehung der Ärgerintensität zur Situationsdeutung ist sicher nicht automatisch. Hier sind Wechselwirkungen mit Prozessen der intendierten Emotionsregulation anzunehmen, die Verstärken oder Abschwächen der Erregung zur Folge haben. Auch diese Fähigkeit und/oder ihre Bereitschaft dazu ist vermutlich individuell verschieden. Sie wird von Wertschätzungen und Erfahrungen abhängen. Sie wird auch nicht unabhängig von der jeweiligen Beziehung zu der Person sein, die als Angreifer wahrgenommen wird, oder anderer, die vielleicht als schützende Helfer im Hintergrund verfügbar sind.

Schon an diesem Beispiel erkennt man, in wie vielfältiger Weise Unterschiede zwischen Personen zu vermuten sind. Entsprechende individuelle Unterschiede sind ebenso auch bei bestehender Schädigungsintention für die gewählte oder geplante Aggressionshandlung anzunehmen: Vom plumpen körperlichen Angriff, über lautes Schimpfen und Beleidigen, bis zur kalten bösartigen Ironie, bestehen alle Möglichkeiten und sind gegebenenfalls aus der Erfahrung aufgebaut und abrufbar.

Das ließe sich ohne Weiteres für jeden der Schritte bis zur endgültigen Ausführung der Aggressionshandlung und der Beurteilung der Handlungseffekte beschreiben. Wir verzichten darauf, dies noch weiter auszuführen. Für jedes der am Aggressionsverhalten beteiligten Elemente sind derartige individuelle Differenzen anzunehmen. Die Unterschiede in der globalen Gesamtaggressivität werden letztlich darauf beruhen.

3.3 Intendierte „echte" und „instrumentelle" Aggression

Die Motivationstheorie der Aggression bezieht sich auf eine bestimmte Klasse von Handlungen, bei denen in der Regel eine (Ärger-)Affektaktivierung am Anfang steht, eine auf ein Aggressionsziel gerichtete, also spezifisch intendierte Handlung folgt, und, nach Erreichung dieses Ziels, die Desaktivierung des Systems am Ende steht. Sie geht damit von einem überdauernden Motivsystem aus, das unter bestimmten Bedingungen aktiviert und deaktiviert wird, und das die oben beschriebenen Teilelemente umfasst. Nun gibt es aber auch Handlungen, die andere schädigen und insofern als „aggressiv" gelten können, ohne dass dies aber das eigentliche Handlungsziel ist, bei denen also das Aggressionsmotiv nicht handlungssteuernd war. Solche Handlungen werden als „instrumentelle" Aggression (Feshbach, 1974; Kornadt, 1982; Kornadt & Zumkley, 1992) bezeichnet. Ein typisches Beispiel ist etwa der sportliche Wettkampf, bei dem das Ziel des Sportlers ist, den Sieg (z. B. die Goldmedaille) zu erringen. Dass damit der Mitbewerber „frustriert" (geschädigt) werden würde, ist ein unvermeidbarer Nebeneffekt, der in Kauf genommen werden muss. Diese Schädigung des Konkurrenten ist aber nicht das eigentliche Handlungsziel des Sportlers.

Allerdings ist die Abgrenzung nicht immer einfach. Einmal können Fähigkeiten, Handlungsmuster, kognitive Schemata usw., die in anderem Zusammenhang entwickelt wurden, auch zu Teilelementen des Aggressionsmotivs werden und umgekehrt. Noch wichtiger ist aber, dass Handlungen oft mehrfach motiviert sind, indem sie gleichzeitig mehreren Motivzielen dienen. Deren Rangordnung wird im einzelnen Fall schwer zu entwirren sein. (Der Sportler kann sein sportliches Leistungsziel erreichen wollen und *gleichzeitig damit* seinem Konkurrenten, den er schon lange hasst, die sportliche Karriere verderben wollen; das könnte ihn auch zusätzlich antreiben.) Ferner wird aus einem hohen Aggressionsmotiv auch eine Tendenz oder Bereitschaft erwachsen, bei Handlungen, die anderen Zielen dienen, „aggressive Elemente" mitzuverwenden, oder eventuelle Schädigungen anderer eher *in Kauf zu nehmen*, als bei niedrigem Aggressionsmotiv. Insofern werden Verhaltenselemente, die in der instrumentellen Aggression eine Rolle spielen, auch aus dem Aggressionsmotiv heraus abgeleitet werden können. Sie werden auch unabhängig von der Aktivierung des komplexen Aggressionsmotivs in anderen Motivzusammenhängen in Funktion treten können. Dennoch ist es in der empirischen Forschung sinnvoll, und hat sich in unseren früheren Untersuchungen bewährt, sich primär auf die spezifisch motivierten Aggressionshandlungen zu konzentrieren (z. B. in der Definition von Auswertungskategorien) und vermutlich multiple Ziele von Aggressionen nur sehr vorsichtig und eingeschränkt mitzubetrachten (beispielsweise in unserer Untersuchung in der Auswertung mit deutlich verminderter Gewichtung) (ausführlicher hierzu Kornadt, 1992, S. 543-546).

3.4 Genese individueller Unterschiede in der Aggressivität

Die Motivationstheorie bietet damit genügend Ansätze, um Hypothesen über *individuelle Differenzen* in der Aggressivität und über die *Aggressivitäts-Genese* zu entwickeln. Da Aggressivität im motivationstheoretischen Verständnis ja eben keine homogene globale „Eigenschaft" ist, wie eben ausgeführt, sondern auf einem *System mehrerer Komponenten* beruht, können Unterschiede in einzelnen Komponenten bestehen. Darauf können auch individuelle Differenzen beruhen, und für diese lassen sich bestimmte Genese-Bedingungen postulieren. Damit besteht eine solide theoretische Basis für empirische Untersuchungen zur Prüfung der Annahmen.

Auf die *Differenzierung zwischen relationaler* und physischer Aggression, die sich in der Literatur eingebürgert hat, gehen wir – außer kurz im Zusammenhang mit der Bereichsspezifität in Kapitel 12 – nicht weiter ein. Motivationstheoretisch gesehen, liegt beiden Formen der Aggression, die sich im Wesentlichen in den Ausführungshandlungen, nicht aber im grundsätzlichen Ziel unterscheiden, der gleiche Prozess mit den gleichen Komponenten zugrunde.

4 Fragestellungen und Hypothesen der kulturvergleichenden Untersuchung

4.1 Aggressivitäts-Unterschiede zwischen Kulturen?

Auf der Basis der Motivationstheorie ergeben sich für unsere Untersuchung folgende *zentrale Fragen* hinsichtlich der *globalen Aggressivität*:

1. Ist die verhaltens-relevante globale Aggressivität in den verschiedenen Kulturen tatsächlich verschieden, wie es nach unserem Eindruck anzunehmen ist?
2. Beruht eventuell niedrigere Aggressivität lediglich auf Unterdrückung der „eigentlichen" Aggressivität? Das würde also im Grunde ein hohes Aggressionsmotiv und hohe Aggressions-Hemmung bedeuten.
3. Lassen sich Unterschiede in der Ausprägung einzelner Motiv-Elemente wie der Ärgerschwelle, der Situations-Deutung, oder der Handlungs-Absicht nachweisen?
4. Beruhen eventuelle individuelle Differenzen in der Höhe der (globalen) Aggressivität auf der unterschiedlichen Ausprägung oder Ansprechbarkeit einzelner Motivelemente?

Die *Hauptfragestellung* der Untersuchung bezieht sich demnach darauf, ob es tatsächlich kulturelle Bedingungen gibt, unter denen das *Aggressionsmotiv nur gering und eventuell auch anders* ausgebildet wird. Zur Untersuchung dieser Fragestellung genügt es nicht etwa, Personen mit geringer Aggressivität in unserer eigenen Kultur aufzusuchen und deren Entwicklungsbedingungen zu studieren. Dies wären immer Sonderfälle, bei denen die Verallgemeinerung besonders problematisch ist. Generell ist die Varianz von Verhaltensweisen und vor allem von Entwicklungsbedingungen innerhalb einer Kultur natürlich begrenzt. Daher bietet sich an, systematisch solche Kulturen aufzusuchen, bei denen Grund zur Annahme besteht, dass bei ihnen normalerweise eine besondere Ausprägung der Aggressivität vorkommt. Es wäre dann dort nicht nur die Aggressivität zu studieren, sondern auch die sozio-kulturellen Sachverhalte, die in den kulturellen Rahmenbedingungen gegeben sind.

Eine weitere Möglichkeit besteht im Vergleich zwischen traditionellen und moderneren Kulturen. Wir haben die Absicht gehabt, *innerhalb* jeder Kultur eine eher modernere mit einer eher traditionelleren Stichprobe zu vergleichen. Die grundlegende Idee war, dass möglicherweise mit der Modernisierung und der

Entwicklung postmoderner oder postmaterialistischer Werte auch eine Änderung hinsichtlich der Wertschätzungen und Regeln einhergehen könnte, die in traditioneller Lebensweise in Bezug auf die Aggressivitätsentwicklung bestehen [*Anmerkung:* Dabei war uns klar, dass diese ganz grobe und oberflächliche Unterscheidung in traditionelle und modernere Gruppen *sehr unpräzise* ist und eigentlich eine Prüfung des Grades dieser Modernität an Hand empirischer Kriterien voraussetzen würde. Dazu waren wir natürlich nicht in der Lage, und deswegen ist auch diese Wahl von modernen und traditionellen Untergruppen durchaus problematisch. Etwaigen Ergebnissen dürfen wir also kein zu großes Gewicht geben]. Wenn man das nachweisen könnte, wäre es natürlich auch von allgemeinerem Interesse, nicht nur hinsichtlich der Aggressionstheorie, sondern auch in Bezug auf den sozialen Wandel. Es würde zudem überhaupt für die Validität unserer kulturvergleichenden Untersuchung sprechen.

Die Grundannahme war, dass in den traditionellen, eher kleinräumigen (Dorf-)Gemeinschaften mit der face-to-face Lebensweise, wo jeder jeden kennt, auf die Einhaltung der in dieser Gemeinschaft geltenden Regeln geachtet wird, Verstöße gegen sie unmittelbare und sofortige Sanktionen nach sich ziehen. In einer insgesamt eher *gering aggressiven* Kultur (wie z. B. auf Bali) müsste dann die Aggressivität von dort lebenden Personen geringer sein als in einer Großstadt der gleichen Kultur, in der man ja eher anonym lebt. Das gilt besonders für westlich geprägte Großstädte mit den dort herrschenden postmateriellen Werten, der Betonung des Individualismus und der individuellen Glückserwartung. Dort besteht keine so enge Bindung an die Gemeinschaft, und damit ist auch weniger Rücksicht auf andere erforderlich. Unter diesen Bedingungen könnte sich auch Aggressivität eher entwickeln, zumal auch die traditionellen Regeln weniger gelten und die Sanktionsmöglichkeiten deutlich geringer sind. Damit könnten sich nicht-aggressive Wertschätzungen aufweichen und sich im Zuge des Erwerbs- (oder Über-)lebens und im Konkurrenzkampf mit anderen mehr Rücksichtslosigkeit und vielleicht auch mehr Aggressivität entwickeln.

Umgekehrt könnte es in einer anderen traditionellen Kultur sein, in der Aggressivität generell eine *hohe* Wertschätzung hat, was oft verbunden ist mit Angst vor Aggressivität und ständiger Bedrohung (durch tatsächliche Angriffe oder auch durch Magie), wo die Bereitschaft besteht, sich mit aggressiven Mitteln zu verteidigen, vielleicht schon prophylaktisch aggressiv zu werden. Dann darf man annehmen, dass in diesem Kontext auch die individuelle Aggressivität höher entwickelt wird, dagegen in der Großstadt, wenn diese Bedrohung wegfällt, eher *geringer*.

Daher haben wir z. B. angenommen, dass Bewohner der eher nichtaggressiven Dorfgemeinschaft in Bali beim engeren Kontakt mit westlicher Lebensweise von Touristen, die sehr viel lockerere Umgangsformen und auch nicht so strenge Regeln genereller Art vertreten, ebenfalls höhere Aggressivität entwickeln könnten. Deshalb wollten wir in allen Kulturen traditionellere und modernere Untergruppen miteinander zu vergleichen. Dabei sollte auch versucht werden, genauere Kenntnisse über die mögliche Variationsbreite der Aggressivität und von aggressionsrelevanten Erziehungsbedingungen zu ermitteln. Auf dieser breiteren Basis soll dann versucht werden, ein besseres theoretisches Verständnis für das Zustandekommen hoher und niedriger Aggressivität zu gewinnen. Zugleich soll die „Universalität" bestimmter motivationstheoretischer Hypothesen für die Aggression und die Aggressivitätsgenese geprüft werden, sowie die Möglichkeit, eventuelle *Kulturspezifika* in diesen Theorierahmen einzuordnen.

Diese Fragen sollen im Zuge der Untersuchung an Hand der empirischen Ergebnisse, die wir *von den Jugendlichen* aus den verschiedenen Kulturen gewinnen, beantwortet werden.

Hier ist aber gleich eine Klarstellung unerlässlich: Es muss ein mögliches Missverständnis ausgeräumt werden. Es war natürlich von vornherein klar war, dass wir *keine Aussagen über die KULTUR* machen könnten und wollten. Wir würden natürlich immer nur eine *kleine Stichprobe* aus der jeweiligen Kultur untersuchen können, und mit dieser Stichprobe würden wir niemals den Anspruch auf Generalisierbarkeit erheben können. Uns kam es vielmehr darauf an, Stichproben aus anderen kulturellen Kontexten zu untersuchen, in denen wir Besonderheiten des Kontextes abschätzen können, um dann die Ergebnisse von Probanden aus verschiedenen Kontextbedingungen zu vergleichen, um diesen Einfluss zu untersuchen. Eine Verallgemeinerung über die Kulturen, so nahe sie auch liegen mag, war allein aus methodischen Gründen selbstverständlich niemals unser Ziel.

4.2 Fragestellungen zur Genese

Unabhängig vom Ergebnis unserer Untersuchung wissen wir ja bereits, dass es *erhebliche individuelle Differenzen in der Höhe* der Aggressivität gibt. Aber die grundlegende Frage hierzu ist, wie diese zustande kommen. Die simple Antwort, dass sie schlicht genetisch bedingt sind, haben wir bereits vorne in Kapitel 3.2 ausgeschlossen; die differenziertere Annahme, dass genetische Faktoren eine gewisse Rolle spielen können, z. B. in der Affekt-Reaktion, haben wir nicht ausgeschlossen, aber sie ist für uns nicht weiter verfolgbar.

Wir konzentrieren uns stattdessen auf die Frage nach erfahrungsabhängigen Einflüssen. Grundlage dafür sind gesicherte Forschungsergebnisse aus den Bereichen der

- Attachment-Forschung
- Frustrations-Aggressions-Forschung
- Emotionsforschung
- Forschung zur sozialen Lerntheorie
- Kognitionsforschung (zur Scripttheorie).

Ohne zu sehr in die Einzelheiten zu gehen, sollen einige besonders wichtige Aspekte erwähnt werden. Die Genese der Aggressivität zu verstehen, ist schon deswegen notwendig, als sie einen Beitrag zur Begründung dafür liefert, warum „Aggressivität" eine *funktional abgrenzbare Handlungsklasse* mit eigener Organisation ist und worin diese besteht. Als *Ausgangspunkt* für deren Entwicklung wird die aus biologischer Voraussetzung stammende *Ärgerreaktion auf Frustration* oder Beeinträchtigung und die Rolle von zunächst impulsiven *Affekthandlungen* angenommen. Für die Entwicklung von Selbstwirksamkeit (self efficacy, Bandura, 1973, 1977) in einem weiten Sinn, oder von Selbstbehauptung als Teil des Selbstkonzepts haben diese Bedeutung, weil sie ermöglichen, notfalls in schwieriger Lage ggf. doch noch erfolgreich sein zu können (Rutter & Silberg, 2002).

Weiterhin sind die frühen Erfahrungen in der Betreuung in Bezug auf Sicherheit und Geborgenheit sehr wichtig. Im Sinne der Attachment-Forschung sehen wir die besondere Bedeutung der *frühen Mutter-Kind-Beziehung*. Sie dürfte für die frühe Ärgerreaktion (Häufigkeit, Konditionierung) und die frühe grundlegende Weltsicht – als feindlich oder freundlich – ausschlaggebend sein, und damit auch eine frühe Basis für die Entwicklung von Tendenzen zur (positiven/negativen) Situations- und Intentionsdeutung sein.

Weiterhin dürfte – siehe Lefkowitz, Eron, Walder & Huesmann (1977), Pauen & Rauh (2008), Shwalb & Shwalb (1996), Trommsdorff (1997, 2008) – auch die *Identifikation* mit der Mutter oder mit wichtigen Erziehungspersonen von Bedeutung sein. Von ihr hängt sowohl die Übernahme von Wertschätzungen ab, wie auch die Bereitschaft, ggf. Einschränkungen und Verbote zu akzeptieren, ohne sich beeinträchtigt zu fühlen und mit Ärger zu reagieren.

In der sozialen Umwelt, in die das Kind hinein wächst, sind drei Erfahrungsbereiche von besonderer Wichtigkeit: Einmal die *Regeln, Normen und Werte*, die hier gelten und unter Umständen mit Sanktionen durchgesetzt werden. Zum anderen andere Personen, die als *Vorbilder* für erfolgreiches Verhalten in Konflikten, oder bei der Durchsetzung eigener Interessen, sei es mit aggressiven oder unaggressiven Mitteln, dienen. Und schließlich die eigenen Erfahrungen, *mit Aggression Erfolg oder Misserfolg* zu haben, was unter Umständen unabhängig sein kann von den in *der Kultur* herrschenden oder (offiziell) vertretenen Werten oder dem Verhalten der Vorbilder.

Und schließlich herrschen in verschiedenen Kulturen sehr unterschiedliche Vorstellungen und Deutungen der Natur (Triandis & Suh, 2002) des Menschen und seiner Beziehung zur Umwelt. Sie liegen u. a. dem Unterschied zwischen *independenten* und *inter-dependenten* Kulturen zugrunde. Solche kulturellen Traditionen und Vorstellungen können z. B. in das Erziehungsverhalten von Eltern und Lehrern eingehen, und sie werden vermutlich die Rolle des Einzelnen zur größeren Gemeinschaft mitbestimmen und so Anlässe für das Erleben von Frustrationen oder das problemlose Hinnehmen und Akzeptieren von Schwierigkeiten prägen (Rothbaum & Trommsdorff, 2007; Trommsdorff, 2006; Trommsdorff & Rothbaum, 2008).

Daraus ergeben sich folgende Fragen:
1. Worin bestehen die *individuellen Differenzen in der Höhe der Aggressivität* im Einzelnen? Können einzelne Komponenten des Systems unterschiedlich ausgeprägt, oder wirksam sein? Und wenn ja, welche?
2. Könnte es auch darauf beruhende *qualitative Differenzen in der Aggressivität* geben, und worin würden diese bestehen? Dies ist zu vermuten, wenn einzelne Komponenten (kultur- oder erziehungsbedingt) unterschiedlich ausgeprägt sein können.
3. Worin könnten die *Einflüsse von Erziehung* und evtl. auch von *soziokulturellen Entwicklungsbedingungen* bestehen? Unterschiede in der Erziehung und in der Auseinandersetzung mit dem unterschiedlichen sozialen Kontext in der Umwelt könnten erhebliche Unterschiede auch für die Ausbildung nicht gleich des ganzen Motivsystems, sondern (u. U. schon recht früh) von einzelnen Elementen dieses Systems zur Folge haben.

Die mögliche Antwort auf diese Fragen ist nach der Motivationstheorie naheliegend und auch in Übereinstimmung mit den verschiedenen Untersuchungen über Teilaspekte. In jeder der genannten Komponenten, die bei der Aggressionshandlung aktiv werden, können im Einzelfall, wie wir nach den vorliegenden Teil-Untersuchungen annehmen, individuelle Differenzen entstehen, z. B. in der Affektaktivierung, wo vermutlich physiologisch-bedingte Unterschiede hinsichtlich der Ärgerschwelle oder der Stärke des Ansprechens der Affekte bestehen können. Wir kennen auch Unterschiede in der Neigung, Beeinträchtigungen als gutoder bösartig zu deuten, wie dies von sozialpsychologischer Forschung nachgewiesen wurde. Das gilt ebenso für die aus Erfahrung aufgebauten Scripts und für die ebenfalls erfahrungsabhängigen Zielvorstellungen, die am Erfolg und Misserfolg bisheriger Erfahrungen oder an Wertschätzungen orientiert sind. Alle diese Elemente können auch in der kulturbezogenen Erziehung in unterschiedlicher Weise angeregt und ausgeprägt worden sein.

Somit besteht eine theoretische Basis, sowohl individuelle Differenzen in der Höhe der Aggressivität, als auch qualitative Unterschiede und die Prozesse, mit denen solche individuellen Unterschiede in der Erziehung und den kulturbezogenen Entwicklungsbedingungen aufgebaut werden können, zu postulieren.

An dieser Stelle setzen auch die konkreten *Fragestellungen* an, die uns zu unserer kulturvergleichenden Forschung veranlasst haben. Die Einzelheiten dieser Überlegungen sollen hier nicht weiter ausgeführt werden. Sie folgen den eben genannten Überlegungen und sie werden teilweise in der Beschreibung der Verfahren näher ausgeführt. Gegen Ende des Buches wird diese Motivationstheorie nach Darstellung der Ergebnisse und im Zusammenhang mit der Interpretation unserer Ergebnisse noch einmal aufgegriffen und erörtert werden, auch was weiterführende Erkenntnisse (Domänenspezifität) angeht, die sich aus unseren Untersuchungen ergeben.

Als wichtigste Frage soll untersucht werden, ob denn überhaupt ein Unterschied in der (globalen/pauschalen) *Höhe der Aggressivität* zwischen den Kulturen besteht. Speziell sollte auch geprüft werden, ob in eventuellen Unterschieden die Aggressionshemmungs-Komponente eine entscheidende Rolle spielt.

Sollte das der Fall sein, dann sollten *Erziehungs-* und *Entwicklungsbedingungen* und sonstige aggressionsrelevante Informationen *von Müttern* ermittelt werden.

Für die letztere, besonders anspruchsvolle Fragestellung ergeben sich drei Unterfragen:
- Lässt sich über die untersuchten Kulturen hinweg ein solcher *Einfluss* bestimmter Erziehungsbedingungen auf *die Aggressivität* nachweisen? Das wäre ein Argument für die prinzipielle kulturübergreifende (im Idealfall universelle) Gültigkeit der grundlegenden motivationstheoretischen Annahmen.
- Kann eventuell auch ein *längerfristiger Zusammenhang* zwischen der mütterlichen Erziehung und der Aggressivität ihrer Kinder nachgewiesen werden? Dazu wäre allerdings – was ein besonders aufwendiges Vorgehen erforderte – eine kulturübergreifende Längsschnittstudie erforderlich.
- Außerdem soll untersucht werden, ob sich die Hypothesen bestätigen lassen, dass aus verschiedenen Erziehungsbedingungen auch *qualitative Aggressivitätsunterschiede* (sozusagen in der Aggressivitätsstruktur) bestehen. Derartige Unterschiede sind nach der Motivationstheorie der Aggressionsentwicklung zu erwarten.
- Als Zusatzfrage sollte noch geprüft werden, ob sich die Aggressivität und die Erziehungsbedingungen zwischen *zwei Subgruppen* innerhalb einer Kultur unterscheiden. Das sollten Subgruppen sein, die sich hinsichtlich des zu vermutenden *sozialen Wandels* in den jeweiligen Kulturen unterscheiden. Wäre dies der Fall, würden solche intrakulturellen Vergleiche auch ein etwaiges methodisches Problem des Vergleichs der Ergebnisse aus verschiedenen Kulturen relativieren.

Ferner sollen genauere Kenntnisse über die mögliche Variationsbreite von Aggressivität und von aggressionsrelevanten Erziehungsbedingungen ermittelt werden. Auf dieser breiteren Basis soll dann versucht werden, ein besseres theoretisches Verständnis für das Zustandekommen hoher und niedriger Aggressivität zu gewinnen. Zugleich soll die Universalität bestimmter motivationstheoretischer Hypothesen für die Aggression und die Aggressivitätsgenese geprüft werden, sowie die Möglichkeit, eventuelle *Kulturspezifika* in diesen Theorierahmen einzuordnen.

4.3 Hypothesen zur Aggressivitätsgenese

1. Von primärer Bedeutung ist die *Mutter-Kind-Beziehung*; sie ist vermutlich in den verschiedenen Kulturen verschieden.
   Als Aggressions-relevant nehmen wir im Einzelnen an:
   - Zuwendung, Bindung, Responsivität (oneness)
   - Verhalten bei Fehlverhalten des Kindes:
     Eingehen auf die zugrundeliegenden Bedürfnisses des Kindes
     vs. Ablehnung, Zurückweisung, Strafe
   - Setzen, Vertreten klarer Regeln
     vs. keine oder unklare Regeln oder Nicht-Durchsetzen
   - Verhalten im Interessenkonflikt:
     Verständnisvolles Eingehen auf das Kind, Bemühen um Gemeinsamkeit
     vs. verständnisloses Ablehnen, Beharren; Konflikteskalation
   - Vermittlung von Werten:
     Nachgeben, Kooperation, Mitgefühl
     vs. Selbstdurchsetzung, notfalls ohne Rücksicht, auch aggressiv
2. In den genannten Unterschieden im Mutter-Kind-Verhalten gibt es auch charakteristische Unterschiede zwischen Kulturen, bzw. bestimmte Formen sind charakteristisch für bestimmte Kulturen.
3. Frühere Einflüsse der Mutter-Kind-Beziehung auf die Aggressivität können langfristige Nachwirkungen (bis ins Jugendalter und vermutlich darüber hinaus) haben.
4. Der sozio-kulturelle Kontext, in den die Kinder hineinwachsen, kann
   - Vorbilder bieten für aggressives/nicht-aggressives, rücksichtsvolles Verhalten; und für dessen Erfolg,
   - dem Kind erfolgreiches Aggressionsverhalten ermöglichen, oder Erfolg gerade für nachgiebiges, kooperatives, rücksichtsvolles Verhalten,
   - generell Aggression bzw. Altruismus positiv/negativ werten.

In unserer Kulturvergleichenden Untersuchung sollen hierzu Befunde erhoben werden, die nach Möglichkeit eine Prüfung dieser Hypothesen erlauben. Diese Befunde sollen, wie erwähnt, in der Hauptsache aus intensiven Untersuchungen an *Müttern (3)4-5(6)-jähriger Kinder* und aus einer Längsschnitt-Studie an Jugendlichen mit fast zehn-jährigem Intervall aus den verschiedenen Kulturen gewonnen werden.

5 Die Kulturen unserer Untersuchung

Vorbemerkung

Entsprechend der Grundidee unserer Untersuchung, Probanden aus unterschiedlichen Kulturen hinsichtlich ihrer Aggressivität und deren Entwicklungsbedingungen zu untersuchen, haben wir zum Kontrast zu Deutschland die Schweiz und ostasiatische Kulturen gewählt. Da die Anregung zur Untersuchung auf Beobachtungen in Japan beruhte, sollte natürlich *Japan* gewählt werden. Aber um nicht nur eventuell spezifische Sonder-Bedingungen Japans zugrunde legen zu müssen, sollte eine weitere ostasiatische Kultur einbezogen werden.

Die ost- und süd-ost-asiatischen Kulturen haben bestimmte Gemeinsamkeiten in den Werten, die z. B. in der Erziehung vertreten werden. Das ist z. B. die Achtung vor der Autorität, Gehorsam den Eltern gegenüber und gegenseitige Achtung und Hilfe, vor allem unter den Familienmitgliedern (Weggel, 1989). Das hat wahrscheinlich gemeinsame kulturgeschichtliche Wurzeln, die nicht nur in Einflüssen aus Indien (Hinduismus, Buddhismus) und China (u. a. Konfuzianismus) zu suchen sind, sondern auch in Ahnenkulten der malaiischen Völker: Es hat im Neolithikum in beide Richtungen erhebliche Wanderungsbewegungen zwischen Japan und Indonesien gegeben, und zwar über Taiwan, die Philippinen und (wahrscheinlich) Celebes und die Molukken (Heine-Geldern, 1932). Auch die japanische Sprache enthält Elemente aus dieser Zeit (Schmidt, 1930).

Als zum Vergleich mit Japan geeignetes Land, haben wir schließlich Indonesien gewählt. Es ist besonders geeignet, denn es vereint viele recht verschiedene Kulturen, die sich in ihrer Lebensweise und u. a. auch in ihrer Aggressivität erheblich unterscheiden (von den Atjeh über die Javaner und Balinesen bis zu den Papuas auf Irian Jaya in West-Neuguinea). *Der Wahl dieser Kulturen lagen somit theoretische und methodische Kriterien zugrunde, also nicht wie gelegentlich im Kulturvergleich eher zufällige Gesichtspunkt*e.

Unsere Leser, die vielleicht mit diesen Kulturen nicht so genau vertraut sind, sollen über sie im folgenden Kapitel zunächst die nötigen allgemeinen Informationen erhalten, die für unsere weitere Erörterung als Hintergrund relevant sind. Wir beschreiben daher die betreffenden Kulturen ausführlicher unter verschiedenen Gesichtspunkten in zwei Abschnitten:

Im folgenden Kapitel 5 werden *allgemeine Hintergrundinformationen* über die Kulturen vermittelt. Sie beziehen sich auf eine Reihe *historischer, geografischer, kultureller und sozioökonomischer* Merkmale. Diese Beschreibungen sollen zunächst der Orientierung dienen und später die Einordnung der im engeren Sinne für unser Forschungsthema relevanten *psychologischen Sachverhalte* (Einstellungen, Werte) erleichtern. *Im Kapitel 11* werden dann – vor der Erörterung unserer kulturbezogenen Ergebnisse – die kulturspezifischen Einstellungen, Gewohnheiten, Werte, Lebensweisen usw. beschrieben werden, die zum Verständnis der Ergebnisse über das jeweilige aggressionsrelevante Verhalten der Mütter in ihrem jeweiligen sozio-kulturellen Kontext nötig sind.

Er sei hier vielleicht noch einmal betont, dass wir aus motivationstheoretischen Gründen ohnehin immer von der Vorstellung ausgegangen sind, dass nicht etwa das Mütter-Verhalten oder das Erziehungsverhalten innerhalb der Familie *alleine* die Entwicklung von Motiven bestimmt, sondern, dass sowohl dieses Verhalten der Erziehungspersonen, wie auch die Umwelt, in die die Kinder hineinwachsen, insgesamt eine entscheidende Funktion für die Entwicklung von Motiven innerhalb einer Persönlichkeit darstellen.

5.1 Japan

Japan ist eine Inselwelt, die vier große (Hokkaido, Honshu, Kyushu und Shikoku), eine Reihe kleinerer und ungefähr 6.500 kleine Inseln umfasst (vgl. Abb. 3). Sie liegen etwa zwischen dem 50sten und 30sten Breitengrad nördlicher Breite, also etwa auf der Höhe von Mainz im Norden, und Teheran im Süden. Da diese Inseln aber nicht vom Golfstrom erwärmt werden, ist es im Winter deutlich kälter als wir nach dieser geografischen Lage erwarten würden. Vor allem Hokkaido und die Westküste von Honshu leiden im Winter bis lange ins Frühjahr hinein unter großen Schneemassen.

In der Zeit, in der wir unsere Untersuchungen planten und durchführten, also zwischen 1975 und 1995, galt Japan als industrialisiertes Musterland und Vorbild, ja sogar als bedrohliche Konkurrenz für die westlichen Industrienationen (z. B. Streib & Ellers, 1994). Japan hatte sich nach Aufhebung der jahrhundertelangen Abgeschlossenheit während der Tokugawa-Periode, von etwa 1865 an, in erstaunlich kurzer Zeit in wirtschaftlicher, technologischer und wissenschaftlicher Hinsicht die Kenntnisse des Westens angeeignet, und Verwaltung und Militär modernisiert. Seit der Niederlage im Zweiten Weltkrieg, ja man muss wohl sagen, trotz der Niederlage, war es zur zweitgrößten Wirtschaftsmacht der Welt aufgestiegen. Die Ursache wird einerseits in der Leistungsfähigkeit der Industrie, in einer besonders effektiven Wirtschaftsform (große Zaibatsu-Keiretsu-Konglomerate) mit der Kooperation von Staat und Wirtschaft („Japan AG") gesehen. Andererseits beruht sie sicher auf einer besonderen kulturellen Basis, die durch eine einmalige Kombination von traditionellen Werten, Verhaltensformen, hohem handwerklichen Können und sozialen Institutionen einerseits, und von modernen, technischen Fähigkeiten und Kenntnissen andererseits, gekennzeichnet ist. Vieles davon geht in der Tat auf eine lange Tradition zurück.

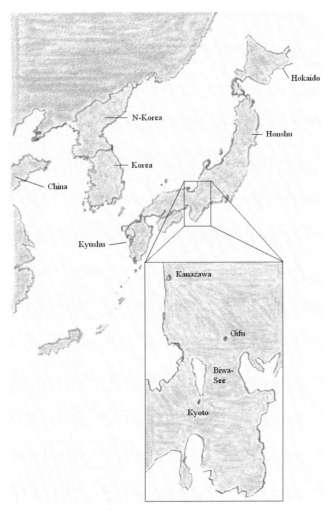

Abbildung 3: Japan, Untersuchungsorte

Das japanische Volk wird als eine Mischung von drei oder vier verschiedenen Einwanderungsströmen angesehen: Wandervölker, die vor ca. 100.000 Jahren aus Zentralasien nach Japan kamen, sowie den Ainus (die eher kaukasisch oder altaisch sind und wahrscheinlich ebenfalls aus Zentralasien stammten), ferner Chinesen und Koreaner über Korea, sowie Austronesier (Malaien) aus Südostasien über Taiwan (u. a. Heine-Geldern, 1932). Es bildete sich die Jōmon-Kultur, die im 2. Jahrhundert v. Chr. durch die Yayoi-Kultur, durch Einflüsse aus China und Korea, abgelöst wurde. Mit ihr kamen Kenntnisse der Metallverarbeitung und des Nass-Reis-Baus nach Japan.

Die Gemeinsamkeit mit Malaien ist übrigens in Japan beträchtlicher als allgemein bekannt ist. Diese ist nicht nur an einigen Merkmalen der Sprache erkennbar, auch die Mentalität der Japaner ist u. E. deutlich unterschieden von der der Koreaner und Chinesen; dies geht eher in die Richtung der Charakteristika, wie sie auch in den malaiischen Kulturen, der Philippinen, Malaysias und Indonesiens zu beobachten ist. Dem liegen wohl die erwähnten sehr frühen, partiellen ethnischen Gemeinsamkeiten zugrunde (Heine-Geldern, 1932). U. a. ist dies auch ein Grund dafür, dass wir eine malaiische Kultur, nämlich Indonesien als Vergleichskultur gewählt haben.

Im 8. Jahrhundert n. Chr. hat eine von mehreren regional relativ mächtig gewordenen Herrscherfamilien (Daimio) ihre Vorherrschaft mit der direkten Abstammung von der (alt-japanischen) Sonnengöttin Amaterasu legitimiert, und damit eine Tradition begründet und im Shintō verankert. Amaterasu ist auch heute noch die „Hausgöttin" des japanischen Kaiserhauses. Im 6. Jahrhundert war über Korea der Buddhismus aus China nach Japan gekommen. Den traditionellen Shintōismus, eine spezielle Form der japanischen Natur- und Ahnenverehrung, hat er jedoch nicht verdrängt, sondern er ist mit ihm eine (eher symbolische) Koexistenz eingegangen. Fußend auf dem Buddhismus und zusätzlich dem Konfuzianismus entwickelte sich das Ideal der Harmonie in den menschlichen Beziehungen und zugleich eine zentralistische Staatsform. Deren besonderen Ausdruck fand sie in der nach chinesischem Vorbild 794 angelegten Hauptstadt Heian-kyō, dem heutigen Kyoto. Sie hatte bereits 818 n. Chr. ca. 500.000 (!) Einwohner Es bildete sich dann eine Machtbalance zwischen Provinzfürsten (Daimio) und dem Kaisertum heraus. Später, nach der Einigung Japans durch Tokugawa Ieyasu 1598 und der Entmachtung des Kaisertums, lag die Macht beim Shōgunat, das bis zur Mitte des 19. Jahrhunderts Bestand hatte.

Im 16. Jahrhundert hatte Japan neben dem ständigen Chinahandel seine Handelsbeziehungen bis weit nach Südostasien, über die Philippinen nach Kambodscha und Indonesien ausgedehnt. Japanische Schiffe waren dabei auch in Auseinandersetzungen mit spanischen Galeonen geraten. Zugleich haben portugiesische Jesuiten und später spanische Franziskaner eine zunächst sehr erfolgreiche christliche Mission in Japan begonnen. Allerdings betrachtete Tokugawa Ieyasu die Missionstätigkeit der Christen und die Ausbreitung des Christentums mehr und mehr mit Misstrauen und als Vorboten etwaiger europäischer Kolonialbestrebungen. Er sah auch die kolonialen Vorstöße der Europäer, der katholischen Portugiesen und Spanier und ihrer protestantischen Rivalen, der Holländer und Engländer, mit Misstrauen. Schließlich wurde das Christentum völlig verboten, Christen blutig verfolgt, und Japan wurde für ca. 300 Jahre von der Außenwelt völlig abgeschnitten.

Nur auf der kleinen Insel Dejima vor Nagasaki war den (protestantischen) Holländern schließlich erlaubt worden, eine kleine Handelsstation zu unterhalten. Ein Betreten der Hauptinsel war den Europäern verboten. Zusammen mit dem Handel kamen aber auch erste wissenschaftliche (besonders chemische) und technologische Kenntnisse z. T. heimlich nach Japan (u. a. persönliche Kenntnis aus Saga über Schriften von J. B. Trommsdorff von 1806).

In dieser Zeit entstand ein kompliziertes Verwaltungssystem mit einer großen Anzahl kleiner Samurai-Beamter. Dies förderte Rechts- und Ordnungsbewusstsein in weiten Kreisen der Bevölkerung. Ferner entwickelte sich in drei großen Städten, Osaka und Kyoto mit etwa 400.000 bzw. 500.000 und Edo (dem späteren Tokio), der Residenz des Shōgunats mit über 1 Million Einwohnern, eine urbane Bevölkerung mit äußerst fähigen Handwerkern (berühmt sind die japanischen Schwerter), Künstlern und Kaufleuten.

Dies schuf die Basis für die spätere schnelle Modernisierung Japans, als eine amerikanische Flotte 1854 die Öffnung Japans militärisch erzwungen hatte. Schon vorher aber waren sich einflussreiche Kreise der Gefahr westlicher imperialistischer Bestrebungen bewusst geworden. Sie strebten nun mit Macht, großem Enthusiasmus und Nachdruck eine Modernisierung Japans auf allen Gebieten an. Das Shōgunat verlor seine Macht, der Kaiser (Tenno) wurde wieder voll in seine Rechte eingesetzt, er übersiedelte von Kyoto nach Tokio, dem vorherigen Edo. Zahlreiche Japaner strömten ins westliche Ausland um dort zu studieren, mit dem Ziel, die nationale Unabhängigkeit gegen westliche Vorherrschaft zu behaupten. Mit beispiellosem Lerneifer und sehr hoher Leistungsbereitschaft war das bereits bis zum Ersten Weltkrieg gelungen, was in zwei Kriegen gegen China (1894/95) und Russland (1904/05) sehr eindrucksvoll bewiesen wurde. Korea, das jahrhundertelang seine Unabhängigkeit von dem mächtigen China bewahrt hatte, wurde 1910 annektiert und blieb bis 1945 japanische Kolonie.

Nach dem Ersten Weltkrieg entwickelte sich, ähnlich wie in Deutschland, begünstigt durch politische Fehler der Westmächte und vor allem durch die Wirtschaftskrise mit ihren verheerenden Folgen für Japan, anfangs der 30er Jahre eine ultranationale (quasi faschistische) Bewegung, die schließlich auch die politische Führung erlangte. In dieser Strömung entwickelte sich die Vorstellung eines japanischen Großreiches, das im Wesentlichen die (ehemaligen) Kolonien der Europäischen Mächte in Südostasien umfassen sollte.

Das führte zum Krieg mit den Westmächten, und vor allem mit den USA. In drei Jahren wurde in Südostasien tatsächlich erfolgreich ein Großreich erobert, mit dem Japan den europäischen Kolonialmächten ebenbürtig sein wollte, und es eigentlich – so gesehen – für kurze Zeit auch war. Jedenfalls war dies ein Erfolg einer außerordentlichen wirtschaftlichen und technologischen Leistung und auch einer besonderen Aufopferungsbereitschaft der japanischen Soldaten und z. T. auch der japanischen Bevölkerung. Dann jedoch wurde dies durch massive Gegenangriffe der Amerikaner ebenso schnell wieder verloren, und nach dem Abwurf der Atombomben auf Hiroshima und Nagasaki im August 1945, blieb Japan nur noch die Kapitulation.

Es folgte die amerikanische Besatzungszeit mit den Bemühungen der Amerikaner, eine „demokratische Gesellschaft" zu schaffen. Japan erhielt eine neue Verfassung mit amerikanischen Demokratievorstellungen. Der Tenno jedoch blieb unbehelligt in seiner Rolle als Staatsoberhaupt, wenn auch nach Artikel 4 der neuen Verfassung politisch entmachtet: „ohne Regierungsbefugnis". Er fungiert jedoch heute noch als oberster Shintō-Priester. Mit der Verfassung wurde aber auch die Ächtung des „Militarismus" verbunden, und die Großkonzerne und die Rüstungsindustrie sollten unschädlich gemacht werden. Viele dieser Bemühungen sind jedoch im Korea-Krieg 1950-53 stecken geblieben, als Japan als Versorgungsbasis für die Amerikaner unverzichtbar wurde.

Tabelle 1: Beispiele für den Wohlstandsschub Japans in den 60er und 70er Jahren

	1970	1992
Haushalte, mit Air-Conditioning	6%	70%
mit Farb-Fernsehern	26%	99%
mit Auto	22%	77%
Zahl der Reisen mit Hotelübernachtung	4.500	100.000

Dadurch wurde auch die baldige Unabhängigkeit Japans (Friedensvertrag 1952) möglich, und die Wirtschaft, vor allem die japanische Exportindustrie, profitierte außerordentlich von dieser Lage. So konnten mit großem Arbeitseifer und Fleiß auch viele kleine Unternehmen entstehen. Es gab praktisch *keine Arbeitslosigkeit* mehr. Das alles führte zu einem enormen Wohlstandsschub in den 60er und 70er Jahren.

Neben dem enormen wirtschaftlichen Aufschwung zur zweitgrößten Wirtschaftsmacht der Welt, vielfach beneidet und gefürchtet (Franz & Collins, 1989; Streib & Ellers, 1994), expandierte auch die staatliche und private Bildungs- „Industrie" enorm. Zahlreiche Einrichtungen vom Kindergarten bis zur Universität wurden gegründet, neben staatlichen ebenso viele private Einrichtungen. Es entstand vor allem auch im tertiären Bereich ein expandierendes und sehr differenziertes System von vollen staatlichen (u. a. Tokio- und Kyoto-Universität)

5.1 Japan

und privaten (u. a. Keio-, Waseda- oder Doshisha-Universität) Universitäten mit Promotionsrecht und hohem Ansehen bis zu weniger akademisch orientierten, zweijährigen Colleges für Mädchen, die vor allem hauswirtschaftliche u. Ä. Praktiken und Kenntnisse vermitteln [*Anmerkung*: Zahl der Universitäten, staatl. und priv. stieg von 245 im Jahre 1960 auf 523 im Jahre 1992; im Jahre 1992 gab es außerdem 591 Junior Colleges, davon waren 92 staatlich oder öffentlich, 499 privat (Ueda, 1993)].

Bei den unglaublichen Erfolgen auf weltwirtschaftlichem Gebiet, fragten sich viele Beobachter nach den menschlichen und sozialen Bedingungen dafür. Dabei fiel in den 70er und 80er Jahren, eigentlich bis in die 90er Jahre, jedem Fremden auf, dass außergewöhnliche Zuverlässigkeit, Pünktlichkeit, Freundlichkeit und Höflichkeit herrschten, sowie eine selbstverständliche Achtung von sozialen Normen, von öffentlichen Regeln und (staatlicher) Autorität, vom Polizisten über Lehrer bis zu Politikern. Dazu kamen der enorme Fleiß und Arbeitswille, sowie die Konfliktarmut und Aggressionsfreiheit in allen möglichen sozialen Bereichen, vom Kindergarten bis zur Universität und den großen Firmen.

In dieser Mischung von hochentwickelter Technologie bei gleichzeitiger Bewahrung traditioneller kultureller Eigenarten, ist u. E. in dieser Besonderheit auch eine Bedingung für den besonderen Erfolg zu sehen, der Japan im Unterschied zum Westen und vor allem fast allen anderen (ehemaligen) „Entwicklungsländern" auszeichnet(e).

Und diese kulturelle Tradition ist – wie angedeutet – weit in der Geschichte Japans verankert, die hier deswegen auch ausführlicher beschrieben wird: Schon sehr früh ergänzten sich Shintōismus, Konfuzianismus und die besondere japanische Form des Zen-Buddhismus zu einer bedeutsamen Verhaltensethik. Als gemeinsamer und durchgängiger Wert ist „Harmonie" zu sehen, d. h. Harmonie mit der Natur im Shintōismus und mit den Mitmenschen und der Gemeinschaft im Buddhismus und Konfuzianismus. Eine besondere Ausprägung hatten diese Werte, deren Bedeutung sicher weit in der japanischen Kulturgeschichte zurückreicht, während der Edo-Zeit, der Abschließung Japans unter dem Edo-Shōgunat, erfahren. In dieser Zeit gewannen die Samurai einen tiefgreifenden Einfluss auf die japanische Kultur. Aus dieser ursprünglichen Krieger-„Kaste", in der jeder jeweils einem Lehnsherren zur besonderen Treue verpflichtet war, verarmten inzwischen viele und waren herrenlos und ohne Lehensgüter (Ronin). Nach den Bürgerkriegen im 16. Jahrhundert, der Errichtung der Shōgunats-Herrschaft und der Befriedigung Japans unter den Shōgunen verloren ohnehin die reinen Kriegskünste ihren Wert. Andererseits waren die Samurai als Angehörige der Aristokratie nach wie vor durch eine besondere anspruchsvolle Erziehung, einem bestimmten Ehren- und Wertekodex, verpflichtet. Dessen wesentliche Bestandteile waren Selbstdisziplin, Verzichtbereitschaft, Einordnung der eigenen Person in die Gemeinschaft und (noch aus kriegerischen Zeiten stammend) die Ehre und Treuepflicht jeweils einem Herren, dem Shōgun, oder auch dem Kaiser gegenüber. Auch verarmte Samurai fühlten sich – auch wenn es Ausnahmen gab – diesem Ehrenkodex verpflichtet, und sie waren vor allem auch ehrenhalber besonders bemüht, sich von den unteren Schichten, den Bauern und Kaufleuten abzuheben.

Zudem war Japan seit jeher ein karges Land, und die zentralen Werte des Shintōismus, Konfuzianismus und Zen-Buddhismus – vor allem Genügsamkeit und Fleiß – waren durchaus dieser Lage angemessen: über 70% der Fläche des Landes besteht aus Bergland und Hügelland, das kaum besiedelbar ist, und nur vielleicht 15% sind wirklich bebaubar und können dem Ackerbau dienen.

Während der Edo-Zeit bekamen die Samurai jedoch eine wichtige neue Funktion als – wie schon erwähnt – überall im Land ein „ausgeklügeltes" vielstufiges Verwaltungssystem und zusätzlich ein zentraler Verwaltungsapparat geschaffen wurde. Beides diente der Steuererhebung, der Verwaltung und dem Gerichtswesen. Auf diese Weise wurde eine riesige Anzahl kleiner und mittlerer Beamter nötig, und diese Stellen wurden mit diesen Ronin, den Samurai der niedrigsten Klasse, besetzt. Dies führte jedoch dazu, dass die von ihnen nach wie vor vertretenen Werte nicht nur eine Besonderheit der Aristokratie blieben, sondern weithin auch in der Bevölkerung relevant und vertreten wurden (Coulmas, 1993; Pohl, 2002).

Vollends wurden diese Werte ein für alle bedeutsames Allgemeingut, als mit der Meiji-Reform die Samurai ihre Besonderheit verloren und nun entweder in der staatlichen Verwaltung tätig wurden, oder auch andere Berufe, z. B. als Kaufleute, Wirtschaftsführer, Professoren, annahmen, vor allem als mit der Einführung der Wehrpflicht diese Grundwerte für alle verpflichtend wurden. Wir sind der Überzeugung, dass diese Entwicklung zusammen mit der bereits in den Städten hochentwickelten Handwerkskunst und mit der funktionierenden Verwaltung, den inzwischen verbreiteten ethischen Werten der Samurai und dem „nationalen" Willen, es dem Westen gleich zu tun, entscheidend dazu beigetragen hat, dass Japan als einziges Land nach seiner Öffnung in so kurzer Zeit die technologisch-wissenschaftliche Entwicklung des Westens aufholen und auch nach der Niederlage im Zweiten Weltkrieg wieder zur zweitgrößten Wirtschaftsmacht der Welt aufsteigen konnte.

In den 90er Jahren jedoch brach die japanische Wirtschaft, die sich vor allem hinsichtlich der Grundstückspreise unglaublich aufgebläht hatte („bubble economy"), zusammen, und seitdem hat sich Japan nicht wieder richtig zur alten Größe erholt. Dies hat u. a. unzählige soziale Konsequenzen. Plötzlich ist die Arbeitslosigkeit gestiegen und die traditionell lebenslange Beschäftigung ist in vieler Hinsicht durch Teilzeit- und wechselnde Beschäftigungsverhältnisse abgelöst worden. Dadurch ist ein erheblicher Einbruch in die herkömmliche soziale Sicherheit und Verlässlichkeit entstanden. Das hat auch erhebliche Konsequenzen u. a. für die Wertorientierung nachwachsender Generationen, die bisher gewohnt waren, nach jahrelangem fleißigem Lernen und nach Abschluss des Studiums oder sonstiger Ausbildung ohne Unterbrechung sofort eine Anstellung (und das meist auf Dauer) zu bekommen (Kornadt, 2007b).

Für unsere Ergebnisse hatte diese Entwicklung allerdings keinen Einfluss mehr, weil unsere Untersuchung vorher abgeschlossen wurde.

5.2 Indonesien allgemein

Indonesien ist im Vergleich zu Japan insofern interessant, als es zum ostasiatisch-malaiischen Kulturbereich mit seinen Besonderheiten im Vergleich zum „Westen" (Weggel, 1989) gehört, zu dem mit einer Reihe von Zügen auch Japan gehört. Gleichzeitig bestehen beträchtliche, intra-nationale Kulturunterschiede zwischen verschiedenen Volksgruppen, weshalb gerade dieses Land für unsere Untersuchung besonders interessant ist.

Indonesien ist seit 1949 formell ein unabhängiger Staat. Er umfasst eine lange Inselkette von Sumatra, über Java, Borneo (Kalimantan), Celebes (Sulawesi), die Molukken, die kleinen Sunda-Inseln und einschließlich Timor bis nach West-Neuguinea (Irian Jaya). Insgesamt sind es mehr als 14.000 Inseln (vgl. Abb. 4). Er liegt zwischen 45° und 141° Ost. Das ist eine Ausdehnung von 5.250 km, etwa der Entfernung von Irland bis zum Kaspischen Meer entsprechend. Indonesien liegt zwischen 5° Nord und 10° Süd, d. h. also genau in der Tropenzone. Von Sumatra über Lombok bis nach Timor zieht sich eine Gebirgskette, die vor etwa 60 Millionen Jahren durch die von Süden nach Norden gerichtete Plattentektonik aufgefaltet wurde. In ihr liegen mehrere Hundert Vulkane, von denen allein auf Java und Bali fast 35 noch aktiv sind. Der großen Zahl der Inseln entspricht auch deren Vielfalt. Ein Teil der Inseln, z. B. Sumatra und Borneo, sind noch immer weitgehend vom Tropenwald bedeckt; andere Inseln weiter im Osten sind trockener und haben teilweise eher Steppencharakter. Der Lage unter dem Äquator entsprechend, ist das Klima der westlichen Inseln in der Regel feucht-heiß, d. h. tropisch, allerdings in den höheren Berglagen weniger heiß.

Während der Eiszeiten war der Meeresspiegel zeitweilig bis zu 150 m abgesunken, so dass eine zusammenhängende Landmasse von der malaiischen Halbinsel über Sumatra und Java bis nach Bali entstand. Zwischen Bali und Lombok allerdings ist ein 1.000 m tiefer Graben. Die Inselwelt gehört zu den schon im Pleistozän von (Vor-)Menschen besiedelten Gebieten (homo erectus, am Solofluss auf Java); und seit dem Mesolithikum ist sie ständig von Menschen besiedelt (u. a. Hoa-Binh-Kultur). Paläolithische (Schädel- und Werkzeug-) Funde lassen wahrscheinlich mindestens zwei Menschentypen unterscheiden: eine pseudo-europäide und eine papua-melanesoide.

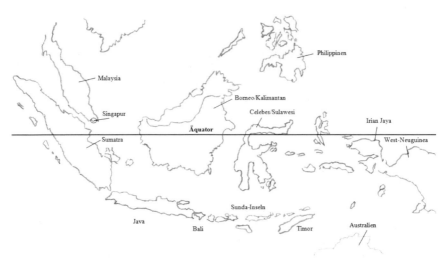

Abbildung 4: Indonesische Inselwelt

Wahrscheinlich sind ab 2.500 v. Chr. aus Südchina weitere Einwanderungsströme gekommen, die auch neue Pflanzen (Taro, Jams) und Haustiere (Ziegen, Büffel, Hunde) mitbrachten. Ob das die Vorfahren der heute noch als Proto- oder Alt-Malaien bezeichneten Volksgruppen (Batak, Dayak, Toraja) sind, ist unklar. Diese sind jedenfalls nach vielen Merkmalen (Hausbau, Lebensweise, Waffenkunst und Dekorationsornamente) von den wahrscheinlich später eingewanderten Deutero-Malaien zu unterscheiden.

Früh hat sich in Indonesien indischer Einfluss ausgebreitet. Seit etwa dem 2. Jahrhundert n. Chr. sind hinduistische und buddhistische Lehren verbreitet gewesen und haben zu großen hinduistischen und besonders bedeutenden buddhistischen Tempelanlagen (Borobodur) geführt. Es entstanden auch größere Königreiche. Eines davon war vom 7. Jahrhundert an Srivijaya auf Süd-Sumatra, das im 10. Jahrhundert den Seeverkehr um Sumatra und bis China und Indien beherrschte. Ein anderes, das hinduistische Mayapahit, bestand vom ca. 13. bis 17. Jahrhundert auf Java und beherrschte zeitweilig auch Bali. Etwa vom 11./12. Jahrhundert an breitete sich der Islam in Indonesien aus, dem heute ca. 90% der Bevölkerung angehören. Eine Minorität sind Christen (Bataker auf Sumatra, sowie andere auf den Molukken und Ambon) und Hinduisten auf Bali. Entsprechend der Vielfalt der Inseln besteht auch eine große kulturelle Vielfalt zwischen den verschiedenen Volksgruppen. Einige von ihnen haben (vor allem auf Java) weitgehend eine westliche Lebensweise angenommen, während andere, z. B. die Dajak auf Borneo oder andere auf Sumba, noch nicht seit langem die Kopfjäge-

5.2 Indonesien allgemein

rei aufgegeben haben, und auf Neuguinea bestehen Kulturen mit noch weitgehend neolithischer Lebensweise.

Indonesien ist besonders für seine vielfältige und hochentwickelte Kunst bekannt, mit kunstvollen Webtechniken, z. B. Doppel-Ikat (auf Bali), oder anderen mit z. T. archaischen symbolischen Mustern (auf Sumba), der Batik- und Silberschmiedekunst, dem Schattenspiel (Wayang) und der besonderen Tanzkunst. Diese haben sich trotz des islamischen Einflusses erhalten und spielen noch immer eine wichtige Rolle.

Nach den Portugiesen ist dieser Insel-Archipel seit Mitte des 16. Jahrhunderts mehr und mehr unter holländischen Einfluss gekommen, und schließlich über die VOC (Vereinigte Oostindische Compagnie, Gründung 1602) zu einer holländischen Kolonie geworden. Ihr Einfluss ist vor allem auf Java aber auch auf Teilen von Sumatra (besonders den Küstengebieten) nicht unerheblich. Die Holländer haben Plantagen-Wirtschaft (u. a. Kaffee, Tabak) eingeführt und auch eine erste Industrialisierung bewirkt. Diese Industrialisierung spielt auch heute noch eine Rolle. Ein Rückgrat der Industrie ist die Erdölproduktion (Pertamina). Viele Industrie- und Handelsunternehmen sind unter indonesischer Oberhoheit erfolgreich von (häufig christlichen) Chinesen geführt worden. Das hat mehrmals zu rassistisch/religiös motivierten Aufständen und einer Verfolgung der Chinesen geführt. Diese haben sich dann meist nach Singapur oder Malaysia zurückgezogen. Bis zum Sturz von Suharto (d. h. also in der Zeit, in der wir unsere Untersuchung durchgeführt haben), war Indonesien ein relativ zentralistisch regiertes Land mit einer strikten Kontrolle durch Militär, Polizei und verschiedene Arten der Verwaltung bis in kleinere Bezirke hinein, wobei auch die Bank of Indonesia eine nicht unerhebliche Rolle spielte. Seitdem ist vieles gelockert. Die Macht des Militärs ist geschwächt. Der Wegfall von deren Kontrollfunktion hat blutige innerindonesische Konflikte ausgelöst, die zum Teil zwischen Moslems und Christen (z. B. auf Sulavesi) ausgetragen wurden.

Indonesien hat etwa 218 Millionen Einwohner, davon sind 88% Moslems, 8% Christen und 2% Hindus. Die Hauptstadt Jakarta ist das alte Batavia der Holländer. Sie liegt ungefähr auf 6° Süd, also nahezu unter dem Äquator und am Meer mit entsprechend feucht-heißem Klima. Jakarta hat etwa 10 Millionen Einwohner, wobei wegen der unkontrollierbaren Slumgebiete und dem ständigen Zustrom aus anderen Regionen des Landes diese Einwohnerzahl nicht richtig festgestellt – je nach Quelle u. U. auch doppelt do hoch berichtet werden kann. Die Fluktuation, die weiter oben erwähnt wurde, und die uns Probleme bei den Batakern machte, betrifft insbesondere die Fluktuation zwischen der Toba-Region (Sumatra) und der Hauptstadt Jakarta.

5.2.1 Bali

Bali ist mit 5.390 Quadratkilometern eine der kleineren indonesischen Inseln. Sie ist die westlichste der kleinen Sunda-Inseln, östlich von Java, von dort nur durch einen schmalen Meeresarm von 2,5 km Breite getrennt. Dagegen ist es deutlich weiter nach Lombok, der nächsten Insel Richtung Osten. Von Lombok ist Bali durch einen ca. 1.000 m tiefen Meeresarm getrennt, durch den die Wallace-Linie geht, die die Trennung zwischen der europäisch-asiatischen und der australischen Flora und Fauna markiert. Eine zweite, die Weber-Linie, befindet sich westlich von Australien und Neuguinea. Zwischen der Weber- und der Wallace-Linie besteht eine gewisse Übergangszone, östlich davon gib es nur noch die rein australische *Lebenswelt*, z. B. mit Beuteltieren (Kängurus), Eukalyptus-Bäumen u. Ä. Vegetation und Tierwelt Balis gehörten und gehören somit noch eindeutig in den europäisch-asiatischen Bereich (ursprünglich mit Rhinos, Tigern, Elefanten und vor allem Affen und Primaten (= Orang-Utan (!), heute nur noch auf Sumatra und Borneo)).

Mit einer Fläche von etwa 5.500 km² ist Bali ungefähr doppelt so groß wie das Saarland; und es hat mit etwa 3.3 Millionen etwa dreimal so viel Einwohner wie das Saarland mit seinen ca. 1.2 Mio. (vgl. Abb. 5). Die Bewohner von Bali gehören fast ausschließlich der Hindu-Dharma-Religion an.

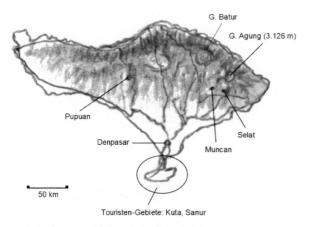

Abbildung 5: Bali, Untersuchungsorte

Bali liegt auf 8° Süd und ca. 115° Ost, also praktisch unter dem Äquator. Entsprechend tropisch ist sein Klima. Allerdings besteht der Hauptteil der Insel, das sind über 70%, aus einer hohen vulkanischen Bergkette, die sich von Ost nach

West über den Nordteil der ganzen Insel erstreckt, mit entsprechend kühlerem Klima in der Höhe. Der höchste Berg im Westen ist 1.386 m hoch, der Mt. Batukaru in der Mitte hat 2.276 m und der höchste Berg, der Mt. Agung im Osten erreicht immerhin 3.142 m. Bali hat eine Ausdehnung von ca. 150 km in West-Ost-Richtung, und von ca. 100 km in Nord-Süd-Richtung. Da es im Durchschnitt nur etwa 25 km von den Gipfeln bis zur Küste sind, an vielen Stellen nur 14 km, an einer sogar nur 7 km (!), besteht der größte Teil der Insel aus mehr oder weniger steilen und zerklüfteten Hängen. Eine Ausnahme bildet nur das sich abflachende Gebiet weiter nach Süden zu. Die fruchtbaren Hänge der z. T. noch aktiven Vulkanberge eignen sich freilich hervorragend für den Nass-Reisbau (s. Abb. 6). Wegen der hohen Berge mangelt es auch fast nie an Wasser für die zahllosen Terrassen, die allerdings auch ständiger Pflege bedürfen.

Abbildung 6: Nassreis-Anbau auf Bali

Nur der äußerste Süden bietet die Sandstrände, die von Touristen aufgesucht (und überlaufen) werden. Die Küste ist sonst häufig felsig und steil mit starker Brandung. Die sich im Norden der Insel von Ost nach West erstreckende hohe Bergkette war früher ein fast unüberwindliches Hindernis für den Verkehr von Nord nach Süd, und diese Verbindung ist auch heute noch trotz des erfolgten Straßenbaus gefährlich und beschwerlich, vor allem wegen der häufigen schweren Regenfälle, und in der Höhe wegen des häufigen Nebels. Ganz im Westen befindet sich eine zerklüftete tertiäre Gebirgswelt, die noch mit ursprünglicher Vegetation und tropischem Urwald bedeckt ist. Sie ist schwer zugänglich und praktisch unbewohnt. Bis ungefähr 1930 lebten dort noch Großtiere, u. a. der balinesische Tiger. Inzwischen wurde dieses Gebiet zu einem Nationalpark erklärt. Bali ist sicher, wie Java und die übrigen östlichen Inseln, schon sehr früh besiedelt gewesen. Eine Reihe von Megalithen bezeugen wahrscheinlich eine Besiedelung bereits im Neolithikum. Es gibt übrigens noch heute zwei Orte, Trunyan und Tenganan, mit einer ursprünglichen Bevölkerung, die z. B. nicht den balinesischen Hinduismus angenommen, sondern altbalinesische Kultur (z. B. im Totenkult) beibehalten haben. Trunyan liegt am Rand des Sees des Mt. Batur, und Tenganan im Südosten der Insel. Die Einwohner bezeichnen sich als „Bali-Aga", die ursprünglichen Balinesen. Tenganan ist mit einer hohen Mauer umgeben und der einzige Ort, an dem noch Doppel-Ikat gewebt wird. Das ist eine schwierige und seltene, vor-hinduistische Webtechnik, deren Muster mystische Kraft zugeschrieben wird.

Bedeutsam ist, dass Bali spätestens im 9./10. Jahrhundert unter deutlichen indischen Einfluss kam (Moerdowo, 1977). Auch die balinesische Schrift ist aus der indischen abgeleitet. Dann kam Bali im 14. Jahrhundert unter den Einfluss und die Herrschaft des mächtigen ost-javanischen Majapahit-Reiches mit seiner hindu-buddhistischen Kultur. Aber von früh an hat neben diesem indischen Einfluss der alte einheimische Geister- und Ahnenglaube fortbestanden und ist später mit den hinduistischen Kulten vermischt worden. Dies hat heute eine eigene synkretistische balinesisch-hinduistische Welt hervorgebracht.

Als das Majapahit-Königreich schließlich dem von West-Java kommenden Druck der Islamisierung nicht mehr standhalten konnte, sind viele, vor allem Adlige, etwa um 1600 nach Bali übergesiedelt und haben dort zur Beibehaltung und auch zur Weiterentwicklung und Intensivierung der eigenen hinduistischen Kultur beigetragen.

Lange blieb Bali von der holländischen Kolonisierung verschont. Bali war für die Holländer nicht interessant genug: Es konnte keine der begehrten Kolonialwaren wie Pfeffer, Kampfer, Nelken usw. in genügender Menge liefern, und zur Anlage großer Kautschuk-, Tee-, oder Tabakplantagen, wie z. B. auf Java und Teilen von Sumatra, eignete sich das Bergland nicht. Die hohen Berge und ihre Abhänge sind z. T. mit dichtem Wald bewachsen, oder mit kunstvoll angelegten Reisterrassen belegt, wobei jede kleine Fläche genutzt wird. Durch den Regen und den fruchtbaren vulkanischen Boden ist dieser Reisbau auch sehr ergiebig.

Die Holländer gründeten nach der Eroberung des Königreiches Buleleng an der Nordküste 1849 die Stadt Singaraya. Sie wurde eine bedeutende Hafenstadt und längere Zeit die Hauptstadt von Bali und Lombok. Das übrige Bali blieb jedoch völlig unabhängig, wegen der hohen Bergkette war es vom Norden her auch kaum zugänglich. Der eigentliche Einfluss der Holländer begann 1894, als der Herrscher des kleinen Königreiches von Karangasem die Holländer in einem internen Streit zur Hilfe rief. Ganz Bali verlor schließlich erst 1906 seine Unabhängigkeit, als das Schiff eines chinesischen Händlers havarierte, und das Wrack (angeblich) ausgeraubt wurde. Dass war für die Holländer der Vorwand für den Angriff auf das reiche Königreich Badung im Süden Balis. Als die Königsfamilie erkannte, dass sie gegen die überlegene Heeresmacht der Holländer machtlos war, opferten sie sich im Kugelhagel und bereiteten so in einem Opfergang ihrem Reich ein ehrenvolles Ende.

Später wurde aus dem Ort Badung die Stadt Denpasar, die 1945 die Hauptstadt von Bali wurde. Mit der Herrschaft der Holländer wurde eine zentrale Verwaltung eingerichtet, es gab keine Sklaverei mehr und keine Witwenverbrennung (die letzte, nach indischer Sitte, hatte 1903 stattgefunden). Es erfolgten auch allerlei Eingriffe in die gewachsene Verwaltungsstruktur. Inzwischen besteht in Denpasar u. a. eine staatliche Hochschule für Tanz und die Udayana-Universität. Schon nach dem ersten und mehr noch nach dem zweiten Weltkrieg begann bereits ein gewisser Tourismus. Der eigentliche internationale Touristenstrom begann jedoch erst allmählich in den 70er Jahren nach der Eröffnung des Flughafens südlich von Denpasar. Die ganz überwiegende Masse der Touristen bleibt jedoch auf die Halbinsel im äußersten Süden mit ihren Sand-Stränden und den zahllosen kleinen und einer Reihe großer (Luxus-)Hotels beschränkt, von gelegentlichen, meist organisierten Tagestouren zu den berühmten Tempeln in den Bergen abgesehen. Der Kontakt mit der Bevölkerung, insbesondere in den vielen kleinen Bergdörfern, blieb jedoch sehr begrenzt.

Immerhin war die Insel zur Zeit unserer Untersuchungen durch eine mehr oder weniger gut befahrbare Straße entlang der Küste, sowie zwei größere und vier bis fünf kleine Straßen von Norden nach Süden „erschlossen". Auf halber Höhe gibt es aber kaum Straßen in Ost-West-Richtung, da sie entlang der Berghänge über viele, z. T. tief eingeschnittene Täler und Schluchten verlaufen müssten, und sie sind meist nur mühsam zu befahren. Eine Verbindung zwischen verschiedenen Bergdörfern war daher für uns umständlich, zeitraubend und mühsam.

Unter der indonesischen Regierung hat sich ein verzweigtes Verwaltungs- (und Militär-)System in größeren Orten, und ein Schulsystem bis zu einer Reihe von Sekundarschulen entwickelt. Als wir Mitte der 70er Jahre mit den Planungen und Anfang der 80er mit unseren Untersuchungen anfingen, bestand dieses System schon bereits. Auch die übrige Entwicklung war zwar schon im Gange, der Massentourismus ist jedoch erst danach richtig in Gang gekommen, und er hat seit dem Ende unserer Untersuchung erheblich zugenommen. Inzwischen sind es etwa 3 Millionen Touristen, die jährlich auf die „Ferien-Insel" Bali kommen.

Auch wenn inzwischen etwa ein Fünftel der Einwohner Balis direkt oder indirekt vom Tourismus leben (durch Beschäftigung im Handel, in Banken, in Hotels usw.), beschränkt sich doch der internationale Einfluss erstaunlicherweise im Wesentlichen auf den äußersten Süden Balis, d. h. auf den Raum Denpasar und auf die südlich davon liegenden Strände Kuta mit den vielen kleinen Losmen, Hotels und Restaurants, sowie Sanur und Nusa Dua, mit den großen internationalen Hotels, sowie die Gegend um Ubud. Die übrigen Bewohner Balis haben nahezu unverändert ihre traditionelle balinesische Kultur beibehalten, insbesondere je weiter man hinauf in die Berge und in die vielen kleinen Orten abseits der wenigen großen Straßen kommt. Das Bemerkenswerteste daran ist, dass die religiösen Riten des Hindu-Dharma noch immer alle Schritte des täglichen Lebens von Geburt, über Hausbau und Ernte, bis zum Tod durch zahlreiche Feste und rituelle Handlungen beherrschen, so dass hier nur wenig vom internationalen Einfluss, vor allem vom westlichen Einfluss zu spüren ist (Näheres siehe Kapitel 11.2).

Abbildung 7: Tempelwächter gegen böse Geister

Abbildung 8: Opfergaben

Zu den außerordentlichen Besonderheiten der speziellen Kultur Balis, gehört die Rolle der Kunst. Es besteht eine außerordentliche Reichhaltigkeit der Malerei, der Schaffung von Skulpturen, nicht nur für die zahllosen steinernen Tempelfiguren (vgl. Abb. 7), auch in Batik und der Holzschnitzerei, der Silberschmiede, ferner im traditionellen Schattenspiel, im Tanz und der Gamelang-Musik. Obwohl in den 1930er Jahren für die Malerei u. a. der deutsche Maler Walter Spieß eine wichtige Rolle spielte, der neue Maltechniken initiierte und eine individualisiertere Kunst gegenüber der früheren, streng nach rituellen Gesichtspunkten gestalteten Kunst förderte, ist sie nichtsdestoweniger typisch balinesisch geblieben. Alle Formen der Kunst-Ausübung spielen im Leben der Balinesen eine wichtige Rolle. Zur Kunst muss man wohl auch das aufwendige, zeitraubende und kunstvolle Gestalten der für viele Gelegenheit angefertigten schmuckvollen Dekorationen und Opfergaben (s. Abb. 8) für Tempelfeste und viele andere Gelegenheiten rechnen. Besondere Anlässe dieser Art sind übrigens die Kremationen, bei denen die Opfergaben, besonders bei vornehmen Familien (Pidande), äußerst aufwendig gestaltet und unglaublich reich geschmückt sind. An diesen Dekorationen müssen sicher viele Personen eine lange Zeit, vielleicht sogar Wochen, arbeiten. Zu diesen Kremationen kommt die ganze Sippe, bei vornehmen Personen das Dorf und viele andere aus der Umgebung zusammen.

Das soziale Leben ist ferner in allen balinesischen Dörfern durch die Besonderheiten des engen Zusammenhalts der Dorf- und sonstigen Gemeinschaften geprägt. Es bestehen dafür verschiedene Arten von Organisationen, wie z. B. die Banja, die für zivile Angelegenheiten verantwortlich sind, die Pemaksan, die für die religiösen Rituale zuständig sind, und von besonderer Bedeutung sind die Subak, die Wassergemeinschaften, die für die höchst komplizierten und anspruchsvollen Wasserverteilungen von den Bergen und den Flüssen auf die vielen verschiedenen Reisterrassen und für deren Erhaltung zuständig sind. Im Prinzip sind all diese Organisationen kooperative Zusammenschlüsse. Die hier herrschende Stimmung und die Art des Zusammenspiels und der Konfliktlösung werden im späteren Kapitel 10 näher behandelt.

5.2.2 Batak

Die Bataker, die Kultur Indonesiens, die uns als „aggressiv" „empfohlen" worden war, und aus der wir als Kontrast zur „friedlichen" balinesischen Kultur unsere Stichprobe gewählt haben, leben in Nord-Sumatra. Sumatra ist mit ca. 470.000 km² eine der größten Inseln der Erde, mehr als dreimal so groß wie England. Sie liegt etwa zu gleichen Teilen nördlich und südlich des Äquators, ist also von der Lage her ausgesprochen tropisch. Sie war sehr weitgehend mit dichtem tropischem Regen-Urwald bedeckt – weite Teile sind es noch heute. Dieser Urwald ist noch heute Lebensraum u. a. für den Orang-Utan.

Die Insel ist durchzogen vom Bukit-Basiram-Gebirge, einem vulkanischen Gebirgszug, dessen Vulkane meist über 2.000 m hoch sind. Das Innere der Insel ist ein gebirgiges Hochland, das im Durchschnitt ca. 1.000 m hoch ist, und das nach Nordwesten relativ steil ins Meer abfällt (Subduktionszone mit schweren Erdbeben und Seebeben, u. a. dem Tsunami 2004, mit ~150.000 Toten und ~500.000 Obdachlosen), nach Südosten jedoch sanfter abfällt, und in einen etwa 50 km breiten Küstenstreifen ausläuft.

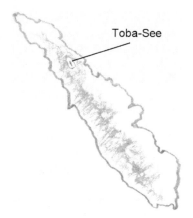

Abbildung 9: Sumatra

Das Siedlungsland der Bataker ist die Gegend um den Toba-See im zentralen Hochland mit einer durchschnittlichen Höhe von ca. 1.000 m (vgl. Abb. 9). Es hat somit trotz der Äquatornähe ein gemäßigtes Bergklima. Der Toba-See, etwa doppelt so groß wie der Bodensee, ist das Zentrum einer riesigen Caldera, dem Überbleibsel eines gewaltigen Vulkan-Ausbruchs vor ca. 75.000 Jahren. Die umgebenden Berge sind ca. 2.500 m hoch. Das ganze Gebiet ist wegen der zerklüfteten Landschaft mit z. T. sehr steilen Hängen, mit tropischem Urwald und tief eingeschnittenen Tälern, z. T. auch mit starken Flüssen, weil es das ganze Jahr regnet (Niederschläge mit 2.000 mm), nicht leicht zugänglich gewesen. Diese Lage hat es den Batakern ermöglicht, lange Zeit unliebsame „Besucher" und Einflüsse von außen fernzuhalten (vgl. Die Beschreibung von Jacques aus dem Jahre 1910 (1977). Die Bataker *„gehören zu den wenigen Völkern dieser Erde, deren Existenz in Europa schon seit langer Zeit bekannt ist, die jedoch erst seit verhältnismäßig kurzer Zeit in den ‚Genuss' westlicher Aufmerksamkeit gekommen ist"* (Sibeth, 1990, S. 9). Die Küsten im Nordwesten und vor allem das östliche Flachland sind von Malaien besiedelt, die schon im 7. Jahrhundert enge Handelsbeziehungen nach Java, China und Indien hatten. Die nördliche Spitze Sumatras ist von den Atjeh bewohnt, einem streng moslemischen und kriegerischen Volk. Es hat sich immer wieder einmal seine Unabhängigkeit bewahrt; teilweise war es auch ein mächtiges Sultanat. Auch gegenwärtig genießen die Atjeh einen gewissen Sonderstatus im Indonesischen Staat (Sharia).

Die Bataker dagegen haben sich weitgehend auf die Hochfläche zurückgezogen, und haben dort auch noch sehr lange, auch während der holländischen Kolonisation, die im 16. Jahrhundert auf Java begann, ihre sehr traditionelle Lebensweise und Religion beibehalten.

5.2 Indonesien allgemein

Die Bataker gehören wahrscheinlich zu einer recht alten Volksgruppe: Heine-Geldern (1932) hat angenommen, dass sie als Proto-Malaien zur ersten Einwanderungswelle gehören, zusammen mit den Toraja auf Sulawesi. Allerdings haben die ersten Besiedelungen Sumatras schon im 10. bis 3. Jahrtausend v. Chr. stattgefunden (Hoa-Binh-Kultur), die wahrscheinlich durch Australoiden erfolgte. Zu ihnen gehören wohl heute noch die Papuas auf Neuguinea und die Aborigines in Australien. Südmongoloide, die Heine-Geldern als Deutero-Malaien bezeichnete, zu denen die heutigen Bewohner Javas, aber auch Polynesiens, der Philippinen und selbst Madagaskars gehören, sind ca. 2500 v. Chr. eingewandert, und sind dann nach und nach auch nach Westen und nach Sumatra gekommen, Malaien wohl erst im 2. Jahrhundert n. Chr. So nimmt man an, dass die Bataker neben Mongoloiden auch Australoide (bzw. austronesiche) Elemente enthalten. Die Bataker haben aber eine hellere Haut und kaukasische Züge, während die melanesischen Australoiden eine sehr dunkle Haut, einen breiteren Körperbau und Gesichtsschädel mit starkem Stirnwulst haben (vgl. Times, 1986, S. 53 und S. 69). Nicht immer haben sich die Australoiden, die schon während des Epipaleolithikums die Inseln bewohnten, mit den Mongoloiden vermischt. Sie haben sie z. T. vertrieben, oder sie haben sich während der frühen Bronzezeit ins Innere der Insel zurückgezogen und dann von den anderen relativ getrennt und isoliert gelebt. Und man nimmt an, dass dies für die Bataker, die Toraja (auf Sulawesi) und für die Dajak (auf Kalimantan/Borneo) zutreffen kann. Ähnliches mag auch für kleinere Stämme auf Java, vielleicht die Badui und die Tengger zutreffen.

> Die Badui leben z. B. in Westjava sehr abgeschlossen und eher feindselig gegenüber allen Außenstehenden; und die Tengger leben an den oberen Hängen des Vulkans Bromo, in einer Höhe, in der man keinen Reis mehr anbauen kann; sie haben eine eigentümliche, wohl auch hindu-buddhistisch beeinflusste Kultur bewahrt.

Im Ganzen ist die Vorgeschichte der Bataker jedenfalls mangels solider archäologischer Forschung noch weitgehend unklar.
   Sicher aber sind indische Einflüsse, die vom 7. Jahrhundert an auf Handelsbeziehungen mit Indien und zwischen Indien und China und Sumatra beruhen. An der West-, wie der Ostküste haben früher große Handelsniederlassungen bestanden (Srivijaya s. o., Barus), die natürlich an Gütern aus dem Hinterland (auch der Bataker), wie Gewürze, Kampfer, Benzoinharz, vielleicht auch Gold, interessiert waren. In der Nähe des heutigen Medan bestand vom 12. bis 14. Jahrhundert zudem ein Tamilischer Handelsplatz. Auf diese Weise ist die Kultur der Bataker mit indischen, hindu-buddhistischen Einflüssen in indirekten Kontakt gekommen. So enthält die Batak-*Sprache* ca. 200 Wörter, die aus dem Sanskrit entlehnt sind. Sie beziehen sich auf Religion, Magie und Kalender. Die drei Götter umfassende Götterwelt lässt ebenfalls auf indischen Einfluss schließen.

Bemerkenswert ist auch, dass auch die Bataker über eine eigene Schrift, und zwar eine den jeweiligen Dialekten angepasste *Lautschrift* verfügen. Sie geht auf eine indische Schrift zurück, die wahrscheinlich über eine altjavanische (Kawi) Schrift vermittelt wurde.

Wenn hier von den Batakern die Rede ist, muss betont werden, dass die insgesamt etwa 1,5 Millionen umfassenden Batak-Völker aus sechs Untergruppen bestehen, nämlich den Mandeling, Ankola, Toba, Pakpak, Simalungun und Karo. Dazu gehören noch die Bewohner der Insel Nias, die z. T. noch als neolithisch betrachtet werden. Unter den Batakern gelten die Toba-Bataker, aus der unsere Stichprobe stammt, als die eigentliche („ursprünglich, primäre") Gruppe der Bataker; die Karo wohl zu Recht als noch am traditionellsten. Das Siedlungsgebiet der Toba-Bataker, das die Halbinsel Samosir und die Gebiete um den Toba-See und südlich davon umfasst, gilt als das ursprüngliche Kernland der Bataker. Man nimmt an, dass sie sich von dort aus vor allem in die Bergregion verbreitet haben. Die traditionellen Lebensgrundlagen waren der Reisbau, bei den Toba-Batakern Nassreis, später auch Mais, der über Europäer früh eingeführt worden war, dann Kassawa, Zuckerpalme und Viehzucht, wie Schweine, Rinder, Pferde und Hühner sowie Fischerei. Schließlich spielt das Handwerk eine Rolle, besonders die Weber- und Schmiedekunst und der sehr kunstvolle und aufwendige Hausbau mit hoch aufragendem Dach und weit vorspringendem Giebel, der mit stilisierten Tierköpfen geschmückt war (s. Abb. 14, S. 90).

Die Dörfer der Bataker waren nicht nur weitgehend wirtschaftlich autark, sie waren auch die eigentliche organisatorische (wenn man so will Verwaltungs-)Einheit. Sie waren nicht selten auch verfeindet untereinander, mit Mauern oder Erdwällen befestigt und führten Krieg miteinander.

Das gilt besonders für die Dörfer der Toba-Bataker, die dicht beieinander im Nassreis-Anbaugebiet standen. Die Nähe führte offenbar nicht selten zu Streitigkeiten, die übrigens nicht nur mit Waffengewalt, sondern auch durch Zauberei ausgetragen wurden. Der Häuptling im Dorf war der Raja, der – neben dem Zauberpriester, dem Datu – über nicht sehr große Macht verfügte. Er konnte aber z. B. Strafen festsetzen. Nur bei den Toba-Batakern gab es einen übergeordneten Priesterkönig: Singamangaraja. Der letzte unter ihnen hat am Schluss erbitterten kriegerischen Widerstand gegen die holländische Kolonisation geleistet.

Das Dorfleben wurde und wird weitgehend bestimmt durch das Adat, den überlieferten Rechts- und Verhaltenskodex. Durch ihn wurden (werden auch z. T. heute noch) alle Bereiche des täglichen Lebens und der Zeremonien bestimmt. Bei den vielen Regeln spielt der Marga, der Familienverbund, eine ganz zentrale Rolle, sowie andere differenzierte Regeln, auf die hier nicht weiter eingegangen werden kann. Erwähnt werden muss schließlich noch, dass es auch Sklaven gab, die z. B. ehemalige Kriegsgefangene oder Schuldner waren, oder auch von anderen geraubte Kinder. Sie hatten insofern als Sklaven noch Glück, als sie nicht

5.2 Indonesien allgemein

einem viel schlimmeren Schicksal ausgeliefert worden waren wie andere Kriegsgefangene, die grausam zu Tode kamen.

Abbildung 10: Sehr alter Versammlungs- und Gerichts(!)platz der Toba-Bataker

Immer wieder berichtet – wenn auch wohl gelegentlich übertrieben – wurde der traditionelle Kannibalismus; Feinde, Schwerverbrecher, Spione, oder Ehebrecher wurden zum Tode verurteilt und dann rituell verspeist. Der Besuch zweier amerikanischer Missionare scheiterte 1834 total. Sie wurden für Spione gehalten, ermordet und ebenfalls (vermutlich) verspeist. Der Kannibalismus war jedoch – das muss betont werden – eine religiös begründete Handlung. Auf Näheres gehen wir später in Kapitel 11.3.1 noch ein.

Es gab grausame Rituale, z. B. „Gottesurteile", oder andere des Datu, bei denen Pupuk, ein (unappetitlich) hergestellter Zauberbrei, und der Zauberstab (s. Abb. 11) eine wichtige Funktion hatten (auf Einzelheiten verzichten wir hier lieber, Näheres s. z. B. bei Winkler, 1925). Es gab auch sonst vielfältige grausame Behandlung von Verbrechern und Gefangenen, auf deren nähere Beschreibung wir hier verzichten wollen (ausführliche Beschreibungen in Winkler, 1925). Auf die Macht der Zauberpriester, die mit ihrem Zauber ebenso heilen wie schaden und töten konnten, und die im sozialen Leben ebenfalls eine wichtige Rolle spielten, gehen wir im Kapitel 11.3 ein.

Nach der Gesamtlage ist gut verständlich, dass sich europäische Entdecker, Abenteurer und Missionare von den Batakern eher ferngehalten haben, ebenso wie die holländische Kolonialverwaltung lange Zeit die Batak-Länder vermieden hat.

Der Zugang zur Bergregion war wie gesagt ohnehin steil, beschwerlich und ging durch dichten tropischen Regenwald. Man brauchte Führer, und so konnte niemand unbemerkt zu den Batakern kommen (Jacques, 1910 (1977; Junghuhn, 1855 (1977). Zudem waren die Bataker ohnehin wegen ihrer relativen Abgeschiedenheit, der bekannten Wehrhaftigkeit und der Kunde über grausame Sitten und den Kannibalismus gefürchtet. Die Bemühungen der Holländer zur Kolonisation der Gebiete des nördlichen Sumatra erfolgte daher nur langsam und schrittweise von Süden über die Minangkabau, eine mutterrechtliche Kultur, die an die südlichen Lebensräume der Bataker, die Stamme der Mandeling und Ankola grenzt. Von da aus wurde langsam und gegen Widerstand auch das Zentralgebiet der Bataker zu kolonisieren versucht. Somit dauerte es bis 1908, bis die Batak-Länder ganz der holländischen Kolonialverwaltung unterstellt und „befriedet" wurden.

Zuvor allerdings war durch die deutsche Missionstätigkeit, insbesondere den rheinischen Missionar Nommensen bei den Toba-Batakern langsam eine erfolgreiche christliche Missionstätigkeit in Gang gekommen, die allmählich auch das übrige Toba-Batak-Gebiet erfasste. Trotzdem ist erst mit der holländischen Kolonialverwaltung die Sklaverei und der Kannibalismus verboten worden, wenn sie auch sicherlich nicht gleich durchgängig verschwunden waren.

Abbildung 11: Zauberstab

5.3 Deutschland

Deutschland als „westliche" Vergleichskultur in den für die Motiventwicklung relevanten Merkmalen in ähnlicher Weise zu beschreiben, wie wir das für die ostasiatischen Kulturen getan haben, ist eine besonders schwierige Aufgabe. Die deutschen Leser, für die dies geschrieben wird, sind natürlich mit den wesentlichen Sachverhalten vertraut, sie sind ihnen vielleicht aber auch unreflektiert selbstverständlich. Gleichzeitig ist jeder deutsche Leser (wie der Verf.) selbst in diese Kultur und in den Zeitgeist eingebettet, und hat zu den verschiedenen Entwicklungen eine individuelle Meinung und Sicht.

Als Ausgangsbasis für den Vergleich mit den anderen Kulturen und zur Begründung unseres kulturvergleichenden Ansatzes überhaupt werden hier daher zunächst historische, ökonomische und sozio-kulturelle Sachverhalte beschrieben, die im Vergleich mit den andern Kulturen relevant sind. Die Bedeutung, die diese Phänomene als Rahmenbedingungen für die aggressionsrelevante Erziehung haben, wird im späteren Kapitel 11.4 dargelegt. Da unsere Untersuchung vor der Wiedervereinigung Deutschlands begann, beziehen wir uns für die Zeit nach 1945 hier nur auf West-Deutschland.

Wir gehen zunächst einmal knapp 100 Jahre zurück, beginnend mit der Zeit nach dem Ersten Weltkrieg, sozusagen dem noch nachwirkenden historischen Hintergrund. Insgesamt war die wohl wirklich autoritäre Erziehungseinstellung (siehe Struwwelpeter) der Vorweltkriegszeit vorüber. Verbreitet war eine von der Jugendbewegung (Freikörperkultur, Wandervogel) mit geprägte „lockerere" Haltung auch den Kindern gegenüber wirksam. Dies entsprach auch der allgemeinen Aufbruchstimmung der „Goldenen Zwanzigerjahre", die bis zur Wirtschaftskrise und der Inflation bestand, dann mit der großen Arbeitslosigkeit um 1930 endete.

Für Frauen war es in dieser Zeit selbstverständlich, Kinder zu haben und als Hausfrau in einer Familie zu leben, bei allen Unterschieden zwischen sozialen Schichten. Frauen sahen dies als ihre Bestimmung und ihre Lebensaufgabe an. Natürlich gab es Ausnahmen, da auch ein akademisches Studium in dieser Zeit, nicht mehr wie früher, nahezu ausgeschlossen, aber doch ein Privileg war.

Dann kam die nationalsozialistische Zeit. In ihr war Mutterschaft erst recht selbstverständlich, ja nationale „Pflicht", staatlich gefördert, mit einer vergleichsweise engen Beziehung von Mutter und Kind. Überhaupt war „Familie" ein Ideal. Es herrschten die Erziehungsideale des Gehorsams, der Ordnung, der Pünktlichkeit, des Fleißes; für etwas ältere Jungen und Mädchen später auch die (sportliche) Tüchtigkeit, für Jungen insbesondere noch das Ideal der Pflichterfüllung und Tapferkeit („hart wie Kruppstahl"). Allerdings ist dabei nie ganz klar, wie weit die von der politischen Propaganda verbreiteten Ideale auch wirklich in den Familien realisiert waren.

Selbstverständlich galt ferner das Ideal der schulischen und beruflichen Leistung und der Zuverlässigkeit. Bei allen Differenzen je nach Familientradition, sozialer Schicht, Religionsbindung, Konfessionszugehörigkeit, politischer Orientierung und individueller Persönlichkeit wird die Stellung des Vaters als Autorität nicht grundsätzlich in Frage gestellt gewesen sein. Und da die Frauen weitgehend ihre Mutterrolle akzeptierten, darf man auch eine im Prinzip positive Einstellung zur Kinderbetreuung und Erziehung annehmen. Von welchen naiven Erziehungstheorien die Mütter dabei ausgingen und welche bindungsrelevanten Erziehungsmethoden üblich waren, müssen wir offen lassen. Zuverlässige psychologische Forschung dazu gab es wohl damals nicht. Aber in der Hinsicht herrschte wohl noch sehr viel unreflektiertes, traditionelles und „natürliches" Verhalten. Man hatte sicher einfache Verhaltensregeln, die die Kinder mit zunehmendem Alter zu beachten hatten, und die auch durchgesetzt wurden. Es wird im Allgemeinen auch nicht viel Unsicherheit darin geherrscht haben. D. h. die – bei aller auch vorhandener Varianz – doch allgemein akzeptierten Regeln wurden klar und unkompliziert vertreten und durchgesetzt. Neben dem Ideal gegenseitiger Unterstützung und Hilfsbereitschaft, im Wesentlichen innerhalb der Familie, aber auch in der propagierten Volksgemeinschaft, waren sonst Rücksicht und individuelle Hilfsbereitschaft kein uneingeschränktes Ideal, sondern ebenso Selbstdurchsetzung.

Dann kam der Zweite Weltkrieg mit seinen Folgen. Er hatte zunächst tiefgreifende ökonomische und soziale Konsequenzen. Im Laufe der sechs Kriegsjahre verschlechterte sich die Versorgungslage der Bevölkerung in jeder Hinsicht, und nach dem Krieg dramatisch. Die meisten Männer waren, wenn sie nicht als Soldaten im Krieg waren, dann doch im kriegsbedingten Einsatz, d. h. Frauen und Kinder waren vielfach allein ohne die Väter. Hinzu kam der immer mehr die Zivilbevölkerung treffende Bombenkrieg, der gerade die Wohnbezirke keineswegs nur der großen Städte zerstörte und unzählige Opfer forderte. Frauen und Kinder wurden z. T. evakuiert, Kinder unter Umständen allein in „sichere" Gegenden verschickt. Selbst kleine Städte wie Hildesheim oder Würzburg wurden noch im März, sechs Wochen vor Kriegsende, zu mehr als 50% zerstört. Frauen waren z. T. auch in kriegsbedingtem Einsatz, und wenn sie Kinder hatten, war die Sorge für deren Wohlergehen und Überleben eine selbstverständliche und primäre Aufgabe für sie, wodurch die Bindung verstärkt wird.

Die Kapitulation im Mai 1945 brachte nicht nur das Ende der Kampfhandlungen und der Bombenangriffe, sondern auch das Ende der bisherigen zivilen Ordnung, wie sie durch die nationalsozialistische Regierung geschaffen war. Ganz Deutschland wurde von den Siegermächten besetzt. Und anders als in Japan, wo der Tenno immerhin weiterhin formelles Staatsoberhaupt blieb, wurde Deutschland in vier Besatzungszonen aufgeteilt, die jeweils eine Militärregierung hatten. Diese regierten durch eigene Gesetze und Anordnungen und setzten eigene Vorstellungen auch für die zivilen Lebensverhältnisse durch (Pressekontrolle, Emanzipation, Entnazifizierung und demokratische „Umerziehung").

Industrie, Infrastruktur und Wirtschaft waren, soweit nicht völlig zerstört, so doch in extrem desolatem Zustand. Viel von dem, was noch intakt war, wurde von Siegermächten darüber hinaus demontiert. Es folgten Jahre des Hungers und vielfacher Entbehrungen. Jedermann versuchte zu überleben, der Schwarzhandel blühte. Hinzu kam ebenfalls im Unterschied zu Japan, dass Westdeutschland etwa 17 Millionen Flüchtlinge und Vertriebene mit ihren Kindern aus Ostpreußen, Pommern, Schlesien und dem Sudetenland aufnehmen, und trotz der zerstörten Städten irgendwie noch zusätzlich unterbringen und versorgen musste. Die Männer kamen nur langsam aus dem Krieg zurück. Viele waren noch 5 Jahre in Kriegsgefangenschaft, manche noch länger. Es entwickelte sich eine allgemeine Stimmung, nicht zu klagen, sondern zu versuchen, mit primitiven Mitteln zu überleben. In den Familien entwickelten sich alle möglichen Formen des gemeinsamen „Besorgens" von Lebensmitteln und anderem Notwendigen, was ebenfalls die Bindung innerhalb der (Rest-)Familie verstärkte.

Es begannen dann im November 1945 die Kriegsverbrecher-Prozesse, und mit ihnen wurden zum ersten Mal die Verbrechen des Nazi-Regimes, vor allem die Judenvernichtung, für die deutsche Bevölkerung unabweisbar sichtbar gemacht. In den westlichen Besatzungszonen gab es die Entnazifizierung, der sich jeder zu unterziehen hatte, z. B. durch Ausfüllen der Fragebogen in einer Art Selbstanzeige. Es gab die Spruchkammer-Prozesse, um ehemals aktive Nazis von Unbeteiligten oder Mitläufern zu unterscheiden.

Dann wurde 1948 in den westlichen Besatzungszonen mit der Währungsreform die bisherige Reichsmark abgelöst, die zu etwa einem Zehntel in DM umgetauscht wurde. Von da an ging es wirtschaftlich rapide aufwärts. Es entstand eine allgemeine Aufbruchstimmung und eine Aufbruchsleistung: Durch vermehrte Anstrengung sollte endlich wieder aufgebaut werden. Das deutsche Wirtschaftswunder begann, u. a. unterstützt vom amerikanischen Marshallplan. Es kehrten zunehmend geordnete zivile und prosperierende Verhältnisse ein. 1949 wurde aus den drei westdeutschen Besatzungszonen die Bundesrepublik gegründet. Etwas später auch die DDR. Damit wurde Deutschland in zwei Staaten geteilt, die von da an politisch, wirtschaftlich und auch sozio-kulturell getrennte Wege einschlugen.

In dieser Zeit griff man in sozio-kultureller und politischer Hinsicht auf Vorkriegsideale zurück, und sicherlich auch in der Kindererziehung auf Altbewährtes. Es war eine Zeit *gesellschaftlicher Rückbindung* an alte konservative Vorkriegs- und Vor-Nazi-Traditionen, z. B. waren Schulen nach Geschlechtern getrennt und auch nach Konfessionen; übrigens waren auch die pädagogischen Hochschulen bis Ende der 60er oder Anfang der 70er Jahre nach Konfessionen getrennt. Sicher waren daher auch die Erziehungsmethoden und -ideale für Jungen und Mädchen noch verschieden, und auch das allgemeine Erziehungsumfeld nach Geschlechtern unterschiedlich.

Allerdings kamen die alten und gewohnten Erziehungsideale der Ordnung und des Gehorsams und die gewohnten Erziehungsmethoden zu ihrer Durchsetzung im Zuge der Entnazifizierung und Demokratisierung mehr und mehr in den Verdacht, an der deutschen „autoritären Persönlichkeit" (Adorno) und damit an der Entwicklung der nationalsozialistischen Bewegung und letzten Endes auch am Kriege schuld zu sein. In der Gesellschaft insgesamt kamen damit diese Verhaltens- und Erziehungsideale in Zweifel, insbesondere kam das, was als „preußischer Gehorsam" und als Basis des – den Deutschen allgemein angelasteten

Militarismus – dargestellt wurde, in Misskredit, und das galt zugleich dann auch für schulische Anforderungen.

Die erfolgreiche Entwicklung, durch vermehrte Anstrengung geordnete und prosperierende Verhältnisse im Sinne der alten Ordnung wiederherzustellen, wurde ab 1968 ziemlich abrupt mit der Studentenrevolte beendet. Diese richtete sich gegen die konservativen und restaurierenden Tendenzen der ersten Nachkriegszeit, nicht nur agitativ, sondern z. T. sehr militant, mit „Sit-in-Blockaden", Uni-Besetzungen bis hin zu Straßenschlachten. Sie führte zu tiefgreifenden Veränderungen von Institutionen, Wertvorstellungen und Lebensformen.

Als Gegenbild zum traditionellen Leitbild von Ehe und Familie wurden die „Kommunen und Wohngemeinschaften" zur „sexuellen Befreiung" propagiert und praktiziert. Es wurden Kinderläden und antiautoritäre Kindergärten eingerichtet. Diese Protestbewegungen mündeten auch in die – von der Anti-Vietnamkriegs-Bewegung in den USA beeinflusste – Friedensbewegung, die z. T. mit militanten (!) Mitteln für den Frieden (!) eintraten (z. T. übrigens von der DDR unterstützt). Damit einher gingen erhebliche sozioökonomische Veränderungen, die sich bis heute fortsetzen.

Der wirtschaftliche Aufschwung war dabei weitgehend ungebrochen. Das Bruttosozialprodukt und der allgemeine Wohlstand stiegen permanent. West-Deutschland (!) wurde zur zweiten oder dritten Wirtschaftsmacht der Welt.

Aus der Fülle dieser Veränderungen greifen wir hier nur diejenigen heraus, die für die Entwicklung und die Erziehung der Kinder, und damit auch für die Rahmenbedingungen für die Aggressivitätsentwicklung, wie sie später erörtert werden, relevant sind. Die u. E. wichtigste Entwicklung kann man als „Kulturrevolution der Geschlechterbeziehungen" bezeichnen. Sie bestand in vielen grundlegenden Änderungen im Bereich von Ehe, Familie und der Einstellung zu Kindern. Dies betraf in erster Linie die Frauen. Sie wurde von der Forderung nach *„Selbstverwirklichung"* als ausdrücklichem Gegensatz zu der in der NS-Zeit propagierten Vorstellung der Mutterschaft als „höchster Wert" getragen. Dies hat sich auf viele Bereiche erstreckt, im öffentlichen Bewusstsein verankert, und schließlich in gesetzlichen Regelungen ihren endgültigen Niederschlag gefunden. Verbunden mit der Liberalisierung der Sexualität bekam dieses Ideal seinen sichersten und spektakulärsten Ausdruck in der Forderung von Frauen nach „Selbstbestimmung über den eigenen Körper" hinsichtlich einer Schwangerschaft. Im Protest gegen das Abtreibungsgesetz § 218 StGB kam es 1971 zu einem öffentlichen „Gebärstreik" und einem öffentlichen Bekenntnis *„Wir haben abgetrieben"* mit der Folge, dass die Abtreibung schließlich in Form der „Fristenlösung" (1976) gesetzlich straffrei ermöglicht wurde. Zugleich verlor auch die Ehe zunehmend ihren Wert und ihre Bedeutung: Die Ehe für überholt hielten z. B. 1963 nur 3% der 30- bis 40-jährigen Frauen, 1978 bereits 19%. Um „glücklich sein", hielten die Ehe für *„nicht* so wichtig" 1963 46%, 1978 bereits

5.3 Deutschland

60% der Frauen. Was die Rolle der Familie für die Kinder betrifft, hielten es 1983 noch 62% der 45-jährigen Frauen für wichtig, *„dass die Eltern verheiratet sind und zusammenleben"*, aber nur 36% der unter 30-Jährigen, also der nur 15 Jahre später Geborenen. 1958 hatte bereits ein Gleichstellungsgesetz eine uneingeschränkte Berufstätigkeit von Ehefrauen ermöglicht. 1977 wurde mit der Eherechtsreform die „Hausfrauen-Ehe" als gesetzliches Leitbild endgültig aufgegeben. Während 1959 Abiturientinnen die Frage, ob sie als Mutter von Kindern berufstätig sein wollten, noch zu 53% mit „nein" beantworteten, ist dies inzwischen eine geradezu offizielle Forderung geworden. Sie gipfelte im Jahre 2000 in der von der Bundesregierung veröffentlichten Propaganda „3 K ist out, www ist in", das sollte heißen, das „Lebensbild" von *„Kinder, Küche, Kirche"* für Frauen ist vorbei, stattdessen gilt nun die berufstätige, mit PC und Internet versierte Frau als Leitbild.

Einhergehend mit der Säkularisierung und späteren Banalisierung der Ehe und der Erosion ihrer Wertung, ist auch die Entwicklung der Geburten zu sehen. Während die Weltbevölkerung von 1960 bis 1987 von 3 Milliarden auf 5 Milliarden gewachsen ist, ist in Westdeutschland die Geburtenrate (d. h. die durchschnittliche Kinderzahl pro Frau zwischen 15 und 49 Jahren) von 2.5 auf 1.2 gesunken. Zu Beginn des 20. Jahrhunderts waren dies noch 4.2 Kinder pro Frau. Dabei spielte auch die seit Mitte der 60er Jahre zugelassene Anti-Baby-Pille eine wichtige Rolle. Sie sollte eine bewusste Planung der Schwangerschaft ermöglichen. Aber das brachte keineswegs die erhoffte Befreiung von Zwängen und die intensivere Zuwendung zu den dann gewollten „Wunschkindern". Vielmehr wurde dies zugunsten der Erwerbstätigkeit und zugunsten der sexuellen Freizügigkeit genutzt. Entsprechend ist auch die Zahl *der Eheschließungen* zurückgegangen: von 9.4 je Tausend Einwohner im Jahre 1960 auf 5.3 im Jahre 1995, ebenfalls hat auch die Zahl der Scheidungen zugenommen: von 1.0 je Tausend Einwohner im Jahre 1960 auf 2.1 im Jahre 1995.

All dies sind sehr erhebliche Rahmenbedingungen für die Erziehung, für die Möglichkeit und die Art der Vorbildfunktion der Eltern und die motivationale und soziale Entwicklung der Kinder im sozio-kulturellen Kontext, auf die wir in Kapitel 11 eingehen. Dass mit der Studentenrevolte auch die antiautoritäre Erziehung propagiert wurde, sei hier nur erwähnt, auch darauf wird in Kapitel 11 näher eingegangen.

Zu den relevanten Merkmalen gehören auch die Veränderungen des Bildungswesens, das für die Persönlichkeitsentwicklung immer prägend ist. Ein erster Prozess kam durch die Ausrufung der „Bildungskatastrophe" durch Picht 1964 in Gang. Er forderte eine massive Erhöhung der Abiturienten- und Akademikerzahlen, weil er meinte, für die stets wachsende Kinderzahl gäbe es später nicht mehr genug Lehrer. Dabei war zu diesem Zeitpunkt das Absinken der Geburtenrate bereits deutlich erkennbar (Wissenschaftsrat, 1976). Dennoch reagierte die Politik auf seine Alarmrufe. Ein anderer Argumentationsstrang war das Bemühen, die *Bildungsreserven* zu aktivieren, also Kinder aus bildungsfernen, z. B. Arbeiterschichten, zu höherer Bildung, zur Oberschule und Hochschule zu mobilisieren. Diese Tendenz vermischte sich dann später mit dem Argument, diesen Kindern, die wegen ihrer sozialen Herkunft benachteiligt sind, *Chancengleichheit* zu geben. Mit dieser Begründung wurden Gesamtschulen und Gesamthochschulen gegründet, u. a. weil Selektion überhaupt abgelehnt wurde, besonders die nach der Grundschule erfolgte Aufteilung in Haupt-, Real- und Gymnasialzweige, weil sie vielfach als ungerechte „soziale Benachteiligung" gedeutet wurde. Eine Differenzierung nach Leistung oder Intelligenz galt als unzulässig, denn man betrachtete diese Unterschiede schlicht als sozial bedingt: „Man *ist* nicht begabt, man *wird* begabt" – sollte heißen, Begabungsunterschiede haben keine genetische Grundlage, sondern hängen nur von den Lerngelegenheiten ab. Selbst die psychologische Diagnostik, ein vergleichsweise wissenschaftlich gut fundiertes Instrumentarium, war eine Zeitlang in der Fachwelt quasi tabu.

Auf diese Weise kamen einerseits begabte und motivierte Kinder zu höherer Bildung, die ihnen sonst verschlossen geblieben wäre. Aber gleichzeitig kamen auch andere Kinder in Bildungseinrichtungen, durch deren Anforderungen sie überfordert waren. Da eine realistische Leistungsbewertung und Selektion in vielen Schulen und Hochschulen politisch unerwünscht und als bildungspolitische Obstruktion oder als Versagen der Lehrer gedeutet wurden, musste vielfach nach und nach das Anspruchsniveau gesenkt werden, um die enorm wachsende Zahl von Schülern und Studenten zum Abschluss bringen zu können. Es gab zuweilen eine Inflation guter Noten. Das führte u. a. dazu, dass in einer ganzen Reihe von Studienfächern die Zahl der Studienbewerber die verfügbaren Studienplätze um das 10-fache überstieg. Eine Zulassung nach Abiturnote, bei der dann zwischen dem Abiturdurchschnitt von 1,0 bis 1,1 zu differenzieren war, wurde damit unsinnig. Trotzdem gab es erbitterten Widerstand gegen die Bemühungen, für die Hochschulzulassung nicht den Zufall (= Los-Entscheid), sondern Fähigkeits- und Leistungskriterien entscheiden zu lassen [*Anmerkung*: Der Vorschlag, stattdessen das vorhandene diagnostische Wissen zu verwenden und eine Testbatterie zu entwickeln (wie dies u. a. vom Verf. vertreten wurde), stieß auf außerordentlichen politischen Widerstand (KMK). Nicht einmal die empirische Prüfung der Verfahren (und damit der Einwände) durch eine sorgfältige Vor-Erprobung sollte erlaubt werden – so mächtig war der Zeitgeist, der individuelle Fähigkeits-Unterschiede nicht wahrhaben wollte. Erst als nach jahrelangen Bemühungen die Verlässlichkeit und Validität des Instrumentariums überzeugend bewiesen war, konnte er überwunden werden (Deidesheimer Kreis, 1997)].

Noch ein anderer Aspekt dieser Entwicklung verdient Erwähnung: Als Nebeneffekt der Bemühungen, Chancengleichheit zu sichern und sozial Benachteiligte zu fördern, entwickelte sich auch die Tendenz, besondere Anstrengungen und Leistungen zu ignorieren, schon gar nicht sie zu fördern. Begriffe wie Hochbegabter, Elite, oder Exzellenz wurden zu Unwörtern. Verbunden war dies mit dem Ideal der Toleranz und der allgemeinen Scheu, jemanden dadurch zu „frustrieren", dass eine mangelhafte Leistung auch als unzureichend bezeichnet wird.

Dieser Entwicklung lag das durchaus begrüßenswerte, sozialistisch wie christlich begründete Ideal zugrunde, unverschuldete Benachteiligungen auszugleichen, Gerechtigkeit walten zu lassen und auch Schwächeren eine Chance zu geben. Verbunden war dies mit dem Ideal der Toleranz. Aber da auch Fehlverhalten nicht kritisiert wurde, begann zugleich eine schleichende, unbemerkte Erosion von Wertvorstellungen.

Ganz generell hat mit dem Ideal der *Selbstverwirklichung*, das für viele im Grunde ein egoistisches Ideal ist, auch das Ideal, der Gemeinschaft gegenüber verpflichtet zu sein, auf vielen öffentlichen und privaten Handlungsfeldern an Bedeutung verloren. Rücksicht und Nachsicht wurden zwar öffentlich gefordert, aber zugleich wurden Werte wie Zuverlässigkeit, Pünktlichkeit, Sorgfalt und Ähnliches, die die Voraussetzung für das Leben in einer Gemeinschaft sind, von hoher politischer Seite als „Sekundärtugenden" diffamiert. So haben an vielen Stellen auch Dienstleistungen ihre Bedeutung als „Dienst" für die Gemeinschaft, als „Staatsdiener", oder Dienst am Nächsten zugunsten bloßer Jobfunktionen, mit denen man Geld verdient, verloren und zugleich an Qualität eingebüßt. Normen und Regeln wurden damit zunehmend „nicht mehr so ernst" genommen. Dies alles ist als Tendenz in der sozio-kulturellen Grundhaltung natürlich auch für die Persönlichkeitsentwicklung von Heranwachsenden von Bedeutung.

Es konnte sich eine Tendenz zur „Spaßgesellschaft" entwickeln, verbunden mit der Lockerung religiöser Bindungen und zunehmenden Kirchenaustritten. Ein sehr schlichtes Beispiel für die Werte-Erosion ist die zunehmende Bereitschaft, sich am Arbeitsplatz Dinge anzueignen, die einem nicht gehören: Der Meinung *„man darf aus dem Betrieb kein Material mitnehmen"*, haben 1959 noch 69% zugestimmt, 1980 nur noch 39% der Altersgruppe bis zu 30 Jahren. 71% dieser Altersgruppe waren 1959 noch der Meinung, man darf aus dem Büro keine Bleistifte und kein Papier mitnehmen, 1980 meinten das nur noch 20%.

Zugleich hat die Zahl von kleinen und großen Korruptionsfällen, auch bei hohen Führungspersönlichkeiten, in erschreckendem Maße zugenommen. Ebenso wird eine steigende Verrohung unter manchen Jugendlichen zwar öffentlich beklagt, im Grunde aber achselzuckend hingenommen.

Für die Entwicklung von Aggressivität und andere sozialer Motive kann dies schon der Vorbildfunktion und fehlender Sanktionen wegen nicht ohne Bedeutung bleiben. Zugleich ist aber in diesen Jahren auch der allgemeine *Wohlstand* auf ein nie da gewesenes Maß angestiegen. Nicht nur, dass Kühlschränke, Waschmaschinen, Fernseher usw. zu selbstverständlichen und eigentlich unverzichtbaren Gegenständen des täglichen Lebens geworden sind. Einschränkungen oder Bereitschaft zum Verzicht wurden damit immer weniger nötig. Auch das eigene Auto wurde bald selbstverständlich. Dies steigerte die *Mobilität* ganz entscheidend, so dass das Pendeln zum Arbeitsplatz über 20 km hinweg und mehr möglich wurde, und keine besondere Ausnahme mehr war. Auch große Entfernungen zwischen Wohnort und Arbeitsplatz – und damit verbundene häufige Wochenend-Ehen – bürgerten sich ein. Man darf annehmen, dass es nicht selten auch zur Lockerung sozialer Bindungen beigetragen hat. Ebenso wurde andererseits die mehrwöchige jährliche Urlaubsreise ins Ausland, ja in ferne Länder, immer üblicher.

Alle diese Entwicklungen stellen tiefgreifende Veränderungen für das Verhältnis von Männern zu Frauen, ganz sicherlich aber auch das Verhältnis von Müttern oder Vätern zu Kindern dar, wie auch das Verhältnis des Einzelnen zu der Gesellschaft, von deren Funktion und Wohlergehen jeder abhängig ist. Auch für die Einstellung zum Kind, für die Erziehung der Kinder und für die Vorbildfunktion von Eltern und anderen in der Gesellschaft für das Kind kann dies nicht ohne Wirkung bleiben.

Die genannten Tendenzen – hier etwas pointiert hervorgehoben – haben sich zum Teil bis zur Gegenwart fortgesetzt, manche verstärkt, andere sind aber auch wieder deutlich abgeschwächt oder korrigiert worden: Leistungsanforderungen, Exzellenz und Förderung von Begabten sind auf einmal wieder erstrebenswerte Ziele geworden. Manches hat sich auch mit der Wiedervereinigung und mit dem ostdeutschen Einfluss verändert.

Wir gehen hier jedoch nicht weiter darauf ein. Die sozio-kulturellen Rahmenbedingungen, die hier beschrieben wurden, betreffen die Zeit der 1970er, 1980er und 1990er Jahre, die im Wesentlichen für die Probanden während unserer Untersuchungszeit relevant sind. Die späteren Entwicklungen können sich in unseren Daten nicht mehr ausgewirkt haben.

5.4 Schweiz

Über die Schweiz, die wir als europäische Vergleichskultur zu Deutschland vorgesehen hatten, wird hier nur sehr knapp berichtet.

Wir waren von der (etwas naiven) Vorstellung ausgegangen, dass die Schweiz als eine im Vergleich zu Deutschland „traditionellere" Kultur ebenso in Betracht käme, so wie auch in den asiatischen Kulturen je eine „modernere" mit einer „traditionelleren" Gruppe verglichen werden sollte.

Die Schweiz hatte für uns zunächst schon den Vorteil deutschsprachig zu sein. Dass wir darüber hinaus annahmen, die Schweiz könnte in Bezug auf die uns interessierenden Variablen der aggressionsrelevanten Erziehung als traditionellere Vergleichskultur geeignet sein, gründete sich auf eine Reihe von Sachverhalten:

1. Die Schweiz hatte sich im Vergleich zu Deutschland im 20. Jahrhundert einer kontinuierlichen, ohne viele Einbrüche verlaufenden Entwicklung erfreuen können: Sie war weder in die beiden Weltkriege verwickelt, noch hatte sie sozio-kulturelle Umbrüche nach Niederlagen zu erleiden, und auch die Studentenrevolte mit ihren sozio-kulturellen Umbrüchen hatte die Schweiz nicht in gleichem Maße wie Deutschland erschüttert: Die auf eine totale Gesellschaftsänderung gerichteten Forderungen sind der Schweiz in ihrer radikalen und militanten Form weitgehend erspart geblieben (Mainberger, 1955), ebenso die Probleme, die aus der Teilung Deutschlands in DDR und Bundesrepublik entstanden sind. Die in Westdeutschland vermutlich größere Bereitschaft, die meist aus USA kommenden Tendenzen zur Postmoderne und zum Postmaterialismus zu übernehmen, würden in der Schweiz, so nahmen wir an, nicht in gleichem Maße wirksam geworden sein, jedenfalls nicht zu der Zeit unserer Untersuchungsplanung.
2. Die Schweiz hat eine andere politisch-administrative Struktur mit ihren 20 (26) Kantonen. Diese können z. B. alle Schulangelegenheiten selbst regeln. Und da vieles gerade dafür von einem Volksentscheid bestimmt wird, ist die Bevölkerung an politischen Maßnahmen viel unmittelbarer beteiligt; extreme Ausschläge sind dadurch weniger zu erwarten. Wir sahen als Indikator für eher traditionelle Einstellungen, dass anders als in Deutschland, die Bildungsreformbemühungen und -forderungen längst nicht in gleichem Maße die öffentliche Diskussion polarisierten und auch gleich die schulreformerischen Maßnahmen ausgelöst hatten: Die Pädagogischen Hochschulen waren z. B. erhalten geblieben, zur Zeit unserer Untersuchungsplanung hatten nur ~13% das Matura bestanden und nur ~10% Prozent des Jahrgangs haben ein Universitätsstudium aufgenommen (in der BRD 1985 ~24%). Ein besonderes Merkmal war in unseren Augen auch, dass es einen Kanton gab, in dem die Frauen kein Wahlrecht hatten (Appenzell-Innerhofen). Schließlich sahen wir auch einen Indikator für eine eher traditionelle sozio-kulturelle Grundeinstellung darin, dass zwischen 1980 und 1985 fast keine Arbeitslosigkeit (< 1%) bestand, und dass die Landwirtschaft – obwohl sie wie überall stark zurückgegangen war – nach wie vor überwiegend von bäuerlichen Familien betrieben wurde, nicht von industriellen Großbetrieben mit vielen Angestellten. Wir nahmen daher an, dass die Landwirtschaft in der Schweiz ein traditionelleres kulturelles Element darstellen, und auch die allgemeine Einstellung prägen würde.
3. Schließlich sahen wir als ein weiteres Element, mit dem eher traditionellere Einstellungen erhalten bleiben könnten, die allgemeine Wehrpflicht in der Schweiz. Weniger sie alleine, obwohl sie bedeutet, dass alle männlichen Jugendlichen im Heer dienen müssen, als viel mehr, dass jährlich etwa eine halbe Million Reservisten zu Übungen eingezogen werden.

Unsere Untersuchungsergebnisse zeigten uns jedoch, dass die Annahme, aus den genannten Gründen eine weniger aggressionsfördernde Erziehung und ein geringeres Aggressionsmotiv bei den Jugendlichen zu finden, falsch war. Die tatsächlichen Unterschiede zu den Deutschen waren nicht so klar wie erhofft.

Wir sind geneigt, daraus zu schließen, dass die hierfür wirksamen Grundeinstellungen in der Schweizer Kultur doch eine mehr allgemein westeuropäische Prägung haben. Sie dürften im Sinne einer westlich in-dependenten Kulturgrundeinstellung und einer Erziehungshaltung, die Autonomie und Selbstdurchsetzung genauso wie bei uns fördert, liegen, wie das u. a. von Rothbaum et al. (2000) (siehe Kapitel 8.4.3) beschrieben wurde. Außerdem haben natürlich in der Schweiz bestimmte Entwicklungen, die ich als relevant für Deutschland angesehen habe (z. B. die enorme Zunahme des Wohlstandes mit ihren Nebenwirkungen; der technische Fortschritt), ebenso stattgefunden. Vielleicht kam übrigens noch als zusätzlicher Umstand hinzu, dass – anders als ursprünglich geplant – ein Teil der Probanden aus dem Stadtgebiet von Bern gewonnen werden musste, und nicht aus großstadt-fernerer ländlicher Region.

Dies alleine hat uns bewogen, die Schweiz in die weiteren Untersuchung nicht mit einzubeziehen, zumal es noch eine unerwartete technische Schwierigkeit gab: Wir hatten naiverweise geglaubt, die Interviews (So-Sit-, A-Sit-Texte) ohne weiteres bei uns auswerten zu können. Dies stellte sich aber als Illusion heraus, denn die im Schwyzer Deutsch auf Tonband gespeicherten Antworten haben die Auswertung nicht nur erschwert sondern unzuverlässig werden lassen. Wir hätten also eigentlich Schweizer Mitarbeiter beauftragen müssen, dieses einwandfrei ins Hochdeutsche zu übersetzen, oder wir hätten Schweizer Mitarbeiter, wie wir dies für die asiatischen Länder getan haben, eigens für die Auswertung schulen müssen. Beides schien uns, da wir schon bei der vorläufigen Durchsicht den Eindruck hatten, dass die Unterschiede doch nicht groß genug sind, den Aufwand nicht zu rechtfertigen.

In den folgenden Ergebnisdarstellungen verzichten wir daher weitgehend auf die Mitteilung der Daten aus der Schweiz, zumal die Schweiz ja weder in der ersten Untersuchung, noch in der dritten Untersuchungsphase, beteiligt war.

6 Die Kulturvergleichende Untersuchung

6.1 Untersuchungs-Regionen und „nationale" Untersuchungsteams

Aus jeder der ausgewählten Kulturen sollten Stichproben von Müttern und Jugendlichen gewählt und die nötigen Daten von ihnen mit unseren Methoden erhoben werden. Das erforderte zunächst eine genaue Festlegung auf bestimmte Regionen und Orte, sowie die Bildung „nationaler" Teams von Kulturangehörigen, die die Daten vor Ort kompetent würden erheben können.

Ursprünglich sollten auch aus jeder Kultur Daten aus zwei möglichst unterschiedlich „modernisierten" Regionen gewonnen werden, u. a. auch um einen intrakulturellen Vergleich zu ermöglichen (s. Kapitel 4.1).

An die zu bildenden Untersucher-Teams waren besondere Anforderungen zu stellen: Für die Untersuchungen in den fremden Kulturen waren *kompetente Kultur-Angehörige* erforderlich. Die Untersucher mussten in der Lage sein, mit den (vielleicht scheuen) Probanden einen freundlichen Kontakt (rapport) herzustellen, und sie mussten natürlich neben ihrer Muttersprache auch Englisch sowie u. U. auch den jeweiligen „Dialekt" (Balinesisch bzw. Batak) beherrschen. Ebenso wichtig war aber auch, dass sie die Verfahren mit Sicherheit richtig anwenden können. Dazu war – wie später noch erläutert wird – auch die Beherrschung der zugrunde liegenden Theorie Voraussetzung. Das setzte also jeweils ausgesuchte Mitarbeiter und deren eingehende Schulung voraus.

Europa

6.1.1 Deutschland

Deutschland (genauer West-Deutschland) haben wir gemäß der in Kapitel 5 beschriebenen Entwicklung als „moderne", „post-materialistische" europäische Kultur betrachtet. In diesem Sinne war Deutschland von vornherein der Ausgangspunkt unserer Hypothesenbildung für den Kulturvergleich. Die Wahl der *Regionen*, aus denen Stichproben gezogen werden sollten, ergab sich somit für uns unproblematisch und pragmatisch aus den Orten der beiden deutschen Untersucher: Für den Verfasser war es natürlich das *Saarland*. Durch die Beteiligung von Gisela Trommsdorff waren zunächst *Aachen*, später *Konstanz* die nahe liegenden Regionen.

Für alle drei Regionen wurden jeweils eigene *Untersuchungsteams* aus Mitarbeitern oder Doktoranden am jeweiligen Lehrstuhl und aus fortgeschrittenen, ausgewählten Studenten zusammengestellt. Sie wurden zum größten Teil aus Drittmitteln finanziert. Durch ihr einschlägiges Studium waren sie zwar bereits mit den theoretischen Grundzügen vertraut, dennoch wurden auch sie in der Anwendung und Durchführung der verschiedenen Verfahren, und besonders intensiv für die theoriegerechte Auswertung des Roh-Materials geschult.

6.1.2 Schweiz

Wie in Kapitel 5 beschrieben, vermuteten wir in der Schweiz eine eher „traditionellere" europäische Gruppe zu finden. Dies nahmen wir an auf Grund des erheblichen Unterschiedes in der historischen, ökonomischen und sozio-kulturellen Entwicklung zwischen Deutschland und der Schweiz, wie vorne beschrieben. Es gelang dann, Professor Foppa von der Universität Bern zur Kooperation zu gewinnen. Nach einigen Diskussionen entschieden wir uns für eine *Region* in der *deutschsprachigen Schweiz*, nicht gar zu weit von Bern entfernt. Professor Foppa stellte ebenfalls aus seinen Studenten ein kompetentes Team zusammen, das nach der erforderlichen Schulung die gewünschten Daten aus der Region mit großer Sorgfalt erhob.

Ost-Asien

6.1.3 Japan

In Japan ergab sich zunächst aus der Tätigkeit der Professoren Hayashi, dem Teamchef, und mit Yamauchi von der Doshisha-Universität die Region Kyoto als nächstliegende. Da es – wie in Kapitel 1 erwähnt – nicht gelungen war, Tokio als „modernste" Region mit einzubeziehen (siehe Abb. 1), wurde die *Region Kyoto*, der Größe der Stadt und ihrer internationalen Bedeutung mit großem Fremdenverkehr wegen, als die *relativ moderne* betrachtet. Bei der Suche nach einer vergleichsweise traditionellen Region waren wir aus technischen und finanziellen Gründen nicht frei. Ursprüngliche Erwägungen, eindeutig sehr traditionelle Regionen zu wählen, wie etwa eine ländliche Gegend aus dem äußersten Norden Honshus oder aus Shikoku, mussten verworfen werden. Die japanischen Kollegen mussten ihre Untersuchung weitgehend aus eigenen Mitteln bestreiten. Daher waren für eine Untersuchung in so abgelegenen Gegenden (mit entsprechenden Fahrtkosten, Unterbringungskosten usw. für die Teams) nicht genügend finanzielle Mittel vorhanden. Daher kamen hier nur Regionen in Betracht, die in akzeptabler Reichweite für die kooperierenden Kollegen lagen. Wir entschieden uns dann als möglichst „*traditionellere*" Regionen für die *Region um Gifu*, etwa 100 km nördlich von Kyoto, mit eher ländlich-bergigem Hinterland. Hier war Prof. Tachibana an der Gifu-Universität der kompetente Kooperateur. Ferner wählten wir *Kanazawa*. Dies liegt an der Japan-See im Westen und ist eine alte, als *traditionell* geltende kleinere Stadt mit einer berühmten Tradition alter Handwerkskunst (Kooperateur hier war Professor Kaneko). (s. Abb. 3, S. 55)

Indonesien

Das zentrale Hauptquartier, von dem aus die gesamte Untersuchung geplant und geleitet wurde, war die Universitas Padjadjaran in Bandung, die Fakultas Psikologi. Hier fanden die Zusammenstellung der Teams mit Hilfe von Prof. Mar'at, die intensive Schulung durch uns, später die erste Auswertung und Vorbereitung des Datentransfers, sowie alle logistischen Planungen und Arbeiten (Transport, Unterkunft, Zeitplanung, Finanzierung, Abrechnung usw.) statt.

Abbildung 12: Untersucher- und Auswerter-Training in Bandung (zu S. 99 u. 110)

6.1.4 Bali

Wie weiter vorne erwähnt, hatten wir uns nach Diskussionen mit den Professoren Mar'at und Nimpoeno entschlossen, die Regionen Bali und Batak, als hinsichtlich ihrer Aggressivität vermutlich deutlich unterschiedlich, zu wählen.

In Bali war von vornherein klar, dass die *Region um Denpasar* als diejenige zu wählen war, die durch den direkten oder indirekten Kontakt mit den europäisch/australischen Touristen am meisten unter „modernen" (westlich-individualistischen) Einfluss hinsichtlich Lebenseinstellung, Wertschätzungen usw. gekommen war.

Abbildung 13: Auf dem Weg zu Probanden

Als Bereiche, in denen dagegen noch *eher traditionelle* Lebensweisen und Wertschätzungen anzunehmen waren, kamen Dörfer, die in den Bergregionen eher abgelegen waren, in Betracht. In einer Reihe Erkundungsfahrten zusammen mit Teammitgliedern haben wir uns ein Bild von in Frage kommenden Dörfern, den Lebens- und Schulverhältnissen, dem Ausmaß des Kontaktes zu Denpasar und mit Fremden, aber auch der Entfernung und verkehrsmäßigen Erreichbarkeit gemacht. Um die nötige Zahl von Jugendlichen gewinnen zu können, musste auch eine nicht zu kleine Schule in der Nähe gelegen sein; und bei allem Wunsch nach Abgelegenheit und Isoliertheit, durfte der Ort nicht zu mühsam und gefahrvoll von unserem Standquartier aus zu erreichen sein. So fiel die Wahl auf *Pupuan* für die erste Untersuchung und die beiden Orte *Munjan* und *Selat* für die zweite und dritte Untersuchung. Diese Dörfer waren zwar auch nicht völlig von Denpasar abgeschnitten und hatten auf verschiedene Weise Kontakt nach dort. Aber im Ganzen waren die Lebensweisen dort doch weitgehend unbeeinflusst und traditionell. Für das Hauptquartier – für uns und das Untersuchungsteam – standen uns jeweils südlich von Denpasar eine Art Gästehäuser der Universitas Padjadjaran Bandung (meist Bambus-Hütten) zur Verfügung. Es war das logistische Zentrum für Bali. Hier wurde der Untersuchungsablauf koordiniert und auch die erhobenen Daten gesammelt und kontrolliert.

Dieser Standort schonte zwar das knappe Budget etwas, hatte aber den Nachteil, dass doch ein erheblicher (Zeit-)Aufwand nötig war, um die Bergdörfer zu erreichen: Eine mehrstündige Autofahrt auf anfänglich meist überfüllten, mit zunehmender Entfernung von Denpasar jedoch eher schlechten Straßen, was besonders mühsam war während der Regenzeit.

Aber auch vom Dorfzentrum aus waren oft noch längere Fußwege nötig, um die Probanden (besonders Mütter) aufzusuchen. Auch die Verabredungen zu treffen war oft schwierig, und sie wurden vielfach nicht eingehalten (s. Abb. 13).

Die Jugendlichen wurden nach Absprache mit den Lehrern in den Schulen aufgesucht, und meist fand dort auch die Datenaufnahme statt, die Interviews erfolgten allerdings auch nicht selten zu Hause. Die Mütter wurden – wenn möglich – in ihren Häusern, wenn nötig gelegentlich aber auch auf den (Reis-)Feldern aufgesucht. Die Verständigung geschah durchweg auf Bahasa-Indonesia, allerdings gehörten zum Team auch Balinesen, denen die lokale Sprache als Muttersprache vertraut war (u. a. Sri Pidada).

6.1.5 Batak-Regionen

Für die Batak stand von vorn herein fest, dass als *traditionelle Region* die Kernregion der Toba-Bataker zu wählen war, und zwar die *Region um den Toba-See*. Hier wurde das Hauptquartier in Balige eingerichtet. In der dortigen Schule fand auch die Untersuchung der Jugendlichen statt. Die Mütter wurden in ihren Dörfern aufgesucht, allerdings konnte die Datenaufnahme – anders als in Bali – fast nie in ihren Häusern, den traditionellen „Rumah-Adat" durchgeführt werden. Sie waren dafür schlicht nicht geeignet (u. a. zu dunkel). Daher musste die Datenaufnahme in mehreren Etappen nach draußen auf den Dorfplatz meist unter einen großen Baum verlegt und auf improvisierten Schreibgelegenheiten durchgeführt werden (siehe Abb. 14).

Als die moderne Untergruppe der Bataker bot sich an, diejenigen aufzusuchen, die nach *Jakarta* „ausgewandert" waren. Hier waren wir von der Annahme ausgegangen, dass diejenigen, die aus Sumatra nach Jakarta gehen, von vornherein ohnehin die moderneren, flexibleren und dem Großstadtleben aufgeschlossener sein würden, also eine Selbstselektion darstellen würden. Außerdem nahmen wir an, dass sie – einmal in Jakarta lebend – sich dem dortigen Großstadtleben anpassen mussten, d. h. also eine „modernere" Lebensweise, Verhaltensnormen und Werte würden annehmen müssen. Allerdings haben wir keine konkreten Hypothesen darüber gemacht, ob sie durch das Leben in dieser Stadt (was ja nicht unbedingt viel Berührung mit „westlich-moderner" Lebensweise bedeuten musste) höhere Aggressivität haben würden als die in der Toba-Region Gebliebenen, bei denen ja unklar war, wie viel bei ihnen noch von der alten, ihnen nachgesagten Aggressivität fortbestehen würde.

Abbildung 14: Traditionelle Batak-Häuser und Mütter-Untersuchung (zu S. 72)

Jakarta ist allerdings eine Megalopolis, und sie ist nicht, wie etwa Tokio, administrativ wohl organisiert. Daher war es äußerst schwierig, die in Jakarta lebenden Bataker überhaupt zu finden. Schließlich hat uns geholfen, dass die Toba-Bataker – wie erwähnt – Christen sind und dies gegen den Druck der Islamisierung auch bewusst beibehalten und pflegen. Sie sind stolz darauf und verehren noch immer „ihren" Missionar Nommensen. Daher konnte uns die protestantische Kirchengemeinde von unschätzbarem Dienst sein, wo wir sonst verloren gewesen wären. Nur mit Hilfe einiger führender Gemeindemitglieder [*Anmerkung*: Einer der „Kirchenmänner", die uns in Jakarta unschätzbare Dienste geleistet, z. T. begleitet haben, war derjenige, den ich in Kapitel 11 erwähne. Der Gedenkteller (vgl. Abb. 15) über den verehrten frühen Batak-Missionar Nommensen ist ein Geschenk von ihm.] konnten wir – wenn auch oft extrem mühsam – in den unübersichtlichen und meist kaum bezeichneten „Straßen" der zuweilen Slum-artigen Außenbezirke die *Mütter* finden. Die *Jugendlichen* zu treffen war leichter. Sie konnten wir über die Kirche, z. B. im Kirchendienst, Kirchenchor, oder Konfirmationsunterricht gewinnen, und die Datenaufnahme konnte auch meist in diesem Kontext erfolgen.

Abbildung 15: Nommensen-Gedächtnis-Teller

Generell für Ostasien:

Neben diesen, nach einem vorher festgelegten Untersuchungsplan durchgeführten Datenaufnahmen mit den im Folgenden genannten Verfahren, für die ja bestimmte strikte Regeln eingehalten werden mussten, haben wir eine große Zahl verschiedener, eher unsystematisch gesammelter Daten, Beobachtungen von Verhalten, Informationen und Eindrücke aufgenommen und verwertet.

Besonders wichtig war uns, möglichst viele Informationen von dem unmittelbaren Leben von Müttern und Kindern und dem Mutter-Kind-Kontakt in deren natürlichen Alltagsumgebung zu gewinnen. Dazu haben wir – durch Vermittlung unserer einheimischen Kollegen in Japan und Indonesien – viele *zusätzliche Hausbesuche* bei Müttern gemacht (siehe S. 103f; Abb. 20 u. 24).

6.2 Probanden und Untersuchungsplan

Die in den folgenden Kapiteln 7, 8 und 9 mitgeteilten Ergebnisse stützen sich auf Daten von insgesamt 1733 Jugendlichen und 1133 Müttern, die mit den formalisierten Verfahren (im nächsten Abschnitt dargestellt) gewonnen wurden. Die Zahl der Jugendlichen besteht aus drei *unabhängigen* Stichproben, die im Abstand von insgesamt ca. 14 Jahren untersucht wurden. Von den Müttern liegen ebenfalls Daten aus drei verschiedenen Messungen vor, darunter ist allerdings eine Wiederholungsmessung, sowie eine zusätzliche Stichprobe in Japan (Yokohama). Zur Veranschaulichung ist hier der Untersuchungsplan schematisch dargestellt (vgl. Abb. 16).

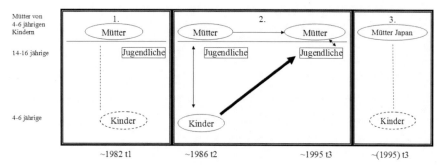

Abbildung 16: Untersuchungsplan und Zeittafel

Diese Gesamtzahl von 1733 Jugendlichen, davon 976 Jungen und 749 Mädchen, teilt sich folgendermaßen auf die einzelnen Teilstichproben auf:

Tabelle 2: Aufteilung aller Probanden auf die Teilstichproben

Land	t 1		t 2		t 3	
	J.	M.	J.	M.	J.	M.
D	98	98	137	98	45	45
S	-	-	111	30	-	-
J	345	345	226	67	57	57
Bali	176	176	235	56	43	43
Batak	180	180	225	63	(~28)	(8)
Σ	799	799	934	314	173	153

					-	-
Σ t 1 + t 2*	Jugendliche 1733		Mütter 1113		-	-
davon Jungen*	976				79	-
davon Mädchen*	749				69	-
∅ Alter insg. d. J.	~15 Jahre		~15 Jahre		~14 Jahre	-

* *Anmerkung*: Bei einigen Auswertungen sind einige Probanden ausgefallen.

In der Längsschnittstichprobe, in der also die frühen Daten (als Kind) und die ~9 Jahre später erhobenen Daten vergleichen werden konnten, waren es insgesamt 173 Teilnehmer. Sie setzen sich aus den vier verbliebenen Kulturen zusammen, wie aus Tabelle 2 ersichtlich. (Wegen der vergleichsweise geringen Zahl der Bataker, und wegen besonderer Probleme bei der Datenaufnahme bei ihnen, wurden die Bataker dabei gelegentlich unberücksichtigt gelassen.)

6.3 Methoden

Übersicht

An Methoden haben wir zwei standardisierte Verfahren mit objektiven und reliablen Auswertungsverfahren verwendet (SAS und TAT), sowie vier semiprojektive, qualitative Verfahren (A-Sit, So-Sit, H-Sit, Parasol), die aber ebenfalls mit genau vorgegebenen Auswertungsverfahren versehen waren, sowie eine Reihe von zusätzlichen Verfahren, um Informationen nicht bei allen, oder nicht systematisch eingesetzten oder einsehbaren zu gewinnen (RASQ, APQ, RASI, API → Erläuterungen der Abkürzungen s. S. 97). Die Fragebögen wurden von Kooperateuren oder deren Kollegen mehrfach übersetzt und rückübersetzt, bis ein für die jeweilige Kultur akzeptables Endverfahren gefunden war. Allein dieses Verfahren der Übersetzung und Rückübersetzung hat schon zu interessanten Kulturerkenntnissen und -einsichten beigetragen, weil nämlich Übersetzungsfehler auf kulturspezifischen Missverständnissen und Fehldeutungen beruhen:

Zwei Beispiele aus dem SAS.
Ein Satz, der auf Deutsch heißt: *Ich verstehe offenbar nicht, was mir bevorsteht*, wurde nach Rückübersetzung aus dem Indonesischen dort so verstanden: *Offenbar begreife ich nicht, was auf mich zukommt*, also eine einigermaßen adäquate Form der Formulierung. Im Japanischen hieß es jedoch: *Es ist im Alltagsleben noch nicht erreicht, was ich mir angeeignet haben sollte*. Hier findet sich also die typische Bezogenheit auf eigene Leistung und Fleiß wieder: es kommt auf die Anstrengung an, wenn etwas noch nicht erreicht worden ist.
Für ein zweites Beispiel geben wir den englischen Text an, der den Kooperateuren in beiden Kulturen übermittelt worden ist, um für alle eine gemeinsame Ausgangslage zu bieten, von der aus übersetzt werden musste. Er lautete: *Justified or not I feel guilty whenever I express my anger.*
Nach der indonesischen Rückübersetzung hieß es: *Ob man mir zustimmt oder nicht, ich fühle mich schuldig, wenn ich einen Wutausbruch habe*. Hier wurde also das objektive Berechtigt-sein oder nicht in eine individuelle persönliche Zustimmung verändert, und das noch relativ sanfte Ausdrücken von Ärger gleich übertrieben in einen Wutausbruch umgewandelt. Dies entspricht der kulturüblichen Ablehnung, überhaupt Ärger zu zeigen.

Die japanische Übersetzung lautete: *Ich fühle mich, als ob ich etwas Schlechtes gemacht hätte, wenn ich mich geärgert habe, auch wenn es dazu rechtfertigende Gründe gegeben hat.* Hier mag man die rechtfertigenden Gründe einigermaßen übersetzt finden, aber das bloße Schuldig-Fühlen erscheint als Folge einer schlechten Handlung, es ist also auf ein Tun und nicht auf das Erleben bezogen; offenbar drückt sich hierin die kulturelle Norm aus, Ärger gar nicht aufkommen zu lassen, sodass „Ärger haben" wie eine unterlassene Handlung erlebt werden kann.

Die Beispiele zeigen zweierlei:
Einmal kultur-typische Unterschiede in Deutungen, Erlebensweise und Wertschätzungen, die sich in solchen Fehlübersetzungen ausdrücken, aus denen wir übrigens viel über kulturellspezifische Denk- und Erlebnisweisen gelernt haben. Zum anderen die Probleme, Fragebogen in kulturvergleichender Forschung zu verwenden: kann man genau formulierte Statements in andere Sprachen übersetzen, und haben sie dann dort noch die gleiche Bedeutung?

Ohne diese Korrekturschritte wären unsere Daten natürlich mit ganz erheblichen Fehlern und Missverständnissen belastet gewesen.

6.4 Untersuchungs-Instrumente

Um ein genaues und realistisches Bild des tatsächlichen Aggressionsverhaltens von Kindern und Jugendlichen und von dem konkreten Erziehungsverhalten der Mütter, das aggressionsrelevant sein kann, zu erhalten, wären jeweils langfristige Verhaltensbeobachtungen erforderlich. Aus ihnen könnten dann Daten für die weitere wissenschaftliche Verarbeitung gewonnen werden. Beides, tatsächliche Aggression und entsprechend relevantes Erziehungsverhalten, sind allerdings nur seltene Ereignisse und sie ereignen sich außerdem auch häufig an „schwer zugänglichen" Stellen: im Haus vor dem Schlafengehen, beim Essen, beim Anziehen, bei der Vorbereitung zum meist eiligen Schulbesuch, oder vielleicht abends etwa beim unerlaubten Fernsehen, oder vor allem auch, wenn Jugendliche alleine (!) untereinander sind. Damit ist schon von vornherein klar, dass solche Beobachtungen nicht durchführbar sind, schon gar nicht in einer für uns fremden Kultur, und erst recht nicht in einer Kultur, in der auch die Familien gegenüber eigenen Kulturangehörigen so abgeschlossen sind, wie das in Japan üblich ist.

Die Wahl der Methoden für die kulturvergleichende Untersuchung sah sich einer Reihe von Schwierigkeiten gegenüber. Einmal sollte soweit wie möglich versucht werden, Aufschlüsse über das tatsächliche Verhalten zu bekommen. Andererseits war für die Motivationstheorie nötig, auch die internen Bedingungen des Aggressionsverhaltens bzw. für die Erziehung, Gründe für das Erziehungsverhalten zu erfahren. Ferner mussten die Verfahren nicht nur technisch in

6.4 Untersuchungs-Instrumente

den verschiedenen Kulturen gleichermaßen angewendet werden können, sondern funktionell äquivalente Maße ergeben. Ferner durften die Verfahren nicht zu aufwendig sein. Sie mussten ja von ausländischen Kooperateuren durchgeführt werden, die dazu gewonnen und auch in diesen Verfahren geschult werden mussten. Der gesamte Untersuchungsablauf durfte schließlich auch nicht zu kompliziert werden, damit er unter unterschiedlichen Bedingungen sicher durchführbar bleibt. Dass die Verfahren der jeweiligen Kultursprache angepasst werden und trotzdem vergleichbare Ergebnisse liefern mussten, braucht dabei nicht besonders betont zu werden.

Es kam also auf die Art der Datenerfassung und der Auswertung schon bei der Vorbereitung der Verfahren an, damit auch eine sichere Datenübermittlung möglich wurde. Hinsichtlich der Aggressivität kam es auch auf Teilkomponenten des Motivs an, die theoriegerecht erfasst werden sollten. Ebenso kam es hinsichtlich der Erziehungsbedingungen darauf an, die subjektiven Voraussetzungen, die Begründungen, die beteiligten Affekte, die dabei wirksam werdenden Deutungen und die Zielvorstellungen zu gewinnen.

Die in der psychologischen Forschung sonst üblichen Fragebogen-Methoden haben wir als vergleichsweise ungeeignet angesehen, obwohl sie leicht auswertbar sind und auch quantifizierbare Ergebnisse liefern. In Fragebogen gibt man jedoch eine Anzahl von Statements und zugehörige Antwortmöglichkeiten vor und man wertet diese Antworten so, als seien sie repräsentativ für das zu erfassende Verhalten.

Auf *Fragebogen* hatten wir daher von vornherein keinen besonderen Wert gelegt. Wir waren bewusst von einem Unterschied zwischen respondenten und operanten Daten ausgegangen (McClelland, 1985), und haben von vornherein angenommen, dass es gerade für den Kulturvergleich, besonders bei weniger gebildeten Probanden mit besonderen Problemen behaftet sein würde, wenn man aus unserem (vermeintlichen) Wissen Statements, Fragen und vorformulierte Antworten vorgibt. Die Probanden sind damit genötigt, nur innerhalb dieser vorgegebenen Kategorien auf Konzepte und Begriffe zu antworten, die unter Umständen nichts oder nur wenig mit ihren eigenen Vorstellungen und Begriffen und Erlebnisweisen zu tun haben.

Das gilt – wie wir seit McClelland wissen – für westliche Probanden, und es gilt noch viel mehr für Angehörige anderer, insbesondere uns eher fremder Kulturen, für die vielleicht ein ganz andersartiges Welt- und Menschenbild besteht.

Will man aber einen Sachverhalt, wie das sozusagen umfassende Erziehungsverhalten von Müttern durch Fragebogen erfassen, dann setzt die Konstruktion eines solchen Fragebogens im Prinzip voraus, dass man eine Vorstellung von der prinzipiell möglichen Vielfalt von Situationen, von Verhaltensmöglichkeiten und Reaktionsweisen hat und aus ihnen die wesentlichen Bedingungen in Fragebogen formulieren und dies in Statements und Situationsbeschreibungen fassen kann, auf die der Befragte antworten soll. Damit aber sind zwei im Grunde unlösbare Aufgaben für die Fragebogenkonstruktion verbunden:

> Man müsste tatsächlich das *Universum* möglicher, in der jeweiligen Kultur *relevanter Situationen* und der sich darauf beziehenden Reaktionen kennen, und man müsste daraus die charakteristischen und tatsächlich relevanten verallgemeinerbaren Statements formulieren. Die nächste Aufgabe ist dann, entweder aus dem Universum möglicher Antworten die theoretisch wichtigen und für die Probanden *typischen Antworten* zu erfassen und diese in der ja/nein-Form oder in Statements vorwegzunehmen. In beiden Fällen muss bereits in die Formulierung eine Vorentscheidung über die theoretische Relevanz gefallen sein. Will man nicht zahllose Vorversuche und Revisionen in Kauf nehmen, für die in der Regel trotzdem die wichtigen Kriterien fehlen, so bleibt immer eine hohe Portion Willkür, ganz besonders im Kulturvergleich, wenn man eben die Kulturen nicht genug kennt. Alle Erfahrung zeigt, dass selbst kulturangehörige Kollegen dabei kaum hilfreich sind.

Daher haben wir uns zu einem prinzipiell anderen Vorgehen entschlossen. Wir geben nicht Fragen vor und tun dann so, als ob dies die relevanten aus dem Universum möglicher Fragen sind, und wir geben auch keine Antworten vor und tun wiederum so, als ob dies die relevanten Antworten aus dem überhaupt möglichen Universum von Antworten und Verhaltensweisen sind.

Wir haben stattdessen spezielle *Szenario-Verfahren* entwickelt. Wir geben dazu den Probanden nur in Skizzen angedeutete Situationen vor und veranlassen sie, ganz frei mit ihren eigenen Worten dazu zu erzählen, wie sie die Situation verstehen. Sie mögen sich an ähnliche Fälle erinnern und erzählen, wie sie dies erlebt haben und was sie getan haben. Dabei kommen ihre Einstellungen zu entsprechenden (vielleicht konflikthaft erlebten) Ereignissen, ihre Gefühle und die (möglichen) Verhaltensweisen in ähnlichen Situationen zum Ausdruck. Es gibt jedoch keinerlei inhaltliche Vorgaben. Die kulturspezifische Theorierelevanz in den Äußerungen ergibt sich somit nicht schon aus der Bearbeitung der Verfahren anhand von Kriterien, die bei der Konstruktion des Verfahrens *vorab* festgelegt wurden. Sie muss nachträglich bei der Auswertung (und späteren Quantifizierung) durch kulturangehörige Auswerter beurteilt werden. Diese Auswerter müssen dafür gründlich theoretisch geschult sein. Damit können vor allem auch nicht von uns vorhergesehene oder erwartete kulturspezifische Situationsdeutungen, Einstellungen, Wertungen, Erwartungen, oder Handlungstendenzen erkennbar werden.

Der Unterschied zwischen Fragebogen-Verfahren und diesen so genannten projektiven Verfahren war bereits von McClelland (1985) als Unterschied zwischen respondenten und operanten Verfahren beschrieben worden. Er beruht im Wesentlichen auf Folgendem:

> Bei den Fragebogen-Verfahren müssen die Probanden die vorformulierten Statements verstehen und sich ferner überlegen, ob sie die vorgegebene Antwort bejahen oder nicht. Dazu ist jedoch ein mehr oder weniger bewusster *Selbstreflexionsprozess* erforderlich: Die Probanden müssen sich überlegen, ob die Aussage für sie zutrifft oder nicht. Die Antworten, die die Probanden geben, unterliegen folglich einem deutlich höheren Grad an kognitiver Kontrolle dessen, was sie von sich sagen. Es muss dem (bewussten) Selbstbild entsprechen. Die Kontrolle bezieht sich aber genauso auf das, was wir in der betreffenden Situation glauben sagen zu müssen, oder preisgeben zu können. Damit sind Fragebogen deutlich zu unterscheiden von einem projektiven Verfahren. Bei ihm ist die ganze Methodik darauf ausgerichtet, diesen bewussten Prozess und Kontrollvorgang der auswertungsrelevanten Aussagen möglichst zu umgehen. Es werden freie Assoziationen evoziert. Seit McClelland wissen wir, dass diese nicht unerheblich von z. T. unbewussten Einstellungen, Vorstellungen, Phantasien usw. geprägt sind, die von nicht bewussten – McClelland nennt das später impliziten – Motiven gesteuert und geprägt sind. Sofern diese Aussagen angemessen ausgewertet werden, sind sie viel besser geeignet, die eigentlichen motivationalen Handlungsursachen zu erfassen. Das klassische Beispiel für ein solches Verfahren ist der TAT.

In unseren Untersuchungen wurden 10 verschiedene sorgfältig ausgearbeitete und z. T. mehrfach überprüfte und überarbeitete Verfahren verwendet (vgl. Abb. 17):

Zwei dieser Verfahren hatten streng formalisierte Auswertungsvorschriften, nämlich der A-TAT (Aggressionsbezogener Thematischer Apperzeptionstest) und der SAS (Saarbrücken Aggression Scale – ein Fragebogen, auf den wir später eingehen). Der SAS sollte, wenn auch mit klarem Vorbehalt (siehe oben), der zusätzlichen „Aggressivitätsmessung" und damit dem Vergleich mit dem TAT dienen. Zwei weitere Fragebogen-Verfahren (RASQ [Retrospective Adolescents Socialization Questionnaire] und APQ [Actual Parents Questionnaire]) sollten mehr der formalisierten Informationsgewinnung dienen, ohne dass eine systematische quantitative Auswertung damit beabsichtigt war. Wichtig waren ferner zwei sorgfältig strukturierte *Szenario-Verfahren*: A-Sit (Aggressions-Situations-Szenario) und *So-Sit* (Sozialisations-Situations-Szenario). Sie gaben Situationen vor, die hinsichtlich ihrer Kulturverträglichkeit mit den ausländischen Kooperateuren sorgfältig abgestimmt waren und einer systematischen Auswertung durch vorgegebene sehr ausführliche Auswertungsverfahren zugänglich gemacht wurden. Und schließlich zwei Interview-Verfahren: RASI [Retrospective Adolescents Socialization Interview] und API [Actual Parents Interview], die ebenfalls nicht der systematischen quantitativen Auswertung, sondern im Wesentlichen der zusätzlichen qualitativen Informationsgewinnung dienen und deswegen auch nicht bei allen Probanden angewandt werden sollten.

Methoden zur Messung von	Methoden		
	projektiv/ semiprojektiv	Fragebögen	Interviews
Aggression und Aggressionshemmung	A-TAT A-Sit (AM/AF)	SAS	RASI
Sozialisation	So-Sit (AM/AF) So-Sit (MB/MG)	RASQ APQ	 API

Zusätzliche Stichprobe: Mütter von Jugendlichen für Sonder-Gruppen (s. Abb. 15 Ziffer 3).
AM/AF = Jugendliche male/female.
MB/MG = Mütter boys/girls
Erklärung der Abkürzungen im Text S. 97.

Abbildung 17: Übersicht über die verwendeten Unersuchungs-Instrumente

Der A-TAT ist eine spezielle Weiterentwicklung des ursprünglich von Murray entwickelten TAT. Die Weiterentwicklung berücksichtigt eine Reihe von kritischen Punkten, die aus der Sicht der Testexperten und Methodenfachleute am Murray-Test als diagnostisches Instrument geäußert worden waren (keine Eindimensionalität des Anreizes, keine systematische Auswertungsvorschrift, vor allem keine objektive und reliable Auswertung, die quantifizierbar wäre) (Kornadt & Zumkley, 1981). Alle diese berechtigten Kritikpunkte wurden in einem langen Prozess der Entwicklung und zwar im Hinblick auf die Motivationstheorie der Aggression und der Überprüfung von Validität und Reliabilität beim A-TAT berücksichtigt und auch in späteren Untersuchungen überprüft (Kornadt, 1981a, b, 1994 u. a.).

Der A-TAT besteht aus acht Bildern mit abgestuftem Anreizwert. Zu jedem dieser Bilder soll eine passende Geschichte frei erfunden werden. Der eigentliche Wert besteht in einem detaillierten Auswertungsschlüssel. Dieser ist anhand der Motivationstheorie der Aggressivität für die Bilder so konstruiert, dass unabhängig vom spezifischen, z. B. kulturspezifischem Inhalt der Geschichten ihr eigentlicher motivationaler Gehalt damit erfasst werden kann. D. h. hier werden ausdrücklich kulturspezifische Anschauungen, Erfahrungen, Werte, Handlungsoptionen und dergl. ermöglicht und erwünscht. Allerdings ist das ohne Zweifel ein Nachteil hinsichtlich der Ökonomie des Verfahrens. Die Auswertung setzt eine intensive Schulung der Auswerter voraus.

Das gleiche Prinzip gilt ebenso für die Szenario-Verfahren A-Sit und So-Sit. Der Auswerter muss daher die Einzelheiten der Motivationstheorie der Aggression und der Aggressionshemmung verstehen und beherrschen. Er muss außerdem in der Lage sein, diese Prinzipien auch auf die kulturspezifischen Ausdrucks- und

6.4 Untersuchungs-Instrumente

Verhaltensformen, auf die zugrundeliegenden Werte, die in der jeweiligen Kultur des Probanden herrschen, anzuwenden. Die Auswerter müssen daher selber dieser Kultur angehören, und die Auswertung setzt dementsprechend eine intensive Schulung hinsichtlich der Theorie und der Anwendung dieser Theorie auf die jeweiligen kulturspezifischen Äußerungen voraus (s. Abb. 12, S. 87).

Diese Schulung haben wir in den jeweiligen Kulturen selbst durchgeführt und dabei übrigens selber eine Menge gelernt über die kulturspezifischen Bedeutungen bestimmter Handlungsweisen oder Werte, die z. T. ganz anders waren, als wir sie in unserer Kultur kennen. Auch diese konnten dann in der Auswertung berücksichtigt werden.

Beispiel für Kultur-Besonderheiten:
Ob eine Information, ein Datum, eine Handlung als aggressionsrelevant angesehen und demnach gemäß der theoretischen Vorgaben gewertet werden kann, darf nicht an Hand der Kriterien, die in unserer Kultur gelten, entschieden werden. Es sind vielmehr genaue Kulturkenntnisse der jeweiligen Wertschätzungen, Regeln usw. Voraussetzung. Nur wenn die theoretischen Prinzipien auf diese angewendet worden sind, können die Auswertungs-Kriterien dementsprechend festgelegt werden, und nur dann kann von einer Vergleichbarkeit der Daten ausgegangen werden.

Ein deutscher Schüler kann seinen Mathematik- oder Englischlehrer ohne Weiteres fragen, was an seiner Arbeit nicht so gut war und ihn bitten zu zeigen, wie er es hätte machen müssen, damit alles richtig ist. In einer unserer ostasiatischen Kulturen wurde dies von den Auswertern als „Aggression" gewertet: In einer Kultur, in der eine uneingeschränkte Autorität des Lehrers gilt, ist eine solche Frage unstatthaft, weil mit ihr vielleicht Zweifel an der Richtigkeit des Lehrerurteils angedeutet sein könnten. Das wäre eine Beeinträchtigung der Autorität des Lehrers und müsste somit als aggressionsrelevant beurteilt worden.

Ein anderes Beispiel ist die unterschiedliche Aggressionsrelevanz von Strafe. Wenn ein deutscher Vater seinem Sohn vorhält, dass er schon wieder statt Schularbeiten zu machen, Fußball gespielt hat, und er ihm dafür das Taschengeld kürzt, so ist in aller Regel damit zu rechnen, dass die Vorhaltungen mit dem Ausdruck von Ärger geschehen, und dass die Kürzung des Taschengeldes als die verständlichen Interessen des Jungen beeinträchtigende Maßnahme empfunden wird, die vermutlich ebenfalls Ärger auslöst, und die wahrscheinlich auch so wirken soll. Also wäre das in Deutschland unter „Aggression" zu kategorisieren.

In einer unserer ostasiatischen Kulturen würde fast sicher im gleichen Fall die Ärger- und Verletzungskomponente wegfallen und die Interaktion *von beiden* als berechtigte und voll akzeptierte Maßnahme verstanden werden, dem Sohn in seiner Entwicklung zu helfen. Eine aggressionsrelevante Komponente würde dann fehlen und dürfte nicht kategorisiert werden (Trommsdorff, 1985, 1995, 2007; Trommsdorff & Kornadt, 2003).

Wir gehen davon aus, dass die mit unseren Instrumenten gewonnenen Daten eine (vorläufige) positive Antwort auf unsere Frage erlauben werden, ob denn unsere Eindrücke über kulturabhängige Aggressivitätsdifferenzen bestätigt werden.

Dieselben Prinzipien gelten mutatis mutandis auch für den A-Sit und den So-Sit. Der A-Sit dient der detaillierten qualitativen Erfassung der Komponenten des Aggressionsmotivs, wie sie sich in Anregungen, Entwicklung und Ausführung der Aggressionshandlung äußern. Es werden in Skizzen angedeutete Situationen vorgegeben, die potentiell als aggressionsrelevant gedeutet werden können. Es wurden jedoch nach Vorprüfung durch die Kooperateure nur Situationen gewählt, die für alle Kulturen zutreffen oder die sinngemäß adaptiert werden konnten.

Abbildung 18: A-Sit Bild: Beinstellen

Diese Situation (Abb. 18) wurde z. B. von allen Kooperateuren als eine typische Situation im Schulalltag verstanden, in dem ja alle unsere Jugendlichen zumindest vorübergehend waren. Man kann sie verschiedenartig deuten: als eigene Unaufmerksamkeit; also im Sinne eines bedeutungslosen zufälligen Unfalls. Oder als absichtliches Beinstellen und damit als intendierte Gemeinheit und Aggression.

Schon derartige Situationsdeutungen sind Ausdruck des Aggressionsmotivs, ebenso ggf. darauf folgende Emotionen, Handlungsideen und -optionen (auch Phantasien) und schließlich auch die tatsächlichen Handlungen, die beabsichtigt oder berichtet werden. Die Instruktion war hierfür immer gleich, nämlich sich an eine ähnliche Situation zu erinnern und aus der Erinnerung heraus, ganz konkret, d. h. in kulturüblicher Weise und Sprache, zu erzählen, was los gewesen ist und was passierte.

Entsprechendes gilt für den So-Sit (Socialization-Situation-Scenario), der primär für Mütter angewendet wurde. Auch hier ging es um typische Erziehungssituationen, auf die die Mütter sich normalerweise zu irgendeiner (erzieherischen) Reaktion veranlasst sehen. Situationen, die geeignet waren, die Mütter zur Deutung des kindlichen Verhaltens anzuregen und dann ihre eigenen darauf bezogenen Handlungsvorstellungen und -ziele zum Ausdruck zu bringen. Den So-Sit gab es in verschiedenen Versionen. Einmal für Mütter der drei- bis sechsjährigen Kinder für die Hauptuntersuchung. Außerdem zusätzlich eine modifizierte zweite Version für die Mütter in der dritten Untersuchung in Bezug auf ihre nunmehr vierzehnjährigen Kinder. Ferner eine Version zur retrospektiven Erfassung der früher erfahrenen Erziehung für Jugendliche (So-Sit A). Sie liefern uns u. a. Informationen über die Stabilität der Erziehungsmethoden über den Zeitraum der Längsschnittstudie.

*Diese Situation wurde im Einvernehmen mit den jeweiligen kulturangehörigen Kooperateuren und Mitarbeitern kulturspezifisch äquivalent modifiziert: für Bali (Berg-Region) und Batak (Toba-Region): „... der Suppenverkäufer ist jetzt da!", für Jakarta z. B. „...der grocer-cart...".

Abbildung 19: So-Sit Bild: Mutter mit Telefon*

Für die dritte Untersuchung wurde noch ein weiteres Szenario-Verfahren entwickelt und angewendet: der H-Sit (Hilfe-Situations-Szenario). Er war darauf gerichtet, durch Vorgabe geeigneter Situationen zu erfassen, wie die Probanden eine potentiell Hilfe erfordernde Situation auffassen und wie sie handeln würden. Die dahinter liegenden Überlegungen gingen von der Altruismus-Forschung aus, insbesondere von Arbeiten von Karylowski (1982). Wir haben dabei unterschieden zwischen einem Hilfeverhalten, das mehr aus *egoistischen* Gründen geschieht („*wenn ich jemand helfe, hilft er mir demnächst auch*"; oder Helfen, um das eigene Ansehen zu verbessern) und einem „*wahren*" Altruismus, der darauf gerichtet ist, ohne Rücksicht auf die Beeinträchtigung eigener Interessen, dem anderen zu helfen (Trommsdorff, 2005).

Wir haben dies eingesetzt in der Annahme, dass der wahre Altruismus – in Grenzen jedenfalls – als ein Gegenmotiv gegen Aggressivität fungieren kann. Es sollte die Richtigkeit dieser Annahme überprüft werden, und ferner auch die damit verbundene Annahme, dass Erziehungsbedingungen, die zu einer Entwicklung von echtem Altruismus führen solche sind, die der Entwicklung von Aggressivität entgegenstehen und vice versa (u. a. Husarek, 1992).

Sodann seien noch zwei Interview-Verfahren genannt: das API (Actual Parent Interview) für Mütter kleiner Kinder und das RASI (Retrospective Adolescent Socialization Interview) für Jugendliche. Im ersten Fall sollten in einem halbstrukturierten Interview die Mütter und ggf. auch Väter nach ihren Erziehungsbedingungen und ihren Erfahrungen mit ihren Kindern gefragt werden. Dieses Interview war von vornherein nur auf eine kleinere Probandengruppe ausgerichtet (Mütter von kleinen Kindern, die im So-Sit durch häufige aggressive Interaktionen aufgefallen, bzw. die vielmehr sehr ruhig und ausgeglichen waren).

Das Gleiche gilt für das RASI, das ebenfalls ein halbstrukturiertes Interview war, das für die entsprechende Gruppe von Jugendlichen in der Längsschnittstudie der 14- bis 15-Jährigen gedacht war. Es sollte ergänzende retrospektive Informationen über die eigene Erziehungserfahrung liefern.

Die Fragebögen, insbesondere der SAS, sollten als ergänzende Verfahren – sozusagen in herkömmlicher Weise – Informationen über die Aggressivität und Aggressionshemmung der Jugendlichen liefern. Einen Vorteil sahen wir einmal darin, dass der SAS keine besonderen Anforderungen an die Untersucher und die Jugendlichen stellt, zum anderen liefert der Fragebogen leicht quantifizierbare Ergebnisse, was die Auswertung und die statistischen Vergleiche mit anderen Verfahren ermöglicht oder erleichtert. Der SAS wurde nach den Ergebnissen der ersten Untersuchung gekürzt und revidiert. Ein wichtiger Schritt hierbei war die Prüfung der Anwendbarkeit und Verständlichkeit der in den Statements gewählten Formulierungen anhand der Ergebnisse und (z. T. mehrfach kontrollierten Rückübersetzungen). Diese Rückübersetzungen stellten einen besonders aufwendigen Entwicklungsschritt dar. Er lieferte aber u. U. bereits wertvolle Aufschlüsse über kulturspezifische Auffassungen und Denkweisen, die in Übersetzungsfehlern zum Ausdruck kamen (s. Beispiele am Anfang von Kapitel 6.3).

Als letztes wurde der PARASOL entwickelt. Er sollte der Erfassung kritischer Lebensereignisse dienen, die u. a. nachhaltig emotionale Grundeinstellungen verändert haben könnten. Die Idee war, dass u. U. die frühe mütterliche Erziehung – wie von uns postuliert – die spätere Aggressivität nur dann nachhaltig beeinflusst, wenn keine gravierenden Ereignisse im Leben des Kindes eintreten. Die frühen Einflüsse würden dann nicht mehr bestimmend sein, wenn das Kind oder der Jugendliche während seiner Entwicklung Erlebnissen ausgesetzt war, die seine Grundeinstellungen, z. B. das Vertrauen zur Welt oder seinen Mitmenschen, oder seine Werteinstellungen oder Emotionen und Regulationsfähigkeiten nachhaltig beeinflusst haben. Das könnte z. B. eine konfliktreiche Scheidung der Eltern, Tod eines Geschwister- oder Elternteils, eine eigene schwere Krankheit, ein Unfall oder ähnliches sein.

Genauere Prüfungen auch eines Teils unserer Ergebnisse sowie der Literatur zeigen aber, dass diese Annahme zu einfach war. Es kommt nicht auf ein kritisches Lebensereignis selbst an. Es kommt vielmehr darauf an, wie ein solches Ereignis vom Kind

6.4 Untersuchungs-Instrumente 103

oder Jugendlichen erlebt und verarbeitet wird. Man hätte also die subjektive Bedeutung dieser kritischen Lebensereignisse erfassen müssen, was im Kulturvergleich wohl weitere diffizile und ungleich aufwendige, vielleicht sogar nicht mögliche Untersuchung erfordert hätte.

Daher lieferte der Parasol für entsprechende Einflüsse keine brauchbaren Ergebnisse.

Besonders wichtig war uns, neben den Informationen, die wir durch formalisierte Verfahren gewinnen können, möglichst viele zusätzliche Informationen von dem unmittelbaren Leben von Müttern und Kindern und dem Mutter-Kind-Kontakt in deren natürlichen Alltagsumgebung zu gewinnen. Wir haben dazu zahlreiche Wege gefunden und genutzt, Informationen, die aggressionsrelevant sind, zu sammeln. Am wichtigsten waren in Indonesien und sogar auch in Japan Hausbesuche mit stundenlangen möglichst unauffälligen Beobachtungen der alltäglichen Mutter-Kind-Interaktionen zu Hause (gerade in Japan oft nach langen vorbereitenden Vermittlungen). Wir haben dabei ebenso stundenlange Videoaufnahmen durchgeführt, unauffällig in einer Ecke sitzend, so dass wir bald vergessen waren. Ebenso haben wir in sehr verschiedenen Kindergärten über längere Zeiten das gegenseitige Verhalten der Kinder beobachtet, Reaktionen auf Übergriffe, Rangeleien, gegenseitige Hilfen und das entsprechende Verhalten von Kindergärtnerinnen, aber auch von Müttern, vor und nach dem Kindergarten und ebenfalls dies in Videoaufnahmen festgehalten. Während dies noch relativ systematische Beobachtungen waren, wurden Kinder und Mütter aber außerdem wo immer möglich, auf Spielplätzen, auf dem Weg von und zur Schule oder zum Kindergarten, am Rande von Schul- und Dorffesten, in Bali insbesondere bei Kremationen und bei Tempelfesten oder auf dem Reisfeld bei den Batak, d. h. wo immer sich Gelegenheit bot, beobachtet und videografiert. Auf diese Weise ist in allen Kulturen eine unerschöpfliche Menge von Beobachtungen gesammelt worden. Die Videoaufnahmen umfassten am Ende jedoch so unendlich viele stundenlange Aufzeichnungen, dass eine systematische Auswertung dieser Aufnahmen, wie ursprünglich beabsichtigt, die Möglichkeit unserer Kapazität bei weitem überstieg. Aber die so gewonnenen Erfahrungen sind selbstverständlich in die Endauswertung und die Interpretation in vielfacher Weise eingegangen.

Auch hatten wir damit eine Möglichkeit, die Aussagekraft und Informationsbreite der So-Sit-Ergebnisse zu überprüfen. Wie oben erwähnt, hat dies auch im Zusammenhang mit den Ergebnissen anderer Verfahren dann zur Formulierung der nicht so sehr ins Detail gehenden Konstruktscores für die Auswertung beigetragen (s. S. 123).

7 Ergebnisse 1: Aggressivität der Jugendlichen aus verschiedenen Kulturen

7.1 Globale quantitative Ergebnisse über alle Kulturen

Wir gehen als erstes der Frage nach, ob sich denn mit unseren Methoden jene Aggressivitätsunterschiede zwischen den Kulturen tatsächlich nachweisen lassen, wie sie schon früher von anderen Autoren beschrieben wurden und die auch wir, nach unseren zunächst unsystematischen Beobachtungen und Eindrücken, angenommen haben. Unsere Verfahren liefern uns als erstes globale Werte über die Aggressivität von Jugendlichen in den Stichproben aus den verschiedenen Kulturen. Wir berichten hier zunächst nur die zuverlässigsten Ergebnisse, die Daten aus dem A-TAT.

Graphik 1: TAT Netto Aggression 1986

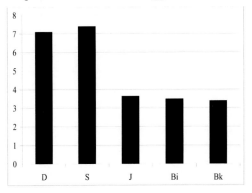

Graphik 1 zeigt die globalen Aggressivitätswerte der Jugendlichen aus den verschiedenen Kulturen der zweiten Untersuchung.

> Es wird noch einmal betont, dass wir natürlich nicht *die Kulturen* untersucht haben, sondern dass wir *Stichproben* aus ihnen gezogen haben, die auch nicht repräsentativ für die Kulturen waren. Wir können und wollen aus unseren Ergebnissen also nicht auf die gesamte Kultur schließen, aber die Ergebnisse liefern doch Daten, die die Ausgangsfrage vorläufig beantworten. Wir haben allerdings auch keinen Grund zu der Annahme, dass unsere Stichproben besonders untypische Ausnahmen aus den jeweiligen Kulturen darstellen, wie wir gleich zeigen.

Aus dieser Graphik ist zu ersehen, dass unsere Annahmen insofern bestätigt werden, als die globalen Aggressivitätswerte für die Stichproben aus den beiden westlichen Kulturen (Deutschland und Schweiz) deutlich höher sind als die der asiatischen Kulturen – und ganz besonders die aus Japan.

Dass es sich hier nicht um ausgesuchte Sondergruppen handelt, ergibt sich aus weiteren Daten. Wir zeigen hierzu als nächstes Ergebnisse aus der ersten Untersuchung.

Graphik 2: Netto-Aggression der deutschen und japanischen Jugendlichen (A-TAT) 1. Studie (t1) – 1981

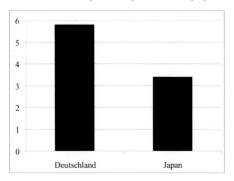

Grafik 2 zeigt die Aggressionswerte der deutschen und der japanischen Jugendlichen aus der *ersten* Erhebung. Der Unterschied zwischen den deutschen und den japanischen Probanden ist hochsignifikant, wie es unseren Ausgangshypothesen entsprach. Auf die Mitteilung der indonesischen Daten verzichten wir an dieser Stelle; die Datenerhebung konnte dort nicht immer den genauen Anweisungen entsprechen.

> Diese Daten zu t 1 beziehen sich übrigens nur auf männliche Probanden, weil in der deutschen Vergleichsstichprobe zu dieser Zeit keine weiblichen Jugendlichen enthalten waren. Aber auch mit Einbeziehung der weiblichen Probanden in die ausländischen Kulturen hätte sich an diesem Bild fast nichts geändert:
>
> Die Skalenwerte für Japan waren: männlich allein = 3.4
> zusammen mit weiblich = 3.2
>
> Die Signifikanz wäre dadurch unverändert geblieben.

Diese Daten beschreiben die globale Aggressivität, wie sie mit dem A-TAT gemessen worden sind. Ergebnisse aus anderen Verfahren (A-Sit, SAS) haben der Tendenz nach entsprechende Daten geliefert. Auf deren Mitteilung verzichten wir hier der Einfachheit halber. In späteren Abschnitten werden gelegentlich komplexe Daten (Konstruktskores) mitgeteilt, in die auch diese Daten mit einbezogen worden sind.

Die hier mitgeteilten globalen Werte sind nach der Definition des A-TAT „Netto"-Aggressionswerte, die als Indikator für das Aggressionsverhalten angesehen werden. Die Frage ist jedoch, ob diese niedrigen Aggressivitätswerte in den asiatischen Kulturen, insbesondere in Japan, nicht vielleicht auf einer *hohen Hemmung* beruhen könnten. Derartige Annahmen werden gelegentlich mal vertreten, besonders von Kritikern der asiatischen Kulturen, auch von Japanern selbst zuweilen. Und wenn man von einer primär und weitgehend biologisch determinierten Aggressivität ausgehen würde, insbesondere von so etwas wie der Triebtheorie von Lorenz, dann läge diese Vermutung auch durchaus nahe.

Nun liefert unser TAT die Möglichkeit, auf diese Frage eine Antwort zu geben. Das Verfahren des TAT ist so konstruiert, dass es zwischen der Aggressions*motiv*-Komponente und der Aggressions*hemmungs*-Komponente unterscheiden kann. Wenn wir diese Unterscheidung anhand der Daten vornehmen, dann zeigt sich, dass überall da, wo die Aggressionswerte niedrig sind, die *Aggressionshemmungswert*e *nicht etwa entsprechend hoch,* wie das bei gehemmter Aggression anzunehmen wäre, sondern dass sie ebenfalls recht niedrig sind. Diese Daten entsprechen unserer Ausgangsvermutung über die Differenz in der Gesamtaggressivität zwischen den Kulturen (bzw. Stichproben aus ihnen).

Graphik 3: 15-jährige Jugendliche 1986

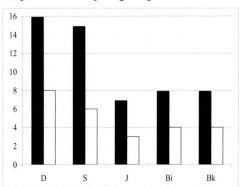

Es sei dabei auch angemerkt, dass diese Aggressionshemmungs- und Aggressionswerte nicht etwa einen simplen korrelativen Zusammenhang zeigen, sondern dass die Werte unabhängig voneinander sind (die Hemmungswerte korrelieren schwach mit den Aggressionswerten.).

In der Grafik 3 sind die Ergebnisse für die zweite Untersuchung differenziert nach Aggressions- und Aggressionshemmungswerten dargestellt.

Dass es sich hierbei nicht etwa um eine besonders ausgelesene oder untypische Stichproben aus den Kulturen handelt, ist überzeugend daraus ersichtlich, dass wir entsprechende Werte an *drei unabhängigen, separaten Stichproben* von Jugendlichen, die zu verschiedenen Zeiten untersucht worden sind, gefunden haben: Wie im Kapitel 4 beschrieben, haben wir noch eine dritte Untersuchung vorgenommen, indem wir von den Müttern, die an der zweiten Untersuchung teilgenommen haben, nach ~9 Jahren diejenigen wieder aufgesucht haben, die zusammen mit ihren inzwischen ~14-15 Jahre alt gewordenen Kindern noch erreichbar waren. Die Ergebnisse dieser Untersuchung sind in Grafik 4 wiedergegeben.

Und auch hier zeigen sich wieder die gleichen Differenzen in der Aggressivität der Jugendlichen, wie in der zweiten Untersuchung [*Anmerkung*: Bei der ersten Untersuchung war noch keine Schweizer Stichprobe einbezogen. Bei der dritten Untersuchung haben wir auf die Schweiz verzichtet, wie in Kapitel 5.4 begründet].

Graphik 4:   14-jährige Jugendliche 1995/1997

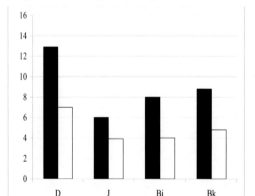

Die Ergebnisse der zweiten Untersuchung lieferten übrigens noch einen weiteren Indikator für die Richtigkeit der Ausgangshypothesen über kulturabhängige Unterschiede in der Aggressivität.

> Für die Japaner hatten wir ursprünglich eine Differenz der sicher am meisten modernisierten Großstadt Tokio und den ländlichen Regionen um Kanazawa herum erwartet. Durch den Ausfall von Tokio blieb nur noch die mögliche Differenz zwischen den Regionen Kyoto, Gifu und Kanazawa übrig, und hier hatten wir gezögert, klare Hypothesen über die Größe eines solchen Unterschiedes zu machen. Bei den

7.1 Globale quantitative Ergebnisse über alle Kulturen

Batakern haben wir ebenfalls keine gerichteten Hypothesen machen können. Es war nicht klar, ob die Bataker, die noch in ihrer traditionelleren dörflichen Region wohnen, nicht am Ende aufgrund ihrer „aggressiven" Tradition aggressiver sein könnten als die nach Jakarta ausgewanderten, die vielleicht unter den zivilisierenden Großstadtbedingungen leben würden, oder ob für sie die gleiche Hypothese wie für die Balinesen zutreffen würde.

In der folgenden Grafik 5 geben wir daher die Aggressivitätswerte für die indonesischen Subgruppen wieder.

Graphik 5: Aggressivitätswerte der indonesischen Subgruppen

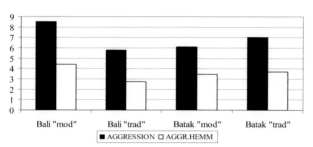

Die Aggr. und die Aggr.-Hemmungswerte zwischen Bali „mod" und Bali „trad" sind mit $p < .05$ signifikant verschieden

Die Prüfung der Unterschiede zwischen den einzelnen Subgruppen hinsichtlich der statistischen Bedeutsamkeit ergab eine deutlich signifikante Differenz zwischen den deutschen bzw. schweizer Stichproben und allen asiatischen, sowie sonst nur zwischen den beiden balinesischen Subgruppen: wie vermutet war die Aggressivität der „modernderen" um Denpasar höher als die der „traditionelleren" Balinesen.

Zusammenfassend können wir also feststellen, dass unsere Daten mit unseren ersten Hypothesen über kulturabhängige Aggressivitätsunterschiede, insbesondere zwischen deutschen/Schweizer und japanischen Jugendlichen, übereinstimmen.

1. Es zeigt sich in der Tat, dass bei unseren verschiedenen Stichproben aus den ostasiatischen Kulturen die Aggressivität deutlich und zwar hoch signifikant geringer ist, als in den beiden westlichen Kulturen Deutschland (und Schweiz).
2. Es zeigt sich auch, dass die niedrigeren Aggressivitätswerte in den ostasiatischen Kulturen nicht auf einer höheren Hemmung beruhen, dass also diese Werte nicht ein Zeichen einer stärkeren Unterdrückung der Aggressivität dort ist. D. h. das Aggressionsmotiv ist dort in der Tat schwächer ausgeprägt. Ob es auch qualitativ anders ist, wird im Folgenden zu prüfen sein.

3. Ein deutliches Ergebnis besteht auch darin, dass diese Unterschiede nicht nur einmal, sondern dreimal hintereinander an unterschiedlichen Stichproben zu verschiedenen Zeiten gefunden wurden.
4. In Indonesien zeigt sich ein tatsächlicher Unterschied zwischen der modernen und der traditionellen Stichprobe: in Bali wie in der von uns vermuteten Richtung. Bei den traditionellen Balinesen ist die Aggressivität signifikant niedriger als bei den mehr unter westlichem Einfluss stehenden Personen in Denpasar.

7.2 Qualitative Ergebnisse

7.2.1 Erste qualitative Auswertung vor Ort und Kategorisierung

Für eine Reihe von Verfahren (z. B. A-Sit und So-Sit) waren den Untersuchern Registrierbögen vorgegeben, mit denen sie ins Feld gingen. Z. T. hatten die Probanden ihre Antworten selber zu schreiben. Es gab aber auch – besonders in Indonesien – immer wieder Probanden, bei denen nicht klar war, ob sie sicher schreiben konnten. Besonders bei den Müttern waren sich die Untersucher manchmal auch nicht sicher, ob sie die in Bahasa-Indonesia formulierten Fragen oder Aussagen wirklich verstanden haben. Die Untersucher haben diese dann noch einmal in der balinesischen oder Batak-Sprache wiederholt, und die Antworten selbst in die entsprechenden Bogen eingetragen. Diese Datenaufnahme hat dann z. T. die Form eines streng formalisierten strukturierten Interviews angenommen, was die Auswertung erleichterte.

Die *Auswertung* erforderte *zwei separate Schritte*. Wie schon erwähnt, war vorab eine sehr eingehende Schulung der Mitarbeiter erfolgt. Sie mussten ja wissen, worauf es hinsichtlich der theoretischen Basis ankommt, nicht nur bei der Datenermittlung, sondern auch bei der Auswertung in der Anwendung der Theorie auf die Kulturspezifika ihrer jeweiligen Kultur.

Der *erste Auswertungsschritt* bestand für die qualitativen Verfahren, wie A-Sit, So-Sit und A-TAT darin, die Aussagen daraufhin zu analysieren und zu beurteilen, was gemäß der jeweiligen kulturellen Werte und Gewohnheiten darin als Aggressivitätsindikator entsprechend der Definition im Auswertungsschlüssel zu werten war. Dieses Vorgehen war an vielen Beispielen vom Verfasser gemeinsam mit dem jeweiligen ausländischen Teamleiter (in Indonesien waren das in der Regel Ponpon Harahap und/oder Sri Pidada, gelegentlich auch Bill Raksagjaga, in Japan Yoshiharu Tachibana) ausführlich mit den Auswertern trainiert worden. Erst wenn klar war, dass die Auswerter dieses Verfahren wirklich beherrschten, ging es an die eigentliche Auswertung (vgl. Abb. 12, Training weiter oben in Kapitel 6.1.3).

7.2 Qualitative Ergebnisse

Für den *zweiten Schritt der Auswertung* war für alle Verfahren und für alle Kulturen ein einheitliches Schema vorgegeben, in das alle einzelnen Daten pro Proband und Verfahren nach einem einheitlichen Muster eingetragen werden mussten.

Erst dies ermöglichte dann einen einigermaßen fehlerfreien Transfer der Daten nach Saarbrücken. Auch dieses Vorgehen musste trainiert werden, denn jeder Fehler, z. B. ein Versehen in der Spalte, würde die Ergebnisse beeinträchtigen. Dann wurden die Daten aus den jeweiligen Ländern nach Saarbrücken transferiert und hier erst einmal zusammengeführt, und dann gemeinsam bzw. auch kulturspezifisch ausgewertet.

In manchen Fällen folgte dem ersten Auswertungs-Schritt noch ein zusätzlicher Schritt: die Konstruktscorebildung. Hierzu wurden mehrere Detailergebnisse nach strengen Regeln zusammengefasst, u. U. mit einer relativen Gewichtung einzelner Anteile, in die u. U. auch Informationen eingingen, die wir zusätzlich zu den formalisierten Verfahren gewonnen hatten (Beobachtungen, Interviews, Haus-Besuche) (siehe S. 103; 123).

Zur ersten Auswertung in Saarbrücken gehörte eine strenge Kontrolle der Korrektheit der Datenübermittlung, was nicht selten zu aufwendigen Rückfragen und Korrekturen der übermittelten Daten geführt hat, weil sich herausstellte, dass doch mal ein Name unklar, oder eine Zuordnung vertauscht war. Auf dieser Basis wurden dann auch die Zuverlässigkeitswerte der Auswertungen errechnet, die immer von mindestens zwei unabhängigen Auswertern vorgenommen worden waren. Auf die Einzelheiten soll hier nicht näher eingegangen werden, um nicht zu viele technischen Daten zu bringen.

Generell wurde auf diese Weise immer eine hohe *Inter-Rater-Reliabilität* der Auswertungen in der *Größenordnung von 0.85.-0.9* erreicht, auf der die endgültigen Ergebnisse beruhen.

7.2.2 Qualitative Analysen hinsichtlich der Aggressionsrelevanz

Die bisher berichteten Unterschiede in den Aggressivitätswerten sind natürlich (wie häufig) sehr pauschal. Sie fassen unter einem Wert alle Ausdrucksformen von Aggression zusammen, und es sind außerdem Aggregatwerte, d. h. Summenwerte über alle Probanden der jeweiligen Stichprobe hinweg. Sie erlauben also nur Aussagen über Gruppen (Kultur-)Differenzen.

Wenn wir aber Aggressivität nicht nur pauschal aggregiert quantitativ, d. h. der Höhe nach vergleichen wollen, sondern gemäß der Motivationstheorie auch in ihrer qualitativen Eigenart, also hinsichtlich der Zielsetzung und inneren motivationalen Dynamik mit ihren emotionalen und kognitiven Komponenten erfassen und vergleichen wollen, dann wird eine qualitative Analyse unerlässlich. Die Frage ist ja, ob sich „die Aggressivität" zwischen den verschiedenen Kulturen auch qualitativ unterscheidet, wenn die quantitative Ausprägung unterschiedlich ist.

Eine *qualitative* Analyse ist darüber hinaus unerlässlich, wenn wir auch Zusammenhänge von Erziehungsbedingungen und Aggressivität verstehen wollen, was für unsere Untersuchung letztlich von größtem Interesse ist. So könnten z. B. kulturbezogene Unterschiede in der Aggressivität auf einer unterschiedlichen Bewertung von Aggressivität beruhen: In der einen Kultur mag Aggressivität bei Erwachsenen geschätzt und akzeptiert, in der anderen Kultur ihr Ausdruck als kindlich oder unreif abgelehnt werden (wobei Letzteres sich nicht schlicht in Hemmung der Aggressivität ausdrücken muss). Und diese Wertung wird wahrscheinlich in Erziehung und Sozialisation bereits früh vermittelt.

Bei den im Folgenden beschriebenen qualitativen Analysen ging es uns
1. um die Prüfung, ob die theoretischen Annahmen über die Komponenten des Aggressionsmotivs (s. Kapitel 3) generell zutreffen, auch im Kulturvergleich, d. h. ob eine Aggressionshandlung bei den verschiedenen Kulturen ebenfalls auf den postulierten Komponenten und deren Abfolge beruht;
2. um die Frage, ob sich in diesen Komponenten Unterschiede zwischen den Kulturen zeigen, die dann vermutlich auch die quantitativen Unterschiede in der globalen Aggressivität (mit-)erklären können.

Erst wenn dies bestätigt sein sollte, können wir die Frage nach spezifischen Entwicklungsbedingungen und nach *dem Zusammenhang* bestimmter Entwicklungsbedingungen mit der Aggressivitätsausprägung im Einzelnen sinnvoll stellen und untersuchen. Am überzeugendsten wird dies natürlich dann sein, wenn wir auch im Kulturvergleich nicht nur auf Gruppenebene derartige Zusammenhänge zwischen Erziehungsbedingungen und der Ausprägung der Aggressivität nachweisen könnten, sondern auf *Individualebene*, d. h. also in unserem Fall für einzelne Mutter-Kind-Beziehungen.

Um das Ergebnis vorwegzunehmen: Mit unseren Detailanalysen werden wir zeigen,

1. dass unsere theoretischen Annahmen über den *Systemcharakter* des *Motivsystems* und die darin relevanten Komponenten auch kulturübergreifend zutreffen. D. h. die postulierten Komponenten einer Aggressionshandlung treten immer auch in den verschiedenen Kulturen auf,
2. in diesen *Teilkomponenten* zeigen sich quantitative und qualitative Unterschiede zwischen den Kulturen, die tatsächlich etwas zu tun haben mit der unterschiedlichen Aggressivität.

7.2 Qualitative Ergebnisse

Darauf lassen sich dann vermutlich auch die Entwicklungsbedingungen beziehen, die wir dann im nächsten Schritt untersuchen werden. Unser Material erlaubte uns als erstes solche qualitativen Analysen. Sie waren möglich anhand der A-TAT-Ergebnisse, der Ergebnisse des A-Sit und der Interviews. Während der A-TAT vorwiegend zur Bestimmung der Höhe von Aggressions- und Aggressionshemmungs-Werten geeignet war (trotz vieler inhaltlicher, aber für eine Quantifizierung eben nicht systematisch erhobener Informationen) und die Interviews zwar oft inhaltsreich aber doch ebenfalls nicht zur systematischen Auswertung geeignet waren, hat sich – wie erwartet – der *A-Sit* als besonders ergiebig und aufschlussreich erwiesen. Hier besteht das Ausgangsmaterial für die Analyse darin, dass wir von allen Probanden konkrete Schilderungen ihrer Situations-Auffassung und ihres Verhaltens in potentiell aggressionsrelevanten Situationen bekommen haben. Es sollten ja möglichst ganz konkrete Schilderungen von tatsächlichem, erinnertem, oder potentiellem Verhalten sein, keinesfalls allgemeine Meinungen, und das gelang auch. Diese Schilderungen wurden dann – wie vorne beschrieben – daraufhin analysiert, welche Einzelschritte, welche Komponenten und welche sonstigen aggressionsrelevanten Merkmale sie enthalten. Diese Ergebnisse wurden dann in einem weiteren Schritt zwischen den Kulturen (zusammengefasst) verglichen.

Beispiele von Situations-/Ereignis-Schilderungen (A-Sit)

Um einen konkreten Eindruck vom Inhalt dieser Schilderungen und von den großen Unterschieden in den Auffassungen und Reaktionen zu geben, berichten wir eine Reihe konkreter Beispiele. Sie werden danach im Hinblick auf die in ihnen enthaltenen Motivkomponenten analysiert werden.

> ***Situation 1****: Jemand hatte sich mit einem Freund (einer Freundin) verabredet, der (die) die Verabredung aber nicht einhält.*
> **1** „Ich bin enttäuscht, aber ich glaube nicht, dass das Absicht war, dass er also keine Lust hatte, mit mir zu spielen. Ich bin nur mal kurz enttäuscht. Ich werde ihn später fragen, warum er nicht gekommen ist. Vielleicht einen ironischen Scherz machen und dann die Sache vergessen."
> **2** „Ich ärgere mich. Ich habe keine Ahnung, warum er mich versetzt hat. Vielleicht hatte er etwas Wichtigeres zu tun. Ich gehe nach Hause und schaue Fernsehen. Ich werde ihn später mal fragen, was los war. Ich bin ihm aber nicht weiter böse."
> **3** „Ich bin enttäuscht. Sie hatte wohl keine Zeit mehr für mich, die doofe Kuh. Ich würde ihr diese Enttäuschung am liebsten heimzahlen. Ich werde sie mal fragen, was los war. Aber am Ende werden wir uns wahrscheinlich versöhnen."
> **4** „Wir hatten uns verabredet, sie hatte versprochen, auf mich zu warten. Ich war sehr schwer enttäuscht. Sie hat mich einfach vergessen, und ich fühle mich aus der Gruppe ausgeschlossen. Ich werde ihr später nebenbei, als ob es für mich nicht

wichtig wäre, erzählen, dass ich sie umsonst habe abholen wollen. Vielleicht entschuldigt die sich dann bei mir und damit ist die Sache erledigt."
5 „Ich bin einsam und traurig. Aber wir waren ja nicht verabredet. Ich gehe nach Hause und esse etwas Süßes."

Situation 2: In einer Prüfung fragt (der Proband) den Nachbarn (die Nachbarin) um Hilfe.
6 „Was er nicht hat, kann er mir ja nicht sagen. Wie soll es weitergehen? Ich bekomme halt heute eine schlechte Note."
7 „Das ist halt so. Das ist halt eine Prüfungssituation. Deshalb muss man sich nicht gegenseitig helfen. Das wird uns nur dumm machen. Wir sind uns bewusst, dass wir in einer Prüfung sind. Reden kann man nachher nochmal darüber."
8 „Wenn sie es wirklich nicht wüsste, würde es mir ja nichts ausmachen. Aber wenn sie es doch weiß, bin ich ganz sauer. Sie wünscht mir offenbar eine schlechte Note und dann sind wir zerstritten."
9 „Lüge nicht, Streber. Er will allein die gute Note bekommen. Wenn er mir nicht helfen will, dann löse ich die Aufgabe halt selber."
10 „Warum sagst du mir denn nichts, blöde Schrulle? Wahrscheinlich hat sie Angst, dass ich eine bessere Note kriege als sie. Sie hat doch schon so viel geschrieben. Sie gönnt mir keine gute Note. Ich verstehe nicht, warum sie mir in dieser Situation nicht hilft. Ich gerate in Wut, weil ich finde, dass man sich in solchen Situationen helfen soll. Ich bin auch traurig, dass sie gerade mir nichts gönnt. Ich würde mich doch auch freuen, wenn sie durch meine Hilfe eine bessere Note bekäme. Nach der Prüfung werde ich sie in scharfen Ton sofort fragen, warum sie mir nicht geholfen hat. Ich werde mir den Vorfall merken und vielleicht mal bei einer ähnlichen Situation genauso reagieren."

Situation 3: Jemand stolpert über das Bein eines anderen.
11 „Warum bin ich nicht vorsichtig genug! Ich bin sauer, weil ich gestürzt bin. Ich habe nicht richtig aufgepasst und werde mich in Zukunft bemühen müssen, vorsichtiger zu sein."
12 „Ich habe mir ganz schön weh getan, aber es war meine Unachtsamkeit. Ich habe nicht aufgepasst und ich will auch nicht das Aufsehen der anderen erwecken. Wir lachen uns gegenseitig an und das war es halt."
13 „Ich bin richtig wütend. Der wollte mich ärgern. So ein Blödmann. Ich stehe halt auf und gehe weiter."
14 „Ich bin tierisch wütend auf diesen Typen. Er hat mir ein Bein gestellt. Ich bin felsenfest davon überzeugt, weil dieser Typ mir sowieso unsympathisch ist, und er mich auch nicht leiden kann. Ich werde es ihm sicher irgendwie heimzahlen. Vielleicht nicht gerade durch Prügel, sondern indem ich ihn vor der Klasse öffentlich fertig mache."
15 „Ich war sehr beleidigt und werde es ihm vergelten, wenn diese Angelegenheit nicht von den Lehrern erledigt wird. Ich bin hingefallen, weil er mir mit Absicht sein Bein gestellt hat. Zuerst dachte ich, dass ich vielleicht wegen meines Leichtsinns hingefallen bin. Aber dann wusste ich, dass es seine Absicht war."

7.2 Qualitative Ergebnisse

16 „Kannst du deine Beine nicht ordentlich hinstellen? Ich glaube, er nimmt mich nicht ernst und treibt ein böses Spiel mit mir, weil er seine Füße absichtlich ausgestreckt hat. Warum hat er das getan? Habe ich ihm etwas Falsches angetan? Ich werde nachgeben und meine Dummheit zugeben, warum ich beim Gehen nicht vorsichtig war."

17 „Ich glaube bei dir krachts jetzt, renn um dein Leben. Ich fühle mich verletzt und lächerlich gemacht, weil ein Mitschüler mir das Bein gestellt hat. Das wird er mir „büßen". Ich werde eine Auseinandersetzung mit ihm haben und vielleicht werden wir uns dann wieder vertragen."

Situation 4: Jemand hat hinterm Rücken schlecht über dich geredet, Geheimnisse ausgeplaudert:
18 „Du Arschloch, was hast du denn da wieder rumerzählt. Ich sage das zu ihm, damit er in Zukunft nicht mehr solche Sachen rumerzählt. Ich fühle mich verpflichtet, meinem Ärger Luft zu machen. Er wird sich am Ende entschuldigen und versprechen, mir sowas nicht noch mal zu tun."

Weitere Beispiele aus H-Sit:
19 „Als ich dabei war mit großer Mühe meine Aufgabe zu lösen, mischte sich der Junge scheinhilfsbereit ein und sagte dies und das zu mir. Ich wollte aber lieber alleine arbeiten. Aber der störte mich dabei. Er wollte auf sich aufmerksam machen. Am liebsten wollte ich ihm sagen, er soll fortgehen, und ich dachte dann, ich schlage ihn gleich. Ich sagte ihm aber: Ja, ich habe es gut verstanden, danke. Ich wollte nicht, dass deswegen Streit entsteht."

20 „Bei einer Diskussion habe ich mich über jemanden geärgert, der idiotische Argumente brachte. Als ein guter Freund von mir dann zu mir sagte: Lass doch die blöde Diskussion, habe ich den angeschnauzt: Du kannst ja abhauen, wenn du willst. Ich wollte damit meinem Ärger Luft machen. Aber hinterher fühlte ich mich doch nicht erleichtert. Ich habe mich geschämt und war deprimiert."

Diese Schilderungen wurden dann hinsichtlich der Emotionen, Situationsdeutungen, Handlungs-Ideen usw., die in ihnen zum Ausdruck kommen, analysiert, und die damit ausgedrückten Motivkomponenten beschrieben. Dabei orientieren wir uns an den theoretischen Annahmen über die Motivkomponenten, die eine Aggressionshandlung ausmachen oder in ihr enthalten sind, oder sie ggf. (im Falle der Aggressionshemmung) auch verhindern. Für die Auswerter war dementsprechend die Aufgabe, diese Elemente nach folgenden Fragen zu identifizieren, und später gemäß den genauen Auswertungsvorschriften zu kategorisieren:

Wie wurde die Situation aufgefasst, welche Absicht lag ihr ggf. zugrunde?
= Intentions-(Situations-)Deutung

Mit welchen Emotionen oder Affekten wurde diese Situation erlebt?
= relevante Emotionen (Affekte)

Welche Handlungsintentionen fielen dem Erzähler als wünschenswerte Möglichkeit ein oder wurden erwogen?
= Handlungswunsch/-absicht

Was wurde dann tatsächlich getan und mit welchem Ziel?
= tatsächliche Handlung und Handlungsziel

Welche Emotionen oder Bewertungen folgten ggf. hinterher?
= Nachbewertung

Qualitative Analyse der Aggressionsäußerungen

Im Folgenden wird an obigen Beispielen gezeigt, wie sie hinsichtlich ihrer motivationstheoretischen Relevanz analysiert werden. Dafür werden die mit * gekennzeichneten Episoden gekürzt wiederholt, die theoretisch relevanten Teile der Schilderung (Abschnitte, Äußerungen, Bemerkungen) herausgegriffen und ihnen die motivationstheoretischen Aspekte gegenübergestellt.

Situation 1: *Verabredung nicht eingehalten.*
1. *

ich bin enttäuscht	= *Emotion:*	nicht ärgerl. Enttäuschung
glaube nicht, dass es Absicht war	= *Intentionsdeutung:*	keine Intention
später fragen, warum, Scherz machen	= *Handlungsziel:*	unaggressiv erwähnen, humorvoll bereinigen

2. *

ärgere mich	= *Emotion:*	Ärger
hatte vielleicht Wichtigeres	= *Intentions-Deutung*	evtl. entschuldb. Grund
nach Hause gehen u. fernsehen	= *erstes Handlungsziel:*	Ablenkung v. evtl. Ärger.
Fragen, aber nicht böse sein	= *zweites Handlungsziel:*	unaggr. Aufklären

3. *

bin enttäuscht	= *Emotion:*	etwas ärgerlich
hatte keine Zeit für mich	= *Intentionsdeutung:*	mangelnde Zuwendung
doofe Kuh	= *Emotion:*	aggr. Phantasie, Beleid.
Möchte am liebsten heimzahlen	= *Handlungsintention:*	Revanche
fragen, versöhnen	= *konkr. Handlungsabs.:*	unaggressiv, versöhnen

4. *

hat mich einfach vergessen	= *Intentionsdeutung:*	mangelnde Zuwendung
fühle mich ausgeschlossen	= *Emotion:*	einsam, abgelehnt
(typisch japan. Bedeutung der Interessenverletzung)		

5. *

einsam und traurig	= *Emotion:*	depressiv, völlig unaggr.
Wir waren nicht verabredet	= *Situationsdeutung:*	Umdeutung der Situation
(typ. Japanisch)		

7.2 Qualitative Ergebnisse

Situation 3: *Stolpern über Bein.*

11. *
nicht vorsichtig genug	= *Situations-Deutung:*	eigene Schuld
bin sauer, weil gestürzt	= *Emotion:*	unaggr. Selbstbezogen
zukünft. Bemühen, vorsichtiger zu sein	= *Handlungsziel:*	Selbstkontrolle, keine Aggression

13. *
war wütend	= *Emotion:*	offene Wut
der wollte mich ärgern	= *Intentionsdeutung:*	böswillig
Blödmann	= *Phantasie:*	Beleidigung
stehe auf, gehe weiter	= *Handlungs(ziel):*	Aggression vermeiden

14. *
bin tierisch wütend	=*Emotion:*	heftiger Ärger (Wut)
er hat Bein gestellt	= *Intentionsdeutung:*	böswillig
gegenseitige Antipathie	= *Bekräftigung der Böswilligkeit*	
werde heimzahlen	= *Handlungsintention:*	Prügel oder öffentliches Fertigmachen, konkrete
	Handlungsabsicht:	Aggression

15. *
bin beleidigt	= *Ärgeraffekt, Kränkung*	
hat mit Absicht gemacht	= *Intentionsdeutung:*	böswillig
werde vergelten	= *aggressive Handlungsintention*	
wenn nicht Lehrer	= *indir.Vergeltungsabs.:*	Verzicht auf eigene Aggr.; Lehrer Autorität

16. *
treibt böses Spiel, absichtlich	= *Intentionsattrib.:*	böswillig
nimmt mich nicht ernst	= *verstärkte Kränkung:*	selbstwertbelastend
habe ich ihm was angetan?	= selbstbezogene Relativierung der böswilligen Intentionsattribuierung	
nachgeben	= *keine Aggressionszielsetzung*	
war meine Dummheit	= *Selbstbeschuldigung*	

17. *
bei dir krachts	= *heftiger Wutausbruch*	
fühle mich verletzt, mich lächerlich gemacht	= *Situationsdeutung:*	selbstwert-relevant
hat Bein gestellt	= *Intentionsdeutung:*	böswillig
wird er büßen	= *Handlungsintention:*	aggressive Vergeltung
Auseinandersetzung	= *konkretes Handlungsziel*	
vielleicht wieder vertragen	= *konkr. Handlungsziel*	keine dauernde Feindschaft

Situation 4: *Hinterrücks schlecht machen*

18. *

Arschloch	= *Emotion:*	Wut, aggr. Beschimpfung
damit er es nicht wieder tut	= *Handlungsziel:*	Aggressionserfolg
wird versprechen, nicht wieder zu tun	= *Handlungsziel:*	Aggressionserfolg
fühle mich verpflichtet	= *Wertung:*	moral. Rechtfertigung der Aggression

19. *

Er störte mich	= *Emotion:*	beeinträchtigt
Dachte, schlage ihn	= *Handlungswunsch:*	körperl. Aggression
Wollte keinen Streit	= *Affektregulation, Aggressionshemmung*	

20. *

habe mich geärgert	= *Emotion:*	Ärger
idiotische Argumente	= *Situationsdeutung:*	Ärgerrechtfertigung
Freund angeschnauzt	= *affektive Aggressionshandlung*	
Ärger Luft gemacht	= *(affektive Aggressionshandlung), Rechfertigung*	
geschämt, deprimiert		keine Aggressionsbefriedig., nachträgliche *moralische Hemmung*?

Wie groß die Unterschiede in den motivations-relevanten Reaktionen sind, und zwar auf die gleichen oder doch weitgehend ähnlichen Situationen, zeigen wir im Folgenden. Diese Verschiedenartigkeit der Äußerungen wurde in Kategorien erfasst, die sehr genau definiert waren. Von diesen geht dann die im nächsten Abschnitt dargestellte Quantifizierung und statistische Prüfung der Differenzen zwischen den Kultur-Stichproben aus.

Beispiele für unterschiedliche Reaktionen

Primäre Emotionen

neutral,
enttäuscht,
traurig,
ärgerlich,
wütend,
extrem wütend.

7.2 Qualitative Ergebnisse

Intentionsdeutungen von Beeinträchtigung

Prüfungsregeln	= harmlos, sachgerecht
warum macht er das	= keine klare Intentionsdeutung, aber Verdacht auf Absicht
hat Bein gestellt	= Intentionsdeutung als absichtlich
will mich ärgern	= Intentionsdeutung böswillig
selbst nicht aufgepasst	= keine Intentionsdeutung
habe ich ihm was angetan?	= Intentionsdeutung: vielleicht Vergeltung für eigenes Versagen?

Absichten, Ziele und Handlungen nach potentieller Beeinträchtigung

lachen gemeinsam	= freundliches Entschärfen
fragen, was los war	= Bemühen um Aufklärung
Enttäuschung mitteilen	= sanfte verbale Aggression
Anschnauzen	= heftige ärgerliche Aggression
Heimzahlen	= gezielte geplante Aggression
vor der Klasse fertig machen	= soziale Reputation schädigen als Aggression
Prügel	= körperliche Aggression

Qualitative Ergebnisse, Kulturvergleich

Eine zusammenfassende Durchsicht aller derartigen Schilderungen, und das sind ja mehrere Hundert, von denen hier nur ein ganz kleiner Teil exemplarisch wiedergegeben wurde, lässt sich bereits Wichtiges erkennen:

1. In einer Aggressionshandlung treten die von der Motivationstheorie angenommenen Elemente in allen unseren Kulturen auf.
2. Es zeigt sich in der Regel auch eine Abfolge dieser Komponenten, wie sie den internen Aufbau einer Aggressionshandlung ausmacht: Beeinträchtigung → Ärgerähnliche Emotion → Intentions-/Situationsdeutung als verletzend (böswillig) → Handlungstendenz/-Ziel → Aggressionsausführung → unter Umständen nachfolgende Bewertung und Emotion. Dabei ist nicht relevant, ob es am Ende tatsächlich zur Ausführung einer Aggressionshandlung kommt oder nicht.
3. Bei jedem dieser einzelnen Handlungsschritte (den Motiv-Komponenten) kann es erhebliche Unterschiede geben. Z. B. kann eine Situation, die für die meisten Menschen heftigen Ärger auslöst, für andere bedeutungslos oder neutral sein. D. h. hier wird gar kein Ärger aktiviert. Wir sehen auch, selbst wenn sich jemand sehr stark geärgert hat, folgt nicht notwendigerweise darauf eine Aggressionshandlung. Es kann sein, dass er sich anschließend sagt, so schlimm war es ja gar nicht, oder dass er aus anderen Gründen sei-

nen Ärger nicht akzeptiert und „herunter-regelt" und nachgeben und nicht aggressiv werden will.

4. Neben diesen Ergebnissen, die für die Motivationstheorie wichtig sind, enthalten die Beschreibungen eine Fülle von Informationen über individuelle und kulturspezifische Besonderheiten in der Art der Aggression. Für unsere Fragestellung sind sie von besonderem Interesse und sollen hier berichtet werden, bevor die Ergebnisse der statistischen Auswertung dargestellt werden, die sich nur auf ausgewählte Aspekte beziehen können.

Hinsichtlich der Inhalte fallen zusätzlich Besonderheiten auf. Sie können zwar im Prinzip überall auftreten, sie sind aber offenbar doch für bestimmte kulturelle Rahmenbedingen charakteristisch: z. B. Wenn jemandem ein Bein gestellt wurde und er die Situation als böswillig deutet, aber statt einer eigenen Vergeltung dies in der Verantwortung des Lehrers sieht: *„Ich war sehr beleidigt und würde es ihm vergelten, wenn diese Angelegenheit nicht von den Lehrern erledigt wird."* Eine hohe Wertschätzung von Autoritätspersonen und hohes Vertrauen in sie ist eine allgemeine Besonderheit unserer ostasiatischen Kulturen. Dies ist einer der kulturspezifischen Sachverhalte, die wir bei unseren Auswertungen (z. B. auch was als Aggression gewertet werden muss) gerade in Indonesien in besonderem Maße berücksichtigen mussten.

Für Kulturen, in denen Aggressivität allgemein abgelehnt und besonders negativ gewertet wird, finden sich zwei Besonderheiten: einmal gibt es überhaupt wenig Aggressionserfahrungen. Die Wahrscheinlichkeit, dass eine beeinträchtigende Handlung von anderen tatsächlich einmal als aggressiv gemeint ist, also böswillig und schädigend, ist in solchen Kulturen gering. Man kann also Aggressionen nur selten erleben. Zum anderen ist die Bereitschaft, eine tatsächliche Aggression dann auch als solche wahrzunehmen, ebenfalls geringer: Man kann so etwas kaum glauben, und es wäre auch peinlich, weil man schlecht darauf reagieren kann. Dieses Bild ergibt sich z. B. aus unseren Beispielen, z. B. indem jemand die ihm vorgegebene Situation im Widerspruch zur Vorgabe verharmlosend umdeutet (*„wir waren ja nicht verabredet"* = „perceptual defense"). Oder indem die gesellschaftliche Norm betont wird, in der eine bösartige Handlung ja ohnehin nicht in Betracht käme *(„das ist ja eine Prüfungssituation, da tut man so was ja sowieso nicht")*. Dieses sind Besonderheiten, wie sie vor allem in den japanischen, aber gelegentlich auch in indonesischen Äußerungen auftauchen.

Andererseits gibt es Beispiele für eine platte, unkomplizierte Aggression, wie sie bei den deutschen Probanden nicht selten ist: *„Ich war mit einer Jugendgruppe in den Ferien. Ein Junge hatte tatsächlich mit Reichtum seiner Eltern geprahlt. Ich finde es nicht gut, wenn jemand mit Geld angibt. Nicht weil ich nicht viel habe, sondern weil ich Angabe verabscheue. Der wollte den anderen zeigen, was für ein toller Typ er ist. Was ich darüber denke, sage ich ihm knall-*

hart ins Gesicht. Vor allen Leuten habe ich ihm meine Meinung gesagt." Hier stellt also jemand, dessen Wertschätzungen und in gewisser Weise auch die allgemeinen kulturellen Wertschätzungen verletzt wurden, den anderen vor der Öffentlichkeit bloß und beschimpft ihn. Der Proband scheint auch noch stolz auf sein Handeln zu sein. Jedenfalls rechtfertigt er dies, als ob er im Sinne allgemein akzeptierter Werte gehandelt hätte.

Das Beispiel mit dem „A---loch" (Nr. 18) zeigt, wie jemand ein affektbetontes Aggressionsziel setzt, es subjektiv auch für richtig hält, und das zu tun in der Erwartung beschließt, damit nicht nur hinsichtlich des Aggressionsziels selber Erfolg zu haben, sondern auch darüber hinaus noch sozialen Erfolg. Damit zeigt sich ein übergeordneter Belohnungswert für Aggressionsverhalten, indem der Befriedigungswert der Aggressionshandlung nicht nur in der Desaktivierung des aktivierten Aggressionsmotivs selber besteht, sondern darüber hinaus die Aggression instrumentell zur Erreichung weiterer, z. B. sozialer Anerkennungsziele erfolgreich verwendet wird.

Zu den Besonderheiten der japanischen Aggressions-Situation gehört auch die besondere Aggressions-Qualität eines Ausschlusses aus der Gruppe. Zu einer Gruppe zu gehören hat in Japan eine ganz besondere Bedeutung. Es besteht für die Selbstachtung eines jeden die Notwendigkeit, ja sozusagen die soziale Verpflichtung, sich mit einer Gruppe identifizieren zu können, und um in der Gruppe zu bleiben, muss man etwas tun. Insofern ist ein Ausgeschlossenwerden aus der Gruppe nicht einfach ein erfahrener aggressiver Akt, der einem von anderen zugefügt wird, sondern er wirft immer auch die Frage auf, ob man selber daran nicht auch Mitschuld hat, also irgendetwas dazu beigetragen hat. Wenn sich also jemand aus der Gruppe ausgeschlossen fühlt, wird er nicht nur einfach gegen andere ärgerlich sein, sondern auch Trauer und Selbstvorwürfe erleben, also nicht-aggressive Reaktionen. Dazu gehört auch das starke Bedürfnis, „das Gesicht zu wahren", also nicht etwas zu tun, wessen man sich schämen muss in Bezug auf die allgemeinen Gruppennormen.

Für Indonesier wiederum ist Folgendes charakteristisch: „Es ist ein Bekannter von mir, ich bin unfreundlich und abweisend zu ihm, weil er mich belästigen wollte. Ich gebe ihm den Rat, dass er das nicht noch einmal wiederholen soll, damit er anständig sein soll und andere ihn auch mögen." Solche Ratschläge werden häufig erteilt von Eltern, von Lehrern, aber auch von Schülern und Jugendlichen untereinander. Dies ist offensichtlich eine Kulturbesonderheit, indem im Interesse einer allgemeinen Harmonie und eines „sanften" Umgangs miteinander, nicht mit Strafe oder Vorwürfen operiert wird, sondern mit einer freundlichen Belehrung und dem helfenden Hinweis auf allgemeine Regeln, die ja alle beachten sollen. Damit will man ihm helfen, sein Verhalten in seinem eigenen Interesse zu verbessern. Es ist also wichtig zu beachten, dass diese Art der Belehrung nicht die bei uns übliche Form der herabsetzend-belehrenden, eher beleidigenden, den anderen kränken-sollenden Art der Belehrung hat sondern prosozial motiviert ist.

Noch eine letzte Besonderheit aus Indonesien: *„Es hat mal jemanden gegeben, der vorher immer nett zu mir war, dann aber hinter meinem Rücken schlecht über mich gesprochen hat. Das hat mir jemand anders verraten. Andere Leute haben deswegen eine schlechte Meinung von mir bekommen. Ich werde das jetzt aber <u>nicht</u> genauso machen. Ich werde es ihm <u>nicht heimzahlen</u>, weil das nicht angemessen wäre. Ich werde ihm vielmehr <u>verzeihen</u>. Man soll nicht selbstbezogen handeln und vergelten."* Hier leuchtet ein Stück christlicher Moralvorstellung durch, Vergebung und Verzeihen. Für einen Teil der Indonesier, nämlich die christlichen Bataker, ist dies eine ausgeprägte, offenbar tief verwurzelte Grundhaltung und nicht nur ein Lippenbekenntnis. Bei den Batakern taucht häufig und nach unserem Eindruck glaubwürdig das internalisierte Prinzip der Nächstenliebe auf, das nicht nur eine reine Floskel zu sein scheint.

Von besonderem Interesse ist das Auftreten der *Aggressionshemmung*. Ein Indikator dafür ist: wenn sich jemand zunächst ärgert und er es dem anderen eigentlich heimzahlen möchte, er sich aber zugleich sagt, ich will ja überhaupt nie Streit, und deswegen werde ich es nicht machen. Ich will versuchen herauszubekommen, was ihn überhaupt dazu bewogen hat.

Man kann erkennen, dass ein Aggressionsmotiv zunächst angesprochen war mit einer mehr oder weniger deutlichen Vorstellung, wie man eigentlich bei aggressiver Vergeltung hätte handeln können. Diese Handlungsabsicht wird aber nicht weiter entwickelt. Offenbar ist hier die Vorstellung einer eigenen Aggressionshandlung mit einem Aggressionshemmungsmotiv verknüpft.

Aggressionshemmung als Motivkomponente kann zu unterschiedlichen Stadien des internen Aufbaus einer Handlungsabsicht wirksam werden, wie wir aus der Forschung wissen (Park Shin, 2003). Unter Umständen kann dies schon bei der Interpretation der Intention des anderen auftreten, oder auch in jedem späteren Stadium der Entwicklung eines Handlungsziels, oder einer Handlung selber. Man kann grundsätzlich geneigt sein, anderen eine gute Absicht, Wohlwollen und Hilfsbereitschaft zu unterstellen, das kann Folge eines niedrigen Aggressionsmotivs sein. Das ist noch keine Aggressionshemmung. Man kann aber auch beim ersten Ansprechen eines heftigen Ärgeraffekts und einer Intentionsdeutung als böswillig trotzdem keine weiteren internen Prozesse in Richtung auf eine Aggressionshandlung zulassen, weil das Aggressionshemmungsmotiv anspricht. Unter Umständen kann die Aggressionshemmung aber auch erst nachträglich ansprechen, wenn die Handlung bereits ausgeführt worden ist und man sich seiner Unbeherrschtheit schämt, wie das im obigen Beispiel 20 der Fall war.

7.3 Quantitative Ergebnisse und Kulturvergleiche

Die bisherigen qualitativen Beispiele konnten zwar anschaulich die individuellen Unterschiede und auch die kulturbezogenen Besonderheiten in den Reaktionsformen vermitteln, aber sie können kein wirkliches Gesamtbild geben, und sie können nicht zu einem systematischen Vergleich zwischen den Kulturen benutzt werden.

Die nächste Aufgabe besteht nun darin, diese bisherigen qualitativen Eindrücke zu objektivieren. Dazu ist eine Quantifizierung erforderlich, d. h. wie vorne schon erwähnt, eine Kategorisierung der Aussagen und irgendeine Form, dies in eine statistisch zugängliche Quantifizierung zu übertragen. Dazu wurden für die einzelnen Komponenten einschließlich von Kulturbesonderheiten genaue Auswertungskategorien definiert und alle vorliegenden Antworten aller Probanden daraufhin ausgewertet, um diese dann einer quantitativen Analyse zugänglich zu machen.

7.3.1 Zur Quantifizierung der qualitativen Ergebnisse

Für die quantifizierende Auswertung wurden die Inhalte der Berichte (z. B. aus dem A-Sit) auf die motivationstheoretisch relevanten Details hin analysiert, auch unter Berücksichtigung der jeweiligen kulturspezifischen Bedeutung, und diese dann theoretisch relevanten Kategorien zuzuordnen. Deren Auftreten wurde dann z. B. pro Kultur, Subgruppe, oder über alle erfasst, und auf diese Weise quantifiziert und interkulturell vergleichbar gemacht.

Zur Erfassung aller relevanten Äußerungen wurden insgesamt *57 Einzelkategorien* definiert und jeweils durch konkrete Beispiele sehr genau erläutert. Darüber hinaus wurden 14 mehrstufige Konstrukt-Scores definiert, um die Situations- und Verfahrens-übergreifende Einstufung generalisierter Haltungen, Handlungstendenzen usw. des Probanden zu ermöglichen.

Für diese „Konstruktscores" sind die relevanten Informationen aus zutreffenden Kategorien und gegebenenfalls aus den verschiedenen zusätzlichen Verfahren zusammengefasst worden. Hierfür haben wir Verrechnungsprogramme verwendet, wie genau die einzelnen Verfahrensanteile (Items, Kategorien, Skalenwerte usw.), z. B. aus dem A-TAT, dem A-Sit, dem SAS oder u. U auch aus Interview-Ergebnissen usw. mit ihrem relativen Anteil in diesen Konstruktscore einzugehen haben. Ihr relativer Anteil wurde nach der theoretischen Bedeutung dieser Informationen gewichtet, so dass es also nicht eine einfache Addition der Einzelwerte war, sondern eine gewichtete Zusammenfassung für einen bestimmten Gesichtspunkt. Der Anteil entsprach der jeweiligen (z. T. geschätzten) Validität des betreffenden Verfahrens für diesen Aspekt und der Häufigkeit, mit der die entsprechende Kategorie in den einzelnen Verfahren überhaupt vergeben wurde, oder ergab sich aus statistischen Kennwerten.

Konstruktscores wurden gewählt, um einen möglichst breit fundierten Wert für einen nicht gar zu detaillierten Aspekt zu gewinnen, mit dem ein transkultureller, quantitativer Vergleich ermöglicht wird.

Um das Verfahren der Quantifizierung zu erläutern, folgt ein Beispiel für die Kategorienbildung und deren Definition.

Die Variable „Intentionsdeutung" umfasste z. B. folgende Einzelkategorien, in die eine zutreffende Äußerung des Probanden eingeordnet werden sollte:

- das Verhalten des anderen wird als unproblematisch gedeutet,
- das Verhalten wird als feindlich, böswillig motiviert gedeutet,
- das Verhalten des anderen wird als entschuldbar gesehen,
- das Verhalten des anderen wird als vom Probanden selbstverschuldet gesehen.

Wie im Einzelnen die konkreten Äußerungen dieser jeweiligen Kategorie zugeordnet werden sollte, wurde in den Auswertungsvorschriften sehr genau definiert und beschrieben.

Beispiel:

als unproblematisch wird das Verhalten des anderen verstanden,
- wenn sein Verhalten als unproblematisch, als situationsangemessen, als bedeutungslos zufällig, harmlos, gesehen wird,
- wenn der Proband aggressionsthematische Vorgaben ignoriert, umdeutet oder leugnet.

Auch dieses „Unproblematisch" oder „Selbstverschuldet" wurde nochmals in Beispielen konkretisiert, z. B.
- er darf mir ja nicht helfen, es ist verboten, während der Prüfung zu sprechen,
- ich bin selbst aus Unachtsamkeit gestolpert,
- wir waren ja nicht verabredet,
- ich habe mich selbst verspätet.

Hinsichtlich der Intentionsattribuierung war zu beurteilen, was der andere dem Probanden hat antun wollen oder angetan hat. Es wird das Verhalten dann als feindlich oder böswillig motiviert gedeutet, wenn:

a. der Proband von seinem Interaktionspartner annimmt, ihn absichtlich ärgern, verletzen, oder beeinträchtigen zu wollen und
b. der Proband beim anderen überhaupt von einer generalisierten positiven Wertschätzung von Aggression oder aggressiver Grundhaltung ausgeht: der

will die Achtung anderer durch sein aggressives Verhalten gewinnen (er hilft mir nicht, weil er mir keine gute Zensur gönnt; er hat mir absichtlich ein Bein gestellt; er hat sich mal über mich geärgert und zahlt es mir heim; es macht ihm Spaß andere leiden zu sehen; er kommt sich besonders toll vor, wenn er andere fertigmacht; er hat sowieso einen Hass auf mich).

Die Kategorie „das Verhalten des anderen als entschuldbar gedeutet" wurde vergeben, wenn eine bösartige Intentionsdeutung oder die Verantwortlichkeit für das Verhalten fehlt: Der Proband entlastet den anderen, er unterstellt ihm weder Verantwortlichkeit noch Böswilligkeit für sein Tun.

Beispiel:

- der andere wollte eigentlich gar nichts Böses,
- er war gar nicht fähig, die Folgen seines Handelns zu überblicken,
- das hat er aus Zufall gemacht oder aus Unachtsamkeit,
- er war so ins Lesen vertieft, dass er mich nicht hat kommen sehen.

7.3.2 Ergebnisse

Wir haben zunächst geprüft, ob sich auch in der quantitativen Auswertung nachweisen lässt, dass einer Aggressionshandlung generell die von uns postulierten Einzelschritte, d. h. also Motiv-Komponenten vorangehen. Es geht also um die Frage der (relativen) *„Universalität"* der *„Motiv-Struktur"*.

Ablauf ärgerbasierter Handlungen

Ausgewertet wurden all jene Handlungsabläufe, die in einer Aggressionshandlung mündeten. Das Ergebnis zeigt die Tabelle 3.

Tabelle 3: Aggression bei Jugendlichen der verschiedenen Kulturen: Motiv-Komponenten, die einer Aggression vorangingen

Kultur	Affekt	Intentionsdeutung	Handlungs-Intention	Handlung
Deutschland	Ärger	böswillig	Vergeltung	aggressiv
Schweiz	Ärger	böswillig	Vergeltung	aggressiv
Japan	Ärger	böswillig	Vergeltung	aggressiv
Bali	Ärger	böswillig	Vergeltung	aggressiv
Batak	Ärger	böswillig	Vergeltung	aggressiv

Die Tabelle 3 zeigt, dass in allen Fällen die von der Motivationstheorie der Aggression postulierten Komponenten einer Aggressionshandlung immer vorangingen:

- eine Affektaktivierung im Sinne von *Ärger*
- eine Deutung der Situation im Sinne *einer Böswilligkeit* oder dergl., unter dem Oberbegriff *böswillig* zusammengefasst
- als Handlungsintentionen mögliche Handlungsziele und Verhaltensweisen, unter dem Oberbegriff *Handlungsabsicht*, Verletzen, Vergeltung zusammengefasst.

Aus diesem Ablauf ergibt sich also:

1. dass die Motivkomponenten immer auftraten;
2. dass sich in diesem Ablauf die Kulturen nicht unterscheiden.

Zwar kamen somit in allen Kulturen alle Elemente vor, die auch nach der Theorie als Teile des Handlungsaufbaus zu einer Aggressionshandlung führen. Aber sonst waren die einzelnen Elemente in den verschiedenen Kulturen unterschiedlich häufig. Daher haben wir ausgewertet, wie häufig auf eine Situation, die von *allen als frustrierend*, bedrohlich, oder beeinträchtigend erlebt worden war, die einzelnen aggressions-relevanten Handlungselemente oder vielmehr stattdessen nicht-aggressionsbezogene auftraten:

- Affekt: (Wut, Beeinträchtigt-, Frustriertsein, Ärger) *oder* „neutrale"
- Deutung der Situation: als böswillig *oder* unbedeutend, neutral,
- Handlungs-Absicht: Vergeltung, aggressive Bestrafung, *oder* andere, neutrale
- Resultierende Aggression *oder* ein anderes motiviertes Verhalten.

Besonders interessant ist das Auftreten von Affekten und Vorstellungen, die nach einer frustrierenden Beeinträchtigung auftauchen und eben nicht im Sinne Aggressions-stimulierender Affekte und Deutungen bestehen, sondern in anderen kognitv-emotionalen Reaktionen, die Aggression eher verhindern, nämlich Schamgefühl und eigene Schuld, Bedauern, dass so etwas überhaupt passiert ist (typisch für japanische Probanden), und daran anschließende nicht-aggressive, sondern vielmehr unterstützende Handlungsentwürfe im Sinne prosozialer Hilfe.

Kulturunterschiede in Motiv-Komponenten

Die sehr detaillierte quantitative Analyse der Ergebnisse ermöglichte einen höchst aufschlussreichen Überblick über Besonderheiten einzelner Kulturen und Unterschiede zwischen ihnen. Wir stellen dazu eine Übersicht zusammen, *wie unterschiedlich die Probanden aus unseren verschiedenen Kulturen auf eine Beeinträchtigung* reagiert haben. Nachdem wir zunächst gezeigt haben, dass der von uns als universell angenommene interne Handlungsaufbau einer spezifisch motivierten Aggressionshandlung tatsächlich in allen unseren Kulturen einer Aggressionshandlung vorausgeht, war unsere nächste Frage, welche Reaktionen *nach Beeinträchtigung* hinsichtlich der einzelnen Komponenten überhaupt auftraten, unabhängig davon, ob eine Aggressionshandlung am Ende resultiert oder nicht.

Wir haben dazu statistisch [KFA] für jede Kultur ermittelt, welche Reaktionssequenzen für sie besonders charakteristisch, d. h. signifikant überzufällig und damit besonders häufig sind. Wie in Tabelle 4 eindrucksvoll erkennbar, zeigen sich die schon in der globalen Aggressivität vorhandenen Kulturunterschiede jetzt auch in konkreten Einzelheiten der einzelnen Reaktionsschritte nach einer Beeinträchtigung. Es wird zunächst erkennbar, wie sich die beiden europäischen von den ostasiatischen Kulturen in den einzelnen Reaktions- oder Handlungsschritten unterscheiden. Ferner wird deutlich, wie es in den asiatischen Kulturen im Unterschied zu den europäischen unter Umständen trotz anfänglichem Ärger am Ende *nicht* zu einer Aggressionsreaktion, Vergeltung, oder Ähnlichem kommt.

Tabelle 4: Typische Reaktion der Jugendlichen verschiedener Kulturen auf Beeinträchtigung

Kultur	Affekt / Reaktion	Sit.- Intentions.- Deutung	Handlungsabsicht	Verhalten	Sig.
D	Ärger/Frustration	böswillig	vergelten/verletzen	Aggression	***
S	Ärger/Frustration	böswillig	vergelten/verletzen	Aggression	***
Japan	Ärger	böswillig	beklagen	beklagen	***
	Kummer	harmlos/ gutwillig	prosozial	prosozial	***
Bali	Kummer/Frustration	gutwillig	prosozial	prosozial	***
Batak	Kummer	gutwillig	prosozial	prosozial	***
	Ärger	gutwillig	beklagen	prosozial	***

Bei den deutschen und Schweizer Jugendlichen zeigt sich als für sie typische, d. h. für sie statistisch besonders häufige Reaktionsfolge die affektive Reaktion mit Ärger oder dem Gefühl des Verletztseins nach einer Beeinträchtigung, verbunden mit der Deutung, dass diese Beeinträchtigung absichtlich oder böswillig gewollt ist. Dem folgen dann im weiteren Handlungsaufbau die bis zur Aggressions/Vergeltungshandlung folgenden Schritte.

Bei den Jugendlichen aus den asiatischen Kulturen finden wir ebenso häufig Kummer, Bedauern, eine gewisse Ratlosigkeit, dass sie in eine solche Situation überhaupt geraten sind, was bis zur richtigen Trauer gehen kann, neben einem unspezifischen Gefühl des irgendwie Beeinträchtigt-Seins und (selten) schließlich auch richtigem Ärger, ähnlich wie bei den deutschen und Schweizer Probanden. Dieser ersten affektiven Reaktion folgt (oder steht in Wechselwirkung mit ihr) die Situations- oder Intentionsdeutung, die nur selten – wie bei den europäischen Probanden – eine böswillige Absicht oder Gemeinheit annimmt. Sehr viel eher ist es für sie typisch, d. h. besonders häufig, die erfahrene Beeinträchtigung als eher harmlos, als Zufall oder gar als auf eigener Unachtsamkeit, vielleicht sogar eigener schuldhafter Verletzung von Regeln (z. B. Höflichkeit) beruhend zu verstehen. In diesem Fall ist die emotionale Reaktion *Trauer* so zu verstehen: in unseren ostasiatischen Kulturen hat eben jeder die Pflicht, Konflikte zu vermeiden; und dass überhaupt eine solche beeinträchtigende konfliktträchtige Situation passieren kann – hätten sie das nicht selber von vornherein vermeiden müssen?

Vor diesem Hintergrund sind auch die nachfolgenden Reaktionen verständlich, die höchstens darin bestehen, diese Lage zu beklagen, schlimmstenfalls sich zu beschweren („Vorwurf"). Aber viel häufiger und wahrscheinlicher sind also prosoziale Handlungsentwürfe und Handlungen aus dem Bedürfnis oder dem Bemühen, wieder zu harmonischen Beziehungen zu finden und wenn möglich wieder Freundschaft zu schließen: D. h. also *gerade nicht* „sein Recht zu wahren oder dem anderen zu zeigen, dass er das nicht wieder machen darf", wie das typisch für europäische Probanden ist.

Diese zunächst noch etwas pauschal beschriebenen Unterschiede lassen sich anhand unserer *Detailanalysen* noch genauer darlegen. Wir haben viele der Einzelkomponenten bzw. Handlungselemente hinsichtlich ihres Auftretens in den verschiedenen Kulturen separat analysiert und quantifiziert. Auf diese Weise sind die Unterschiede und Kulturbesonderheiten anhand objektiver Daten genau vergleichbar.

Die Ergebnisse dieser Detailanalysen sind in den folgenden Graphiken anschaulich dargestellt:

7.3 Quantitative Ergebnisse und Kulturvergleiche 129

Graphik 6: Ärger, Eskalation

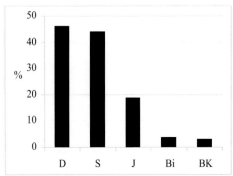

Anmerkung: dargestellt ist jeweils der *Prozentsatz derjenigen Pbn* der betreffenden Stichprobe, bei denen das Merkmal mindestens einmal festgestellt wurde – *gilt im Folgenden für alle Graphiken.*

Im deutlichen Gegensatz zu den eben beschriebenen Besonderheiten der ostasiatischen Probanden, ist die charakteristische Häufigkeit der Ärgereskalation bei den deutschen und Schweizer Probanden zu sehen (Graphik 6). Es wurde erfasst, ob Ärger nicht nur als erste spontane Aggressionsreaktion auf eine Beeinträchtigung auftritt (was auch bei Ostasiaten möglich ist), sondern u. U. durch das weitere Ausmalen der (böswilligen, vielleicht richtig gemeinen) Intention des anderen und evtl. weiterer belastender Folgen daraus der Ärger weiter „aufgeschaukelt", also verstärkt wird. Dies ist eine charakteristische Besonderheit der deutschen und Schweizer Probanden. Das Gegenteil, ein Herabregeln im Sinne einer Emotionsregulation nach unten ist offenbar bei den Ostasiaten der Fall, wenn sie, wie einige Japaner oder Bataker, nach anfänglichem Ärger doch noch zu einer wohlwollenden Intentionsdeutung gelangen, der schlimmstenfalls noch der Ausdruck eines Vorwurfs (*„das hättest du nicht tun sollen, das hätte man aber vermeiden müssen"*) folgt.

In Graphik 7 zeigt sich, wie viel häufiger Probanden aus den drei ostasiatischen Kulturen nach Beeinträchtigung statt mit Ärger mit dem Erleben (und dem Ausdruck) des Bedauerns, Bekümmertseins o. Ä. darüber reagieren, überhaupt in eine so konfliktreiche Situation geraten zu sein, also einem eher selbstbezogenen Gefühl. Bei deutschen und Schweizer Probanden kam dies kaum vor.

Graphiken 8 und 9 zeigen, dass in die gleiche Richtung auch die Unterschiede zwischen den europäischen und asiatischen Kulturen hinsichtlich der Bereitschaft gehen, in einem Konflikt, in dem man selbst beeinträchtigt ist, sich unsicher zu fragen, ob man denn vielleicht doch selbst an der unerfreulichen Situation schuld ist. Wie schon oben erwähnt, ist unter den allgemeinen kulturellen sozialen Normen und Wertschätzungen, Konflikte zu vermeiden, in diesen Kulturen die selbstbezogene Frage naheliegend, ob man nicht doch zumindest teilweise zu der misslichen Lage durch eigenes Versagen beigetragen hat.

Graphik 7: Kummer, Bedauern

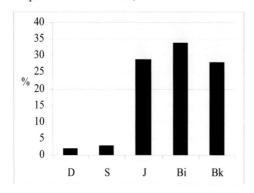

Graphik 8: Scham-, Schuldgefühle

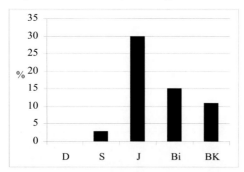

Graphik 9: Zweifel, Fragen nach eigener Schuld

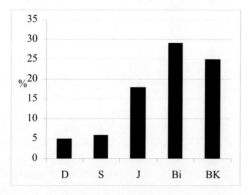

7.3 Quantitative Ergebnisse und Kulturvergleiche   131

Dass dieser Unterschied zwischen den Kulturen auch mit Unterschieden in den (prosozialen) Werten zu tun hat, ergibt sich aus Graphik 10.

Graphik 10:   Prosoziale Werte (niemandem schaden)

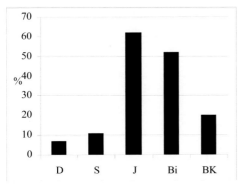

Weiterhin wird aus Graphik 11 ersichtlich, dass auf diese Neigung, nach der eigenen Schuld zu fragen, prosoziale Handlungsintentionen bzw. tatsächliche Handlungen folgen. Dies ist oben schon gefolgert worden und ist hier noch einmal quantitativ nachgewiesen.

Graphik 11:   Prosoziale Handlungsintention

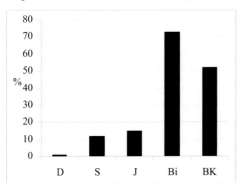

Im Unterschied dazu stehen die Ergebnisse der Teilanalysen hinsichtlich der Aggressionshandlungsabsicht bzw. spontanen Aggressionshandlungen (siehe Graphiken 12 und 13). Dies ist in Übereinstimmung mit den Handlungsvoraussetzungen, wie sie in den Graphiken 1-5 dargestellt sind.

Graphik 12: Handlungsintention nach Beeinträchtigung (=Aggression)

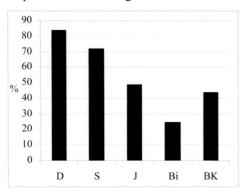

Graphik 13: Spontane Handlung = Aggression, Vergeltung nach Beeinträchtigung

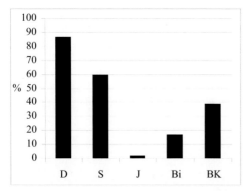

Die Art der Auswertung und Darstellung lässt zwar keine Detailvergleiche der Werte einer Variablen zu, dennoch soll wenigstens auf einen Unterschied aufmerksam gemacht werden: Der Unterschied, der zwischen der Aggressionsintentions-Häufigkeit und dem viel niedrigeren Prozentsatz hinsichtlich der tatsächlich darauf folgenden Aggressionshandlung bei den Japanern besteht, die ja wohl doch auch kulturtypisch zu sein scheint.

Als letztes soll noch auf ein Merkmal aufmerksam gemacht werden, das zwar nicht unmittelbar handlungsrelevant ist und auch nicht zu den Komponenten des Aggressionsmotivs gehört, aber doch zu den motivationalen Rahmenbedingungen gehört, die für die Entwicklung von Aggressionstendenzen eine Rolle spielen mögen.

Graphik 14: Allgemeines Gefühl der Unterlegenheit, mangelndes Selbstvertrauen

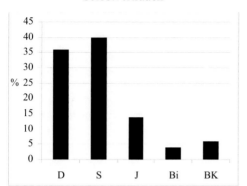

Graphik 14 zeigt die deutlichen Unterschiede, die in dem Gefühl der Unterlegenheit, der Hilflosigkeit, der eigenen Schwäche bestehen, was bei den europäischen Probanden deutlich öfter auftritt als bei den Japanern und Indonesiern. Das ist insofern erstaunlich als für die Japaner ja die kulturelle Wertung gilt, dass Fehler oder Probleme immer durch verstärkte eigene Anstrengung überwunden werden müssen. Häufig auftretende Gefühle der Unterlegenheit und Hilflosigkeit sind aber vielleicht Ausdruck eines schwachen Selbstwertgefühls, aus dem heraus man dann eher empfindlich ist, sich schneller angegriffen fühlt und aggressiv verteidigen zu müssen meint.

Das ist freilich eine Spekulation, auf die wir im Kapitel 11 noch einmal zurückkommen werden.

7.4 Zusammenfassung der Jugendlichen-Ergebnisse

Im Rückblick auf die Ergebnisse können wir zusammenfassend feststellen:
1. wenn eine Aggressions-Handlung ausgeführt wurde, sind immer auch die einzelnen Motiv-Komponenten beteiligt und nach und nach ins Spiel gekommen, und die Handlung wird somit schrittweise aufgebaut. Dies ist in allen unseren Kulturen der Fall, insofern also quasi „universell".
2. Noch interessanter ist jedoch, dass eine solche Abfolge nach einer Beeinträchtigung keineswegs zwingend zu einer Aggression führen muss. Wir sehen in unseren Ergebnissen überzeugend, dass auf eine Beeinträchtigung keineswegs immer, sozusagen „reflexartig" eine Ärger-Emotion auftreten muss. Auch Ärger muss nicht immer mit einer Situations- bzw. Intentions-

deutung als böswillig o. Ä. verknüpft sein, oder mit ihr in Rückkoppelung stehen. Und selbst wenn beides auftritt, muss noch keineswegs eine auf Aggression gerichtete Handlungs-Intention, Vorstellung, Zielerwägung, oder Antizipation möglicher befriedigender Aggressionshandlungen folgen.
3. Vielmehr kann eine Beeinträchtigung (z. B. Selbstwertverletzung) auch zu Bedauern, ja zu Trauer oder Kummer (z. B. überhaupt in eine derart unglückliche Lage geraten zu sein) führen, oder eine solche Emotion kann auch noch nach dem Erleben von Ärger auftreten. Das führt dann nicht zu einer aggressionsrelevanten Intentionsdeutung, zur Annahme einer böswilligen, absichtlichen Intention und/oder zu einer den Ärger aufschaukelnden Rückkoppelung.
4. In diesen qualitativen Unterschieden finden wir die entscheidenden Merkmale für den Unterschied zwischen hoher und geringer Aggressivität. Dass häufig kein Ärger als Auslöser des Aggressions-Motivs entsteht, dass störende Ereignisse häufig „entlastend" als harmlos o. Ä. gedeutet werden (und die offensichtlich überdauernde Neigung dazu) und Ähnliches, macht den entscheidenden *qualitativen Unterschied* des sonst nur quantitativ zu beschreibenden Unterschiedes zwischen hoch und gering aggressiven Jugendlichen aus.
5. Die für uns wichtigste Erkenntnis ist, dass sich gerade darin unsere Probanden aus den Ost/süd-ost-asiatischen Kulturen mit ihrer im Durchschnitt niedrigeren allgemeinen Aggressivität von den europäischen unterscheiden. Diese qualitativen Besonderheiten sind geradezu ein Charakteristikum für die japanischen und indonesischen Jugendlichen.
6. An diese Erkenntnis schließt sich dann natürlich die Frage an, wie denn wohl das Zustandekommen dieser Unterschiede zu erklären sein kann. Da wir keine Möglichkeit sehen, dies auf irgendwelche biologische Bedingungen zurückzuführen, suchen wir nach entwicklungspsychologischen Bedingungen in der Erziehung, insbesondere in der Mutter-Kind-Beziehung, und in weiteren Besonderheiten der sozio-kulturellen Welt, in der die Kinder aufwachsen.

Damit beschäftigen wir uns im folgenden Kapitel.

8 Ergebnisse 2: Die Rolle der Erziehung: Die Mütter-Untersuchungen

8.1 Allgemeine Erläuterung: Vorgehen – Verfahren – Informationsquellen

In diesem Kapitel gehen wir der Frage nach, wie denn die erheblichen Unterschiede in der Aggressionsneigung (dem Aggressionsmotiv) zustande kommen. Wir sahen, dass diese Unterschiede nicht nur in der allgemeinen Höhe der Aggressivität bestehen, sondern besonders auch in den Teilkomponenten, die die Besonderheiten des Verhaltens ausmachen: Wie kommt es, dass sich manche Menschen bei einer kleinen Beeinträchtigung, z. B. nur leicht angestoßen worden zu sein oder zu stolpern, gleich ärgern, während andere dies völlig gleichgültig lässt? Wie kommt es, dass manche das einfach als eigene Unachtsamkeit oder als harmlosen Scherz verstehen, während andere darin gleich eine böse Gemeinheit sehen? Wie kommt es, dass sich manche – wenn überhaupt – nur schwach und vorübergehend ärgern, während andere sich übermäßig aufregen und ihren Ärger so richtig aufzuschaukeln scheinen? Wie kommt es, dass manche, obwohl sie ärgerlich sind, dann trotzdem nicht aggressiv werden, während andere es schon bei kleinen Anlässen dem anderen unbedingt „heimzahlen müssen", auch wenn sie sich damit erneut in Konflikte bringen?

Derartige Unterschiede haben wir in Kapitel 7 bei den Jugendlichen beschrieben und dabei auch charakteristische Unterschiede zwischen den Stichproben aus den verschiedenen Kulturen gesehen. Gerade dies ist für uns von besonderem Interesse. Wir haben ja angenommen, dass auch die Entwicklungsbedingungen in den verschiedenen Kulturen unterschiedlich und geeignet sind, Unterschiede in der Aggressivität (mit) zu erklären. Darauf gehen wir im folgenden Kapitel ein.

An der Genese der Aggressivität ist sicher eine Vielzahl von Bedingungen und Einflussfaktoren beteiligt. Den ganzen Bereich biologischer, auch erbgenetischer Unterschiede lassen wir hier unberücksichtigt. Über deren tatsächlichen Einfluss auf die Aggressivität (bei Erwachsenen) und auf den Prozess der Aggressivitäts*entwicklung* wissen wir zu wenig. Dies ist angesichts der komplizierten Wechselwirkung „der Gene" mit allen Arten der Erfahrung und der Umwelteinflüsse ohnehin höchst kompliziert (s. Kapitel 10). Und der Idee einer etwaigen „rassischen" Besonderheit der biologischen Bedingungen bei Japanern oder Malaien können und wollen wir nicht nachgehen.

Es bleibt das weite Feld der individuellen und sozio-kulturellen Einflüsse auf die individuelle Entwicklung, also der Unterschiede, die in der Erfahrung, in der Erziehung, in der Sozialisation und in der Auseinandersetzung mit der Außenwelt, insbesondere der sozialen Umwelt bestehen (Whiting & Whiting, 1975). Wie vorne in Kapitel 3 ausgeführt, gehen wir davon aus, dass es ein sehr langer Entwicklungsprozess ist, der zur Ausbildung der relativ stabilen Aggressivität des Erwachsenen führt. Es ist dabei sicherlich nicht unvernünftig anzunehmen, dass die ersten Erfahrungen, die die Kinder mit ihren Eltern und mit ihrer ersten frühen Welt machen, einen prägenden Einfluss haben. Allerdings ist er sicher nicht prägend im Sinne von Lorenz und sicher nicht für immer unabänderlich. Aber es werden doch bestimmte Grundlagen gelegt werden, die der Ausgangspunkt für die Aufnahme und Verarbeitung der späteren, nachfolgenden Erfahrungen sind und durch die die späteren Erfahrungen in ihrer Wirkung modifiziert werden. Wir nehmen also frühe, aber noch nicht starre Weichenstellungen für die spätere Entwicklung an. Die weitere Entwicklung wird ja ohnehin von den Kindern selbst aktiv mitgestaltet (Lerner, 1982).

Daher haben wir uns auf die *Mutter-Kind-Beziehung* konzentriert. Die Mutter ist – mindestens in den meisten Kulturen und auch bei uns – normalerweise in den ersten Lebensjahren die wichtigste Bezugsperson des Kindes. In vielfältiger Interaktion mit ihr machen die Kinder ihre ersten, wichtigen Erfahrungen und entwickeln die ersten wesentlichen motivationalen Grundlagen. Diese Annahme beruht auf der inzwischen intensiven Attachment-Forschung mit ihren recht gut gesicherten Befunden (s. Kapitel 4 und Kapitel 10).

Natürlich ist die Mutter nicht die einzige Erfahrungsquelle (Whiting & Whiting, 1975). Es gibt sicher noch viele weitere, die eine Bedeutung haben, abgesehen von den rein materiellen Bedingungen, unter denen die Kinder aufwachsen, von kargen, entbehrungsreichen bis hin zu den (zu) viel Überfluss bietenden. Derartige Unterschiede gibt es zwischen, aber auch innerhalb der Kulturen. Hinzu kommen die Interaktionen mit anderen Personen, zu denen in der Regel zuerst die Väter gehören dürften, sowie andere Personen innerhalb der Familie, wie Großeltern oder Geschwister. Mit zunehmendem Alter werden dann auch andere Personen außerhalb der Familie wichtig, wie Spielgefährten in Kindergarten und Schule, Peers in der Umgebung, Lehrer, und andere Rahmenbedingungen im sozialen Umfeld. Später wird dann auch zunehmend das soziale Umfeld selbst mit seinen Wertschätzungen und Verhaltensregeln und den Erfahrungen, die dem Kind dort vermittelt werden, eine wichtige Rolle spielen, wobei auch die Institutionen, wie z. B. die Schule mit ihren Anforderungen und sozialen Regeln eine zunehmend wichtige Rolle übernehmen.

Alle diese Faktoren werden natürlich zusammenspielen und am Ende einen wesentlichen und komplexen Beitrag zur Ausprägung der Aggressivität beim

Erwachsenen haben. Es ist ein langfristiger Entwicklungsprozess, bei dem sich manche dieser Einflüsse gegenseitig verstärken, andere vielleicht auch im Widerspruch zueinander stehen und sich vielleicht aufheben.

Dass die Motiventwicklung insofern nicht aus einem einzigen Einflussfaktor, wie der mütterlichen Erziehung erklärt werden kann, lag von Anfang an unserem Untersuchungsplan zugrunde: Gerade deswegen haben ja wir den Kulturvergleich als Methode gewählt.

Wir haben übrigens den Prozess dieser Entwicklung bereits früher an verschiedenen Stellen ausführlicher dargelegt, so dass wir hier auf diese Publikationen verweisen können (Kornadt, 2002, 2007; Trommsdorff & Kornadt, 2003).

In unserer Untersuchung haben wir natürlich nicht all die vielfältigen Faktoren erfassen können, so dass unsere Ergebnisse hinsichtlich der Bedingungen der Aggressivitätsentwicklung, über die wir später berichten, unter erheblichen Einschränkungen zu sehen sind. Zu diesen Einschränkungen gehört einmal, dass wir uns nur auf die Mütter stützen und keine anderen Sozialisationspersonen unmittelbar mit einbezogen haben.

Ein *Mangel* dieser Untersuchung ist ohne Zweifel schon, dass wir die *Väter* nicht mit einbeziehen konnten, was insbesondere in Ostasien praktisch ausgeschlossen war, wie oben dargelegt (siehe Kapitel 6). Ebenso haben wir darauf verzichtet, die Geschwister mit einzubeziehen. Bei der sehr großen Vielfalt in der Zahl und im Alter von möglichen Geschwistern, hätte eine systematische Berücksichtigung ihrer möglichen Bedeutung unsere Kapazitäten bei weitem überschritten.

Eine andere, aber wichtige Einschränkung ist die, dass wir die Mütter nicht in ihrer *unmittelbaren Interaktion* mit den Kindern beobachten konnten oder jedenfalls nicht systematisch beobachtet haben. Eine systematische unmittelbare Beobachtung, um daraus auf die Aggressivitätsgenese schließen zu können, hätte sich nicht nur auf eine tagelange Beobachtung von morgens bis abends erstrecken müssen, sondern wäre auf grundsätzliche Probleme, gestoßen wie vorne (s. Kapitel 6.4) dargelegt.

Eine weitere Einschränkung besteht auch darin, dass in unsere methodengestützten Befragungen nicht Mütter mit ganz kleinen (vielleicht bis zu einem Jahr alten) Kindern einbezogen waren. Unmittelbare Informationen über diese ganz frühen Mutter-Kind-Interaktionen und die Bindung haben wir also damit nicht erhoben. Wir haben uns stattdessen auf eine Altersstufe bezogen, in der die Kinder im Mittel etwa 3 bis 6 Jahre alt waren. Dies ist allerdings nicht zufällig erfolgt und auch gut begründbar: Vor diesem Alter – in der alten deutschen Entwicklungspsychologie hat man vom Trotzalter gesprochen – entstehen ja häufig bestimmte Konflikte zwischen den Kindern und ihren Erziehungspersonen. Die Kinder entwickeln ein ausgeprägtes Bedürfnis zum „Selbermachen". Somit ist dies eine für unser Untersuchungsziel besonders interessante Altersspanne. Einmal werden hier die Erziehungsmethoden, Einstellungen und Ziele der Mütter erkennbar, besonders wenn den Kindern gegen ihren momentanen Wunsch etwas verwehrt werden muss, und wenn die Kinder erste allgemeine Verhaltensregeln lernen sollen. Zum anderen werden hier auch einerseits allgemeine emotionale Einstellungen der Mütter zum Kind und die schon früher entstandenen emotionalen Mutter-Kind-Beziehungen erkennbar, die ja relativ überdauernd sind. Andererseits sind im Kind auch die frühkindlich entwickelten Grundemotionen, Bindungen und Deutungen der Ich-Umwelt-Beziehung verhaltenswirksam, die sich inzwischen etwas verfestigt haben. Insofern erhalten wir also auch indirekte Informationen über die ganz frühkindlichen Entwicklungsbedingungen der Kinder.

Wir sind somit der Meinung, dass die von uns *gewählte Altersspanne* immerhin eine durchaus relevante Periode für die Aggressivitätsentwicklung ist, wenn auch natürlich keineswegs die einzige. Aber auch die kognitive Entwicklung ist soweit entwickelt, dass Regeln, je nachdem, wie sie vermittelt und vorgelebt werden, verstanden und generalisiert werden können, auch z. B. Forderungen hinsichtlich der Emotionsregulation, des Belohnungsaufschubs und der Selbstkontrolle im Sinne der Selbstdisziplin (Trommsdorff 2007).

Bereits in Kapitel 6 haben wir die *Verfahren* genannt, die wir zur Datengewinnung eingesetzt haben. Bei den Müttern waren es in erster Linie der So-Sit(M), ferner der RASQ, das RASI und das API. Die Fragebogen und Interviewergebnisse haben wir wegen der bereits vorne erläuterten Gründe nicht zur systematischen quantitativen Auswertung herangezogen. Allerdings haben wir sehr wohl Teilergebnisse aus den Fragebogen zusammen mit Interviewdaten, verwertet und zusammen mit dem So-Sit zu (gewichteten) umfassenden „*Konstruktscores*" zusammengefasst (wie im Prinzip in Kapitel 7.3.1 beschrieben). Als zuverlässigstes und ergiebigstes Verfahren hat sich auch wieder der So-Sit erwiesen.

Das *Szenario-Verfahren* (So-Sit) beschreibt in seinen Vignetten erziehungsrelevante Situationen, wie sie im Grunde bei allen Mutter-Kind-Interaktionen einmal vorkommen. Die Mütter hatten die Instruktion, sich in die jeweilige Situation zu versetzen oder sich an Ähnliches zu erinnern und zu erzählen, wie sie diese oder eine ähnliche Situation erlebt und wie sie reagieren oder reagiert haben. Diese Vorgaben regten in der Tat alle Mütter in den verschiedenen Kulturen zu derartigen Berichten aus ihrer Erfahrungswelt an, und das auch gerade mit aller Kulturspezifität, die ins Spiel kam und kommen sollte.

Auf diese Weise wurden die jeweiligen Motive der Mütter, die Emotionen, Deutungen der Situation und des kindlichen Verhaltens und Erziehungsziele angeregt und von der Mutter ausgedrückt und erkennbar. Wie schon bei den Jugendlichen, haben wir diese Informationen nicht nur durch die Ergebnisse der anderen Verfahren, sondern auch und vor allem durch die Beobachtungen, die wir bei vielen Gelegenheiten und an vielen Stellen gemacht haben, bekräftigt gefunden und ggf. ergänzt.

Das Ziel der Erhebungen und Befragungen und danach der Auswertung war also:

- zu erfassen und auswertbar zu machen, wie durch das Verhalten der Mutter die kindlichen Bedürfnisse befriedigt oder frustriert werden;
- die Bedingungen zu erfassen, unter denen Kinder ihre Vorstellungen darüber entwickeln, wie sie sich in der Welt behaupten können: Wir wollten wissen, ob Kinder die Erfahrung machen, dass ihre Interessen z. B. am Besten gemeinsam mit den ihnen nahestehenden Menschen erfüllt werden, oder ob sie sie gegen diese durchsetzen müssen, und wie häufig diese Bedingung eintritt;
- die Bedingungen und Situationen zu ermitteln, in denen Ärger aktiviert wird und die vielleicht auch zum Aufschaukeln von Ärger führen, oder ob im Gegensatz dazu mehr Gelassenheit vermittelt wird und große Frustrationstoleranz entstehen kann;
- zu erfassen, ob die Mütter den Kindern ermöglichen, Erfolg mit Aggression zu haben, ob sie Fehlverhalten aggressiv bestrafen und damit Vorbild für Aggression sind, oder ob sie es unaggressiv unterbinden, und ob sie Situationen schaffen, in denen so etwas gar nicht erst auftaucht;
- die positiven oder negativen Wertschätzungen des aggressiven Durchsetzens zu erfassen, die von den Müttern vertreten oder vermittelt werden können. Diese Vermittlung muss nicht unbedingt verbal und explizit erfolgen. Sie kann implizit erfolgen, z. B. in der Gesamteinstellung und Förderung der kindlichen Autonomie und Selbständigkeit (und deren Durchsetzung, u. U. auch gegen die Eltern selbst) (s. Rothbaum & Trommsdorff, 2007), oder umgekehrt in der Schaffung von Gemeinsamkeit der Interessen und auch der emotionalen „Oneness" (Azuma, 1986).

Es versteht sich, dass diese hier zunächst noch relativ allgemein umschriebenen Aspekte für eine spätere quantitative Auswertung präzise definiert und später in Kategorien gefasst werden mussten. Wir berichten zunächst eine Reihe von Beispielen, bevor wir anschließend diesen Prozess erläutern.

8.2 Erziehungssituationen: Beispiele von Mütter-Antworten

Um auch hier ein anschauliches Bild von dem Ausgangsmaterial zu geben, dem nachher unsere quantitativen Vergleiche zwischen den Kulturen zugrunde liegen, geben wir ausschnittsweise eine Reihe von unmittelbaren Antworten der Mütter wieder. Dies sind z. T. die unmittelbaren Reaktionen der Mütter auf bestimmte So-Sit-Situationen, die jeweils vorangestellt werden. Es folgen danach Ausschnitte aus Interviews zu ähnlichen Episoden, aus denen jeweils wieder die

Einstellung der Mütter und ihre Erziehungsmethoden erkennbar sind. Also zunächst zu den unmittelbaren Schilderungen der Mütter:

Situation 1: *Sie haben einige Zeit mit dem Kind auf dem Spielplatz verbracht. Jetzt ist es Zeit nach Hause zu gehen. Doch Ihr Kind findet kein Ende und sagt: „Ich gehe jetzt nochmal schaukeln."*
Mutter: *„Na gut, noch fünf Minuten schaukeln."* Ich weiß, dass wir in fünf Minuten tatsächlich nach Hause gehen, und wir beide dann zufrieden sind. Das Kind wird noch fünf Minuten schaukeln und dann mitgehen. Ich versuche dabei immer, uns beide zufrieden zu stellen.
Mutter: *„Aber bitte nur noch einmal, dann gehen wir nach Hause."* Es macht mir nichts aus, noch ein paar Minuten zu warten. Ich weiß, wie schwer der Abschied vom Spielplatz ist. Das Kind wird noch einmal schaukeln und wird dann mit mir gehen. Sie ist zufrieden, weil ich auch einmal nachgegeben habe. Ich will ihr zeigen, dass ich auf ihre Wünsche eingehe. Sie wird dann auch auf meinen Wunsch eingehen. Und so hat es immer geklappt.
Mutter: *„Wir müssen jetzt aber nach Hause gehen, weil Papa gleich kommt und wir noch Essen kochen müssen."* Ich bin sehr ungeduldig, weil es fast immer an der Zeit fehlt. Vermutlich wird er dann seinen Kopf doch wieder durchsetzen wollen und er geht dann brüllend nach Hause. Ich möchte ihm eigentlich schon eine Erklärung abgeben. Aber das letzte Wort soll meins sein.
Mutter: *„Na gut, dann gehe ich eben alleine nach Hause."* Ich ärgere mich, weil A. wieder nicht hört und ich sie gewissermaßen erpressen muss. Sie wird dann aber doch kommen. Meine Tochter soll merken, dass es eben nicht immer nach ihrem Kopf geht.

Situation 2: *Sie erwarten einen wichtigen Anruf von einer Freundin. Kaum haben sie den Hörer abgenommen, beginnt Ihr Kind herumzumaulen und laut zu quengeln und zu stören und sagt: „ich will aber dass Du jetzt mit mir spielst."*
Mutter: *„Bitte spiele fünf Minuten allein. Wenn ich fertig bin, spiele ich mit dir. Komm mal her, sag mal guten Tag, die G. ist dran."* Das Kind spürt nämlich, dass mir meine Freundin auch wichtig ist und er im Moment nicht der Mittelpunkt für mich sein kann. Mein Sohn muss lernen, dass er mich mit anderen Menschen, die mir wichtig, manchmal teilen muss. Das Kind wird mit G. sprechen und nicht mehr maulig sein, da er merkt, dass G. sich auch für ihn interessiert und nicht nur für die Mama. Ich möchte auf diese Weise, dass mein Sohn Geduld lernt, und weiterhin soll er wissen, dass er nicht der Nabel der Welt ist.
Mutter: *„Du siehst doch, dass ich am Telefonieren bin."* Das Kind mault aber, weil es im Mittelpunkt stehen will. Ich bin sehr nervös. Das Kind wird weiter herummaulen und ich werde weiter telefonieren. Ich finde aber, das Kind muss lernen, sich nicht ständig in meine Gespräche einzumischen. Wenn ich fertig mit telefonieren bin, gehe ich wieder auf ihn ein. Ich erkläre ihm, warum er mich nicht unterbrechen soll, bin aber ziemlich erfolglos.
Mutter: *„Ich muss jetzt zuerst telefonieren. Der Anruf ist wichtig und jetzt sei still. Wir spielen nachher miteinander."* Das Kind mault, weil es merkt, dass ich jetzt

8.2 Erziehungssituationen: Beispiele von Mütter-Antworten

keine Zeit für es habe. Ich bin enttäuscht darüber, weil er mir keine fünf Minuten Zeit lässt, einmal zu telefonieren. Das Kind mault und nörgelt weiter bis ich fertig bin. Am Ende muss ich doch mit ihm schimpfen. Ich möchte nämlich erreichen, dass mein Kind auch Rücksicht auf mich nimmt, wenn es sein muss. Ich habe auch meine eigenen Interessen.
Mutter: *„Ich kann jetzt nicht. Ich muss jetzt telefonieren."* Das Kind mault und stört aus Eifersucht. Ich fühle mich bedrängt. Das Kind wird weiter zu stören versuchen. Ich gehe mit dem Apparat in ein anderes Zimmer und schließe die Tür zu. Ich will damit die räumliche Distanz und Klarmachen der eigenen Bedürfnisse.

Situation 3: *Ihr Kind begleitet Sie zum Einkauf. Es dauert nicht lange und es entdeckt ein Spielzeug, das es unbedingt haben will. Sie sagen, dass es nicht geht und möchten weitergehen. Doch Ihr Kind bleibt wie angewurzelt stehen und schreit und beklagt sich laut.*
Mutter: So macht das unser Kind nie. Das Kind sagt wohl: *„Ich will das aber haben."* Ich sage: *„Schreib es auf deine Wunschliste."* Und dann ist es gut. Es ist ganz normal, dass das Kind das Spielzeug gerne haben möchte und dies dann zu mir sagt. Das Kind soll erfahren, dass ich auf seine Wünsche eingehe.
Mutter: *„Du kannst so laut schreien, wie du willst. Du kriegst das Spielzeug nicht. Wir gehen jetzt weiter."* Ich bin verärgert über mein Kind, aber überzeugt von dem, was ich sage. Das Kind möchte unbedingt das Spielzeug haben und versucht durch Schreien, meine Meinung zu ändern. Das Kind wird schließlich widerwillig nachgeben. Es bekommt das Spielzeug nicht. Ich werde ihm aber erklären, dass es nicht alles haben kann, was es sieht und will, dass man nicht all seinen Wünschen nachgeben kann. Es soll lernen, dass es nicht durch so ein auffallendes und trotziges Verhalten seine Wünsche durchsetzt.

Situation 4: *Sicherlich müssen Sie bisweilen Ihrem Kind etwas verbieten. Sie erinnern sich sicherlich noch an irgendeine Situation, wo irgendwelche Gegenstände liegen (das könnten Gläser sein oder auch Papiere, bei den Batak tabuierte Gegenstände). Sie beobachten, wie sich Ihr Kind den Sachen nähert und damit spielen will. Sie haben dem Kind ganz klar gemacht, dass es die Sachen nicht anfassen soll. Trotzdem greift nun Ihr Kind danach. Was tun oder sagen Sie?*
Mutter: *„Lass es doch bitte auf dem Tisch stehen. Wenn das Geschirr kaputtgeht, haben wir nichts mehr wovon wir essen können."* Das Kind machte das, weil es mir helfen wollte. Ich bin etwas unsicher wegen des zerbrechlichen Geschirrs. Das Kind wird aber, wenn ich es ihm richtig erkläre, verstehen und mir folgen.
Mutter: *„Jetzt haue ich dir aber auf die Finger. Ich habe dir doch gesagt, du sollst das nicht."* Das Kind macht das aber, weil es durch das Verbot gerade interessant geworden ist. Ich bin verärgert. Das Kind wird heulend weglaufen.
Mutter: *„Stell das Glas sofort wieder hin."* Ich glaube aber, es gehorcht nicht, weil es eine Machtprobe will. Ich bin zornig und schließlich wird er es noch einmal versuchen. Aber dann gehorcht er doch nach einer sehr scharfen Aufforderung.

Auszüge aus dem API:
Mutter: „Sie sollte sich nicht streiten, mir ist wichtig, dass sie gehorcht, aber man soll ein Kind nicht dazu zwingen, denn sonst könnte es weinen". (Bali)
Mutter: „Ich will, dass meine Kinder selbst aufräumen, dass mein Sohn lernt, ordentlich zu sein. Außerdem möchte ich, dass sie religiös sind, damit sie auf dem richtigen Weg bleiben, dass er Verantwortungsbewusstsein hat und versucht, allen Streit im Frieden zu lösen. Nur wenn ihm gar nichts anderes übrig bleibt, kann er sich wehren. ...Wer hänselt, wird von Gott bestraft. Wer nachgibt, wird belohnt." (Batak mod)
Mutter: „Es ist gut, wenn sich Kindern gegenüber anderen durchsetzen. Aber man kann sich nicht immer durchsetzen. Geduld ist auch gut. Ich lege Wert auf Disziplin, Sauberkeit und Benehmen. Ein Kind widersetzt sich nie mit Absicht, um die Mutter zu ärgern."
Mutter: „Sie soll ein gutes Kind werden und die Schule besuchen können. Sie soll nachgeben können und geduldig sein. Das Kind muss den Eltern gehorchen. Es muss lernen und arbeiten. Wenn sie mal nicht gehorcht, schlage ich sie mit dem Besen. Am wirksamsten sind aber Ratschläge zusätzlich mit Schlägen. Ich bin traurig und oft verärgert, weil ich sie oft schlagen muss." (Batak trad)
Mutter: „Ich habe ihm beigebracht, Leute zu meiden, die frech sind. Nachgeben heißt nicht, dass man verliert. Er hat Aufgaben im Haus und ich warte bis er seine Pflichten erledigt hat. Eltern sollen ihre Kinder nie schlagen. Ich will nur, dass er tut, was er in der Schule und in der Kirche lernt. Für mich gilt: Mein Kind ist mehr wert als ich."
Mutter: „Ich möchte nicht, dass er unselbständig und ein Muttersöhnchen wird. Es gibt Situationen, da muss man rücksichtslos sein und sich durchsetzen. Ich möchte schon, dass die Kinder sich durchsetzen, aber nicht unbedingt rücksichtslos. Übergroße Rücksichtnahme finde ich aber nicht erstrebenswert. Ein Kind muss sich auch ab und zu gegen seine Eltern durchsetzen. Wichtig ist mir auch Rücksichtnahme. Es gibt Regeln und Verbote, die unsinnig sind, z. B. ständiges Aufräumen. Nach 8 Uhr will ich meine Ruhe haben. Es geht mir auf den Wecker, wenn die Kinder rumknatschen. Ich weise dann massiv daraufhin, dass ich auch Bedürfnisse habe." (deutsch)

8.3 Zur Quantifizierung der qualitativen Mütter-Daten, Kategorien-Bildung

Die große Zahl der qualitativen Äußerungen musste so zusammengefasst und quantifiziert werden, dass sie zwischen den Kulturen vergleichbar sind und am Ende auch mit den Aggressivitätsdaten der Jugendlichen so in Beziehung gesetzt werden können, so dass statistische Zusammenhänge errechnet werden können.

Dazu haben wir das gleiche Verfahren angewendet wie bei den Jugendlichen: Es wurden zunächst 33 *Kategorien* gebildet, um zu erfassen, was an den Verhaltensweisen und Erziehungsbedingungen der Mütter für die Aggressivitätsentwicklung ihrer Kinder wahrscheinlich relevant sein würde. Die inhaltlichen Berichte der Mütter wurden dann – wie bei den Jugendlichen – von den Auswertern den zutreffenden Kategorien zugeordnet. Aus der großen Zahl sehr detaillierter Einzelkategorien, die zunächst der möglichst genauen Erfassung der relevanten Inhalte dienten, wurden einige z. T. zu breiter definierten Variablen zusammengefasst.

Weiterhin wurden durch eine Kombination von gewichteten Daten aus mehreren Verfahren – ebenfalls wie bei den Jugendlichen – Konstruktscores gebildet. Mit ihnen konnten die für unsere Fragestellung relevanten, breiteren Aspekte beschrieben und quantifiziert werden.

Beispiele für die Kategorien:

Aus der Attachment-Forschung ist z. B. die Bedeutung der *Responsivität* der Mutter bekannt. Darunter wird verstanden, wie gut es der Mutter gelingt, prompt und angemessen auf die Bedürfnisse des Kindes einzugehen und dem Kind Geborgenheit zu vermitteln. Für die Kinder unserer Altersgruppe haben wir erfasst, ob oder wie gut die Mütter ihren Kindern in den für sie u. U. kritischen Situationen ebenfalls Geborgenheit durch Verständnis und Zuwendung vermitteln. Dies war eine der Grundvariablen, von der wir annahmen, dass sie auch für die Aggressivitätsentwicklung von Bedeutung sind.

Kategorien, in denen erfasst wird, wie die Mutter *kindliches Verhalten (als positiv oder negativ) deutet*, waren u. a.

Kategorie 18: „Verhalten des Kindes als unproblematisch oder entschuldbar gedeutet".
„es macht dem Kind, wie mir früher, halt so viel Spaß, zu spielen"
„es ist noch zu klein, versteht noch nicht"
„ist zu müde"
„es wollte mir nur helfen"

Hier kommt eine freundlich-zugewandte, verständnisvolle und bindungsfördernde Haltung zum Ausdruck.

bzw. Kategorie 19: „Verhalten des Kindes als böswillig oder rücksichtslos gedeutet".
„das macht es nur, um mich zu ärgern"
„es weiß genau, dass mich das ärgert"
„das macht es nur aus Eifersucht"
„es wollte es dem andern heimzahlen"
„es wollte mich vor anderen unter Druck setzen"

Hier kommt eine emotional negative, eher ablehnende Haltung zum Ausdruck, die kein Bemühen um Verständnis zeigt und dem Kind u. U. erst recht feindselige Konzepte vermittelt.

Ein anderes Beispiel bezieht sich auf den Umgang der Mutter mit den Bedürfnissen des Kindes:

Kategorie 29: Harmonisierung von Bedürfnissen, Nachgiebigkeit i. S. von „oneness".
„ich warte gern, dann sind wir beide zufrieden"
„komm und telefoniere auch mal"
„dann machen wir gemeinsam das Aufräumspiel"

Kategorie 30: fehlende Harmonie, Betonen der Interessengegensätze.
„er will seinen Kopf durchsetzen"
„Ich habe meine eigenen Interessen"
„ich will ihm meine eigenen Bedürfnisse klarmachen"

Die Unterschiede sind deutlich: Die Mutter kann verständnisvoll auf die momentane Bedürfnislage eingehen und sie in ihren Forderungen berücksichtigen. Sie kann aber auch verständnislos die momentanen Bedürfnisse des Kindes ignorieren oder gar ablehnen, u. U. durch ihr Verhalten (z. B. durch Beharren auf einer Forderung zur Unzeit) das Kind zusätzlich „frustrieren", dem Kind auf diese Weise (ungewollt) zu verstehen geben, dass sie sich für die Bedürfnisse des Kindes nicht interessiert oder sie eigentlich ablehnt, oder dass sie jedenfalls ihre eigenen Interessen verfolgen wird. Dabei ging es auch darum, ob die Mutter meint, sich *unter allen Umständen* durchsetzen zu müssen, egal ob das Kind das will oder gerade kann oder nicht, dies vielleicht auch mit Strafe erzwingt, erst recht wenn das Kind laut (und störend) schreit; oder ob sie im Gegensatz dazu meint, dem Kind – um es nicht zu frustrieren – jede Forderung durchgehen lassen oder erfüllen zu müssen. Eine konstruktive Haltung ist ein *flexibles Eingehen* auf das Kind, je nach dessen momentanen Fähigkeiten und der Situation, das dabei aber nicht die prinzipielle Geltung der Regeln in Frage stellt.

Einige weitere Kategorien begründen und erläutern wir im Folgenden; auf Beispiele verzichten wir dabei.

Eine andere Variable war *die Konflikteskalation*. Es kommt ja vor, dass die Interessen der Mutter und des Kindes nicht ohne Weiteres vereinbar sind. Dann eben kommt es auf die Fähigkeit der Mutter an, aus dieser Situation herauszukommen und nachzugeben, ohne dass sie das, was sie prinzipiell für richtig hält, damit aufgegeben hat. Da dies aber manchmal nicht gewollt wird oder gelingt, kommt es dann zur Konfrontation und zum gegenseitigen Ärger, der sich im Laufe der Auseinandersetzung immer weiter aufschaukelt und zu einer regelrechten Eskalation von Konflikten und Affekten führen kann. Dies kann schließlich eine affektiv so aufgeladene Konfliktsituation geben, dass in ihr niemand nachgeben kann, man die Sache nur abbricht und jeder verärgert und mit bleibendem Groll davon geht. Unter Umständen gehen dann beide in die nächste Meinungsverschiedenheit mit der Erwartung, dass es genau so wieder kommt. Das Auftreten dieser Konflikteskalation haben wir eingeschätzt und quantifiziert (vgl. Trommsdorff & Kornadt, 2003).

8.3 Zur Quantifizierung der qualitativen Mütter-Daten, Kategorien-Bildung

Für die Aggressivitäts-, aber auch die Persönlichkeitsentwicklung generell ist das *Selbstvertrauen und das Selbstwert-Gefühl* wichtig, wie man z. B. mit Misserfolgen, Frustrationen oder Ablehnung fertig wird. Auch dafür spielt die frühe Erziehung eine Rolle. In normalen Fällen eines Interessenkonflikts zwischen Mutter und Kind kann es zwei dafür relevante, unterschiedliche Grundhaltungen der Mutter geben. Die eine haben wir *„Selbstwert stützend"* genannt. Gemeint ist die Grundhaltung der Mutter, von Verständnis für die Interessen, Bedürfnislage und Fähigkeiten des Kindes auszugehen und ihm damit Zuwendung und Unterstützung zu vermitteln, um sein Selbstvertrauen zu stärken.

Das Gegenteil haben wir *„Selbstwert beeinträchtigend"* genannt. Das sind jene Verhaltensweisen, denen z. B. die Annahme einer widerspenstigen, gegen die Mutter gerichteten Motivation („Aufsässigkeit") beim Kind zugrunde liegt. Mit ihr ist ein mangelndes Verständnis für die tatsächlichen Bedürfnisse des Kindes verbunden (das ist nicht selten sein Wunsch nach Nähe und Zuwendung), wenn diese nicht sogar (implizit) abgelehnt werden.

Dem Kind wird damit auch Geringschätzung (z. B. seiner Fähigkeiten, etwa der Selbstkontrolle [*„Du kannst Dich wohl nicht beherrschen"*] wenn es nicht aufhört zu quengeln) vermittelt und damit sein Selbstwertgefühl beeinträchtigt. Aber auch ärgerliches Schimpfen mit Worten wie *„Das kannst du immer noch nicht"*, *„es nützt nichts, es Dir hundert mal zu sagen"* ist geeignet, das Selbstvertrauen des Kindes in seine Fähigkeiten zu beeinträchtigen. Dies drückt das Gegenteil der Zuversicht aus, dass das Kind so etwas doch bald zur Zufriedenheit der Mutter (auch und vor allem seiner eigenen) können wird.

Und Ärger oder Strafe regen übrigens auch zur Nachahmung an.

Eine weitere Kategorie betraf die Art der *Erziehungsmethode*. Hier haben wir die lernpsychologische Unterscheidung zwischen einem *„Lernen am Vorbild"* (Förderung von kindlichem Modell- und Beobachtungslernen), und *„Lernen durch Bekräftigung"*, also durch Belohnung und Strafe zugrunde gelegt.

> Im einen Fall wird in der Erziehung mehr Wert darauf gelegt, dem Kind zu zeigen, was das richtige Verhalten ist, also ein Vorbild und Beispiel für das Kind zu sein. Oder im Mitmachen wird ihm gezeigt, wie man etwas machen kann, und gemeinsam macht es mehr Spaß, was sonst nur unter Druck gemacht wird. Das geht zurück auf das von Bandura (1973) entwickelte lerntheoretische Prinzip des Modelllernens. Der Gegensatz dazu ist ein Verhalten, das auf dem behavioristischen Prinzip des Lernens durch Trial and Error beruht: wenn das Kind etwas getan hat, was es nicht soll oder was nicht richtig ist, erfährt negative Konsequenzen, etwa Ablehnung oder Bestrafung, während für das richtige Verhalten positive Konsequenzen als Belohnung folgen. Dies sind z. B. materielle (Werte Bonbons, Geld, Kleider, Videospiele), und dies nicht selten anstelle von emotionaler Zuwendung.
>
> Dabei wird u. a. mit negativen Emotionen beim Kind operiert: es wird Angst, Ablehnung, vielleicht auch Aggression erleben, jedenfalls wird auf diese Weise das

Gefühl des Versagthabens, des Nichtkönnens, vielleicht des Zurückgesetztseins, auch ein negatives Selbstbild erzeugt. Das Modelllernen dagegen bietet viel mehr die Möglichkeit, durch Nachmachen eher Erfolg zu haben – evtl. in der Gemeinsamkeit mit dem Vorbild – und schon dadurch auch belohnt zu werden. Das verstärkt die Gewissheit der Nähe, ermöglicht ein schrittweises Aufbauen des gewünschten Verhaltens und stärkt das Selbstvertrauen.

Schließlich sei noch die Erfassung der Vermittlung von *positiven oder negativen Wertschätzungen von Aggression* sowie von *Kooperation und prosozialem Verhalten* erwähnt. Es kann eine Mutter zum Ausdruck bringen, dass sie Aggression durchaus (in Grenzen) für richtig und angemessen hält und das Kind dazu ermuntern, z. B. in Auseinandersetzungen mit Spielgefährten, vielleicht sogar mit sich selber. (Wir haben deutsche Mütter gefunden, die sich geradezu freuen, wenn das Kind gegen sie selbst aggressiv ist, weil sie der Meinung waren, man müsste die Selbstdurchsetzung des Kindes fördern.) Oder sie kann Kooperation, Hilfsbereitschaft, und prosoziales Verhalten fördern, indem sie Nachgiebigkeit, einmal zurückstecken zu können und nicht gleich wütend und aggressiv zu werden, fördert und ermutigt, und zugleich auch das Mitgefühl.

Alle diese Variablen sind in den Auswertungsschlüsseln genau definiert und durch Beispiele, auf die wir hier verzichten, konkretisiert worden.

Die *Quantifizierung* der Aspekte, die auf Grund des sehr umfangreichen und detaillierten qualitativen Materials verglichen werden sollten, geschah dann wie bei den Jugendlichen. Ausgangsdaten waren entweder die (Einzel-)Kategorien oder die Konstrukt-Scores.

Neben der strengen Definition von Kategorien wurde wiederum ein Programm entwickelt, nach dem die quantitativen Werte, die aus dem So-Sit oder aus anderen Quellen stammten, jeweils kombiniert und gewichtet zu globaleren „Konstruktscores" zusammengefasst wurden.

8.4 Ergebnisse

8.4.1 Handlungssequenzen

Die Berichte der Mütter, die wie beschrieben zuerst quantifiziert wurden, haben wir unter einer Vielzahl von Gesichtspunkten zusammengefasst und zwischen den Kulturen (= Stichproben) verglichen.

Wir beginnen mit Antworten auf die relativ globale Frage: Zeigen sich Unterschiede zwischen den Müttern aus verschiedenen Kulturen darin, wie sie in einem Interessenkonflikt mit ihren Kindern umgehen? Sind es eventuell Unterschiede, die für die Aggressivitäts-Entwicklung der Kinder relevant sein können?

8.4 Ergebnisse

Dabei interessierte uns zuerst, wie die Handlung insgesamt abläuft: ob sich die Mütter in der *Deutung* des Kind-Verhaltens (als verständlich oder widerspenstig) unterscheiden, und ob sie im weiteren Handlungsablauf zu einer *konstruktiven Konfliktlösung* gelangen, oder aus Ärger das Verhalten des Kindes *ablehnen* und damit dessen *Selbstwert belasten*. Wir haben – wie bei den Jugendlichen – mit statistischen Verfahren (KFA) ermittelt, welcher Handlungsablauf in den Stichproben der verschiedenen Kulturen besonders (d. h. hoch signifikant) häufig vorkommt, und insofern für die Kultur typisch ist.

Tabelle 5 zeigt, dass in diesen Abläufen erhebliche Unterschiede zwischen den verschiedenen Kulturen bestehen. Die *deutschen* Mütter reagieren besonders häufig selbstwert-beeinträchtigend, sie ärgern sich, sie kritisieren die Kinder verletzend und sie können häufig auch im weiteren Verlauf einen Konflikt nicht vermeiden.

Tabelle 5: Typische Reaktionssequenzen von Müttern bei Schwierigkeiten mit ihrem Kind (signifikant häufige Konfigurationen nach KFA)

Emotion	Selbstwert des Kindes	verletzende Kritik	Umgang mit kindlichen Bedürfnissen	überzufällig häufige Sequenzen in	p
unspezifisch/ Empathie	schonend/ stützend	nein	Harmonisierung	Japan Bali Batak	***
Ärger/ frustriert sein	beeinträchtigend	meistens ja	Konflikt	Deutschland	***

p*** = hochsignifikante Häufigkeit; die ostasiatischen Stichproben unterscheiden sich ferner hochsignifikant von der Deutschen.

Im Gegensatz dazu ist bei *allen asiatischen Kulturen (Stichproben)* die eher verständnisvolle Reaktionsfolge am häufigsten: Die Mütter deuten das Verhalten des Kindes im Konfliktfall als verständlich, sie ärgern sich nicht oder fühlen eher empathisch mit dem Kind mit, und sie bringen es fertig, ihre Wünsche und Bedürfnisse mit denen des Kindes in Einklang zu bringen (Trommsdorff & Kornadt, 2003). Allerdings gibt es auch *einige wenige deutsche* Mütter mit der Sequenz *Harmonisierung,* neutrale Deutung des kindlichen Verhaltens, positiver Emotionsreaktion und keiner bösen Kritik und immerhin dem Vermeiden eines anhaltenden Konflikts. Es gibt also besonders unter den Deutschen eine nicht unerhebliche Varianz in ihrem Verhalten.

Noch deutlicher sind diese Unterschiede zwischen Deutschland, Bali und Japan, wenn für dieselbe Berechnung (der signifikant häufigsten Reaktionssequenz) diejenigen Mütter ausgewählt werden, die auf einen Konflikt am Anfang mit Ärger reagieren (Tabelle 6).

Tabelle 6: Reaktionssequenzen von Müttern nach Ärger (t 2)

Emotion	Deutung des Verhaltens des Kindes	verletzende Kritik	Umgang mit Bedürfnissen des Kindes	hoch signifikante Abfolge in	
Ärger	böswillig	ja	Konflikt	Deutschland	**
Ärger	neutral/ gutwillig	ja	unspezifisch	Bali, Batak	**
Ärger	gutwillig	nein	harmonisch oder konfliktfrei	Japan	***

Bei den japanischen Müttern ist dies in diesen Fällen immer mit selbstwertschonender Deutung und einem Verzicht auf verletzende Kritik verbunden. Allerdings wird auf die Bedürfnisse des Kindes dann auch unterschiedlich reagiert: am häufigsten neutral, aber ebenso auch mit Verständnis und Harmonie, und gleich häufig auch mit einem Konflikt (s. Tabelle 7).

Tabelle 7: „Typisch" = hochsignifikant häufige Handlungsabläufe nach Frustration Deutschland/Japan

	Affekt	Interaktionsdeutung	Konflikt	Umgang mit Bedürfnissen des Kindes	sign.
Deutschland	Ärger	Selbstwert belastend	ja	zurückweisen	***
	Ärger	gutwillig	nein	neutral	
Japan	keine oder Empathie	neutral	nein	Harmonisierung	***
	Ärger	belastend	nein/ja	neutral	

*** nach KFA statistisch besonders häufige Handlungs-Sequenzen
die Stichproben unterscheiden sich hochsignifikant: $= p < .001$.

Zu dieser Frage haben wir auch Informationen von denjenigen Jugendlichen, die uns in ihrem So-Sit(A) (t 3) retrospektiv Informationen über die von ihnen erfahrene Erziehung geliefert haben. Aus einer Kombination des So-Sit für Jugendliche und des RASI erhielten wir ein ähnliches Bild über Kulturunterschiede in den Erziehungseinstellungen und Methoden.

8.4 Ergebnisse

Das Ergebnis ist insofern interessant, da es das eben beschriebene Bild, das sich aus den Mütter-Daten ergibt, bestätigt:

Wieder zeigt sich als besonders häufige und typische Reaktionsweise auf einen Konflikt bei japanischen und indonesischen Müttern die Abfolge:

> fördernde, verständnisvolle positive Deutung des kindlichen Verhaltens → Mitgefühl oder wenigstens eine neutrale Emotion – und darauf beruhend – → eine positive, aggressionsvermeidende Lösung des Konflikts;

während in deutlichem Gegensatz dazu die westlichen Mütter das kindliche Verhalten überwiegend verständnislos und für das Kind selbstwertbelastend deuten (mit einer gewissen Einschränkung für die Schweiz). Auf Schwierigkeiten reagieren diese mit Ärger und dem Gefühl des Beeinträchtigtseins oder Abgelehntseins, was dann statt zu harmonischer Konfliktlösung zu einer Verschärfung des selbstwertbelastenden Konfliktes führt. Allerdings beziehen sich diese retrospektiven Informationen über die Erziehung auf *andere Mütter* als die, von denen wir die Informationen aus deren So-Sit haben. Insofern sprechen diese Ergebnisse zwar allgemein für die Richtigkeit unserer Annahmen über die Erziehungswirkung, ohne aber einen wirklichen Zusammenhang zu belegen, der vielleicht über Gemeinsamkeiten im jeweiligen Kultur-Kontext hinausgeht. Nur insofern gehen sie später in die Gesamtinterpretation ein (Tabelle 8).

Tabelle 8: Mütterliche Reaktionssequenzen und Mutter-Kind-Interaktion aus der retrospektiven Sicht von Jugendlichen

Deutung	Emotion	Interaktionsprozesse	überzufällig häufige Sequenzen in[1]	
entlastend	Empathie/ unspezifisch	positive Konfliktlösung[2]	Schweiz Japan Bali Batak	** *** * **
belastend	Ärger/frustriertsein	Selbstwertverletzung[3]	Deutschland Schweiz	*** ***

[1] Die Ergebnisse beruhen jeweils auf Vergleichen zwischen den Einzelkulturen und der Gesamtstichprobe.
[2] Kategorien positiver Konfliktlösung durch Mutter (Nachgiebigkeit, Verständnis, Harmonisierung) und Kind (Wiedergutmachung, Nachgiebigkeit) zusammengefasst.
[3] Kategorien von selbstverletzender mütterlicher Kritik, Konflikteskalation und Perseveration aggressionsrelevanter Affekte beim Kind (über das Interaktionsende hinaus) zusammengefasst.

8.4.2 Kulturdifferenzen in Einzelvariablen

Neben dem ganzen Handlungsablauf haben wir uns auch einzelne Verhaltensweisen und Einstellungen der Mütter angesehen. Wir haben insbesondere solche herausgegriffen, die nach unserer Annahme für die Entwicklung von Aggressivität besonders bedeutsam sind.

Für besonders wichtig hielten wir die Frage, wie haben die Mütter Schwierigkeiten mit ihrem Kind gedeutet, z. B. wenn es sich nicht so verhält, wie es soll, wenn es quengelt, schreit, die Mutter stört und belästigt? Dies wurde in zwei unterschiedlichen Kategorien erfasst:

1. Wohlwollende Deutung des kindlichen Verhaltens
Darunter wurden solche Meinungen zusammengefasst wie „das Kind ist noch klein", „es versteht es noch nicht richtig" oder „es ist zu sehr abgelenkt", „es spielt einfach zu gerne", „es meint es gar nicht böse" (Graphik 15 „positiv" gedeutet).

Graphik 15: Reaktion der Mütter auf Störung durch das Kind

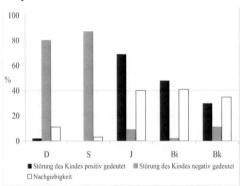

2. Negative, das Kind ablehnende Deutung
Darunter ist gemeint, dass die Mutter der Meinung ist, „das Kind ist eben einfach trotzig", „es ist zu egoistisch", „es will nur seinen eigenen Kopf durchsetzen" oder „es will die Mutter nur ärgern" (Graphik 15 „negativ gedeutet").

Weiterhin: Welche *aggressionsrelevanten Werte* vertreten die Mütter?

8.4 Ergebnisse

3. *Aggressivität in gewisser Weise positiv beurteilt, gefördert* Z. B. als ein legitimes Mittel zur Selbstdurchsetzung; (Mütter können *Aggressivität* sogar gegen sich selbst als ein positives Zeichen der Fähigkeit zur Selbstbehauptung fördern.) (Grafik 16 „positive Wertung von Aggression").

Graphik 16: Vermittlung von Wertschätzungen durch die Mütter

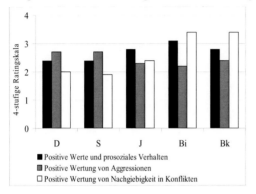

4. *Nachgiebigkeit* können sie fördern und fordern, d. h. sie geben dem Kind zu verstehen oder zeigen ihm, dass es sich nicht bei jeder Beeinträchtigung durchsetzen muss, dass Nachgeben, Kooperation besser ist (Graphik 16 „Nachgiebigkeit").

5. Fördern von *Rücksichtnahme und Mitgefühl*; z. B. ein Verständnis für andere und ihre Schwächen wecken, erklären, dass es einem anderen Kind nicht immer leicht fällt, mitzumachen oder freundlich zu sein.

Und schließlich

6. *Hilfsbereitschaft fördern,* d. h. anderen entgegen zu kommen, ihnen bei Schwierigkeiten und Aufgaben zu helfen (Grafik 16 „(Förderung von) prosozialem Verhalten").

Wie die Grafiken zeigen, sind durchgängig die Werte für aggressionsfördernde Erziehungsbedingungen in den westlichen Kulturgruppen höher als in den ostasiatischen. Bei den aggressionsmindernden Werten ist es durchweg umgekehrt, diese sind in ostasiatischen Gruppen höher.

Bei allen mitgeteilten Werten sind die Differenzen zu den Kulturen im Ganzen *signifikant* (Varianzanalyse), im Einzelnen besonders zwischen den westlichen und den ostasiatischen *hoch-signifikant*.

Sodann wurden die bevorzugten *Erziehungsmethoden* beurteilt und grob zwei Vorgehensweisen unterschieden:

1. Vorwiegend positive und negative *Bekräftigungen* verwenden, d. h. also Androhen und Ausführen von *Strafen* aller Art (vom Tadel bis zur körperlichen Strafe) und *Belohnen* andererseits, von Lob bis zum Gewähren von materieller (Taschengeld, Spielzeug) bis ideeller (Freizeit) oder emotionaler Zuwendung (Graphik 17 „Belohung und Bestrafung").

Graphik 17: Erziehungsmethoden der Mütter (2. Messung): Häufigkeit des Gebrauchs. Rating nach SoSit (4-stufige Skala)

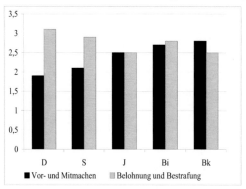

oder

2. Weitgehend auf Sanktionen verzichten und auf die Wirkung von *positiven Vorbildern*, auf *Vormachen und Mitmachen* und begleitende *Ermunterung* setzen (Graphik 17 „Vor- und Mitmachen").

Weiterhin wurden die besonders interessanten Werte für Konflikt-Eskalation verglichen (Graphik 18). Die Ergebnisse zeigen deutliche Unterschiede zwischen den Kulturen, die auch den Unterschieden in der Aggressivität der Jugendlichen in den Kulturen entsprechen. Alle Differenzen zwischen den Kulturen (mit zwei Ausnahmen), insbesondere zwischen den Deutschen/Schweizern und den Ostasiaten, sind hochsignifikant. (Die Ausnahme betrifft den Vergleich Schweiz-Japan beim Modellernen und Schweiz-Bali beim Bekräftigungslernen.)

Graphik 18: Konflikteskalation bei Müttern (2. Untersuchung)

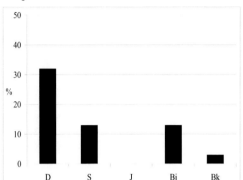

Aus der Fülle der sonstigen Daten, die uns vorliegen und die wir wegen der Übersichtlichkeit nicht alle mitteilen können, greifen wir nur noch ein Ergebnis heraus. Es fiel uns als Charakteristikum für die „europäischen" Mütter auf: Das Bemühen, die Kinder, die 4 bis 5 (6) Jahre alt waren, dazu zu bewegen, die Wünsche der Mütter zu erfüllen oder ihren Aufforderungen nachzukommen, indem sie zwar auf (Lob und Strafe) verzichten, aber auch nicht selber vor- oder mitmachen, sondern an die freiwillige „Einsicht" appellieren. Die Kinder sollen von sich aus das wollen, was „richtig" ist, d. h. genau genommen, was die Mutter jeweils will. Wie sich zeigt, sind aber die Kinder durch diese Erwartung, die „richtige Einsicht" zu haben und danach zu handeln, häufig überfordert. Dann ist die Mutter enttäuscht, nicht selten verstimmt, wenn nicht gar verärgert und sie sieht sich genötigt, doch zu Anordnungen oder Verboten oder gar Strafen zu greifen, die sie eigentlich ablehnt. Aber das Hin und Her und die entstehende negative Stimmung belasten die Mutter-Kind-Beziehung. Dies kann dann die Basis für weitere Konflikte bilden, weil beide in die nächste Situation mit den negativen Erfahrungen und entsprechenden negativen Erwartungen eintreten.

Insgesamt zeigt sich auch in diesen Darstellungen überzeugend, wie unterschiedlich die Mütter in den (beiden) westlichen und in den (drei) östlichen Kulturen mit ihren Kindern umgehen und auf sie eingehen. Die Unterschiede sind, wo immer sie wiedergegeben worden sind, *statistisch hochsignifikant*, manchmal beziehen sie sich auf Unterschiede nur zwischen den beiden westlichen und den drei asiatischen Gruppen, manchmal sind sie auch zwischen den einzelnen Gruppen signifikant. Jedenfalls sind es *keine Zufallsergebnisse* und sie zeigen deutlich die Unterschiede in den Erziehungseinstellungen und -methoden, wie wir sie als relevant für die Aggressivitätsgenese angesehen haben.

Es folgen noch einige unmittelbare Vergleiche zwischen den deutschen und den japanischen Müttern, auf die wir einen besonderen Wert gelegt haben hinsichtlich der Ausgangshypothese für unsere Untersuchung.

8.4.3 Spezieller Deutsch-Japanischer Vergleich

Da uns von Anfang an der Vergleich Deutschland-Japan besonders interessiert hatte und hier die Unterschiede besonders auffällig waren, in den Untersuchungsergebnissen ebenso wie bei den Verhaltensbeobachtungen im Alltag, haben wir auch noch einmal einen speziellen Vergleich vorgenommen. Wir haben die Reaktionssequenzen der Mütter nach einer Beeinträchtigung durch das Kind für beide Kulturen noch einmal separat ermittelt: welche *Affekte* erlebt die Mutter – wie *deutet* die Mutter das Verhalten des Kindes – welche *Handlungsintention* tritt auf – stellt sie *eine Harmonisierung* ihrer Interessen mit denen des Kindes her, ja oder nein?

Mit Hilfe statistischer Auswertung (KFA) ergab sich als besonders eindrucksvolles Gesamtbild, dass gerade diejenigen Verhaltenssequenzen, die für die deutschen Mütter „typisch", d. h. bei signifikant am *häufigsten* waren, für die Japaner gerade „untypisch", d. h. bei ihnen überzufällig *selten* waren:

Für Deutschland eine hochsignifikant häufige Sequenz war (p < .001)
Ärger → kindbelastende Deutung → Verstärkung des Konflikts, evtl. Zurückweisung, Ablehnung → keine Harmonisierung.

Für Japan häufig war:
Mitgefühl → entschuldigende Deutung → kein Konflikt → keine Ablehnung → Harmonisierung.

In Deutschland hochsignifikant selten (p < .01):
Mitgefühl → verständnisvolle, entschuldigende Deutung → keine Ablehnung → kein Konflikt → Harmonisierung.

In Japan selten:
Ärger → kindbelastende Deutung → Zurückweisung, Ablehnung → keine Harmonisierung.

Tabelle 9: Reaktionsweisen deutscher und japanischer Mütter

Kultur	Affekte	Deutung des Kindverhaltens	Kritik	Umgang mit Bedürfnissen	sign.
hochsignifikant **häufige** (typische)					
Deutschland	Ärger	Selbstwert verletzend	ja	Konflikt	***
Japan	neutral Empathie	schonend schonend	nein nein	Harmonisierung Harmonisierung	***
hochsignifikant **seltene** (untypische)					
Deutschland	neutral Ärger	schonend entschuldigend	nein nein	unspezifisch Harmonisierung	***
Japan	Ärger	verletzend belastend	nein	unspezifisch keine Harmonisierung	***

8.5 Zusammenfassung der Mütter-Ergebnisse

Die vorangehende Darstellung hat eine Fülle von Einzelergebnissen enthalten. Sie zeigt, dass die Mütter aus verschiedenen Kulturen sich im Erziehungsverhalten ihren Kindern gegenüber deutlich unterscheiden, und sie zeigen z. T. auch kulturelle Besonderheiten, die für die Kulturen wahrscheinlich charakteristisch sind.

Weitere Aufschlüsse – wiederum auf Aggregatniveau – haben wir aus den Antworten der Jugendlichen zu t 2 darüber erhalten, wie sie die Erziehungsmethoden ihrer Mütter (Väter) retrospektiv beschrieben haben. Diese Daten stammen aus einem entsprechenden So-Sit(A) der Jugendlichen und dem retrospektiven Fragebogen (RASQ). Ohne auf die umfangreichen Einzelheiten eingehen zu können, können wir allgemein feststellen, dass auch durch die Jugendlichen die bisher berichteten Kulturunterschiede im Wesentlichen bestätigt wurden. Besonders hervorzuheben ist z. B., dass sich auch hier wieder entsprechende Unterschiede zwischen den westlichen und den ostasiatischen Mütter ergaben, so besonders deutlich:

- höhere Konflikteskalation und positive Wertschätzung der Aggressivität im Westen

dagegen

- höhere Förderung von Nachgiebigkeit, von Mitgefühl und positiver Einstellung zu anderen Kindern und höhere Regelsicherheit bei den ostasiatischen Müttern.

Natürlich ist damit die Annahme naheliegend, – und das wird im nächsten Kapitel geprüft – dass diese Unterschiede in der Erziehung auch mit den Unterschieden in der Aggressivität der Jugendlichen dieser Kulturen zusammenhängen.

9 Ergebnisse 3: Zusammenhang von Erziehung, Aggressivität und Altruismus

9.1 Zusammenhang von Erziehung und Aggressivität auf dem Niveau der Kulturen

Entscheidend für unsere Untersuchung ist natürlich die Antwort auf die Frage, ob sich denn auch tatsächlich ein Einfluss der Erziehung der Mütter auf die Aggressivität von Kindern nachweisen lässt. Um eine erste grobe Information hierüber zu gewinnen, kann man als erstes prüfen, ob aggressionsrelevante Erziehungsmerkmale von Müttern aus verschiedenen Kulturen zu der Ausprägung der Aggressivität von Jugendlichen aus der gleichen Kultur „passen", d. h. also einen theoretisch angenommenen Zusammenhang stützen würden.

Allerdings kann das zunächst nur auf Aggregatniveau geprüft werden, d. h. ob eine Korrelation zwischen den relevanten Erziehungsmerkmalen der Mütter einer Kulturgruppe und der Aggressivität der Jugendlichen in dieser Gruppe besteht, wenn sie über die jeweiligen Kulturgruppen hinweg berechnet wird, sozusagen als grobe erste Prüfung der generellen (oder wenn man so will quasi „universellen"), d. h. kulturübergreifenden Richtigkeit unserer Annahmen. Auch hier verzichten wir auf die Wiedergabe der Korrelationswerte im Einzelnen und teilen nur die über *alle Kulturen* hinweg errechneten Korrelationswerte mit.

Dies ergab folgende Korrelationen zwischen dem Verhalten der Mütter zu t 2 und der Aggressivität der Jugendlichen zu t 2. Folgende Verhaltensmerkmale der Mütter korrelieren hoch mit der Aggressivität der Jugendlichen derselben Kultur:

Tabelle 10: Korrelation der Verhaltensmerkmale der Mütter mit der Aggressivität der Jugendlichen derselben Kultur

	Korrelation (r)
Ärger über das kindliche Verhalten	.33
Konflikteskalation in der Interaktion	.41
Erfolg des Kindes mit Aggression gegen die Mutter	.43
Selbstwert verletzende Kritik	.58
Responsivität der Mutter	-.35
Empathieförderung	-.23
Förderung eines positiven Selbstbildes beim Kind	-.42

Das Ergebnis ist noch einmal in Graphik 19 veranschaulicht. Es sind die durchschnittlichen Werte für aggressionsfördernde und für Aggressionsmindernde Erziehungsmerkmale der Mütter pro Kultur den Mittelwerten für Aggressivität der Jugendlichen aus derselben Kultur gegenübergestellt.

Graphik 19: Aggressions-fördernde und -mindernde Erziehung der Mütter und Aggressivität von Jugendlichen in derselben Kultur

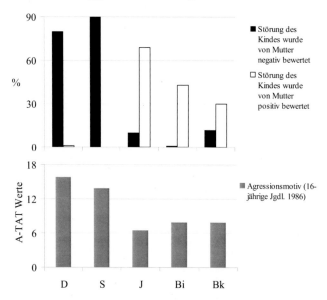

Es zeigt sich, dass in den Kulturen, in denen die Jugendlichen höhere Aggressivitätswerte hatten, auch diejenigen Erziehungsformen bei den Müttern ausgeprägter waren, die wir als aggressionsfördernd angenommen hatten, und umgekehrt.

Wir betrachten diese über alle Kulturen hinweg erhaltenen Ergebnisse als einen weiteren *ersten Hinweis* auf die universelle oder besser *kulturübergreifende Richtigkeit* unserer Annahmen über die Rolle, die bestimmte Erziehungsmaßnahmen oder Verhaltensweisen für die Aggressivität haben. Natürlich ist dies, da es sich nur sehr grob auf die Beziehung zwischen Müttern und Jugendlichen von Stichproben aus derselben Kultur und den Vergleich zwischen diesen Stichproben bezieht, keinesfalls ein endgültiger Beweis für unsere Annahmen. Andererseits ist dieses Ergebnis aber doch auch angesichts vieler Fehlerquellen und Ungenauigkeiten, die bei diesem Verfahren unvermeidlich sind, doch bereits ein recht erstaunliches Ergebnis, eben im Sinne unserer generellen grundsätzlichen motivationstheoretischen Annahmen.

Aber ein *direkter* Zusammenhang zwischen den Müttern und den Jugendlichen ist daraus natürlich *nicht* abzuleiten. Diese Mütter hatten mit diesen Kindern nichts zu tun: es waren *nicht die Mütter dieser Jugendlichen*. *Diese Mütter hatte daher keinerlei Einfluss auf die Entwicklung dieser Jugendlichen* gehabt. Sie gehörten lediglich der gleichen kulturellen (Sub-)Gruppe an. Man kann hier also lediglich den Einfluss des sozio-kulturellen Kontextes erkennen: In einer Kultur – besser in einer bestimmten sozio-kulturellen Gruppe, in der Jugendliche ein bestimmtes Maß an Aggressivität zeigen, haben auch Mütter aggressionsrelevante Erziehungsformen, die ungefähr dem theoretisch angenommenen Zusammenhang entsprechen.

9.2 Zusammenhang von Erziehung und Aggressivität bei ~5-Jährigen – auf Individualniveau

Die Schilderungen der Mütter über ihren Erziehungsalltag in den Interviews und vor allem angeregt durch die Situationen im So-Sit enthielten aber auch viele unmittelbare Berichte über das übliche, unabhängige Alltags-Verhalten ihrer Kinder. Diese konnten wir nun als Grundlage benutzen, um daraus die individuelle Aggressivität ihrer Kinder zur damaligen Zeit zu beurteilen.

Damit war die Möglichkeit gegeben, Aufschluss über den *unmittelbaren* Zusammenhang von Erziehung und Aggressivität auch auf dem Niveau der *individuellen Mutter-Kind*-Paar-Beziehung zu gewinnen, also synchron (s. Tabelle 11).

Tabelle 11: Zusammenhang von Erziehung und Aggressivität bei individuellen Mutter-Kind-Paaren

Reaktionen der Mütter	Korrelationen in den Kulturstichproben variierten von-bis (r)	Korrelationen über alle Gruppen (Individualniveau) (r)
Responsivität der Mutter	-.12 bis -.36	-.35
Empathie der Mutter	-.07 bis -.34	-.22
Förderung von Sicherheit und positivem Selbstwert der Kinder	-.32 bis -.46	-.42
Ärger, Frustration der Mutter durch das Kind	.06 bis .49	.33
Eskalation des Konfliktes	.06 bis .49	.41
Ablehnung des Kindes, Verletzen des Selbstwertes des Kindes	.45 bis .62	.58

Der statistische Zusammenhang dieser Aggressivitäts-Werte der etwa 5 Jahre alten Kinder mit den Werten für bestimmte Merkmale der *damaligen* Erziehung ihrer Mütter liefert daher einen Eindruck von der Beziehung zwischen den aggressionsrelevanten Merkmalen der frühen Erziehung und der frühen Aggressivität. Wir haben diese Korrelationen einmal separat für jede Kulturstichprobe von Müttern und Kindern berechnet und ferner einmal für alle Mutter- und Kind-Paare über alle kulturellen Gruppen hinweg. Es handelt sich hier also in der Tat um Zusammenhänge der *individuellen Mutter-Kind-Paare*, also auf Individualniveau.

Die Korrelationen, die für die einzelnen kulturellen Gruppen unterschiedlich sind, zeigen dass die Beziehungen nicht bei allen Gruppen gleich sind. Sie zeigten ferner auch die Varianz, die natürlich innerhalb der Gruppen besteht. Bei Empathie der Mutter und Ärger/Frustriertsein ist z.B. in einer Gruppe die Korrelation nahezu 0. Aber dass über alle Gruppen hinweg doch beachtlich hohe Korrelationen bestehen, stellt einen bemerkenswerten Indikator für den Zusammenhang zwischen Erziehungsformen und der Entwicklung der Aggressivität dar. Insbesondere ist dies der Fall bei gerade zwei in unseren Augen ohnehin besonders wichtigen mütterlichen Merkmalen, nämlich einmal dem Erziehungsverhalten, mit dem eine das Kind eher ablehnende Haltung und *Selbstwertverletzung* ausgedrückt wird, mit einer Gesamtkorrelation von

$r = .58$ über alle Gruppen hinweg. Zum anderen dass umgekehrt gerade wieder die warmherzige und zuwendende Förderung der Sicherheit des Kindes und seines *positiven Selbstwertes* einen deutlich *negativen* Zusammenhang mit der Aggressivität von

$r = -.42$ aufweist, da letzteres ein Merkmal ist, dass nach unserer Annahme für die Kinder wenig Anlass für die Aggressivitätsentwicklung gibt. Bemerkenswert ist hierbei auch, dass gerade dieses Merkmal der Mütter, das wir oben s. Graphik 19) pauschal der Aggressivität der von ihnen unabhängigen Jugendlichen pro Kultur gegenübergestellt haben, auch hier einen engen Zusammenhang zur Aggressivität hat.

Natürlich sind dies keineswegs Daten, die bereits einen eindeutigen Einfluss der Erziehung auf die Aggressivitätsgenese nachweisen. Es handelt sich ja um Daten, die *nicht unabhängig* voneinander sind, weil sie aus der gleichen Datenquelle, nämlich den Berichten der Mütter stammen. Sie lassen sich außerdem auch als Aussagen über die Wechselwirkung zwischen Mutter und Kind zu dem Zeitpunkt, auf den sich die Untersuchung bezog, also das Alter von etwa 5 Jahren, verstehen. Immerhin sind sie aber auch ein erster Hinweis auf den von uns postulierten Zusammenhang.

9.3 Stabilität der Aggressivität über 9 Jahre

Wie im vorangehenden Abschnitt bereits erwähnt, haben wir die Möglichkeit genutzt, eine Beurteilung der Aggressivität der Kinder zu t 2 zu gewinnen, die wir auch zu einer Beurteilung der Stabilität der Aggressivität unserer Jugendlichen der 3. Stichprobe zugrunde legen können. Über die Aggressivität der Jugendlichen zu t 3 lagen, wie in Kapitel 6 beschrieben, objektive Daten vor, die mit A-TAT, SAS und A-Sit erhoben worden waren. Die Aggressivität derselben Jugendlichen, als sie ~5 Jahre alte Kinder waren, konnte an Hand der Mütterbeschreibungen zu t 2 beurteilt werden (siehe Untersuchungsplan und Zeittafel in Kapitel 6). Die hierzu zugrunde gelegten Ausgangdaten waren im Wesentlichen der So-Sit und das Interview ihrer Mütter. Die Auswerter waren ohnehin in der Aggressivitätseinstufung geschult und konnten daher die zutreffenden Kriterien in angemessener Adaptation auch auf dieses Material anwenden.

In gewisser Weise ist eine – wenn auch sicher immer begrenzte – Stabilität der Aggressivität von der Kindheit bis ins Jugendalter die Voraussetzung dafür, dass unsere Grundannahme berechtigt ist, die frühkindliche Erziehung werde einen (mehr oder weniger entscheidenden) Einfluss auf die spätere Aggressivität (zu mindest im Jugendalter) haben. Denn wir haben im Übrigen ja nur Daten über die Aggressivität der Jugendlichen und über die frühere Erziehung ihrer Mütter. Ohne jegliche Stabilitäts-Information wäre die Interpretation dieser Daten im Sinne eines (quasi kausalen) Zusammenhangs nicht besonders überzeugend, da wir ja immer mit weiteren Einflussfaktoren im Laufe der Kindheit rechnen (s. Kapitel 10.5 und 10.6). Informationen, die eine Stabilität der Aggressivität über diesen Entwicklungs-Zeitraum zeigen, stützen daher diese Interpretation eines Langfrist-Einflusses wesentlich.

Wir nehmen andererseits ohnehin nicht nur eine Art punktueller Stiftung der späteren Aggressivität in der (frühen) Kindheit an, sondern eher einen kontinuierlichen Einfluss der Erziehung und der grundlegenden emotionalen Beziehung zwischen Mutter und Kind. Er setzt natürlich viel früher ein als der Altersbereich unsere Untersuchung, und wird ebenso sicher bis ins Jugendalter fortbestehen [*Anmerkung*: Wir verfügen im Übrigen auch über weitere Informationen, aus denen wir diesen fortdauernden Einfluss erkennen: Wir haben neben den Aggressivitätsdaten auch retrospektive Beschreibungen von den Jugendlichen von der Erziehung in ihrer Kindheit (z. B. So-Sit A), und wir haben ja auch So-Sit Daten von den Müttern über ihre aktuelle Erziehung, die zum Zeitpunkt t 3 erhoben wurden, also als ihre Kinder von t 2 nun zu unseren Jungendlichen herangewachsen waren. Auch diese Ergebnisse unterstützen unsere Stabilitätsdaten. Wir verzichten jedoch, auch diese hier im Einzelnen darzulegen.].

Wenn sich jetzt eine hinreichende Korrelation zwischen der frühen und der späteren Aggressivität zeigt, kann dies als Maß der *Stabilität des Motivs* und damit auch mit gewissen Einschränkungen auch als Hinweis auf den langfristigen Erziehungseinfluss aus den frühen Jahren, im Alter von etwa vier bis fünf Jahren bis ins Jugendalter betrachtet werden.

In der folgenden Tabelle 12 geben wir Werte für die Stabilität der Aggressivität für das Intervall von neun Jahren in Form der *Korrelation* der (geschätzten) Aggressivität zu t 1 mit der gemessenen Aggressivität nach A-TAT zu t 2 (Intervall neun Jahre).

Tabelle 12: Stabilität der Aggressivität für das Intervall von neun Jahren

	r	*n*
Deutschland	.34	40
Japan	.15	43
Bali	.10	43
(Batak)*	(-.12)	(25)
Gesamtkorrelation über alle Probanden:	.27	148

Hierbei müssen wir im Auge behalten, dass Stabilitätsangaben über einen ca. 10-jährigen Zeitraum, der in der (frühen) Kindheit beginnt, immer mit Unsicherheit behaftet sind, weil sie auf sehr unterschiedlichen Messverfahren beruhen müssen. Auch in unserem Fall handelt es sich um sehr unterschiedliche Maße, die zwischen t 2 (Beurteilung nach unsystematischen Mütter-Berichten) und t 3 (Messwerte) verglichen werden. Es muss ferner die relativ kleine Stichprobe berücksichtigt werden, sowie mit welchen Besonderheiten der Untersuchung in so unterschiedlichen Kulturen zu rechnen ist, weshalb wir z.B. die Daten der *Bataker als besonders unzuverlässig ansehen müssen. Schließlich wird mit etwas niedrigeren Stabilitätswerten bei Mädchen als bei Jungs gerechnet (Zumkley, 1992). Unter diesen Umständen ist eine Gesamt-Korrelation, die Jungen *und* Mädchen umfasst, von r = .27 als Maß der Stabilität doch immerhin bemerkenswert, wobei die Daten der deutschen Stichprobe mit Sicherheit die zuverlässigsten sind.

Diese Werte, insbesondere der der deutschen Stichprobe mit *r = .34*, liegen übrigens in der Größenordnung derjenigen Werte, die auch andere Autoren für ein 9-10 Jahres-Intervall, das bereits mit ca. 5 Jahren beginnt, gefunden haben (Zumkley, 1992). Für die weitere Analyse und Interpretation unserer Längsschnittdaten können wir demnach von einer *hinreichenden Stabilität der individuellen Differenzen der Aggressivität* ausgehen.

9.4 Langfristiger Einfluss der Erziehung auf Aggressivität und Altruismus

9.4.1 Aggressivität

Unsere bisherigen Ergebnisse haben bereits gezeigt, dass unsere Grundannahme über den Einfluss der frühen Erziehung auf die Aggressivitätsentwicklung gut begründet ist. Wir haben dies allerdings bisher nur durch indirekte Beweise oder Zusammenhänge zeigen können. Bisher fehlt aber der unmittelbare Nachweis eines *tatsächlichen Zusammenhangs* zwischen dem *frühen* Verhalten einer Mutter und der späteren, evtl. *dauerhaften Aggressivität* ihres Kindes Dies kann nur auf dem Niveau des *individuellen* Mutter-Kind-Zusammenhangs und über einen längeren Zeitraum hinweg geprüft werden.

So interessant es auch ist zu wissen, mit welchem Erziehungsverhalten der Mutter eines fünfjährigen Kindes dessen Aggressivität in diesem Alter zusammenhängt – viel interessanter ist es natürlich zu wissen, ob denn diese frühe Aggressivität fortbesteht, und ob man also auch einen langfristigen, und das heißt relativ dauerhaften Einfluss der frühen Erziehung anzunehmen hat. Der bloße Hinweis auf die statistische Stabilität reicht natürlich nicht.

Dieser Frage sind wir dann in einer weiteren Untersuchung nachgegangen. Wie bereits vorne unter Kapitel 7.1 beschrieben, war es uns in allen Kulturen möglich, wenigstens einen Teil der Mütter, die an unserer zweiten Untersuchung teilgenommen hatten, erneut aufzusuchen und zusammen mit ihren inzwischen ~14 Jahre alt gewordenen Kindern zur Teilnahme an einer weiteren Untersuchung zu bewegen. Die Schwierigkeiten, dieselben Personen wieder aufzufinden und mit ihren Kindern noch einmal zur Teilnahme zu bewegen, sind in Kapitel 7 beschrieben.

Wie im Kapitel 6.2 und Kapitel 6.4 beschrieben, haben wir die nunmehr ungefähr 14 Jahre alt gewordenen Kinder und die Mütter zu t 3 mit den denselben Verfahren untersucht, wie die anderen Jugendlichen zu t 2 und wie die Mütter zu t 2, deren Ergebnisse im Kapitel 8 beschrieben wurden.

Bei den nunmehr 14-jährigen Jugendlichen wurden darüber hinaus weitere Verfahren angewendet, von denen insbesondere der H-Sit zur Erfassung der „prosozialen" Hilfemotivation, dem *Altruismus* interessante Aufschlüsse lieferte.

Der nächste und entscheidende Schritt war folglich auch hier die Prüfung des *langfristigen Zusammenhangs* des Altruismus der nun ~14-jährigen Jugendlichen mit den Erziehungsmerkmalen, die wir von ihren Müttern vor neun Jahren erhoben hatten.

Bei der Prüfung dieser individuellen Zusammenhänge innerhalb der einzelnen Kulturstichproben ergab sich für die Vielzahl von relevanten Erziehungsvariablen eine zunächst überraschende Einförmigkeit: Z. B. wenn die Mütter Probleme mit ihren Kindern generell als Ausdruck einer Böswilligkeit des Kindes deuteten, war auch die spätere Aggressivität der Kinder relativ hoch, und das galt für alle Kulturen mehr oder weniger eindeutig. Andererseits gab es Erziehungsmerkmale, die in manchen Kulturen so selten oder gar nicht auftraten, so dass Zusammenhangsprüfungen keinen Sinn ergaben.

Schließlich gab es aber auch einzelne Erziehungsmerkmale, die in manchen Kulturen alleine kaum Bedeutung haben, sondern die diese erst im Zusammenhang mit anderen Merkmalen erhalten, dagegen in anderem kulturellen Kontext für sich allein sehr bedeutsam für die Aggressivitätsentwicklung sind. Ein solches Merkmal ist der Ausdruck von Ärger über das Verhalten des Kindes, das allein im Kontext der japanischen Kultur Relevanz erhält, in Deutschland jedoch nicht (hier scheint Ärger-Ausdruck so üblich zu sein, dass er keine besondere Bedeutung erhält).

Alle diese Sachverhalte veranlassen uns, darauf zu verzichten, hier die unübersichtliche Fülle der Zusammenhänge aller oder wenigstens vieler Einzelvariablen aus den Kulturstichproben wiederzugeben.

Wir beschränken uns stattdessen auf die Wiedergabe von Werten über den Zusammenhang von Erziehung und Aggressivität im neunjährigen Längsschnitt für eine Reihe wichtiger *Erziehungsmerkmale über alle Kulturen*.

Dieses Vorgehen entspricht im übrigen unserem grundsätzlichen Untersuchungsziel: den *generellen Zusammenhang von Erziehung und Aggressivität* zu studieren, ausgehend von der Annahme, dass es nicht nur einzelne Erziehungsmerkmale der Mutter sind, die für das Kind grundsätzlich eher aggressionsfördernd oder aggressionsmindernde Effekte haben, sondern dass dabei auch der sozio-kulturelle Kontext eine Rolle spielt. Gerade aus diesem Grund hatten wir ja überhaupt eine kulturvergleichende Untersuchung unternommen.

Besonderheiten des jeweiligen kulturellen Kontextes lassen sich auf dem Hintergrund dieser sozusagen universellen Basis ebenfalls und vielleicht besser erkennen. Wir werden hierauf im nächsten Kapitel 10 eingehen.

Zunächst also Ergebnisse der langfristigen Bedeutung von Erziehungsmethoden für die Aggressivität, sozusagen die *universelle* Sicht über alle Kulturstichproben hinweg. Es wurden jeweils die Ausprägung des betreffenden Erziehungsmerkmals der Mütter aus der frühen Untersuchung berechnet, und dieser Wert mit dem Aggressionswert des inzwischen vierzehnjährigen Kindes dieser Mutter in Beziehung gesetzt, und dann die Korrelation dieser Paare *über alle Kulturen* errechnet.

Dieses zentrale Ergebnis unserer Untersuchung ist in folgender Tabelle 13 zusammengefasst:

9.4 Langfristiger Einfluss der Erziehung auf Aggressivität und Altruismus

Tabelle 13: Langfristige Bedeutung von Erziehungsmethoden für die Aggressivität

Positive Korrelationen zwischen frühen Erziehungsmerkmalen und späterer Aggressivität, im Sinne **aggressionsfördernder** Funktion des Erziehungsmerkmals (r =):	
Selbstwert verletzende Kritik der Mutter am Kind	.58
Ärger in der Interaktion auf beiden Seiten	.48
Konflikteskalation	.41
positive Wertschätzung von Aggression durch die Mutter	.35
Konfliktperseveration	.33
Unvereinbarkeit der Interessen von Mutter und Kind	.32
Negative Korrelationen im Sinne **aggressionsmindernder** Funktion	
Vermittlung von Einfühlung und Mitgefühl durch die Mutter	-.46
Vermittlung einer positiven Wertung von Nachgeben und Rücksicht	-.45
Förderung eines positiven Selbstbildes beim Kind	-.42
wohlwollende verständnisvolle Deutung des Kindverhaltens im Dissens	-.41
„Responsivität" der Mutter in der Interaktion mit dem Kind	-.35
verständnisvoller Umgang mit dem Bedürfnis des Kindes	-.33
Induktion von Schuldgefühlen	-.33
Förderung von Empathie	-.23

Alle Korrelationen sind mindestens auf dem $r < .01$ – Niveau signifikant. $n = 148$.

Zur genaueren Prüfung dieser Zusammenhänge haben wir viele weitere Analysen durchgeführt: partielle Korrelationsanalysen, (multiple) Regressionsanalysen, Faktoren- und Clusteranalysen, Varianzanalysen, Konfigurationsfrequenz-Analysen (KFA) und Ähnliches. Sie bestätigen fasst ausnahmslos die hier mitgeteilten Gesamtergebnisse auch auf Individualniveau. Aber wir verzichten, wie gesagt, darauf, sie im Einzelnen wiederzugeben, um dieses Buch nicht mit einer Überfülle von Zahlen zu überfrachten. Daher berichten wir stattdessen *Zusammenhänge* im Sinne von *Pfadanalysen. Sie zeigen am Besten auf individuellem Niveau* den komplexe Zusammenhang zwischen Entwicklungsbedingungen und Aggressivität sowie – wie wir gleich noch darstellen werden – auch zum empathischen Altruismus. Gerade diese Analysen sind besonders wertvoll und aufschlussreich, weil mit ihnen – wenn auch mit einem gewissen Vorbehalt – tatsächliche *Wirkzusammenhäng*e der Erziehung über einen neun-jährigen Abschnitt der Persönlichkeits-Entwicklung erkennbar werden.

Im Folgenden zeigen wir Ergebnisse für die Gesamtgruppe und für einige Teilgruppen.

Graphik 20: Zusammenhangs-Analyse für Aggressivität über alle Probanden (alle Kulturen)

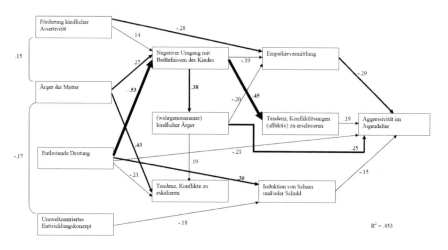

(ohne Bataker*)
*Anmerkung: Die Datenaufnahme bei den Batakern zu t 3 war aus technischen Gründen nicht genügend zuverlässig und zudem unvollständig, sodass diese Daten hier unberücksichtigt bleiben.

Das Ergebnis lässt erkennen, dass die Entwicklungsbedingung in ihrer Gesamtheit tatsächlich ein effektives, aber komplexes Geflecht von sich gegenseitig beeinflussenden Faktoren sind. Es wird deutlich, dass kein einfacher „universeller" „Kausalzusammenhang" von einzelnen Bedingungen der frühen Erziehung zur späteren Aggressivität im Jugendalter besteht. Es gibt Wechselwirkungen. So können aggressionsfördernde Bedingungen durch andere verstärkt oder auch abgeschwächt werden.

Im Ganzen bestätigt sich aber hiermit das bereits aus vielen Einzelergebnissen erkennbare grundsätzliche Phänomen, dass unter Bedingungen, die eine vertrauens- und verständnisvolle, freundliche und zuversichtliche Grundhaltung der Mutter dem Kind (und anderen Menschen) gegenüber umfassen, sowie eine Förderung der Emotionskontrolle und der Selbstverantwortlichkeit, der Entwicklung von Aggressivität entgegenwirken.

9.4 Langfristiger Einfluss der Erziehung auf Aggressivität und Altruismus

Es lassen sich – vereinfacht – grob zwei Wirkungspfade erkennen:

Einerseits:
Bedingungen, die auf die Entwicklung von Aggressivität einen fördernden Einfluss haben (d. h. eine „positive" Beziehung):
- Wertschätzung der (aggressiven) Selbstbehauptung
- Nicht-Eingehen auf die oder auch Abweisen der Bedürfnisse des Kindes
- Gegenseitiger Ärger von Mutter und Kind
- Nicht-Vermeiden bzw. gegenseitiges Steigern von Konflikten

Andererseits:
Bedingungen, die antagonistisch zur Aggressivitäts-Entwicklung wirken, zugunsten eine freundlichen, wohlwollenden Einstellung zu anderen Menschen (und vielleicht auch sich selbst gegenüber), (d. h. eine „negative" Beziehung). Das sind bei der Mutter:
- Deutungen des Kindes in Konflikten, die Verständnis zeigen und es eher entschuldigen, ihm entgegenkommen
- Vermeiden von Konflikten und Ärger
- Vermittlung von Mitgefühl und Kooperation statt unbedingter Selbstdurchsetzung
- Vertrauen auf die natürliche Reifung des Kindes und auf Vorbildwirkung statt auf ständige Einwirkung (posit/negat. Sanktionen).

Die nachfolgenden Analysen für die Kulturen-Stichproben aus Deutschland, Japan und Bali teilen wir nur kommentarlos mit.

Mit einer Interpretation einzelner Pfade halten wir uns zurück, allein schon der relativ geringen Stichproben-Größen wegen.

Graphik 21: Zusammenhang von Erziehung und Aggression, Deutschland

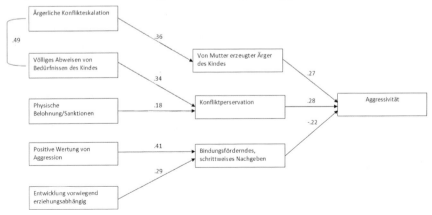

Graphik 22: Zusammenhang von Erziehung und Aggression, Japan

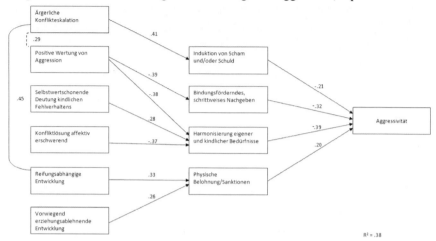

Graphik 23: Zusammenhang von Erziehung und Aggression, Bali

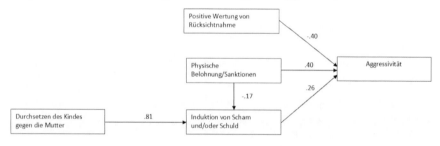

Für die deutschen Mütter und Jugendlichen hat sich ein vergleichsweise eindeutiges Bild ergeben. Es zeigt sich, wie schon im Gesamtergebnis, dass Konfliktperseveration und -eskalation Ärger auf Seiten von Mutter und Kind sowie das Nicht-Eingehen auf die Bedürfnisse des Kindes die Aggressivität fördern.

Bei den japanischen Mutter-Kind-Verhältnissen ist am deutlichsten, dass Harmonisierung der Interessen von Mutter und Kind und geringe Aggressivität zusammen hängen. In die gleiche Richtung wirkt auch die Induktion von Scham- und Schuldgefühlen. Positive Wertschätzung der Aggressivität vermindert die Bereitschaft zum schrittweise Eingehen auf die Bedürfnisse des Kindes und eine Harmonisierung mit den Bedürfnissen des Kindes.

Das Ergebnis für die Balinesen sieht sehr einfach aus. Am deutlichsten fördern die Aggressivität Lohn und Strafe. Die Balinesen bemühen sich sehr, negative Affekte bei den Kindern zu vermeiden. Daher fördert wohl auch die Induktion von Scham- und Schuldgefühlen Aggressivität.

Analysen für Jungen und Mädchen

Schließlich teilen wir Analysen mit, die für Jungen und Mädchen getrennt über die Gesamtgruppe errechnet wurden, obwohl in der Untersuchung sonst keine *Differenzierung nach Geschlechtern* vorgenommen wurde. Wir haben zwar eine *Reihe solcher Ergebnisse vorliegen*, aber es zeigte sich, dass die Differenzierung für das, was uns wirklich interessierte, nämlich die Erziehungsbedingungen, die positiv oder negativ zur Aggressivität führen, *keine wesentlichen Unterschiede* erbrachte.

Graphik 24: Jungen, Gesamtstichprobe ohne Batak (links)
Graphik 25: Mädchen, Gesamtstichprobe ohne Batak (rechts)

Daher haben wie darauf verzichtet sie weiter zu verfolgen. Das hatte ferner zwei Gründe: Einmal hatte die ganze Untersuchung zunächst ein theoretisches Ziel: die quasi universelle Motivationstheorie zu prüfen. Zu ihr gehört die Grundannahme, dass die Prinzipien der Aggressionshandlung und die Bedingungen, die zur Förderung der Entwicklung des Aggressions-Motivs beitragen, bei Jungen und Mädchen grundsätzlich gleich sind: beginnend mit einer Ärger-Aktivierung zu Beginn und einer „feinseligen" Situations-oder Intentions-Attribuierung bis zur Aggressions-Ziel-Setzung und Aggrssions-Handlung und der Desaktivierung des Motivs nach Ziel-Erreichung. Entsprechend müssten auch die qualitativen Merkmale gleich sein, die das qualitativ Spezifische des Aggressionsmotivs ausmachen: Auf eine als kränkend oder verletzend und böswillig erlebte Beeinträchtigung mit dem Wunsch nach Wiedergutmachung oder Vergeltung zu reagieren, d. h. den ebenfalls zu schädigen, der einem das zugefügt hat.

Genauso sollten auch die Grundbedürfnisse nach Sicherheit, Zuwendung, Geborgenheit, Verständnis und Förderung bei Schwierigkeiten bei Mädchen und Jungen gleich sein; und dementsprechend sollten auch die aggressionsfördernde Funktion von Ablehnung, Unverständnis, selbstwertverletzender Kritik und Strafe durch die Mutter auch bei Mädchen zu höherer Aggressivität beitragen. Insofern sahen wir zunächst keinen Grund für eine getrennte Untersuchung.

Natürlich sind mit zunehmendem Alter die Interessen von Jungen und Mädchen verschieden, und dementsprechend sind auch die erlebten Ärgeranlässe und die Verhaltens- und Ausdrucksformen der Aggressivität im Sinne der Bereichs-Spezifität (s. Kapitel 12) verschieden. Trotz gelegentlich inkonsistenter Befunde kann man davon ausgehen, dass Jungen eher zu körperlicher Aggressivität neigen als Mädchen, diese dagegen mehr *„relationale, indirekte und soziale"* (Scheidhauer, 2003) Formen wählen. Werden diese qualitativen Unterschiede wie Kulturbesonderheiten oder Bereichs-Spezifitäten bei der Auswertung berücksichtigt, entfällt u. E. die Notwendigkeit zu getrennter Untersuchung. Stichprobenartige Prüfungen haben dies auch bestätigt.

Der Zweite Grund war statistischer Natur: Eine Differenzierung in zwei (weitere) Untergruppen hätte in vielen Fällen (z. B. bei der Bildung „moderner" und „traditioneller" Untergruppen) zu so kleinen Stichproben geführt, dass eine statistische Berechnung nicht mehr möglich geworden wäre.

Auch die vorliegenden Analysen zeigen zwar gewisse Unterschiede, aber in Bezug auf die Motivationstheorie und unsere bisherigen Erkenntnisse über die Art der Erziehung durch die Mütter finden sich keine Unterschiede. Eine genauere geschlechterspezifische Analyse etwaiger Unterschiede zwischen den Kulturen war nicht unser Thema, und wegen der eben genannten statistischen Beschränkungen – insbesondere der geringen Probandenzahl bei der Datenaufnahme zu t 3 – wäre dies auch nicht möglich gewesen.

Die Ergebnisse entsprechen im Prinzip denen, die wir immer wieder beschrieben haben. Nicht förderlich für die Aggressivitätsentwicklung sind die Erziehungsbedingungen wie Empathievermittlung, Harmonisierung der Bedürfnisse von Mutter und Kind und die positive Bewertung von Mitgefühl, während Ärger auf Seiten von Mutter und Kind die Aggressivitätsentwicklung fördern.

9.4.2 Altruismus und Hilfemotiv

Für die Entwicklung von *Altruismus* zeigen wir eine Analyse über alle Probanden und Kulturen, allerdings ebenfalls wieder ohne die Bataker.

9.4 Langfristiger Einfluss der Erziehung auf Aggressivität und Altruismus

Graphik 26: Einfluss der frühen Erziehung auf die Entwicklung von
Altruismus – Gesamtstichprobe ohne Batak

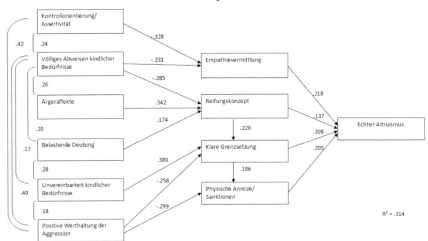

Dabei haben wir uns auf eine bestimmte Form, nämlich den *empathiebasierten Altruismus* beschränkt. Die Analyse hierfür zeigt bereits auf den ersten Blick ein ganz anderes Bild der Bedingungen und Zusammenhänge mit Erziehungsbedingungen auf Seiten der Mütter. Es sind andere Wirkungsfaktoren, die andere Zusammenhänge untereinander haben als bei der Aggressivität und auf anderen Wegen den Altruismus fördern. Auf der „mittleren" Ebene, d. h. derjenigen Faktoren, die in eher unmittelbaren Zusammenhang mit dem Altruismus stehen, sind es:

- die Vermittlung von Mitgefühl;
- die naive Erziehungstheorie der natürlichen Reifung, die eher zur Zurückhaltung gegenüber zu viel erzieherischem Eingreifen führt;
- das Setzen klarer Grenzen, die eindeutig und ohne affektiven Druck vertreten werden (wodurch deren Einhaltung erleichtert und Unsicherheit vermieden wird,) was die Akzeptanz und am Ende auch Internalisierung dieser Regeln beim Kind erleichtert.

Insgesamt entspricht auch dieses Ergebnis, wenn wir die Entwicklung von empathiebasiertem Altruismus als eine Art positives Gegenstück zur Aggressivität sehen, durchaus den allgemeinen Erwartungen und den Annahmen über die Aggressivitätsentwicklung.

9.5 Zusammenfassung der Haupt-Ergebnisse

Unsere Untersuchungen haben also insgesamt folgende Ergebnisse erbracht:
1. Im Kapitel 9.1 haben wir gezeigt, dass in den Kulturen, in denen die Jugendlichen eine höhere Aggressivität haben, auch die Mütter vermehrt Erziehungsformen verwenden, von denen wir eine aggressionsfördernde Wirkung annehmen. In Kulturen mit geringer Aggressivität war dies entsprechende umgekehrt. Da die Mütter nicht mit den Jugendlichen verwandt waren, zeigt dies einen Zusammenhang nur auf Aggregats-Kultur-Niveau. Er lässt sich also nur als Indikator für einen globalen kulturellen Einfluss verstehen.
2. Im Kapitel 9.2 berichten wir über den synchronen Zusammenhang zwischen mütterlichen Erziehungsformen, die wir als aggressionsrelevant ansehen, und der Aggressivität ihrer Kinder im Alter von ~5 Jahren. Dies spricht für einen frühkindlichen Erziehungseinfluss. Allerdings stammen die Daten aus der gleichen Quelle und sind daher nicht unbedingt zuverlässig, da sich hier auch Wechselwirkungen zeigen können.
3. In Kapitel 9.3 zeigten wir, dass für unsere Stichproben insgesamt eine hinreichende Stabilität der Aggressivität für den Zeitraum unserer Längsschnitt-Untersuchung, ein mit 5 Jahren beginnendes Intervall von 9 Jahren, angenommen werden kann. Dies jedenfalls, wenn die verschiedenen Einschränkungen, denen dieses Untersuchungsteil unterlag, berücksichtigt werden.
4. Und schließlich haben wir sehr überzeugende Ergebnisse über die langfristigen Effekte der frühen mütterlichen Erziehung auf die Aggressivität ihrer Kinder im Jugendalten gefunden und auch im Einzelnen in Analysen einen Wirkungszusammenhang zeigen können.

Haupt-Ergebnis:

Alle diese Befunde zusammengenommen können wir also als Ergebnis unserer umfangreichen und recht verschiedene Kulturen umfassenden Untersuchung feststellen:

Die frühe Erziehung der Mütter hat einen Einfluss auf die Aggressivität ihrer Kinder bis in das Jugendalter. Für die Art der Erziehung und die Höhe der Aggressivität ist der kulturelle Kontext von erheblicher Bedeutung.

10 Aggression und Aggressivität auf der Basis neuerer Forschungen

Zum Schluss sollen aus den Ergebnissen und ihrer jeweiligen Interpretation allgemeine Erkenntnisse über die Beziehung zwischen Erziehung und Aggressivität abgeleitet werden. Hängt „die Aggressivität" tatsächlich von „der Erziehung" ab, oder besser gesagt, wie und wie weit wird Aggressivität von Erziehung beeinflusst?

Dazu werden zunächst das Konzept der Aggressivität und die Aggressivitäts-Entwicklung noch einmal gründlicher in einem breiteren theoretischen und empirisch abgesicherten Rahmen erörtert. Danach werden in Kapitel 11 die Erziehungsbedingungen und die Aggressivitäts-Entwicklung der Jugendlichen der verschiedenen Kulturen in den Kontext der jeweiligen Kultur eingeordnet, wie er aus vielen Quellen bekannt ist und deren Teil auch die Mütter sind. Am Ende sollen allgemeine Schlussfolgerungen erörtert werden.

10.1 Nochmal genauer: Was ist Aggression und Aggressivität?

Wir vergewissern uns zunächst noch einmal von was für einer „Aggressivität" wir hier sprechen. Wir erinnern uns an die Beispiele mit dem Stolpern über einen ausgestreckten Fuß im Kapitel 7.2.2, S. 107. Jemand fühlte sich beeinträchtigt, „frustriert" und ärgerte sich, weil er das für eine böswillige Absicht hielt, mit der man ihm schaden, vielleicht auch vor anderen lächerlich machen wollte. Er fühlte sich in seinem Stolz betroffen, sein Ansehen vor anderen beeinträchtigt. Seiner Selbstachtung wegen darf er sich das nicht gefallen lassen; er will sich selbst nicht als ein unterlegener Schwächling fühlen und schon gar nicht von anderen so angesehen werden. Also sinnt er auf Wiedergutmachung, auf „Rache". Er beschimpft den „Täter" laut und beleidigend. Ein anderer wartet vielleicht auf eine bessere Gelegenheit, um es ihm vielleicht auch körperlich heimzuzahlen. In dem lauten beleidigenden *Schimpfen* (du Blödmann, du A...loch), einem eventuellen körperlichen *Angriff*, oder dem späteren Heimzahlen mit gleicher (oder vielleicht auch doppelter) Münze, haben wir also eine *typische Aggressionshandlung* vor uns. Und wenn der Anlass ein absichtliches Beinstellen war, dann ist dieses ebenfalls eine Aggressionshandlung. Allgemein gesagt, gilt dies ebenso für einen Diebstahl, für einen Scheckbetrug, einen Raubüberfall, oder einen Mord. Immer handelt es sich um eine motivierte und zielgerichtete Handlung. Ihr geht in der Regel eine ärgerähnliche *Affektaktivierung* und eine (unter Umständen sehr komplexe) *Situationsdeutung* im Sinne einer (ungerechtfertigten) Beeinträchtigung voraus, und beides motiviert zu einer *Schädigung*, einer Verletzung und vielleicht auch einer gewaltsamen Beseitigung einer Beeinträchtigung als *Ziel* (vielleicht verstanden als gerechter Ausgleich) (Anderson & Bushmann, 2002; Berkowitz, 1993; Feshbach, 1974; Olweus, 1978, Zahn-Waxler, Cummings & Ianotto, 1986 sowie Kornadt, 1982 u. a.).

Aggression – das ist für die kommende Diskussion wichtig – ist also eine *komplexe, zielgerichtete Handlung* und kein reflexartiges, triebartiges, naturgegebenes Geschehen.

Nun wissen wir aber auch, dass es hierin erhebliche Unterschiede zwischen den Menschen gibt: Wie wir gesehen haben, ärgert sich manch einer überhaupt nicht, andere sehr heftig und anhaltend. Der eine lässt es trotz Ärgers bei einer Bemerkung, wie *„pass doch auf"*, bewenden, während andere auf Rache bis zum körperlichen Angriff sinnen und sich erst danach wieder zufrieden geben. Es gibt also „Aggressions"-Unterschiede in der *Intensität der motivationalen* Komponente und dem *Ziel-* und *Ausführungsteil* der Aggression.

Normalerweise ist mit der Ausführung einer solchen Wiedergutmachung die Sache erledigt, die Episode abgeschlossen. Aber vielleicht doch nicht ganz. Es bleibt vermutlich in der Regel die Erkenntnis im Gedächtnis, dass der betreffende von dieser Person beleidigt worden ist und dass das vielleicht auch wieder geschehen kann; und dass durch Aggression, wenn sie erfolgreich war, eine „Wiedergutmachung" erfolgreich möglich ist. Mit einer Aggressionshandlung verbunden ist also neben der erfolgreichen Zielerreichung auch eine Nachwirkung im Sinne eines Lerneffekts über mögliche Anlässe, ihre Bedeutung und die Wirkung eigener Handlungsmöglichkeiten. Diese können die Bedingungen für spätere Aggressionshandlungen (positiv oder negativ) beeinflussen.

Besondere frühere frustrierende Bedingungen können sogar zu einer Generalisierung von Affektauslösern und einer verallgemeinerten Zielsetzung von Aggressionen führen, die z. B. gegen Autoritätspersonen wie Lehrer, Repräsentanten des Staates, Polizisten o. Ä. gerichtet sein können. Dabei können auch symbolische Bedeutungen eine Rolle spielen (es genügt u. U., wenn einer wohlhabend aussieht und somit die Reichen in ihrer Gesamtheit repräsentiert, was dann zu einer „Entladung" von Handlungen gegen schon lange ärger-affektiv besetzte, verallgemeinerten Aggressionsziele führt). Dies kann auf der Basis einer Reaktivierung von starkem Ärger-Affekt geschehen, was nicht selten auch unter Ausblendung von Gegenmotiven geschieht. Auch generalisierte Rechtfertigungen können eine Rolle spielen. (Gelegentlich werden ja Leute angegriffen, die zuvor provoziert wurden und damit einen scheinbar rechtfertigenden Anlass gegeben haben.)

Dies ist die Basis für die so genannte „*spontane Aggression*", die ohne akute oder konkrete Beeinträchtigung zustande kommt. Ihr fehlt also ein erkennbarer konkreter Anlass wie bei der normalen reaktiven Aggression.

Wir sehen also schon hier, dass „Die Aggressivität" eines (erwachsenen) Menschen sicher keine von Anfang an „feste" Größe ist, die etwa in dieser Form angeboren wäre, sondern die in vielfältiger Weise Erfahrungs- und Lern-abhängig ist.

Nun ist inzwischen aber auch viel über biologische Bedingungen unseres Verhaltens bekannt geworden. Die Evolutionstheorie ist „modern geworden", und auf Grund der bildgebenden Verfahren haben sich wichtige Kenntnisse über Vorgänge im Gehirn ergeben, die die allgemeine Aufmerksamkeit überhaupt auf biologische Prozesse gerichtet haben.

Damit wird doch die Frage relevant: *Ist denn aber Aggressivität nicht doch weitgehend biologisch bedingt, und sind individuelle Unterschiede nicht womöglich doch auch weitgehend angeboren und vererbbar?* – diese Frage darf ja heute wieder gestellt werden, nachdem sie lange Zeit tabu war.

Wir müssen also zunächst die Rolle von biologischen und d. h. im Wesentlichen die hirnphysiologischen Prozesse in Bezug auf Aggressivität betrachten. Auch wenn unsere Daten einen Einfluss der Erziehung nachweisen, müssen wir für eine allgemeinere Schlussfolgerung doch dieser Frage nachgehen. Erst wenn wir ein klareres Bild über die biologischen Grundlagen der Aggressivität haben, können wir abschätzen, wie weit und ggf. in welcher Weise Erziehung auf die Entwicklung von Aggressivität einen Einfluss haben kann.

10.2 Biologische Komponenten der Aggressivität

Wir halten zunächst einmal fest, dass es namhafte psychologische Autoren gibt, die jegliche spezielle biologische Basis der Aggressivität schlichtweg bestreiten: *„Although the capacity to act aggressively may have helped, aggression has **no special place in „human nature".** Aggression is just **one strategy among many others** that humans use to attain rewards and respect"* (Smith & Mackie, 2002, S. 505 (in 2007 fast wortgleich) [*Anmerkung*: Hervorhebung vom Verf.). Eine entsprechende Position hatte ja auch bereits früher Tedeschi (1984) mit seiner Theorie der coercive power vertreten, in der ebenfalls jegliche Aggressionsspezifität der Bedingungen für Aggressionshandeln bestritten worden war.

Eine solche Position halten wir jedoch aus vielen Gründen für unhaltbar. Sie entspricht wohl dem frühen extremen Standpunkt, der in der Kulturanthropologie vertreten worden war und der auf eine übertriebene milieutheoretische Deutung der menschlichen Natur und des menschlichen Handelns hinauslief, unter Leugnung spezifischer biologischer Ausgangsbedingungen. Eine solche extreme Position ist wohl nur unter bestimmten ideologischen Rahmenbedingungen überhaupt denkbar. Aus unserer Sicht ist die Tatsache biologischer Fundierung auch spezifischer Aggressionsdispositionen nicht zu bestreiten.

Betrachten wir zunächst einmal was an biologisch relevanten Merkmalen offenbar allen Aggressionshandlungen zugrunde liegt. Sie sind durch vier Kernphänomene charakterisiert (vgl. Bischof, 1993):

- es geht ihnen eine Anregung im Sinne einer Beeinträchtigung (z. B. einer Zielverfolgung) oder Bedrohung voraus;
- sie enthalten eine affektive Komponente im Sinne von Ärger oder Wut, die sozusagen die Dynamisierung des Verhaltens ausmacht (solange bis dieser Affekt abklingt);
- eine darauf beruhende motorische Reaktionsweise, die insbesondere durch verstärkte Kraftentfaltung gekennzeichnet ist (von lautem Schimpfen, Schreien über Drohen und Stoßen bis zur vollen körperlichen Gewalt);
- das (häufige) Fehlen von Vorsicht und Angst, was der Aggressivität erst ihre charakteristische Wirkung ermöglicht.

Dass es darüber hinaus für den Menschen typische weitere, „verfeinerte" Formen der Aggressivität gibt, bei denen z. B. ein unmittelbarer Anlass fehlt oder die Aggressionshandlungen nicht offen gewaltsam, sondern subtil sind und ohne besondere motorische Aktivität auskommen, sei hier erst einmal außer Acht gelassen.

Entscheidend ist jedenfalls, dass die genannten vier Merkmale der menschlichen Aggressivität sich *auch bei Tieren* finden und zwar nicht nur bei uns besonders nahestehenden Primaten, sondern auch bei den in der Phylogenese weiter entfernten Tieren, auf jeden Fall bei den Säugetieren. Aus evolutionstheoretischer Sicht rechtfertigt, ja nötigt dies auf jeden Fall, nach biologischen Wurzeln der Aggression zu suchen. Hier finden wir eine Fülle von Sachverhalten, die eindeutig für eine biologische Fundierung und d. h. eben auch für eine erbgenetische Basis von Aggressionsverhalten sprechen.

Der wohl eindrucksvollste Beweis sind die *Züchtungsversuche* von Lagerspetz und Fuorinen (1981). Sie haben von einer Population von Mäusen (mit denen die meisten biologischen und medizinischen Forschungen gemacht werden) die aggressiven und die nichtaggressiven untereinander fortgezüchtet. Nach sieben Generationen selektiver Züchtung hat sich eine eindeutige Trennung zwischen einem hochaggressiven und einem nichtaggressiven „Stamm" ergeben. In einem weiteren Experiment wurden diese von fremden, nicht verwandten und nicht aggressiven Müttern aufgezogen, um zu prüfen, ob statt genetischer Faktoren die mütterliche Pflege diesen Effekt bewirkt hat.

Es zeigte sich tatsächlich ein gewisser Einfluss der Mütter (Diamond, 2009), und dennoch blieb der große Unterschied zwischen den aggressiven und nichtaggressiven erhalten. Dies ist ein eindeutiger Nachweis der genetischen

Basis von Aggressivität, jedenfalls bei diesen Tieren. Und wenn die genetischen Bedingungen und der Einfluss des mütterlichen Verhaltens in die gleiche Richtung wirkten, war der Effekt besonders deutlich und blieb über nachfolgende Generationen erhalten (Francis, Diorio, Lui & Meaney, 1999).

Aus unzähligen Versuchen der biologischen und medizinischen Forschung wissen wir darüber hinaus sehr viel über die große Ähnlichkeit vieler Funktionen des Zentralnervensystems, von Hormonen und anderem von Tieren und Menschen.

Dabei sind übrigens Züchtigungen eine schon sehr lange bekannte Erkenntnisquelle für eine genetische Basis der Aggression. Z. B. wurden im Mittelalter besonders aggressive Hengste gezüchtet, um sie im Reiterkrieg einzusetzen, oder Entsprechendes wissen wir auch von der Züchtung verschiedener Hunderassen, z. B. den (z. T. unter strenger Kontrolle stehenden) Kampfhunden.

Schließlich ist bei bestimmten Tieren die Aggressivität bereits seit alters her durch einen gezielten biologischen Eingriff drastisch verringert worden: nämlich durch *Kastration.* Auf diese Weise hat man schon immer aus gefährlichen Bullen „zahme" Ochsen gemacht, die geduldig Karren oder Pflug ziehen, und ebenso aus schwer zu bändigenden Hengsten friedfertige Wallache. Eine biologische Basis der Aggression ist also damit klar und schon lange bekannt.

Auch für den Menschen wissen wir *aus Zwillingsstudien* etwas über die Erblichkeit der Aggressivität. Wenn man eineiige Zwillinge, die im Prinzip die gleichen genetischen Bedingungen aufweisen, vergleicht mit zweieiigen Zwillingen, die nur die Hälfte der Gene gemeinsam haben, so zeigt sich eine deutlich höhere Gemeinsamkeit hinsichtlich der Aggressivität bei eineiigen Zwillingen. Christiansen (1974) hat z. B. eine 35%ige Übereinstimmung bei eineiigen Zwillingen und nur 13% Übereinstimmung bei zweieiigen dänischen Zwillingen gefunden. Rushton und seine Kollegen (1986) haben in einer Studie mit 573 erwachsenen Zwillingen eine Korrelation bei eineiigen Zwillingen von $r = .40$ und nur von $r = .04$ bei zweieiigen Zwillingen für Aggressivität gefunden. Ähnliche Ergebnisse erbrachte eine neuere Studie von Brendgen und Kollegen (2008) an 506 sechs-jährigen Zwillingen. Auch sie zeigte einen klaren genetischen Einfluss sowie eine Gen-Umwelt-Interaktion. Allerdings liefern diese Vererblichkeitsstudien an Zwillingen doch nur eine ungefähre Information, weil viele Bedingungen doch nicht genau genug bekannt sind. So ist z. B. nicht ganz klar, was hier unter Aggressivität verstanden wurde und wie weit nicht kontrollierbare Umwelteinflüsse eine Rolle spielen. Aber deutliche Hinweise liefern die Ergebnisse allemal.

Aus vielen weiteren Quellen wissen wir aber auch noch sehr viel Genaueres über die biologische Seite der Aggressivität. Wenn wir in der Evolutionskette der Säugetiere zurückgehen, wissen wir aus *Verhaltensbeobachtungen,* dass alle Tiere eine Ärger-/Wutreaktion unter Bedrohung und einen aggressiven Angriff als Notwehrreaktion zeigen, gerade auch bei sonst „friedlichen", primär auf

Flucht eingestellten (Angst, 1980). Allerdings lassen sich bei Tieren – vielleicht mit Ausnahme von Primaten – ein Ärger-/Wutaffekt und das Aggressionsverhalten schlecht auseinander halten. Der Ärger/Wut-Affekt muss jedoch aus evolutionstheoretischer Perspektive als eine frühe Form der emotionalen (und damit „dynamisierenden") Reaktion auf Bedrohung verstanden werden. Dem entspricht dessen offensichtliche neuronale Basis im phylogenetisch „alten" limbischen System (Cloninger, Svrakic & Przybeck, 1993).

Besonders aufschlussreich ist hierfür die neuere *neurophysiologische* Forschung. Aus ihr wissen wir, dass es anatomische Strukturen gibt, die eindeutig mit dem Ärger-/Wutaffekt und mit Aggressionsverhalten zusammen hängen. Genauere Aufschlüsse liefert uns die *hirnphysiologische Forschung unter Verwendung des Neuroimaging*. So wissen wir mehr darüber, welche *anatomischen Strukturen* bei dem Aggressionsverhalten beteiligt sind. Viele Erkenntnisse beruhen auch auf den Effekten einer elektrischen Stimulation bestimmter Bereiche, oder auf den Beobachtungen bei bestimmten Hirnläsionen, die bei einer Vielzahl unterschiedlicher Tiere und auch bei menschlichen Patienten gemacht worden sind. Bestimmte dieser Bereiche führen bei Stimulation zu einer Aktivierung, andere zu einer Hemmung aggressionsrelevanten Verhaltens. Die wichtigste Rolle spielen dabei offensichtlich die *Amygdala* und der *Hypothalamus*. Elektrische Stimulation dieser Regionen führt zu einer Vielzahl aggressionsrelevanter Reaktionen, wie z. B. Anstieg des Blutdrucks und der Herzfrequenz, zu motorischen Reaktionen, wie z. B. koordiniertem Angriffsverhalten, wie Drohen, Beißen, Schlagen, Stoßen, Treten, oder auch entsprechendem (affekttypischem) Ausdrucksverhalten. Allerdings zeigen diese Experimente auch, dass nicht etwa nur diese definierten „Zentren" für die Aggression relevant sind, sondern dass jeweils ein ganz komplexes anatomisches System beteiligt ist, in dem auch das Stirnhirn (z. B. zur Kontrolle der Handlungen), der *Hippocampus*, das *Limbische System* und das Stammhirn sowie die Hypothalamus-Hypophysen-Gonaden-Achse eine Rolle spielen, möglicherweise in einer bestimmten hierarchischen Ordnung, und auch mit individuellen Differenzen.

> Interessant ist in diesem Zusammenhang auch, dass nicht nur eine unmittelbare Bedrohung Ärger und aggressionsrelevante Reaktionen aktiviert. Es reicht dazu beim Menschen bereits das *Erkennen von Ärger* im Gesichtsausdruck eines anderen. Dies ist als eine „alte", phylogenetisch frühe, biologisch verankerte Funktion zu sehen: Dazu ist offenbar die Funktionsfähigkeit eines bestimmten Hirnareals, des *nucleus accumbens* erforderlich: Ist diese durch eine Läsion (z. B. Apoplex) ausgeschaltet, kann Ärger nicht mehr erkannt werden, *wohl aber andere* Emotions-Ausdrücke (Lawrence, Calder, McGowan & Grasby, 2002; Strauss et al., 2005).

10.2 Biologische Komponenten der Aggressivität

Es gibt einen weiteren Forschungsbereich, der ebenfalls besonders interessante Aufschlüsse über die biologische Fundierung der Aggressivität geliefert hat: Das ist die Forschung über *chemische*, insbesondere *hormonelle Substanzen* und ihre Wirkung im zentralen Nervensystem. Es gibt keinen Zweifel mehr, dass bestimmte chemische Substanzen am Aggressionsverhalten beteiligt sind. Dies sind insbesondere noradrenergische Substanzen, wie Acetylcholin und Dopamin. Sie wirken auf aggressionsrelevante neuronale Systeme stimulierend, unter bestimmten Bedingungen aber auch hemmend, und sie beeinflussen somit das aktuelle Aggressionsverhalten u. U. entscheidend. Die genaue Wirkungsweise und Richtung dieser Substanzen hängt von einer Reihe von Zusatzbedingungen ab (u. a. Dosierung, Ausgangslage, Wechselwirkung mit anderen Stoffen), auf die wir hier nicht weiter einzugehen brauchen. (Eine detaillierte Beschreibung der sehr differenzierten Beziehung zwischen Serotonin und Aggression findet sich bei Scheithauer (2003, S. 54).)

Besonders interessant in unserem Zusammenhang ist die Wirkung von Hormonen, insbesondere von *Testosteron und Östrogenen* und deren Metaboliten (s. die Wirkung der Kastration). Sie beeinflussen auf drei bekannten, aber verschiedenen Wirkungswegen die Aggressivität (s. Ferris & Grisso, 1996). Vor allem gibt es einen klaren Zusammenhang zwischen dem Testosteron-Spiegel im Blutplasma und der Aggressivität männlicher Jugendlicher (Hennig & Netter, 2005; Olweus, Mattsson, Schalling & Low, 1980).

Für den Entwicklungsprozess ist besonders interessant, dass bestimmte neuronale Strukturen im männlichen Gehirn durch Testosteron für Aggressivität stimuliert werden. Allerdings setzt das voraus, dass diese Strukturen in der embryonalen Ontogenese durch Androgene (das ist ein Oberbegriff für männliche Sexualhormone) überhaupt *sensibilisiert* wurden. Bei männlichen Embryonen ist das normalerweise der Fall, nicht aber bei weiblichen, weil bei ihnen die Androgene de facto fehlen. D. h. es gibt hier einen ganz klaren sexuellen *Dimorphismus* in der neuronalen Funktion (Ferris & Grisso, 1996). Allerdings kann diese Sensibilisierung auch bei weiblichen Personen ausnahmsweise vorkommen. Wenn z. B. die Mutter in der Schwangerschaft aus medizinischen Gründen mit Androgenen behandelt wurde, wird offenbar auch der weibliche embryonale Organismus mit Androgenen überschwemmt. Dies führt zu einer ebensolchen Sensibilisierung der entsprechenden aggressionsrelevanten neuronalen Strukturen wie beim männlichen Embryo. In ihrer späteren Entwicklung zeigen diese Mädchen dann ein ausgesprochen Jungen-ähnliches Verhalten, sie werden als „tom-boy" oder „Wildfang" bezeichnet.

Insgesamt ist selbstverständlich klar, dass der Aufbau der anatomischen Strukturen des Gehirns, die Funktion der einzelnen neuronalen Einheiten, ihre Verschaltungen, die Produktion von *Neurotransmittern* und Hormonen und die Sensibilisierbarkeit bestimmter Funktionseinheiten für bestimmte Hormone in der Embryonal-Entwicklung letzten Endes auf einer genetischen Grundlage beruht. Die Funktion von Hormonen ist auch beim Erwachsenen weiterhin permanent genetisch (mit-)gesteuert, wenn auch in einem höchst komplizierten Prozess (Henning & Netter, 2005), der auch von äußeren Faktoren nicht unabhängig ist.

So gesehen, könnte man also sagen, dass „die Aggressivität", also die Bereitschaft zur Aggression oder/und „die Aggression" als Handlungsform *genetisch determiniert* sei.

Das ist allerdings aus drei Gründen gar zu *grob vereinfacht*:
1. Es besteht *kein einfacher Wirkungspfad* „vom Gen zum Verhalten", ein Eindruck, wie er gelegentlich stillschweigend auch von evolutionstheoretischen Psychologen vermittelt wird. Einmal ist mit Sicherheit nicht *ein* Gen, sondern eine (unbekannte) Zahl vieler Gene an all diesen Prozessen beteiligt. Sie steuern außerdem nicht nur die Ausbildung, die Struktur und Funktion während der Embryonalentwicklung. Sie sind auch später laufend für die Zellfunktion an vielen Stellen wichtig. Ferner wirken die verschiedenen Gene keineswegs unabhängig voneinander, sondern sie bilden komplizierte Wechselwirkungssysteme.
2. Wichtiger noch ist, dass es ein sehr langer und verwickelter und keineswegs gradliniger Prozess über viele Zwischenschritte der *Gentransmission* ist, der zur endgültigen Ausbildung von neuronalen Strukturen und ihrer Funktion führt. Dieser Prozess der Gentransmission ist zudem nicht genetisch unidirektional gesteuert, sondern bei ihm finden viele, im Einzelnen noch unbekannte Rückkoppelungen und Wechselwirkungen statt. Über die unterschiedlichen Konzentrationen von den verschiedenen chemischen Substanzen können die interzellulären Entwicklungsprozesse und die Sensibilität für hormonale und andere Stimuli beeinflusst werden. Wir wissen auch, dass es Wechselwirkungen zwischen Serotonin und Dopamin und Neurotransmittern generell gibt, ohne die Einzelheiten zu kennen (Diamond, 2009).
3. Die meisten *Gene* einer Person sind die meiste Zeit gar *nicht aktiv*, sondern „ruhend". Sie werden „nach Bedarf" an- und abgeschaltet, und dabei spielen auch Umweltbedingungen eine wichtige Rolle (Diamond, 2009). Man kennt inzwischen zwar die Existenz eines zweiten, bisher unbekannten Mechanismus der Kontrolle der Gen-Expression, ohne jedoch die Funktion von „Pausen-Molekülen" genauer zu verstehen.
4. Erst neuerdings wissen wir, dass dabei auch schon im embryonalen Stadium *Umwelteinflüsse* eine wichtige Rolle spiele können. Auch deswegen kann es für ein so komplexes Verhaltensmerkmal, wie die Aggression, keine einfache genetische Determination geben. Zu wichtigen Umweltfaktoren gehören z. B. auch Nikotin und Alkohol, die die Mutter unter Umständen während der Schwangerschaft zu sich nimmt, sowie Stress. Aber ganz besonders ist

Cortisol hier wirksam. Das *Hypothalamus-Hypophysen-Adrenalin-System* hat eine wichtige Funktion bei der Steuerung von Stressreaktionen. Seine Entwicklung ist jedoch mit beeinflusst von der (komplizierten) Cortisol-Rückkopplung, durch die der Aufbau und die Funktion vieler neuronaler Systeme beeinflusst wird (Hennig & Netter, 2005). Zu bestimmten Entwicklungsstadien können dabei z. B. besonderer Stress der Mutter (und die damit verbundene Kortison-Ausschüttung; s. auch nächster Abschnitt), auch Alkohol und Nikotin und andere Drogen diese Struktur dauerhaft beeinflussen. Das hat dann natürlich auch für die Verhaltensdispositionen und letztlich das spätere Verhalten des Kindes erhebliche Bedeutung.

D. h. *die am Anfang der Entwicklung im befruchteten Ei vorhandenen Gene steuern keineswegs eindeutig die neurophysiologische Basis des späteren Verhaltens.*

Resümee

Aus der Kenntnis der Genetik und Hirnphysiologie lässt sich somit zweierlei sagen: Aggression und Aggressivität haben eine biologische Basis, d. h. es gibt eine universelle genetisch basierte prinzipielle Bereitschaft zu ärger-/wutartigen affektiven Reaktionen und damit zusammenhängendem Verhalten, etwa in der Form von Drohen und Angriff.

Die *individuelle Ausprägung der Aggressivität ist dagegen nicht genetisch* determiniert. Der Weg der Transmission von den Genen bis zum Verhalten ist extrem kompliziert. Bereits in der embryonalen Ontogenese unterliegt er komplexen Wechselwirkungen, und auch da spielen bereits Umwelteinflüsse eine Rolle. Genetisch basiert ist also nur eine rudimentäre und noch sehr *plastische neurophysiologische Ausgangsbasis* für die weitere erfahrungsabhängige Entwicklung. Es wird hier individuelle Differenzen, z. B. in der Ansprechbarkeit bestimmter Systeme geben, die für die weitere Entwicklung relevant sind. Aber darüber wissen wir zu wenig. Aber auch diese Ansprechbarkeit determiniert wegen der Wechselwirkungen im weiteren Entwicklungsprozess keineswegs bereits die spätere Ausprägung der Aggressivität.

10.3 Ausgangslage beim Neugeborenen

Bevor wir nun darauf eingehen, auf welche Weise die Erziehung im Laufe der kindlichen Entwicklung für die Aggressionsentwicklung relevant werden kann, müssen wir uns ein Bild von den Ausgangsbedingungen beim Neugeborenen machen.

Gut gesichert ist zunächst, dass das Neugeborene mit einer Reihe von funktionierenden Reflexen ausgestattet ist. Ebenso verfügt es über die wichtigsten Fähigkeiten zur *Sinneswahrnehmung*, wie Hören, Sehen, Fühlen, sowie Berührung und Bewegung wahrzunehmen. Allerdings sind diese Fähigkeiten noch nicht voll funktionsfähig, z. B. Sehen und Greifen sind noch keineswegs koordiniert, dazu ist noch ein (längerer) Lernprozess erforderlich. Sicher können ferner auch Hunger und Schmerz empfunden werden. Birbaumer und Schmidt (2006) gehen davon aus, dass die Sinnesorgane mit Regionen im ZNS verbunden sind, die für emotionale (motivationale) Prozesse relevant sind (Retinothalamischer Trakt) und dass diese phylogenetisch „alte", subkortikale Bewertungsprozesse (in der Amygdala) aktivieren.

U. a. aufgrund der Kenntnisse über die beim Neugeborenen vorhandenen neuroanatomischen Systeme und ihre hormonell gesteuerte Funktion können wir ferner annehmen: Neugeborene erleben Emotionen nicht nur in der groben Form von Wohlbefinden und Unbehagen, sondern sie sind auch bereits mit spezifischen *Basisemotionen* ausgestattet, die aus der Phylogenese stammen. Zu ihnen gehören Zufriedenheit, Angst, Ärger und Ekel (Izard, 1978; Scherer, 1984; Tomkins, 1991). Allerdings ist die Forschungslage hier nicht ganz eindeutig, d. h. es wird auch gelegentlich postuliert, dass z. B. Ärger erst später aus einer unspezifischen Emotionsqualität entwickelt wird (Friedlmeier, 2010). Allerdings sprechen die phylogenetische Bedeutung und die neurophysiologischen Funktionssysteme u. E. doch für eine angeborene Spezifität des Ärgers. (Ein indirekter Hinweis für eine derartige funktionale Spezifität kann z. B. auch darin gesehen werden, dass Neugeborene durch den Geruch von Milch beruhigt werden, aber sich bei Fäulnisgeruch abwenden. Auch das lässt auf angeborene Emotionen, wie in diesem Fall auf Ekel, schließen, die freilich noch nicht in ihrer qualitativen Spezifität als solche erkannt werden können). Für Ärger nimmt Tomkins (1991) ein spezifisches zentralnervösen Erregungsmuster an, das als eine phylogenetische Notfallreaktion gesehen werden kann mit der Alternative von Flucht oder Kampf, bei der Noradrenalin und Testosteron ausgeschüttet werden.

Ferner ist ab dem ersten Monat aber auch zusätzlich der Anblick der Mutter wichtig, um das Baby zu beruhigen. Bereits nach wenigen Tagen wird übrigens die Mutter wiedererkannt und vermittelt angstmindernde Sicherheit. Dies zeigt sowohl die Rolle von Emotionen, wie aber auch die frühen kognitiven und Gedächtnisleistungen (vielleicht im Sinne von Foppa 1999). Schließlich sind bereits mit drei Monaten die kognitiven Fähigkeiten soweit ausgebildet, dass Säuglinge eine erste Ordnung in die sie umgebende Welt bringen, indem sie Kategorien bilden und auf sie anwenden.

Insgesamt halten wir demnach fest, dass Neugeborene über mehr oder weniger rudimentäre Wahrnehmungs-, Gedächtnis-, kognitive und emotionale Fähigkeiten verfügen, die eine spezifische, wenn auch rudimentäre Ausgangslage für die Aggressionsentwicklung darstellen.

Das in Grenzen genetisch programmierte Zentralnervensystem ist jedoch wegen seiner partiellen Unreife auf *spezifische Stimulation* angewiesen. Dazu ist das Neugeborene mit der Fähigkeit ausgestattet, eine Reihe rudimentärer, aber spezifischer Bedürfnisse zu äußern. Aus vielen Beobachtungen wissen wir, dass dies nicht nur physiologische Bedürfnisse sind und nicht nur das Bedürfnis nach Sättigung und Schmerzfreiheit (bei nassen Windeln) gehört. Mindestens ebenso wichtig ist das Bedürfnis nach Zuwendung und Sicherheit, das insbesondere durch die Zuwendung der Mutter und durch Körperkontakt befriedigt wird. Aus phylogenetischer Sicht sind hierfür auch die Experimente an Rhesusaffen-Babys von Harlow (1958) besonders aufschlussreich. Sie haben gezeigt, dass für die Babys Wärme und Geborgenheit (durch Körperkontakt, Kuscheln) wichtiger ist als das Milchtrinken.

Die *erforderliche Stimulation* erfährt das Kind in der Interaktion mit der Mutter (oder sonstigen Betreuungsperson), durch die die neuronale Reifung auch qualitativ beeinflusst wird. Dafür verfügt das Neugeborene über spezifische Eigenschaften und Fähigkeiten, um Aufmerksamkeit und Zuwendung zu erwecken, die offenbar genetisch vorprogrammiert sind: z. B. wendet es sich dem menschlichen Gesicht zu und bevorzugt Personen gegenüber anderen Objekten. Und es erweckt Aufmerksamkeit, Zuwendung. Säuglinge können vom Weinen in ein wütendes Schreien übergehen, z. B. wenn sie zu lange allein gelassen oder in ihrer Bewegung behindert werden (Bischof-Köhler, 1998). Und sie werden wieder beruhigt z. B. durch Stillen oder durch „vestibulare Stimulation", d. h. durch Schaukeln und Wiegen. Dabei ist sicher auch der Körperkontakt besonders wichtig. All dies spricht für die Aktivierung und Desaktivierung relativ spezifischer Emotionssysteme.

Aus evolutionstheoretischer Sicht muss ebenso angenommen werden, dass auch Erwachsene, speziell die Mutter (und diese besonders durch mit der Geburt und beim Stillen ausgeschütteten Hormone) ihrerseits über ein genetisch (mit-)programmiertes Verhaltensrepertoire verfügen, auf Signale des Kindes mit Zuwendung, Betreuung u. Ä. zu reagieren.

Phylogenetisch argumentiert muss es derartige Bedürfnisse und ihre Äußerungsformen beim Neugeborenen und entsprechende Antwort-Muster der Mutter geben, da angesichts der völligen Hilflosigkeit des menschlichen Neugeborenen ein Überleben über Jahrtausende undenkbar wäre (Hewlett & Lamb, 2002).

Allerdings ist das intuitive Verhalten der Mutter sicher auch durch kulturelle Vorstellungen darüber mit geprägt, wie man am besten mit Säuglingen umgehen sollte.

Bei dieser Ausgangslage des Neugeborenen, der Ausstattung mit wenigen rudimentären Bedürfnissen und frühen kognitiven und Gedächtnisleistungen kommt es nun darauf an zu prüfen, welche Erfahrungen in der sozialen Interaktion zur Ausbildung kognitiver und emotional-motivationaler Systeme führen können, die aggressionsrelevant (fördernd oder mindernd) sind. Dieser Frage werden wir uns im nächsten Abschnitt zuwenden.

10.4 Frühe Mutter-Kind-Beziehung

Wenden wir uns nun der Frage zu, wie – in groben Zügen – die Entwicklung des Kindes von diesen Ausgangsbedingungen unter dem Einfluss der Erziehung, bzw. zunächst beim Säugling, in Abhängigkeit von der Betreuung verläuft. Dabei beschränken wir uns auf die Betrachtung der sozialen Motivationen, um nicht ins Uferlose zu geraten.

In den letzten ca. 20 Jahren hat sich ein Forschungsbereich entwickelt, der hier von zentraler Bedeutung ist: die Bindungsforschung. Sie hat gezeigt, dass Säuglinge, die von der Mutter oder einer ständigen Betreuungsperson betreut werden, eine tiefe Bindung an diese Person entwickeln. Bindung bedeutet, dass der Säugling offenbar Geborgenheit und Sicherheit in Anwesenheit oder bei Zuwendung der Mutter empfindet und sich zu ihr hingezogen fühlt, aber einsam, ängstlich oder gar verstört ist, wenn ihn die betreffende Person zu lange alleine lässt.

Dazu muss man sich noch mal vor Augen führen, dass das Neugeborene völlig hilflos und von der Betreuung, Pflege und Versorgung durch Erwachsene abhängig ist. Aus phylogenetischen Gründen ist schon alleine deswegen – wie erwähnt – anzunehmen, dass bei Neugeborenen und bei Müttern angeborene Verhaltens- und Reaktionsmuster bestehen, mit denen einerseits das Kind Zuwendung und Betreuung „fordert", und dass die Mutter auf diese entsprechend reagiert. Hewlett und Lamb (2002) nehmen hier geradezu ein angeborenes System an. Sie sprechen hier von evolutionären Modulen auf beiden Seiten. Es ist kaum vorstellbar, dass ohne eine derartige wechselseitige Aktivierung von Verhalten die Menschheit jemals hätte überleben können. Für eine solche phylogenetische Wurzel spricht z. B. auch, dass bei der Mutter beim Stillen Oxitozin ausgeschüttet wird. Dieses gilt als „Bindungs"-Hormon, durch das die Zuwendung und Bindung an den Säugling verstärkt wird.

In jüngerer Zeit hat darüber hinaus die Entdeckung der Spiegelneuronen ein weiteres Argument hierfür geliefert und zugleich vertieftes Verständnis für diesen Prozess ermöglicht. (Iacoboni, 2009) hat entdeckt, dass es im Zentralnervensystem Neuronen gibt, die aktiv werden, wenn der Betrachter bestimmte Bewegungen bei einem anderen beobachtet, und zwar genau diejenigen, die bei ihm selbst für diese Bewegung „zuständig" sind. Die Bewegung des anderen wird also „gespiegelt", d. h. also es entsteht ein unbewusstes Mitempfinden und eine „Tendenz zum Nachahmen". Das trifft sogar ebenso zu bei der Wahrnehmung

10.4 Frühe Mutter-Kind-Beziehung

eines Gefühlsausdrucks oder einer Absicht des anderen. Hierin ist die neuronale Basis für Mitgefühl zu sehen. Wir kommen hierauf später noch einmal zurück.

Die empirisch gut gesicherte Bindungstheorie enthält – vereinfacht – folgende Grundannahmen:

1. Es gibt ein angeborenes Motivsystem im Säugling, eine Bindung an eine bestimmte Person auszubilden und deren Zuwendung und Nähe besonders bei Gefahr zu suchen. Solange das Bindungssystem befriedigt, d. h. nicht aktiviert ist, fühlt sich das Kind wohl und sicher. Es kann sich dann auch neuen, unbekannten Situationen explorierend zuwenden (Grossmann & Grossmann, 2009), andernfalls empfindet es in diesen Situationen eher Unsicherheit, Unbehagen und Angst.
2. Je nach der Art der Zuwendung der Bindungsperson entwickeln sich unterschiedliche, überdauernde Bindungsqualitäten. Die Erfahrung verlässlicher, stabiler Zuwendung führt zu sicherer Bindung. Sie erleichtert die Bewältigung stressreicher Situationen. Bei unregelmäßiger oder mangelhafter Zuwendung kann sich keine Sicherheit bietende, sondern unsichere Bindung entwickeln.
3. Entscheidend hierfür ist die Sensitivität der Bindungsperson, auf Zuwendungsbedürfnis-Signale des Kindes prompt und angemessen zu reagieren.
4. Auf der Basis generalisierter Erfahrungen von Sicherheit und Unsicherheit und der Bedingungen, unter denen diese häufig auftreten, entwickelt das Kind generalisierte Eindrücke über „die Welt und seine Beziehung zu ihr" (anfänglich im Sinne des rezeptiven Gedächtnisses, Foppa, 1999) (und damit auch über sein Selbst und die Ich-Umwelt-Beziehung, „working model", Bowlby, 1973).
5. Sichere Bindung ermöglicht eine höhere Kompetenz zum Aufbau von befriedigenden sozialen Beziehungen, zum besseren Umgang mit negativen Emotionen (Enttäuschung, Ärger, Emotionsregulation; Trommsdorff & Rothbaum, 2008) und bessere kognitive Fähigkeiten.

Für unsere Betrachtung besonders wichtig ist, dass die zentrale Bedingung für die Befriedigung des Bedürfnisses des Kindes nach Sicherheit und Zuwendung und für den Aufbau der Bindungsqualität die Responsivität oder Feinfühligkeit der Mutter ist. Sie kann z. B. das Kind lange schreien lassen, ehe sie sich ihm zuwendet, oder sie kann sich zwar prompt, aber unsensibel dem Kind zuwenden, z. B. indem sie, wenn das Kind schreit, es füttern will, obwohl es längst satt, aber wund ist oder auf den Arm möchte. In späterem Alter gibt es hier differenziertere Strategien, auf die wir noch eingehen werden.

Die Bindungsforschung unterscheidet danach verschiedene Bindungsqualitäten: Kinder mit *Sicherer Bindung*, und solche mit *Unsicherer*, mit Ambivalenter, oder gar Desorganisierter Bindungsform. Für unsere weitere Betrachtung genügt die grobe Unterscheidung zwischen sicherer und unsicherer Bindung. Die sichere Bindung wird als Basis für die Entwicklung von Vertrauen angesehen, d. h. sowohl Vertrauen in die Person, an die die Bindung besteht, und später auch generalisiert zu anderen und „der Welt", die als hilfreich und gutwillig empfunden wird.

Es entwickelt sich zwischen Mutter und Kind ein *Rückkoppelungsprozess* gegenseitiger Erwartungen und Verhaltensweisen: im Fall sicherer Bindung im Sinne freudiger Erwartung und Zuneigung auf beiden Seiten, im Fall mangelnder, unsicherer Bindung eher Erwartungen von Enttäuschung und Konflikt. Beide Einstellungen werden auf Dauer generalisiert und verfestigt werden. Im extremen Fall mangelnder Bindung wissen wir von einigen Schwerkriminellen und Mördern, dass sie nicht nur offenbar völlig „gefühllos", also ohne Mitgefühl waren, sondern eine Kindheit hatten, in der sie offensichtlich keinerlei Bindung ausbilden konnten.

In den Spiegelneuronen wird – wie gesagt – die neuronale Basis für Mitgefühl gesehen. Wie für alle Nervenzellen ist auch für ihre Ausbildung und Funktion die Stimulation wichtig. Zellen, die kaum aktiviert werden, bilden wenig Dendriten, d. h. Verknüpfungen zu anderen Zellen aus und haben daher eine eingeschränkte Funktion. Vor allem in sensiblen Entwicklungsphasen ist offenbar eine Stimulation nötig, um die Zellen richtig auszubilden und ihnen eine intensive Funktion zu ermöglichen. Diese Beobachtung ist für unser Problem deswegen so interessant, weil anzunehmen ist, dass auf der Basis einer sicheren Bindung und einer intensiven harmonischen Beziehung zwischen Mutter und Kind auch gerade diese Spiegelung von Emotionen intensiviert wird. Das wird die Beziehung verstärken, aber auch allgemein die Einstellung und Fähigkeit, auf andere einzugehen, und mit zunehmender kognitiver Entwicklung (Ausbildung der theory of mind) dann auch andere „zu verstehen" und mit ihnen mitzufühlen.

Manche Mütter stiften eine so enge Beziehung zu ihrem Kind, dass man fast von einer Symbiose sprechen kann. Der japanische Psychologe Azuma (1986) hat hierfür den Ausdruck „Oneness" (= Einssein) geprägt. Dem liegt eine besonders hohe Feinfühligkeit zugrunde und ein sehr enger und ständiger auch körperlicher Kontakt mit dem Kind. Das Kind ist kaum mal allein. Mutter und Kind schlafen auch zusammen, übrigens sehr lange, also bis ins spätere Alter des Kindes, und sie haben auch sonst sehr viel körperlichen Kontakt, z. B. wenn das Kind viel am Körper getragen wird.

Unter diesen Umständen kann sich dann beim Kind eine Einstellung entwickeln, bei der es prompt und unmittelbar auch Gefühle der Mutter mitempfindet. Für die Aggressivitätsentwicklung ist das insofern von erheblicher Bedeutung, als das Kind Stimmungen, Gefühle und Absichten der Mutter unmittelbar miterlebt. Schon der Säugling erlebt so vermutlich Unbehagen der Mutter mit, wenn es selber der Mutter Unbehagen bereitet. Daraus wird also schon relativ früh ein intuitives Bedürfnis entwickelt, eher positive als negative Rückkoppelungen zu

10.4 Frühe Mutter-Kind-Beziehung

erzeugen. Erst recht wenn es älter wird, wird es dann, wenn es etwas will oder tut, was die Mutter nicht mag, ihr Unbehagen und vielleicht sogar ihren Ärger miterleben, und Beharren auf diesen konfligierenden Wünschen würde die so wichtige und Wohlbefinden bedingende Harmonie mit der Mutter empfindlich stören und ihm selbst Unbehagen bereiten. Aber auch reziprok hat man bei der Mutter dasselbe Mitempfinden und dasselbe Bedürfnis anzunehmen. Für die Entwicklung eigener Wünsche des Kindes und die sich entwickelnden Techniken zu ihrer Befriedigung und Durchsetzung ist dies eine wichtige Bedingung: Es wird unter diesen Umständen wenig Anlässe zur Ärgeraktivierung geben, es wird sich eine Einstellung entwickeln, doch auftretenden Ärger schnell zu überwinden, eigene Wünsche eher in Übereinstimmung mit der Mutter zu entwickeln und zu befriedigen, als gegen sie. Die Entwicklung von Bedürfnissen, Zielen und Handlungsformen zu ihrer Befriedigung wird unter diesen Umständen eher darauf gerichtet sein, mehr in Gemeinschaft als im Gegensatz zu anderen zu tun.

Im anderen Fall der unsicheren Bindung (wir lassen die Differenzierungen der Bindungsforschung außer Acht), die ihre Quelle in mangelnder Sensitivität der Mutter hat, werden für das Kind Situationen, in denen es Stress, Angst und sicher auch Ärger erlebt, vergleichsweise häufig sein. Wenn das Kind dann diesen Ärger oder vielleicht auch Angst durch Weinen zum Ausdruck bringt, und die Mutter darauf wiederum mit ungeschickter Sensitivität oder gar nicht richtig reagiert, wird das eher zur Verstärkung des Stresserlebens und des Ärgers beim Kind beitragen, auch zu vermehrtem Schreien. Hier sehen wir eine allererste Basis für eine möglicherweise Verstärkung der Affektreaktion in Richtung auf Ärger im Unterschied zu den Bedingungen bei der sicheren Bindung. Möglicherweise ist auch auf der Seite der Mutter eine entsprechende Rückkoppelung zu sehen. Ein schreiendes Kind, insbesondere wenn es in den Tageslauf der Mutter nicht passt, oder wenn sie nicht erfolgreich ist damit, das Kind schnell zu befriedigen, wird die Mutter „frustrieren", enttäuschen und eher eine negative Einstellung zum Kind zur Folge haben, als freundliche Zuwendung. Also auch hier gibt es sicherlich einen allerersten Rückkoppelungsprozess, der eher in eine Distress-bedingte, negative, auch ärgerbasierte Beziehung münden kann als im anderen Fall.

Neben der mehr emotionalen Wirkungsseite soll auch noch auf die kognitive Entwicklung eingegangen werden: Die frühen, auch bedürfnisbezogenen und emotionalen Erlebnisse bilden natürlich auch die Erfahrungsgrundlage für die erste kognitive Strukturierung der Natur der Welt und des Ich-Umwelt-Verhältnisses. Es wird die grundlegende Erfahrung wichtig sein, ob aus wiederholten und generalisierten positiven Erlebnissen allmählich die Vorstellung entsteht, die Welt ist freundlich, hilfreich, ungefährlich und verlockend, oder umgekehrt: bei häufigen Konflikten und Erlebnissen des Abgelehntseins wird die Welt allmählich als kalt, unfreundlich, vielleicht feindlich erlebt. Die (soziale) Umwelt wird in einer Weise strukturiert werden, dass man nicht mit ihrer Unterstützung rechnen kann, sondern seine Bedürfnisse eher allein befriedigen oder gegen sie durchsetzen muss.

Von dieser Basis aus skizzieren wir nun grob zwei Entwicklungslinien, die im weiteren Verlauf für die Aggressivitätsentwicklung relevant sind. Wir orientieren uns dabei an einer Darstellung, wie wir sie bereits früher veröffentlicht haben (Kornadt, 2002).

Graphik 27: Schema der Entwicklungspfade für späteren Altruismus oder Aggressivität (sehr vereinfacht) (s. auch Kornadt, 2002)

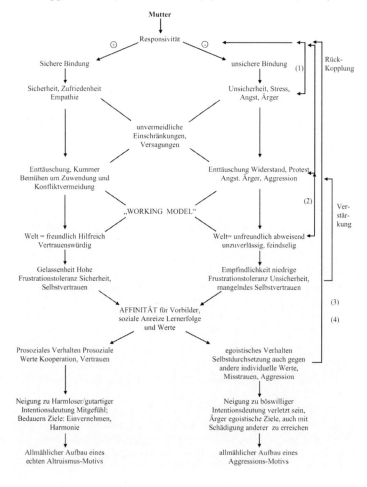

10.5 Weitere Entwicklung

Die beiden schematischen Entwicklungspfade erfordern nach dem Vorhergesagten keine nochmalige Erklärung, wohl aber einige wichtige Ergänzungen. Der Ausgangspunkt im Schema ist die unterschiedliche Responsivität der Mutter. Dazu muss ergänzt werden, dass natürlich Mutter und Kind bereits mit ihren individuellen Ausgangsbedingungen in diese Interaktion eintreten: Kinder können sich z. B. in der Irritierbarkeit oder affektiven Erregbarkeit (Temperament-bedingt) unterscheiden, was mit neuro-physiologischen Bedingungen zu tun haben kann. Mütter werden darauf ihrerseits unterschiedlich reagieren, je nach ihren individuellen Persönlichkeitsmerkmalen. Auch sie können sich z. B. in ihrer Irritierbarkeit (Extraversion oder anderen „big-five"-Merkmalen) unterscheiden und somit von vorn herein unterschiedlich auf das Kind reagieren.

„*Responsivität*" muss also als Produkt eines komplexen Interaktions-Vorgangs verstanden werden, und keinesfalls einfach als Persönlichkeitsmerkmal der Mutter oder als schlicht von ihr zu verantwortendes Verhalten.

Eine weitere Ergänzung betrifft die erwähnten Unterschiede in den naiven Erziehungs- und Persönlichkeits-Theorien. Hierzu haben u. a. Weisz, Rothbaum, Trommsdorff und andere eine grundlegende Unterscheidung erkannt, die gerade für kulturvergleichende Untersuchung von großer Bedeutung ist (Rothbaum & Trommsdorff, 2007; Rothbaum, Weisz & Snyder, 1982; Trommsdorff & Rothbaum, 2008).

Die Autoren beschreiben einen grundlegenden Unterschied in der kulturabhängigen Persönlichkeits- und Weltauffassung, für den sie die Bezeichnung „primäre" vs. „sekundäre Kontrolle" verwenden, vielleicht besser als primäre vs. sekundäre „Bewältigungsform" zu bezeichnen.

Dieses Konzept ist sodann erweitert und verfeinert worden, indem damit zusammenhängende Unterscheidungen gemacht und ihre Bedeutung begründet wurden: die ebenfalls kulturbezogene Unterscheidung zwischen kulturellen Bedingungen, in denen mehr Wert auf persönliche Verbundenheit und Bindung im Unterschied zu Autonomie gelegt wird (Rothbaum & Trommsdorff, 2007). Weiterhin wurden die Unterschiede erkannt, die in Bezug auf Überzeugungen über die Stabilität oder Veränderbarkeit des Selbst und dessen unterschiedliche Beziehung zur Welt bestehen (Rothbaum & Wang, 2010).

Damit werden u. a. verschiedene Aspekte von zwei grundlegend verschiedenen Auffassungen der Welt und des Sich-Behauptens in ihr unterschieden. Bei der primären Bewältigungsform wird das Selbst mit seinen gegebenen Bedürfnissen und stabilen Eigenschaften als relativ unveränderbar aufgefasst, die Welt als instabil, beeinflussbar und formbar gesehen. Im Unterschied dazu kann umgekehrt das Selbst als anpassungsfähig, formbar und flexibel, und die Welt dagegen, wie sie nun einmal gegeben ist, als stabil, unveränderbar und daher als unbeeinflussbar verstanden werden. Diese Grundhaltungen sind auch in die allgemeinen kulturellen Weltanschauungen und in die grundlegende Vorstellung über das Verhältnis des Menschen zur Natur und zum Universum eingebettet. Natürlich beeinflussen diese Grundüberzeugungen auch die Einstellung den Kindern gegenüber und damit die Ziele, Erwartungen und Methoden der Kindererziehung.

Wird die Welt als formbar gesehen, kommt es darauf an, Kinder so zu erziehen, dass sie später in der Lage sind, sich in der Welt durchzusetzen, d. h. dass sie die Verhältnisse und Gegebenheiten der sozialen und materiellen Umwelt nicht einfach als gegeben hinnehmen, sondern sie ggf. beeinflussen und ihren Bedürfnissen entsprechend gestalten. Im anderen Fall ist das Ziel, die Kinder zu befähigen, sich auf die Welt in ihren Gegebenheiten und Forderungen einzustellen, sie zu akzeptieren und sich ihr anzupassen und dazu die eigenen Wünsche und Fähigkeiten so auszubilden, dass man fähig wird, mit der sozialen und physischen Umwelt, wie sie nun einmal gegeben ist, in Frieden und Harmonie mit ihr zu leben.

Rothbaum und Morelli (2005) erläutern anhand vieler Beispiele aus unterschiedlichen Kulturen diese Unterschiede in Bezug auf vier wichtige Bereiche.

1. *Mutter-Kind-Nähe vs. Mutter-Kind-Distanz*

In manchen Kulturen ist es üblich, das Kind von Geburt an von der Mutter weitgehend zu trennen, z. B. dass es in einem eigenen Bettchen schläft, möglichst auch in einem anderen Raum. Das Kind erlebt engen Körperkontakt nur beim Stillen, beim Füttern, Waschen, oder sonst auf dem Arm getragen werden, also nur sporadisch. Wenn es allein im eigenen Zimmer schläft, muss es häufig länger schreien, bis sich ihm jemand zuwendet. Sobald die Kinder krabbeln können, kontrolliert die Mutter das Verhalten auf Distanz, Wünsche und Verbote werde zugerufen. Die Mutter ist als sicherer Hafen im Hintergrund. So wird das Kind ermuntert, selbständig mit seiner Umgebung zurechtzukommen. Häufiges Lob für das, was das Kind schon kann, fördert sein Selbstbewusstsein und seine Selbständigkeit.

Im anderen Fall herrscht ein sehr enger und nahezu permanenter körperlicher Kontakt: Kinder werden z. B. am Körper getragen und fühlen so ständig die Nähe, Bewegung und Stimmung der Mutter. Sie schlafen auch eng beieinander, häufig sehr lange, d. h. u. U. bis zur Pubertät. Dies erlaubt der Mutter sofort und angemessen auf Bedürfnisse des Kindes zu reagieren. Sie kann auch Bedürfnisse antizipatorisch schon vorwegnehmen, bevor sie geäußert werden. Hinzu kommt ein sparsamer Gebrauch expliziten Lobs, aber gelegentliche aufmunternde Kritik. Dies fördert im Kind die Einstellung zu den Eltern als machtvolle und wohlmeinende Autoritäten.

2. *Anhänglichkeit vs. Autonomie*
Für manche Eltern hat ein enger Mutter-Kind-Kontakt und das sofortige Eingehen schon auf die Andeutung kindlicher Bedürfnisse den Charakter der Verwöhnung. Diese Eltern möchten, dass ihre Kinder selbständig und unabhängig werden. Sie fördern daher auch einen frühen Kontakt mit anderen Personen (in Tagesstätten oder mit Babysittern), und sie belohnen das Allein-Zurechtkommen. Wärme und Zuwendung erfahren die Kinder gerade soviel, wie nötig, ohne sie zu verunsichern.

Für andere Eltern ist der ganz enge Kontakt und diese „Verwöhnung" das selbstverständliche Ideal, wodurch Bindung und Harmonie gefördert werden. Viel weniger wird die Orientierung an der „äußeren Welt" im Vergleich zur engen und engsten Familie gefördert. Hier wird eine Voraussetzung für die „inter-dependente" Grundhaltung in einer Kultur geschaffen. Wärme, Nähe und das harmonische Zusammenleben mit den engsten Familienmitgliedern bietet dem Kind Sicherheit; das Zurechtkommen in der äußeren Welt ist erst eine spätere Aufgabe, die erst von dieser Basis aus bewältigt wird.

3. *Kritik und Selbstverbesserung vs. Lob und Selbstachtung*
Hinsichtlich der sich zu entwickelnden kindlichen Selbsteinschätzung gibt es vergleichbare Unterschiede. Zum Ideal der Autonomie gehört es, dass die Kinder für Geleistetes und Können, aber auch schon für den Versuch, etwas zu bewältigen, gelobt werden. Auf dem Hintergrund des Konzepts stabiler Persönlichkeitsmerkmale wird damit auch eine positive und möglichst hohe (gesunde) Selbstachtung, der Aufbau einer möglichst positiven Selbstwerteinschätzung gefördert. Diese hilft dann auch, sich in der Welt durchzusetzen.

Auf der anderen Seite, wenn das Selbst dagegen als flexibel, änderungsfähig und auch änderungsbedürftig verstanden wird, wird das Kind dazu angehalten, sich ständig um seine Verbesserung zu bemühen. Dazu gehört auch, sich ständig der relativen Unvollkommenheit bewusst zu sein. Versagen wird daher als Folge ungenügender Anstrengung und mangelnden Lernens verstanden. Die Erziehung besteht daher vor allem in wohlwollender Kritik und Aufmunterung zur Selbstverbesserung, und damit wird auch eine permanente Selbstkritik beim Kind gefördert.

4. Auch zu den *Einstellungen zur Autorität* folgen aus diesen Grundeinstellungen entscheidende Unterschiede.
Die Förderung von Autonomie fördert eine zunehmende Ablösung von der elterlichen Autorität. Es werden dann auch andere Autoritäten, z. B. Lehrer, mehr und mehr kritisch gesehen und brauchen nicht unbesehen akzeptiert zu werden. Autoritätskonflikte sind sozusagen programmiert, wie auch – im Zuge der Selbstbehauptung – Konflikte mit anderen, mit Gleichaltrigen, z. B. in der Rivalität um Selbstdarstellung und Ansehen. Hier haben wir offensichtlich eine Voraussetzung für die Entwicklung von Tendenzen zur aggressiven Selbstdurchsetzung.

Im anderen Fall ist das Ideal die Harmonie. Auf der Basis der Erfahrung des Wohlwollens, der Überlegenheit und der Geborgenheit, die von Autoritäten (Eltern) vermittelt wird und erfolgssichernder Zufriedenheit entwickelt sich das Bemühen, das auch ausdrücklich gefördert wird, immer in Übereinstimmung mit anderen zu handeln, höflich zu sein und sich, wo immer möglich, mit anderen zu vertragen, Konflikte zu meiden und möglichst keine Auseinandersetzungen zu suchen, schon gar nicht in aggressive Auseinandersetzungen verwickelt zu werden. Kritik an Autoritäten ist völlig unerwünscht; unsoziales, die Harmonie störendes Verhalten wird abgelehnt. Das erzieherische Bemühen richtet sich auch auf die Einstellung des Kindes, die eigenen Wünsche eher in Übereinstimmung mit denen anderer zu bringen, als sie etwa gegen sie durchzusetzen.

Dies sind natürlich typisierend gegenübergestellte Unterschiede der Weltsicht, die mit den Unterschieden in der Kindererziehung in Wechselwirkung stehen. Rothbaum und seine Ko-Autoren können sich auf eine Fülle von empirischen Belegen von vielen Autoren stützen.

Es wird deutlich geworden sein, dass sich hierin auch charakteristische Besonderheiten der „westlichen" Kulturen im Gegensatz zu denen ostasiatischen Kulturen wiederfinden.

In der kulturvergleichenden und kulturpsychologischen Forschung werden sehr vereinfacht ohnehin zwei Kultur- bzw. Gesellschaftstypen unterschieden: Sie werden individualistisch bzw. kollektivistisch genannt bzw. (und sicher richtiger) als in-dependente bzw. inter-dependente bezeichnet. Damit ist grob der Unterschied zwischen Kulturen gemeint, für die entweder die Autonomie des Individuums und seine Unabhängigkeit von anderen und der Gesellschaft ein zentraler Wert ist und das Zusammenleben bestimmt, oder die im Gegensatz dazu vor allem besonders großen Wert auf Harmonie in der Gesellschaft legen und für die die Einbindung des Einzelnen in die Gruppe oder Gesellschaft und die Wahrung entsprechender Normen grundlegend ist.

Dass es natürlich alle Zwischen- und Übergangsformen zwischen diesen Typen der „primären bzw. sekundären Bewältigungsform" und den inter- und independenten Kulturen gibt, muss wohl nicht eigens betont werden (Oyserman, Coon & Kemmelmeier, 2002). Auch innerhalb einer Kultur gibt es natürlich bei aller gewohnheitsmäßigen Bevorzugung der jeweils typischen Formen eine große Varianz. Diese Varianz betrifft natürlich nicht nur den Spielraum, der zwischen den typischen Formen liegt und in dem Übergangsformen vorkommen. Dazu gehören auch solche, die das Typische übersteigern.

So wird in westlichen Kulturen die Betonung der Unabhängigkeit leichter einen besonders hohen Grad an Individualismus ermöglichen, der u. U. auch in Rücksichtslosigkeit und geringem Mitgefühl besteht, und der im Extremfall auch mit Bindungslosigkeit, auch was die Bindung an Regeln und Werte betrifft, einhergehen kann. Auch die Möglichkeit, dass sich höhere Aggressivität entwickelt, ist hier sicher größer.

Auf der anderen Seite gibt es die Übersteigerung der Zuwendung im Sinne tatsächlicher Verwöhnung. Dann werden in der Erziehung nicht rechtzeitig Anforderungen gestellt, die Verzichtleistungen erfordern, und es kann sich nicht rechtzeitig die Fähigkeit zu Selbstdisziplin und Emotionskontrolle ausbilden. Diese sind aber erforderlich, um selbstverantwortlich handeln zu können. Wenn vielmehr bis in die Pubertät oder sogar darüber hinaus die Wünsche von der Mutter oder einem anderen erfüllt werden, dann entstehen Persönlichkeitsdeformationen im Sinne der Unselbständigkeit und Abhängigkeit, die bis zu Lebensuntüchtigkeit gehen können.

10.6 Resümee: Aggressionsmotiv als komplexes System

Nach diesen Darlegungen und im Anschluss an die obige Graphik über die Entwicklungspfade, die die Entwicklung in Richtung auf Aggressivität oder Altruismus beschreiben, soll hier noch einmal zusammenfassend die Entwicklung der *Aggressivität als Motiv-System* beschrieben werden. Die Entwicklung, die zum Altruismus führt, lässt sich in Analogie dazu sehen: Manches, was hier für die Aggressivität geschildert wird, lässt sich analog auch für die Entwicklung zum Altruismus vorstellen. Die Prozesse werden im Prinzip die Gleichen sein, nur sind die emotionalen Grundlagen und die damit verknüpften kognitiven Inhalte eben anders als bei der Aggressivität.

Es soll erörtert werden, wie es zum Aufbau des Aggressionsmotivs kommt. Dies verstehen wir ja als ein motivierendes System, in dem eine Reihe von Komponenten funktional miteinander verknüpft sind, und in denen (siehe Kapitel 7) erhebliche individuelle Differenzen bestehen.

Wir haben mehrfach die affektiven und kognitiven Konsequenzen bei unterschiedlicher Bindungsqualität beschrieben. Wir betrachten als Ausgangslage für die Entwicklung zur Aggressivität die beschriebene *Ärgersensibilisierung*, verstärkt durch einen Rückkoppelungsprozess von Mutter und Kind und die ersten noch vagen Eindrücke von der Welt als unfreundlich, abweisend und vielleicht feindlich. Von dieser Ausgangslage aus beginnt dann die allmähliche Sensibilisierung für stressbedingten Ärger, und eine erste Konditionierung mit bestimmten Situationen, die im Sinne von mangelnder Zuwendung, Verlassenheit, oder Zurückweisung Angst und Ärger aktivieren. Dieser Affektkomplex dürfte im weiteren Entwicklungsverlauf verstärkt und allmählich mit spezifischen Aktivierungsbedingungen verknüpft werden. Sie werden sich aus spezifischen Stress- und Enttäuschungserfahrungen ergeben. Aus ihnen entwickeln sich schließlich jene Bereiche, in denen später Jugendliche und Erwachsene bei Beeinträchtigung besonders empfindlich reagieren und sich besonders schnell und heftig, vielleicht auch dauerhaft, ärgern.

Diese Bereiche sind natürlich individuell höchst verschieden und von den individuellen Erfahrungen mit anderen Menschen und mit der Reaktion von anderen Menschen auf eignes Verhalten verknüpft (siehe Bereichsspezifität S. 262f).

Aber wir haben hiermit als *erstes Merkmal*, das in das Aggressionsmotiv eingeht, die Entwicklungsprozesse für unterschiedliche *Ärgersensibilität* und die Unterschiede für die Heftigkeit und Dauer von Ärgerreaktionen als Ausgangslage für Aggressivität zu sehen. Von Anfang an verknüpft ist damit auch die aus den ersten und im Gedächtnis gespeicherten Eindrücken einer unfreundlichen Welt, die Entwicklung der ersten groben kognitiven Schemata über die Welt und bestimmter Merkmale in ihr, die emotional relevant sind, zu sehen. Mit zunehmender kognitiver Differenzierung des Weltbildes und mit der Entwicklung der Theory of Mind auch der Vorstellung von anderen Menschen und deren Intentionen und Wünschen, wird dieser Eindruck der generellen Unfreundlichkeit entweder präzisiert und differenziert in Bezug auf bestimmte Menschen oder bestimmte Verhaltensweisen, oder bestimmte Situationen und Ereignisse, oder vielleicht auch als allgemeine Grundüberzeugung, in die später auch eigentlich neutrale Ereignisse wirklichkeitswidrig eingeordnet werden.

Entscheidend für diese Entwicklung der kognitiven und affektrelevanten Überzeugungen ist die zunehmend komplizierte Auseinandersetzung mit anderen Menschen und der übrigen sozialen Welt, wobei die vielfältigen Erfahrungen etwa im Kindergarten, in der Schule, mit den Eltern und anderen Menschen eine entscheidende Rolle spielen.

Es lässt sich wahrscheinlich keine generelle Aussage treffen, sondern man kann wohl nur allgemein von den mehr generalisierten Grundeinstellungen als freundlich, als feindlich, mit Misstrauen zu begegnender, oder nur partiell gefährlichen Welt ausgehen.

Wir sehen hierin die Ausgangsbasis für die spätere von uns in Kapitel 7 beschriebene relative allgemeine Neigung, *Beeinträchtigungen vorwiegend als absichtlich*, bösartig intendiert zu deuten und darauf mit *Ärger* zu reagieren oder die entsprechenden Differenzierungen zwischen Situationen, in denen dies geschieht, und anderen, die eher als freundlich oder neutral verstanden werden.

Die Art, Häufigkeit und Situationsspezifität frustrierender oder befriedigender Erfahrungen werden die Qualität dieser kognitiven Systeme entscheidend mitprägen, ebenso die späteren Prozesse der Rückkopplung mit Affekten, die in entsprechenden Situationen zum Aufschaukeln oder bei entsprechend ausgebildeten Einstellungen und (situationsabhängigen) Intentionen auch zum Herunterregeln von Ärger führen können. Diese Entwicklung wird im Laufe der eigenen Entwicklung sowohl von den eigenen *Erfahrungen* mit Aggressionserfolgen und -misserfolgen

10.6 Resümee: Aggressionsmotiv als komplexes System

abhängig sein als auch von den *Vorbildern*. Wir wissen inzwischen, dass die Persönlichkeitsentwicklung nicht von einer passiven Einwirkung durch die Umwelt abhängt, sondern vielmehr auch durch die eigene Aktivität des Kindes mitgestaltet wird (Lerner, 1982). Erfahrungen, Lerngelegenheiten und Vorbilder werden je nach bereits ausgebildeten Interessen und Affinitäten gemieden oder aufgesucht, wo sie die vielleicht schon rudimentäre Anfangsbedingung verstärken.

Auf diese Weise werden allmählich die beiden Komponenten des Aggressionsmotivs ausgebildet, die wir als *Affektreaktionsbereitschaft* (Ärger) und Art der *Intentions-* und *Situationsattribuierung* in den Daten der Jugendlichen (Kapitel 7) festgestellt haben. Dazu gehört dann auch die sicher situationsabhängige Bereitschaft zur Emotionsregulation, aber auch zur Ausbildung von aggressionsrelevanten *Handlungs- und Hemmungsmustern*.

Die Tendenz, unfreundliche, frustrierende und ärgerliche Situationen zu meistern, ist sicherlich von vornherein vorhanden, vielleicht schon aus den biologischen Vorbedingungen. Sie bedarf aber mit Sicherheit allmählicher Ausbildung konkreter, komplexer, situationsangemessener Handlungen. Entsprechend der Script-Theorie werden situationsbezogene erfolgreiche Handlungen als Erfahrungen gespeichert und bilden im Laufe der Persönlichkeitsentwicklung jenen Schatz an situationsbezogenen und gespeicherten, abrufbaren Handlungsmustern, die eine weitere, überdauernde Komponente des Aggressionsmotivs bilden. Diese Komponente ist nicht unabhängig von den beiden vorangehenden Komponenten mit ihren individuellen Differenzen, der Sensibilität und Art der situationsbezogenen Ärgeraktivierbarkeit und den Intentionsdeutungen als überdauernden Komponenten. Aber auf sie bauen sich dann die *Handlungsmuster* auf, die ihrerseits hoch differenziert und individuell spezifisch spezialisiert sind, aber in ihrer funktionalen Verknüpfung nicht unabhängig denkbar sind von dem Ärger- und Intentionsdeutungskomplex.

Zu diesen Handlungsmustern und Scripts, die als überdauernde in das System des Aggressionsmotivs integrierte Komponenten zu rechnen sind, müssen natürlich unbedingt die individuellen Erfahrungen mit Aggressionshandlungen und ihren Erfolgen und subjektiven und objektiven Möglichkeiten, erwähnt werden.

Als weitere wichtige Komponenten des Aggressionsmotivs bildet sich im Laufe der individuellen Entwicklung insbesondere auch in der späteren Entwicklung im Jugendalter das *System der Werthaltungen* heraus, von dem schon der Aufbau von Handlungsmustern abhängt. Selbst wenn gelegentliche Erfolge mit Aggressionshandlungen erfahren werden, muss dies nicht zum dauerhaften Aufbau entsprechender Handlungsmuster als Bestandteil des überdauernden Aggressionsmotivs werden. Denn derartige Handlungen können den inzwischen aus anderen Quellen aufgebauten Werten oder sozialen Normen widersprechen. Beides gemeinsam, vorhandene Handlungsmuster, die in einer spezifischen Situation abgerufen werden können, und relevante Werte und Normen spielen schließlich für die Bildung einer weiteren Komponente des Aggressionsmotivs zusammen, nämlich für die Entwicklung von *Aggressionszielen*. Auch wenn Scripts für spezielle, im einzelnen verfügbare Handlungen entwickelt sind (sie können z. B. in Bezug auf die Selbstbeurteilung körperlicher Kraft und Geschicklichkeit, Sprachgewandtheit, oder sozialer Erfolgserfahrung individuell höchst differenziert entwickelt werden), werden sie dementsprechend differenziert situationsbezogen aktivierbar sein. Was von diesen Möglichkeiten zum System individueller Ziele gemacht wird, die ggf. angestrebt werden, hängt auch von den Werthaltungen ab. Manche Handlungen, die für jemanden z. B. nach seinen körperlichen Fähigkeiten durchaus in Frage kämen, werden nie teil seines Systems potentieller Ziele.

Wir sehen also hier zweierlei: die *Entwicklung einzelner Komponenten* des Aggressionsmotivs, angefangen von frühen Erfahrungen und ihren Entwicklungsfolgen, wie sie sich in der Interaktion mit der jeweiligen Umwelt ergeben. Zum anderen, dass sie alleine aus dem Entwicklungsprozess heraus *keine isolierten Elemente* sind, sondern gemeinsam entwickelt und funktionell aufeinander bezogen sind und daher ein *komplexes funktionales Motivsystem* bilden.

11 Zusammenfassende Interpretation

Im Folgenden sollen unsere Ergebnisse im jeweiligen sozio-kulturellen Kontext, aus dem unsere Daten stammen, diskutiert werden. Wie schon eingangs betont, sind wir von Anfang an davon ausgegangen, dass die Entwicklung von Aggressivität nur im jeweiligen komplexen sozio-kulturellen System verstanden werden kann. Wir werden uns bemühen, einen Überblick über die für uns wichtigsten Aspekte in der jeweiligen Kultur zugeben. Erst damit ist ein Verständnis für das Zustandekommen der Unterschiede in der Aggressivität und die Rolle der mütterlichen Erziehung dabei zu gewinnen.

Diese Einordnung in die wichtigsten Aspekte einer Kultur ist im Grunde aber eine fast unlösbare Aufgabe. Es müsste ein extrem komplexer Sachverhalt in „den wichtigsten Aspekten" beschrieben werden. Dieser Sachverhalt ist nicht nur der vielen beteiligten Personen, Institutionen und Beziehungen wegen höchst komplex. Es geht im Grunde um den Komplex „Kultur". D. h. es geht über das objektiv Beschreibbare hinaus: *„Bei Kultur geht es immer um Bedeutung und Bedeutung wird meist durch andere als (konkrete) Zeichen übermittelt"* (Coulmas, 2005, S. 9). Und Bedeutungen, die für den Einzelnen handlungsleitend sind, können nur durch Interpretation erschlossen werden. Der Beschreibung haftet also immer etwas Subjektives an. Das gilt erst recht, wenn man die gemeinsam geteilten und weitgehend unhinterfragt akzeptierten, und auch kaum explizit formulierten Überzeugungen, die dem Handeln zugrunde liegen, beschreiben will, oder wenn – wie im Folgenden – komplexe soziale Sachverhalte als relevant herausgegriffen werden.

Es kommt noch hinzu, dass Kulturen oder Gesellschaften nicht statisch sind, sondern ständiger Veränderung unterliegen. Daher ist auch hier noch einmal zu betonen: Unsere Untersuchungen beziehen sich – von Planung bis Auswertung – auf die Zeit von ca. 1975 bis ~1997. Seitdem haben aber einschneidende Ereignisse in der Welt Bedeutung erlangt: Die Zunahme der Globalisierung, wirtschaftliche Krisen wie der Kollaps der „public economy" in Japan, Bedrohung durch Terror (11.09.2001 in den USA), Tsunami in Indonesien, sozialer Wandel besonders in Deutschland (Wiedervereinigung) und in Japan (Kornadt, 2007b), Krieg im Irak usw. Die späteren Auswirkungen, auch auf die uns interessierenden sozio-kulturellen Bedingungen in den Kulturen unserer Untersuchung, bleiben aber unberücksichtigt, denn sie spielen für unsere Argumentation keine Rolle.

Daher betonen wir auch hier noch einmal ein wichtiges **Caveat**: Wir haben und hatten nicht etwa vor, „*die* Aggressivität *der* Japaner", Balinesen usw. zu beschreiben. Wir haben dort lediglich Stichproben untersucht, mit denen wir besondere Bedingungen der Aggressivitätsentwicklung studieren wollen, die wir dort vermutet haben. Die zugrundeliegenden Prinzipien halten wir letztlich für universell, sodass auf diesem Hintergrund die kulturellen Besonderheiten dann gerade interessant und aufschlussreich sind.

Jede Kultur ist aber in sich keineswegs homogen, so dass sich schon deshalb eine Verallgemeinerung verbietet. Trotzdem bleibt uns aber nichts anderes übrig, als für die kommende Diskussion allgemeine Merkmale der jeweiligen Kultur zum Ausgangspunkt zu nehmen, wohl wissend, dass dies fast immer Verallgemeinerungen sind, von denen es viele Abweichungen gibt.

Wir stützen uns für die jeweilige Kultur auf eine umfangreiche, meist sozialwissenschaftliche Literatur, die wir unmöglich alle zitieren können, auf amtliche Berichte und Statistiken, sowie auf umfangreiche eigene Beobachtungen und auf zahllose Gespräche während der langen Untersuchungszeit.

11.1 Erziehung und Aggressivität in Japan

Vorbemerkung

Wie wir in Kapitel 6 gezeigt haben, ist die Aggressivität bei japanischen Jugendlichen deutlich niedriger als bei deutschen und Schweizer Jugendlichen. Bei den japanischen Müttern finden sich besondere Merkmale in der Erziehung ihrer 3-6-jährigen Kinder, in denen sie sich von den europäischen unterscheiden, und es besteht vor allem ein signifikanter Zusammenhang zwischen dieser Erziehung der Mütter und der Aggressivität ihrer Kinder neun Jahre später. Das lässt einen klaren Erziehungseinfluss auf die Aggressivitätsentwicklung erkennen. Wie ist dies nun im speziellen Kontext der japanischen Gesellschaft und Kultur zu verstehen? Sind die Ergebnisse im Wesentlichen im Einklang mit deren Grundzügen zu sehen? Lassen sich am Ende allgemeine Schlussfolgerungen daraus ableiten, wenn man dies mit den allgemeinen Erkenntnissen in Zusammenhang bringt, wie wir sie im Kapitel 10 dargelegt haben? Sind Prinzipien erkennbar, die die geringe Aggressivität „unserer" Japaner erklären können?

Wir beginnen zunächst mit einer Beschreibung von besonderen Merkmalen der japanischen Gesellschaft und Kultur, die für unser Thema wichtig sind. Wir stützen uns dazu sowohl auf viele der fast unübersehbaren Veröffentlichungen (z. B. Coulmas, 1993; Doi, 1973; DeVos, 1973; Nakane, 1970; Schubert, 1992 u. a.), auf amtliche Statistiken und vor allem auch auf zahllose eigene Beobachtungen und Informationen, gesammelt im Laufe von über 25 Jahren.

Das erste, was einem westlichen Ausländer in Japan auffällt, ist der Eindruck, es überall mit höflichen, freundlichen, zurückhaltenden Menschen zu tun zu haben. Man fühlt sich fast überall sicher und akzeptiert, wenn nicht wohlgelitten, aber zugleich kann man doch nicht den deutlichen Eindruck loswerden, eben als Fremder angesehen zu werden. In bestimmter Weise sind die Japaner bei aller Freundlichkeit „verschlossen". Das hat offenbar etwas damit zu tun, dass Japaner anderen Menschen, auch fremden Japanern gegenüber, besonders rücksichtsvoll sein wollen. Man respektiert die Privatsphäre des anderen und will niemandem zu nahe treten. Man fragt auch nicht nach Persönlichem, will auch nichts darüber hören und erzählt auch von sich nichts darüber, und das verstärkt daher das Gefühl von Distanz. In der stets vollen S-Bahn in Tokio ist es z. B. in der Regel still, Fremde reden nicht miteinander.

Wie sehen nun auf dem Hintergrund der Entwicklung Japans, wie sie im Kapitel 5.1 beschrieben wurde, die für uns relevanten Merkmale der Kultur und ihre Beziehung zu unseren empirischen Daten aus?

11.1.1 Japan als „kollektivistische" Kultur

Das herausragende und immer wieder beschriebene Merkmal der Japaner ist ihre Sozial- oder Gruppenorientiertheit. In den westlichen Kulturen erlebt und versteht sich der Einzelne als (einmaliges) Individuum mit seinen ganz persönlichen Eigenschaften und Merkmalen, die ihn von allen anderen unterscheiden (ich bin x Jahre alt, Kind von ... Eltern, ich bin deutscher Student, intelligent, hilfsbereit, ehrgeizig, freundlich oder habe Frau und Kind und lebe in dem x-Stadtteil, fahre im Winter immer zum Skilaufen usw., d. h.: „*mich gibt es so nur einmal*").

Ein Japaner erlebt sich dagegen weniger als einmaliges, besonderes Individuum, sondern als Teil einer Gruppe, die seine Identität ausmacht (ich gehöre zu der X-Schule und der Y-Klasse in Kanazawa, oder ich bin ein Sony-Man und gehöre zu dem X-Golf-Klub). Dabei sind es durchaus verschiedene, oft nicht überlappende Gruppen, als deren Mitglied oder besser Teil man sich als Japaner sieht. Anders als im Westen ist diese Einbettung recht stabil und für das Selbstgefühl äußerst wichtig. Diese sozialen Bezüge werden auch seltener als im Westen gewechselt.

Zugleich ist man sich in der japanischen Gesellschaft auch in vielfältiger Weise einer subtilen hierarchischen Ordnung bewusst und akzeptiert dies sozusagen als gegeben. Das wesentliche Merkmal dieser Hierarchie ist die Seniorität. Ferner gehört dazu, als geradezu konstitutives Merkmal, das durchgängige Ideal der Harmonie. Deshalb ist man anderen gegenüber so zurückhaltend, Kritik und Konflikte auszusprechen ist unerwünscht und nicht üblich.

Dem entspricht auch die *japanische Sprache*. In ihr ist das Harmonie-Ideal sozusagen verkörpert, und durch sie wird es im Alltag ständig bekräftigt. Sie ist nicht „themengesteuert", sondern „beziehungsgesteuert" (Mae, 1996, S. 130). Ein Japaner kann daher nicht einfach sagen „das ist ein Buch", die Sprache erlaubt nur, dazu eine Höflichkeitsform zu wählen. Dazu muss der Sprecher seine soziale Beziehung zum Hörer bedenken und unter den verschiedenen Möglichkeiten die angemessene Höflichkeitsform wählen (Tsuji, persönliche Mitteilung, 1983). Diese sprachlichen Besonderheiten bestehen sowohl in der Grammatik, z. B. in der Verwendung stets abschwächender Partikel am Satzende (wa, no), wie auch in den Sprachverwendungsregeln mit den verschiedenen Höflichkeitsformen und im Kommunikationsstil.

Trotz dieses Bewusstseins sozialer Rangunterschiede haben sich *fast 90%* der Japaner als „zur Mittelschicht gehörig" bezeichnet und empfunden (2000 waren es 78,5%, 2010 sind es 74%; Hommerich, 2010). Dies ist ebenfalls Ausdruck des Harmonieideals, in dem es unerwünscht ist, dass sich jemand mit Leistung, Schönheit, lautem Auftreten oder Ähnlichem vor anderen zu sehr heraushebt. Aber selbstverständlich vorhandene Statusdifferenzen (z. B. in der Firma) werden stillschweigend akzeptiert. In erster Line werden durch das Prinzip der Seniorität in besonders harmoniegerechter Weise soziale Rangunterschiede konstituiert: Dem Älteren, Erfahreneren, Kenntnisreicheren gebührt Respekt. Für Kinder sind dies immer die Eltern (filial piety), aber es sind überhaupt Ältere, und wegen ihres Wissens vor allem auch *Lehrer (sensei)*. Dies hat seine Wurzeln im Konfuzianismus, wozu auch die Wertschätzung des durch fleißiges Lernen erworbenen Wissens gehört, auf das wir noch zurückkommen.

Innerhalb der Gruppe kommt es kaum auf einen individuellen Status an. Jeder trägt zum Interesse und Ansehen der Gruppe nach seinen Kräften bei, Unterschiede werden stillschweigend akzeptiert. Die Gruppe, Schule, Firma, Abteilung, zu der man gehört, gibt vor allem als solche dem Einzelnen soziale Sicherheit, sofern man ihr gegenüber loyal ist. Loyalität ist wichtiger als individuelle Kompetenz. Das bedeutet, dass auch Schwächere akzeptiert und eingebunden werden. Dies ist ein wichtiges Merkmal der sozialen Zusammengehörigkeit und stärkt diese. Innerhalb der Gruppe herrscht das Ideal der Harmonie und des Konsenses. Auch wenn es eine Autorität, einen formellen Vorgesetzten gibt, übt dieser kaum einmal Macht aus, außer in seinem Beitrag zum allgemeinen Konsens und vielleicht der Vertretung der Gruppen nach außen. Das gibt den Entscheidungen, in die dann alle einbezogen sind, erhebliches Gewicht, weil jeder am Ende dazu beigetragen hat und zugestimmt hat.

Ein wichtiges Merkmal, das wesentlich zur Harmonie der japanischen Gesellschaft beigetragen hat, war – jedenfalls während des Zeitraumes unserer Untersuchungen – die Stabilität der Wirtschaft und der Beschäftigungsverhältnisse. Es gab fast keine Arbeitslosigkeit und in den Firmen herrschte das Prinzip der lebenslangen Beschäftigung. Das gab dem Einzelnen hohe Sicherheit und stärkte ganz wesentlich die Zugehörigkeit zu und Solidarität mit der „Gruppe", also auch der Firma, die vielfach wie eine große Familie erlebt wurde.

Von besonderer Bedeutung ist dabei das Anerkanntsein in der Gruppe. Das eigene Selbstkonzept und Selbstwertgefühl sind ganz wesentlich davon abhängig. Man kann daher von einem Selbstkonzept der Japaner ausgehen, das viel weniger als im Westen auf der Einschätzung innerer stabiler Eigenschaften oder individueller Fähigkeiten beruht, als auf der Beziehung zu einer bestimmten Gruppe und der Akzeptanz durch sie. Die Bedeutung des „Gesichts-Wahrens" beruht darauf, dass ein Japaner mehr Wert darauf legt, was andere für eine Meinung von ihm haben, als wie er seine Fähigkeiten, Eigenschaften, oder Erfolge selbst beurteilt.

Eine wichtige Konsequenz davon ist eine echte Abneigung, gegen Regeln und Normen zu verstoßen, die sehr viel ausgeprägter ist als im Westen, wo dies in der „Postmoderne" geradezu schick ist. Dazu müssen wir uns klar machen, dass diese subjektive Bindung an die Gruppe und die damit verbundene Selbstwertbedeutung etwas völlig anderes ist als ein „Gruppendruck", der gegen den eigenen Willen „von außen" ausgeübt wird. Die Bedeutung der Gruppe und die Werte und Normen sind weitgehend internalisiert und entsprechen damit einem *eigenen Bedürfnis*.

Übrigens sind diese Merkmale der japanischen Gesellschaft, die häufig unter dem Konzept des „Kollektivismus" erwähnt werden, auch von vielen empirischen Untersuchungen bestätigt: So berichtet z. B. Hofstede (1984), auf den primär das Konzept der Dichotomie zwischen Individualismus vs. Kollektivismus zurückgeht (der aber auch noch andere Dimensionen identifiziert hat), dass der Index für Individualismus (als Gegenpol zum Kollektivismus), der – auf einer Skala von 0 bis 100 – für USA 91 beträgt, für Japaner dagegen 46 beträgt (für Thailand 20, für Deutschland 67 und die Schweiz 68). Wir berichten dies mit allem Vorbehalt für die sehr vereinfachende Gegenüberstellung in den Konzepten. Wie bei allen „Konfuzianischen" Kulturen wird auch in Japan bei allem Harmonie-Streben und der Homogenität der Gesellschaft „Hierarchie" als wichtiger angesehen als „Gleichheit". Trotzdem haben Müller und Ziltener bei allem internen Hierarchie-Bewusstsein für Japan den höchsten Homogenitäts-Wert gefunden (Müller & Ziltener, 2004, S. 126). Interessant ist schließlich auch, dass für Japan ein hoher Wert für „Unsicherheits-Meidung" gefunden wurde (Müller & Ziltener, 2004, S. 133). Darunter wird das Streben verstanden, *„Unklarheiten, Mehrdeutigkeiten im Leben und Unsicherheiten hinsichtlich der Zukunft zu vermeiden"* (S. 142). In Kulturen, in denen dieser Wert hoch ist, werden viele Regeln und Normen entwickelt, die es erleichtern, mit unklaren Situationen umzugehen. Der Gefahr zu versagen, wird daher mehr Aufmerksamkeit gegeben als der Möglichkeit zu gewinnen. Auch das hängt mit der Gruppenbindung zusammen, weil Versagen auch für das Ansehen der Gruppe, und damit auch für die Akzeptanz durch sie, relevant ist. Daher findet sich in Japan auch mehr Selbstkritik als im Westen. Versagen hinsichtlich der Einhaltung von Normen bedeutet auch Scham und Gesichtsverlust.

11.1.2 Familie

Die japanische Familie als entscheidender Ort für das Aufwachsen der Kinder unterscheidet sich in verschiedener Hinsicht von einer westlichen (deutschen, Schweizer), aber auch von einer indonesischen Familie. Wichtigstes Merkmal ist (= war zu unserer Zeit), dass Frauen häufig bald nach einer (~4-semestrigen) „Kurzuniversität" oder Berufstätigkeit, mit ungefähr 24 Jahren heiraten, und nach der Heirat frühere Tätigkeiten aufgeben. Ein Drittel dieser Ehen wurden übrigens über einen Heiratsvermittler arrangiert, manchmal ohne dass sich die späteren Ehepartner schon vorher kannten. Dieser Heiratsvermittler (Go-between) wird im Einvernehmen mit den jeweiligen Eltern tätig, und er übernimmt damit in bestimmter Weise auch die Verantwortung für das spätere Gelingen der Ehe. Ebenso fühlen sich die Ehepartner diesem Vermittler gegenüber verpflichtet, ihm nicht etwa „Schande zu machen", durch Probleme in der Ehe oder etwa gar deren Scheidung. Die Scheidungsrate in Japan lag 1980 bei ~10%.

In der Familie besteht eine fast unhinterfragte *Rollenverteilung* [Anmerkung: Die Frauenbewegung „Womens Life", die 1970 entstand und gegen die Geschlechterdiskriminierung gerade im privaten Bereich aufmerksam machte, und die vor allem die traditionelle Rolle als Ehefrau und Mutter völlig ablehnte, fand wegen ihrer Radikalität wenig Verständnis (Himeoka-Sumizawa, 1996).].

Der Mann ist in aller Regel der auswärtig beschäftigte Verdiener der Familie, sehr oft verlässt er das Haus früh und kommt erst sehr spät abends zurück, wenn die kleineren Kinder längst schlafen. Die männliche Rolle ist in der Regel die des „Sarariman", für den die Berufstätigkeit als seine wichtigste Funktion gilt: *„Umso berühmter seine Firma, umso höher sein betriebsinterner Status, desto mehr Ehre wird ihm von seinen Mitmenschen zuteil"* (Drink, 1996, S. 177). Es ist bekannt, dass im Beruf viele Männer weit über die vorgeschriebene Arbeitszeit hinaus bis spät in den Abend arbeiten, und z. T. auch auf einen Teil ihres Urlaubsanspruchs verzichten. Es hat hierfür den Ausdruck des „Workaholics" gegeben, wohl von westlichen Ausländern geprägt, für die so etwas unverständlich ist. Hier mag sich jedoch noch ein Stück der alten Samurai-Tradition erhalten haben, für die Ausdauer ohnehin ein wichtiger Bestandteil ihrer Ehre war („*erst nach dem Tode ausruhen*", Wittig, 1976, S. 75, zitiert nach Drink, 1996, S. 173). „*Während der Arbeitszeit werden Schicklichkeit und Etikette zwischen Rangtieferen und Vorgesetzten streng eingehalten, aber nach dem oft stark überzogenen Arbeitspensum geht man gemeinsam in die Bar und dort fallen die Schranken zwischen den Angestellten weitgehend*" (Drink, 1996, S. 177). Wenn die Männer dann nicht selten betrunken nach Hause kommen, tritt ein Phänomen in Funktion, was Takeo Doi (1982) als **amae** bezeichnet, ein kindliches Sich-Gehen-Lassen und Betreut-Werden-Wollen durch die Frau als typisch japanischer Motivationskomplex.

Der Ehemann und Vater ist also wenig zu Hause präsent. (Seit den 90er Jahren allerdings wohl etwas häufiger am Wochenende.) Er ist hauptsächlich nur an „wichtigen" Entscheidungen beteiligt (z. B. welche Schule das Kind besuchen soll).

Die Frau versorgt das Haus und ist für alle Aufgaben des Haushaltes, der Kinderbetreuung und der Erziehung verantwortlich. Im Vergleich zu der im Westen verbreiteten Auffassung, dass dies im Vergleich zum Mann eine minderwertige, unterprivilegierte Rolle sei, ist dies im Bewusstsein der meisten japanischen Frauen keineswegs der Fall, und zwar vor allem auch wegen der Aufgaben und „Machtfülle", die sie mit dieser Rolle hat: Sie ist ohne Zweifel die dominante Person in der Familie – nicht der Vater. Sie verfügt über die Finanzen der Familie (z. B. im Restaurant zahlt sie die Rechnung, der Ehemann erhält eine Art Taschengeld). Diese Funktion ist auch deswegen bedeutsam, weil in Japan die Schulbildung enorm wichtig und vor allem sehr teuer ist. Für Schuldgeld, einschließlich des fast immer gewählten zusätzlichen Privatunterrichts (Musik, Tanz, Juku), muss ein sehr erheblicher Teil des Familieneinkommens aufgewendet werden. Die wahrscheinlich auch in ihrem eigenen Selbstbild wichtigste Aufgabe als Mutter ist es, sich uneingeschränkt dem Kind zu widmen.

In diesem Sinne ist sie eine „kiuiku mama", eine Erziehungs-Mutter. Und auch dies ist als Wertschätzung und Selbstideal voll internalisiert und nicht etwa nur auf äußeren Druck widerstrebend hingenommen.

Während sich die Identität der Männer aus der Zugehörigkeit zur meist beruflich bedingten Gruppe ergibt, bestimmt sich die der Frau sowohl durch die des Mannes, aber auch durch die jeweilige schulische Einbindung der Kinder (siehe unten PTA) und durch die Frauen der Nachbarschaft. Die Beziehung zu den (Groß-)Eltern ist in den modernen Großstadtfamilien nicht mehr so eng, wie das früher auf dem Land selbstverständlich war. Allerdings spielt doch auch die Familientradition eine Rolle (gelegentlich ausgedrückt in einem kleinen Hausaltar zur Ahnenverehrung). Die Betreuung der Alten durch die Kinder, insbesondere die Frauen, ist etwas, was vielfach – schon des Senioritätsprinzips wegen – noch erwartet wird, aber immer schwieriger wird, vor allem wegen des auch in Japan gravierenden Geburtenschwundes.

Bis zur ersten Hälfte der 80er Jahre wurden Frauen, die nach einer Karriere strebten, als „fliegende Frauen" (tonderu ona), für sonderbar gehalten. Dies hat sich im Laufe der Zeit verändert. (1989 waren fast 59% der berufstätigen Frauen verheiratet; allerdings ist unklar, auf welches Alter der Frauen sich diese Zahl bezieht, ob vor, während, oder nach der Kinderbetreuung.) *„Diese Rollenverteilung zwischen Männern und Frauen findet breite gesellschaftliche Unterstützung: 1982 stimmten 71% der Befragten dieser Vorstellung zu"* (Himeoka-Sumizawa, 1996, S. 158).

11.1.3 Schule und Lernen

Wie erwähnt, ergibt sich aus der konfuzianischen Vorstellung von der überragenden Bedeutung des Lernens eine ebenso überragende Bedeutung des japanischen Bildungs- und Schulwesens. Die Schule ist für die japanischen Kinder – anders als für deutsche Kinder – sozusagen der entscheidende Lebensraum, und deswegen ist deren Organisation und alles, was dort geschieht, wesentlich bedeutender als in Deutschland. Sehr vieles von der inneren Atmosphäre und vom Verhalten von Lehrern und Kindern ist letzten Endes durch Ideale geprägt, die auf den Konfuzianismus zurückgehen. So ist z. B. ein entscheidender Unterschied zum westlichen Schulwesen – dass gilt übrigens generell in der japanischen Kultur im Unterschied zu westlichen Kulturen – dass Leistung und Leistungserfolg generell nicht (oder kaum mal) auf Begabung, sondern auf Anstrengung und Lernen bezogen wird (siehe Kornadt, 2007a).

Hier wird übrigens die in der Literatur immer wieder beschriebene Besonderheit des Selbstkonzeptes deutlich. In der japanischen Kultur entwickelt es sich als grundlegend *inter-dependent*, d. h. auf den Beziehungen zu wichtigen Anderen beruhend, dabei in Grenzen zugleich auch situationsabgängig. Können ist variabel, weil vom Fleiß abhängig und daher immer verbesserungsfähig (Heine, 2001; Markus & Kitayama, 1991; Triandis, 2002).

Für die Schüler bedeutet das, dass auch der Fortschritt innerhalb der Schule von ihnen als Ergebnis der eigenen Anstrengung und des Lernens verstanden wird. Reicht bei einem Schüler eine schwache Leistung noch nicht aus, so muss er sich eben mehr anstrengen und noch mehr lernen. In der Schule herrscht dafür ein prinzipiell egalitäres Klima, ohne Sitzenbleiben. Dieses Klima ist für die Harmonie und den Gruppenzusammenhalt in der Kultur höchst bedeutsam, denn auf diese Weise wird eine Zurücksetzung und *Verletzung des Selbstwertgefühls* der schwächeren Schüler vermieden.

Außerdem gibt es zahlreiche Möglichkeiten, zusätzlichen Unterricht z. B. in Jukus (Art Nachhilfeschulen) zu nehmen, oder in eine andere Schule zu wechseln. Neben dem staatlichen *Schulsystem* hat sich nämlich eine fast ebenso große Zahl privater Schulen, vom Kindergarten bis zur Hochschule entwickelt, eine ganze „Erziehungs-Industrie". Da nicht alle Einrichtungen das gleiche Anforderungs- und Leistungsniveau haben, besteht eine große Vielfalt, besonders in den privaten Einrichtungen. Auf diese Weise kommt das Bildungswesen den individuellen Differenzen in den Fähigkeiten und Leistungen entgegen. So kann praktisch jeder einen gewünschten Abschluss machen – dessen Wert freilich je nach der Schule, auf der man ihn erwirbt – sehr verschieden ist. Aber so gibt es jedenfalls formell kaum „Versager". Ganz sicher trägt das wesentlich zur Homogenität der Gesellschaft bei, zumal auch dies ein *selbstwertschonendes System* ist. Aber der Preis dafür ist, dass für alle ein erheblicher Schulgeldbeitrag verlangt wird, der an privaten Einrichtungen etwa doppelt so hoch ist wie an staatlichen. Für die Familien ist das oft eine schwere Bürde. [*Anmerkung*: Die (allerdings besonders renommierte) Keio-Universität in Tokio verlangte (in den Jahren unserer Untersuchung) ca. 570 DM für die Eingangsprüfung, im ersten Studienjahr über 221.000 DM Studiengebühren, im zweiten und dritten Jahr knapp 12.000 DM in geisteswissenschaftlichen Fächern, die noch relativ billig sind.]

Beruhend auf den Prinzipien der Harmonie und der Gruppenorientierung gibt es vielerlei *Regeln in der Schule*, die ebenfalls selbstwertschonend sind. Dazu gehört das Prinzip der Ehrfurcht vor dem Alter, in dessen Genuss ja jeder mit Sicherheit hineinwachsen wird, aber auch der Akzeptanz Schwächerer als Gruppenmitglieder. Ausschluss aus der Gruppe wird entsprechend als besonders schwere Sanktion empfunden. In der Klasse ist das Verhältnis zum Lehrer bei all seiner Autorität als „sensei" keineswegs autoritär, wie überhaupt das gesamte den Tag ausfüllende Schulleben sehr viel lockerer, lebhafter und unbefangener ist als in unseren Schulen. *„Die Schule ist ein komplexer sozialer Lebensraum für die Schüler. Schule und Lernen sind keine Unterbrechungen ihrer Freizeit, ihres Spiels, sie bezeichnen keine bloßen Teile ihres Tagesablaufs. Schule ist ihr Lebensinhalt"* (Schubert, 1992, S. 132). Die Schüler erleben in diesem Sinne ihre Identität in der Tat als Schüler dieser Schule und Klasse, und auch dies ist ein wichtiger Aspekt ihrer Gruppenorientiertheit.

Dazu kommt ein tiefgreifend anderes *Verhältnis von Lehrern und Eltern* als bei uns. Eltern, vor allem die Mütter, unterstützen das Lernen, bringen die Wichtigkeit der Schule ständig zum Ausdruck. Dazu vermeiden sie, irgendwelchen Dissens mit der Schule zu äußern. Dazu wurden auch die PTAs, Parent-Teacher-Associations, gegründet. In ihnen kommen Eltern und Lehrer zusammen, sie bemühen sich gemeinsam um die Erziehung, auch um die moralische Erziehung und den Lernfortschritt ihrer Kinder. In der Regel werden die Lehrer ausdrücklich auch in Erziehungsfragen unterstützt. Die Lehrer kennen meist auch ihrerseits die Privatverhältnisse ihrer Schüler.

Ein wichtiges Merkmal ist auch die *Schulkarriere*, die die Berufskarriere vorwegbestimmt. Da es in der Schule kein wirkliches Versagen, in der Regel kein Sitzenbleiben gibt, muss die unvermeidliche Differenzierung nach Leistung und Können anderweitig erfolgen: Die Schule lagert die Selektion aus. Sie findet in Form von *Aufnahmeprüfungen* an der nächst aufnehmenden Stelle statt. Und für diese Aufnahmeprüfungen muss wieder besonders gelernt werden. Das Bestehen der Aufnahmeprüfung hängt somit im subjektiven Erleben wiederum von der Anstrengung ab, Misserfolg wird auf mangelnde eigene Anstrengung zurückgeführt. Wer allerdings schon früh in einen guten Kindergarten gekommen ist, hat dort bereits „gut gelernt" und auch gute Chancen, in eine gute Schule zu kommen und damit weiterhin die Voraussetzung, die Aufnahmeprüfung für eine angesehene begehrte Universität zu bestehen. Und wer dort einmal aufgenommen ist, absolviert sie auch und hat dann entsprechende Berufschancen.

Dieser Übergang in die jeweils nächst höhere Bildungseinrichtung, also insbesondere die Aufnahmeprüfung in die Universität und die dazu unternommenen besonderen Lernanstrengungen, um möglichst gut abzuschneiden, wird oft als *„Examenshölle"* kritisiert, von Japanern selbst, aber noch mehr und als unmenschlich von Ausländern.

Besonders westliche Beobachter können in den Normen, Regeln und Pflichten, die die Jugendlichen zu erfüllen haben, oft nur einen unerträglichen Zwang sehen, mit dem ihnen die Jugend geraubt werde. Da die Kultur und die Internalisierung nicht verstanden werden, wird häufig „zum Beweis" eine hohe Selbstmordrate behauptet. Daher hier nur zwei Zahlen dazu:

> In der Altersgruppe von 10-19 Jahren beträgt sie ~3 pro 100.000.
> In der Altergruppe von > 65 Jahren beträgt sie > 35 pro 100.000.
> (Uada, 1993, für 1991)

Sie ist also gerade nicht bei den Jugendlichen so hoch, die ja unter dem „Zwang" so leiden sollen, sondern unter den Alten. Diese fallen häufig plötzlich aus den Bindungen des Berufslebens heraus, müssen nicht selten alleine leben, und für sie ist nicht wie in Deutschland ein ausgebautes nationales Sozialsystem da.

Von den Jugendlichen ist dieses Prüfsystem letzten Endes voll akzeptiert, auch oder weil die Schüler zusätzlich alle möglichen Formen der Nachhilfe zusätzlich in Anspruch nehmen können und nehmen, um ihre Chancen zu verbessern. Und wenn es ihnen in einem Jahr nicht gelungen ist, dann wird es eben beim nächsten Mal noch einmal probiert.

11.1.4 Rituale, Aufgaben und Verantwortung

Dem westlichen Beobachter fällt häufig die Disziplin der Schüler auf. Wenn eine Klasse z. B. auf dem Schulhof oder auf dem Bahnhof warten muss, gibt es dort kein Gerangel, kein Knuffen und Rempeln wie bei uns. Die Schüler warten in der Regel gemeinsam still in der Hocke bis es losgeht. Dies und für die Ordnung und Gemeinsamkeit sorgende Rituale, gemeinsame Verpflegung, gemeinsames Essen, gemeinsame Kleidung (Schuluniform) und Ähnliches, beruhen offenbar auf einer allgemein akzeptierten Gemeinschafts- und Ordnungsvorstellung. Eine wichtige Rolle spielt dabei, dass in der Schule eine Vielzahl kleiner, aber wichtiger Aufgaben (für Kreide sorgen, für eine saubere Tafel sorgen, für die Bereitstellung von Geräten, für die richtige Anordnung der Tische, für die Sauberkeit im Klassenraum, für das Aufräumen nach einem Spiel usw. zuständig und verantwortlich sein) als *kleine Ämter* an Schüler selbst vergeben werden. Schüler sind abwechselnd für die entsprechenden Aufgaben zuständig und selbstständig verantwortlich. Und es macht sie stolz, wenn sie diese Aufgaben pünktlich und zuverlässig erledigt haben. Auf diese Weise wird ein Bewusstsein der individuellen Wichtigkeit und zugleich der Verantwortung für die Gemeinschaft geschaffen. Mit zunehmendem Alter werden auch immer wichtigere Aufgaben im Interesse der Klasse übertragen. Dies ist deswegen so bedeutsam, weil es – entwicklungspsychologisch – ein wichtiges Bedürfnis der Heranwachsenden ist, eigenes Können zu erleben, etwas selber gestalten können und vor allem auch selber Verantwortung für andere übernehmen zu können (Eccles, 2008). Dieses Bedürfnis wird auf diese Weise erfüllt: die Übertragung solcher Aufgaben gibt den Schülern die Möglichkeit, in gewissen Grenzen eigene Entscheidungen zu treffen und die Fähigkeiten dafür (Planung, Selbstkontrolle) zu entwickeln, die nötig sind, um bestimmte Dinge selbst zu steuern und damit Erfolg zu haben. Dieses Bedürfnisses wird so auf gemeinschaftsfördernde Weise befriedigt und muss nicht in einer eigenen „autonomen" Jugendkultur, deren Werte häufig in Opposition zur „normalen" Gesellschaft stehen, gesucht werden. Auch dies führt schrittweise zu einer positiven Eingliederung in die Gemeinschaft.

Vieles an diesen Regeln und Ritualen in der Klasse – ebenso wie die Einhaltung von Ordnung und Disziplin in der Klasse – sieht allerdings für den westlichen Beobachter als ein vom Lehrer erzwungener Drill aus. Dies ist aber jedoch eine falsche Deutung aus westlicher Sicht. Sie verkennt die Wichtigkeit der Einbindung in die Gruppe, die *Internalisierung* der Regeln und Werte und damit die Entwicklung wichtiger Persönlichkeitsmerkmale. In Japan ist dieses vielmehr ein Element der allgemeinen akzeptierten Zielsetzung, sowohl harmonischer Kooperation wie optimalem Lernen. Disziplin ist dann eine selbstverständliche gemeinsame Voraussetzung dafür. Natürlich steht der Lehrer letztlich als Repräsentant dahinter, der dieses Ideal vertritt, es eben auch für sich selbst vertritt.

Für die Welt des Erwachsenen, in die die Kinder hineinwachsen, ist noch besonders die kulturelle Rolle von „giri", der Pflicht oder Verpflichtung, von äußerster Bedeutung. Damit sind die vielfältigen Verpflichtungen gemeint, überhaupt Regeln zu beachten, z. B. der Höflichkeit (angemessene Verbeugung, Sprache), oder die der Reziprozität im Geben und Nehmen, von Geschenken, Hilfeleistungen oder Vergünstigungen. Ernsthafte, selbst unverschuldete Verletzungen von giri haben schwerwiegende Folgen (ein Schuldirektor, an dessen Schule die Prüfungsaufgaben ohne sein Verschulden vorzeitig bekannt wurden, trat wegen der Schande zurück; ja im schlimmsten Fall kann der Selbstmord in Frage stehen – der übrigens traditionell (harakiri, seppuku) als rituelle Form eine andere Bedeutung hat als im christlichen Westen.

Allerdings gibt es ein Phänomen, das sozusagen nicht in dieses allgemeine harmonische Bild passt, das ist das Phänomen des Ijime. Es ist das von Lehrern beklagte und in der Öffentlichkeit (häufig zu sehr) hervorgehobene Phänomen des Hänselns von Schülern durch andere. Es kann aggressive, auch sogar einmal schwere aggressive Formen annehmen. Es war in den 80er Jahren bereits wieder deutlich abnehmend, jedoch von einer anderen Form des Fehlverhaltens abgelöst worden, nämlich der Zunahme an Schulverweigerungen.

Wie passt besonders Ijime aber in das vorgezeichnete allgemein positive, harmonische Bild? Wir sind nicht der Meinung, dass unsere allgemeine Darstellung dadurch an Glaubwürdigkeit verliert. Dazu muss man bedenken, dass in jeder größeren Gesellschaft immer eine erhebliche individuelle Varianz vorhanden ist; es wird immer auch Abweichungen, selbst pathologischer Art, geben. In Japan gibt es aber seit der amerikanischen Besatzungszeit einen vermehrten Einfluss westlichen Denkens, z. B. durch das Fernsehen. Das begann systematisch mit der Einladung von meinungsbildenden Professoren durch das Fulbright-Programm nach USA. Sie brachten bestimmte westliche Gewohnheiten und Werte mit. Hinzu kam dann die zunehmende Aktivität japanischer Firmen im Ausland, durch die immer mehr Japaner mit ihren Familien eine Zeitlang – ein bis mehrere Jahre – im jeweiligen Ausland leben und dann nach Japan zurückkommen. Für manche dieser Rückkehrer, die sich an das „lockere" Leben in der westlichen Gesellschaft gewöhnt haben, ist die Wiederanpassung an die mit vielen sozialen Regeln verbundene japanische Gesellschaft schwierig. Für die meisten ist es nach einiger Zeit kein Problem mehr, aber andere opponieren und wollen die westlichen Lebensweisen auch in Japan durchsetzen. Wir selbst haben bei unseren Besuchen in japanischen Häusern und der Beobachtung von Mutter-Kind-Interaktionen gesehen, dass es einigen dieser Mütter schwer fällt, sich in die japanische Kultur (und vor allem die Mutter-Rolle) wieder einzupassen. Von einigen von ihnen wird das auch systematisch abgelehnt.

11.1 Erziehung und Aggressivität in Japan

Ein typisches Beispiel war, dass eine aus Amerika zurückgekehrte Familie es ablehnte, dem „Konformitätsdruck" für ihr Kind im Kindergarten zu folgen: Alle Kinder sollen – wie erwähnt – die gleiche Kleidung tragen und sollen, damit es keine Bevorzugung und keine Benachteiligung gibt, das gleiche Frühstücks-Päckchen (Bento) möglichst mit dem gleichen Essen mitbringen. Gegen diese „Vergewaltigung der Individualität" wehrten sich diese Eltern, was dazu führte, dass das Kind im Kindergarten als Außenseiter auf Ablehnung stieß. Für die japanische Gesellschaft typisch war nun, dass das Kind den Nachbarn dieser Mutter leid tat, sie sich zusammentaten und gemeinsam abwechselnd dafür sorgten, dass auch dieses Kind regelmäßig sein Bento mit in den Kindergarten nehmen konnte.

Ein anderes Beispiel war eine aus USA zurückgekehrte Mutter. Sie wusste offenbar im Gegensatz zu den anderen von uns beobachteten Müttern mit ihrem ~2½-jährigen Kind nicht viel anzufangen, konnte nicht mit ihm spielen; sie setzte es einfach vor den Fernseher und nötigte es, immer wieder das (alberne) Verhalten der „Fernseh-Tante" nachzumachen: von enger Mutter-Kind-Bindung war nicht viel zu spüren.

Es gibt also besonders unter dem westlichen Einfluss und durch Massenmedien auch *zunehmende individuelle Differenzen* in der japanischen Gesellschaft. Sie beeinträchtigen jedoch nicht grundsätzlich die harmonieorientierte Gruppenorientierung der japanischen Kultur (jedenfalls nicht während unseres Untersuchungszeitraums).

Hier ist aber auch das Prinzip der *Domänspezifität* zu erwähnen, auf das wir in Kapitel 12 noch eingehen. Die grundsätzliche Einstellung zur Rücksichtnahme und Aggressionsmeidung, zu der die Japaner vom Kindergarten an erzogen werden, ist *immer auf den Kontext der japanischen Gesellschaft* bezogen und eigentlich ganz besonders auf den Umgang mit Japanern. Hier kommt vielleicht auch die Differenzierung zwischen Uji und Soto zum Tragen, die deutlich den Innen- und Außenraum unterscheidet, auf die wir hier aber nicht weiter eingehen können. Dies spielt auch eine Rolle, wenn es um das Verhalten von Japanern zu Nicht-Japanern geht, sowohl innerhalb Japans wie ganz besonders im Ausland, oder wenn japanische Soldaten als Sieger im Ausland auftreten. Im einen Fall zeigt sich Unsicherheit von Japanern Fremden gegenüber, besonders auch im Ausland, und dort auch das Bemühen, sofern sie als Einzelne im Ausland auftreten, sich schnell den Regeln, die in der neuen Kultur herrschen, anzupassen. Ganz anders dagegen wenn sie als Gruppe auftreten und noch deutlicher, wenn sie als überlegene militärische Einheit in einem besetzten Land auftreten und sie deren Bevölkerung nicht als ebenbürtig ansehen. Das ist eine Situation, in der sie die anderen nicht als diejenigen erleben, zu denen die gewohnte reziproke Konformität und Harmonie selbstverständlich ist. Wir kommen unter dem Punkt „*Bereichs-Spezifität*" in Kapitel 12 hierauf zurück.

11.1.5 Das Erziehungsverhalten der Mütter

Wie erwähnt, liegt die Erziehung der Kinder praktisch ganz in der Hand der Mütter. Das traditionelle Ideal der Vorkriegszeit, „der guten Ehefrau und weisen Mutter" ist in unserem Untersuchungszeitraum der „Kiuiku-Mama", der sich ganz der Erziehung widmenden Mutter gewichen. Dabei spielt nach wie vor die Vorstellung vom Kind eine wichtige Rolle, dass es als kleines Kind, maximal bis zu 7 Jahren als „gottnahes" Wesen gesehen wurde, das nicht zu sehr einer Reglementierung durch Erwachsene unterworfen werden sollte (Kojima, 1986).

Die Mütter (in unserem Untersuchungszeitraum) widmeten sich wirklich ganz ihren Kindern. Und das taten sie ganz offensichtlich nicht etwa widerwillig, weil sie auf eigene Interessen dafür verzichten zu müssen, sondern als etwas ganz Natürliches. Bis zum Besuch des Kindergartens waren die Kinder praktisch nie alleine, nie von der Mutter getrennt. Die meisten Mütter schlafen auch mit dem Kind zusammen auf dem Futon, und sie reagieren sofort beim Aufwachen oder bei Anzeichen für das Unwohlsein des Kindes. D. h. die Kinder sind in aller Regel eben nicht in Kinderzimmern fern der Mutter wie meistens im Westen, wo die Mutter erst nach dem Aufwachen des Kindes kommt, wenn es eine Zeitlang geschrien hat.

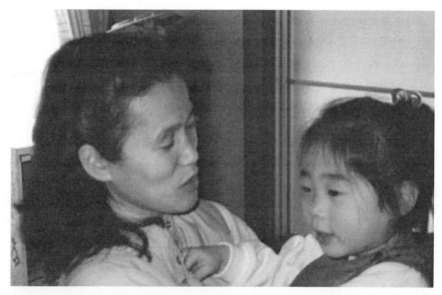

Abbildung 20: Japanische Mutter mit Kind in ihrer Wohnung

Die Mütter schaffen eine Atmosphäre der permanenten Gemeinsamkeit (s. Abb. 20), die sie auch bewusst zur emotionalen Interessen- und Erlebnisgemeinsamkeit gestalten. Sie schaffen damit insgesamt ideale Bedingungen für ein sicheres Attachment. Eine wichtige Voraussetzung ist dafür allerdings auch ihre naive Erziehungstheorie, die kulturell eingebettet ist. Sie wird von Generation zu Generation weitergegeben und sie wird auch zwischen den Müttern (Nachbarn) vermittelt (Kornadt & Trommsdorff, 1990).

Ganz wichtig ist die Einstellung der Mutter, dem kleinen Kind Kummer und Frustration zu ersparen und ihm das Gefühl der absoluten und unbedingten Zuwendung und Sicherheit zu geben. Der Kummer des Kindes ist für die japanische Mutter in der Tat zugleich ihr eigener Kummer und umgekehrt, so dass kein Interessengegensatz aufgebaut wird. Aber diese Grundhaltung setzt sich auch dann fort, wenn das Kind allmählich seine eigenen Explorations- und Selbständigkeitswünsche entwickelt.

Ein weiterer sehr wichtiger Erziehungsfaktor ist der Kindergarten: Ich zitiere hierzu Schubert (1996, S. 22) aus Schlünder-Lenzen:

„Im Kindergarten ist „Harmonie" nicht Programm ... in einer Form, mit der wir unsere Erziehungsziele häufig umzusetzen versuchen, indem wir sie erklären und durch Ermahnungen immer wieder ins Bewusstsein holen. Harmonie wird als Teil eines kooperativen Settings verstanden, das gelebt und erfahren werden soll. Aufgabe der Erzieherinnen ist die Schaffung eines Sozialisationskontextes, in dem die Teilhabe an der Spielgruppe positiv erfahren werden kann und Erziehungsprozesse der Kindergruppe selbst freigesetzt werden. Dass Partizipation an Gruppenaktivitäten Glück bedeutet, wird dabei genauso selbstverständlich vorausgesetzt wie bei uns der Wille zur Autonomie. Der eigentliche erzieherische Part der Erzieherin besteht darin, jene Rituale und Ritualisierungen des Kindergartens einzuüben, die das reibungslose Funktionieren der Gruppenaktivitäten garantieren. Allerdings wird auch dieser Teil der Inszenierung des Gruppenlebens so schnell wie möglich in die Regie der Kinder gegeben, denn Ziel ist die Selbstregulierung der Gruppe. Auf diese Weise wird „eine Handlungskompetenz" vermittelt, die kooperative Umgangsformen ermöglicht und die Kinder „mit ganzem Herzen" daran teilhaben lässt."

Im Kindergarten wird auch bereits Wert auf Harmonie und Gruppenhomogenität gelegt. Die von allen akzeptierte und getragene einheitliche Kleidung bis zur gleichen Kappe, oder dass jeder das gleiche Bento mitbringt, dienen diesem Ziel.

11.1.6 Ergebnisse: Erziehung und Aggressivität in Japan

Nach dieser ausführlichen Beschreibung der japanischen Gesellschaft und Kultur verstehen sich unsere Ergebnisse über die Aggressivität der japanischen Jugendlichen fast von selbst, wenn sie im Lichte der allgemeinen Erkenntnisse über die Bedingungen der Motiventwicklung in Kapitel 4 gesehen werden. Viele wichtige Sachverhalte sind auch bereits in dem voranstehenden Abschnitt beschrieben worden, besonders hinsichtlich der Mütter. Um Wiederholungen zu vermeiden, beschränken wir uns in der folgenden Zusammenfassung der Ergebnisse auf die wichtigsten Punkte, die auch für unsere allgemeine Fragestellung besonders relevant sind.

Abbildung 21: Japanische Probanden bei der Bearbeitung des A-TAT

Das *wichtigste Ergebnis* unserer Untersuchungen ist ja, dass die japanischen Jugendlichen unserer Stichprobe, wie erwartet, eindeutig ein niedrigeres Aggressionsmotiv haben als die europäischen Jugendlichen. Daraus ergibt sich die Frage nach den Entwicklungsbedingungen hierfür und nach eventuellen Besonderheiten des Aggressionsmotivs. Anhand unserer Ergebnisse und der soziokulturellen Rahmenbedingungen, lässt sich dies klar beantworten.

1. Die wichtigste Bedingung für die Entwicklung niedriger Aggressivität ist u. E. die weitgehend *uneingeschränkte Zuwendung* der japanischen Mütter zu ihren Kindern, und die *Bindung* der Kinder, die dadurch ermöglicht wird.
    Diese Bindung drückt sich in unseren Daten u. a. in der Responsivität der Mütter aus, die wir als einen indirekten Indikator für die Bedingung der

frühen Mutter-Kind-Bindung betrachten. Eine weitgehend uneingeschränkte Zuwendung der Mütter zu ihren Kindern ergibt sich aus der Gesamtheit unserer Daten, einschließlich unserer Interviews, Beobachtungen und Hausbesuche. Sie entsprechen auch der Rolle der Mütter in Japan, wie wir sie nach der allgemeinen Beurteilung vorne wiederholt beschrieben haben. Die Mütter habe auch kein Problem mit dieser Rolle. Es gibt keine öffentliche (staatliche) Propaganda gegen dieses Bild der Mutter, und in der Familie hat sie eine akzeptierte, sehr selbständige, und verantwortungsvolle Funktion, und sie ist auch im Zusammenwirken mit den Lehrern voll akzeptiert. Die Mütter wenden sich in der Tat nahezu uneingeschränkt den Kindern zu, vor allem, wenn die Kinder sehr klein sind, und sie tun dies mit hoher Sensitivität.

2. Dies setzt sich auch dann fort, wenn die Kinder älter werden, was auf eine dauerhafte enge Mutter-Kind-Bindung hinausläuft. Diese intensive Zuwendung zu den Kindern ergibt sich für die Mütter sozusagen als Selbstverständlichkeit aus ihrem *Selbstbild als Mutter*. Sie empfinden es als ihr *eigenes primäres* Interesse, für das Wohl der Kinder, die richtige Entwicklung und später auch für die richtige Schulbildung der Kinder zu sorgen. Nach unseren Ergebnissen und Beobachtung tun sie das offenbar in der Regel aus voller Überzeugung und ohne mit ihrem Schicksal zu hadern, etwa dass sie dadurch für sich selbst zu wenig Zeit hätte. „Für sich selbst" würde ja heißen, andere eigene, gegen das Kind gerichtete Interessen zu haben. Die wechselseitige emotionale Zuwendung und entstehende Empathie bewirkt, dass der Kummer des Kindes von der Mutter wie ihr eigener erlebt wird, und für das Kind wird umgekehrt bedeutsam, dass es die Emotionen der Mutter ebenfalls miterlebt und sich damit kaum entgegengesetzte Intentionen oder Emotionen (Ärger) entwickeln lassen. Als Indikator dafür: u. a. langes und wütendes Schreien ist extrem selten.
In diesem Sinne ist die japanische Mutter in der Tat eine richtige Kiuiku-Mama.

3. Eine wichtige Basis dafür ist die allgemeine Akzeptanz der *Wertvorstellungen* über die Mutterrolle in der Gesellschaft, und dass die Mütter auch die *naiven Erziehungstheorien teilen*, die damit verbunden sind, die auch durch den aktuellen sozialen *Konsens* in der Gesellschaft verstärkt werden. Hinzu kommt, dass die Mütter in dieser Haltung auch durch die Nachbarn unterstützt werden, wie wir vorne gesehen haben.

4. Bei dieser engen und frühen gegenseitigen Bindung zwischen Mutter und Kind, die gegenseitige Empathie und positive Emotionen und Identifikation fördert, bieten sich für die Kinder *wenig Ärgeranlässe* und tatsächlich auch wenig Grund, beim Aufbau eines ersten Weltverständnisses das Konzept einer unfreundlichen, eventuell gar *feindlichen Welt* zu entwickeln.

5. Die weitgehend uneingeschränkte Zuwendung der Mutter zu dem Kind veranlasst und ermöglicht ihr auch, sich auf das Kind einzustellen und in *seine Bedürfnisse einzufühlen* und ohne Ablehnung des Kindes auch im Konfliktfall auf seine Bedürfnisse einzugehen. Ihre grundsätzlichen Forderungen und Regeln braucht sie dazu nicht aufzugeben. Sie kann sie trotzdem klarmachen und im Prinzip vertreten.
6. Der früheren Oneness mit der Mutter entspricht, dass bei den japanischen Jugendlichen im Gegensatz zu den deutschen nicht selten statt einer Ärgerreaktion auf Beeinträchtigung, *Schuldgefühle* ansprechen können und die Frage nach eigenem Verschulden bei ihnen aufkommt. Auf dieser Basis entwickelt sich bei den japanischen Jugendlichen auch eine *hohe Frustrationstoleranz*, die deutlich höher ist als bei den deutschen und Schweizer Jugendlichen.
7. Für die Entwicklung der Kinder spielt nach einer intensiven Bindung im Kleinkindalter der Übergang zu jener Entwicklungsphase eine wichtige Rolle, in der die Kinder anfangen, selber Interessen zu entwickeln und eigene Wünsche durchsetzen zu wollen und zu können. Für die Erziehung ist dies eine kritische Phase. Hier müssen gelegentlich einschränkende Regeln wirksam werden, die selbstverständlich bei den Kindern zur Frustrationen führen, und die Fähigkeit zum Verzicht und den allmählichen Aufbau von Selbstkontroll-Fähigkeiten verlangen. Für manche Mütter und Erziehungssituationen stellt dies eine besonders kritische Zeit dar. Verbote und zu deren Durchsetzung die Androhung von Sanktionen und u. U. tatsächliche Strafen bei Ungehorsam scheinen unvermeidlich. Für die japanischen Mütter ist dies aber offensichtlich nicht so der Fall. Sie haben eine *intuitive Technik* entwickelt, auf *das Kind einzugehen* und Schritt für Schritt Forderungen zu stellen, sie ggf. aber auch wieder zurückzunehmen, oder durch Mitmachen *("jetzt spielen wir gemeinsam das Aufräumspiel")* eine Konfrontation mit dem Kind zu vermeiden. Auf diese Weise werden Gewohnheiten (auch im Kindergarten) eingeübt.

    Klare aber nicht verständnislos vermittelte und durchgesetzte Regeln ermöglichen dem Kind, sich anzupassen und zu erlernen, was erlaubt ist und „geht" und was nicht, ohne ständige Unsicherheit und Widerstand.
8. Ein wichtiges Ergebnis ist auch, dass die Mutter bei älteren Kindern, 5-6-Jährigen, besonders vermeidet, sie in negativer Weise zu kritisieren. Auch auf diese Weise kommt es *nicht zu Verletzungen des Selbstwertes* der Kinder, sondern es wird im Gegenteil immer wieder die Vorstellung verstärkt: *„du bist ein gutes Kind, du wirst es schon noch richtig machen"*. Die Gemeinsamkeit der Verhaltens- und auch Entwicklungsziele wird damit unterstrichen.
9. Bei den Müttern kommt als Wichtiges die Fähigkeit hinzu, durch geschickte „intuitive" Techniken das Entstehen und Auftauchen von Konflikten zu

vermeiden. In unseren Daten drückt sich dies in der *geringen Konflikteskalation* der Mütter und der geringen Ärgerneigung der Jugendlichen aus: Bei den Kindern und Jugendlichen wird dadurch eine Konditionierung und Sensibilisierung von Ärger vermieden. Es werden vielmehr *erwünschte Verhaltensweisen* beim Kind, sozusagen unterschwellig, durch Mitmachen und Gewohnheitsbildung entwickelt, *ohne dass sie verbal als besondere Forderung* oder Verbot formuliert werden.

10. Zu den besonderen aggressionsrelevanten Entwicklungsbedingungen gehört auch, dass – wie wir besonders im Kindergarten beobachtet haben – eine sehr flexible und elastische Art üblich ist, aufkommenden Ärger und *Aggressionshandlungen zu unterbinden*, so dass die Kinder keinen Erfolg damit haben. Aggressive Kinder werden nicht einfach abgelehnt. Aggressionshandlungen werden auch nicht unfreundlich zurückgewiesen, oder verboten und gar bestraft, was ja zu weiterem Frustrationen und Ärger führen würde. Aggressive Handlungen der Kinder haben einfach keinen Erfolg und der *Aufbau eines Motivsystems mit der Erwartung, durch Aggression Erfolg* zu haben, wird auf diese Weise vermieden. Zugleich werden aber auch – und das ist sicher ebenso wichtig – sehr früh Techniken sozialer Kompetenz vermittelt, elastisch ausweichend oder passiv abweisend auf Beeinträchtigungen durch andere zu reagieren.

11. Nicht zu unterschätzen sind ferner zwei wesentliche Bedingungen: die ganz *allgemeine Ächtung von Aggression* als Mittel zur Durchsetzung und des *individuellen Sich-Hervortuns* und „Angebens" zur Förderung des eigenen Ansehens (meist ja auf Kosten anderer). Beides verletzt das Ideal der Harmonie in der Gemeinschaft und trifft somit auf allgemeine Abneigung.

    Für den Aufbau der Deutungssysteme für Beeinträchtigungen (= freundliche oder böswillige Intentions-Deutung) spielt bei den japanischen Jugendlichen sicher auch die wiederholte Erfahrung eine Rolle, dass Aggressionen kaum einmal vorkommen.

12. Zum Aufbau eines niedrigen Aggressivitäts-Motivs mit seinen Komponenten (geringe Ärger-Neigung, nicht Böswilligkeit annehmende Intentions-Attribuierung usw.) tragen auch die in der *Schule* gegebenen Entwicklungsbedingungen mit ihren verschiedenen selbstwertschonenden Regeln wesentlich bei. Da – wie schon vorne beschrieben – etwaige Misserfolge mit ungenügender Anstrengung beim Lernen erklärt werden, hat jeder seinen Erfolg (in Schulfächern, Sport, Musik usw.) selbst in der Hand und zu verantworten. Er kann also niemand anderem die Schuld geben. *Ein Anlass, auf andere deshalb „böse zu sein" und Ärger zu entwickeln*, entfällt damit.

    Ferner ist der *enge Zusammenhalt* zwischen *Eltern (Mütter) und den Lehrern* wichtig. Die Schüler erleben damit die Gemeinsamkeit der *Verhaltens- und Leistungsziele* von Elternhaus und Schule. Dass lässt kaum Verunsicherung und Zweifel am Sinn der Anforderungen zu, und ein Anlass für die häufige, darauf beruhende Protesthaltung mit den folgenden aggressiven Konflikten entfällt ebenfalls. Die Schule trägt auch auf vielfältige Weise dazu bei, dass die Jugendlichen das Prinzip des Gruppenzusammenhalts und der Harmonie einüben und internalisieren. Eine wichtige Funktion hat dabei der Lehrer, der einerseits als SENSEI eine hohe Autorität darstellt und die Werte der Gruppenorientierung und Harmonie vertritt, und gleichzeitig aber auch eine deutliche persönliche und emotionale Zuwendung zu den einzelnen Kindern entwickelt.

13. Im gleichen Zusammenhang spielt auch eine wichtige Rolle, dass es allen Erziehern, Müttern, Kindergärtnerinnen, Lehrern usw. gelingt, zu seinem *positiven Selbstbild* der Kinder beizutragen. Wir haben gesehen, dass sie dazu in der Schule schrittweise Aufgaben bekommen, für die sie eigene Verantwortung haben, und deren Bewältigung ihnen den Stolz und ein positives Selbstwertgefühl in Bezug auf die eigenen Fähigkeiten vermittelt, einmal Verantwortung und damit eine sinnvolle Funktion „in der Gemeinschaft" zu übernehmen.

14. Allerdings ist dieses *positive Selbstbild* hinsichtlich der Notwendigkeit, sich fortwährend anzustrengen, Regeln einzuhalten und Pflichten zu erfüllen, *nicht unkonditioniert*. Zwar wird niemand wegen überdauernder und damit nicht änderbarer Eigenschaften (Intelligenz) bewertet oder abgelehnt. Aber dafür wird das Gefühl vermittelt, sich eigentlich doch immer noch mehr anstrengen zu können, noch mehr gelernt zu haben, oder noch mehr für die Gemeinschaft getan zu haben. Immerhin trägt aber ein im Wesentlichen positives Selbstbild doch eben auch zu einer *höheren Frustrationsschwelle* bei, die wiederum eine wichtige Voraussetzung dafür ist, dass geringe Aggressivität überhaupt möglich ist. Betont werden muss sicher auch noch einmal, dass sowohl im Kindergarten, in der Schule und in anderen sozialen Gruppen für Sport, Musik, usw., die Werte der Gruppenorientierung, Harmonie und Aggressionsablehnung vertreten werden, und dass die Kinder und Jugendlichen dies selbst *internalisiert als eigene Werte* erleben und vertreten, so dass das Einhalten dieser Regeln subjektiv nicht als Zwang erlebt wird, sondern als Erfüllung dessen, was man selbst für richtig hält.

15. Wir sehen also, dass die (früh-)kindlichen Entwicklungs- und Erziehungsbedingungen geeignet sind, hinsichtlich der affektiven (Ärger) und kognitiven Komponenten (Intentionsdeutung, Zielsetzung) nur eine schwache Basis für die Ausbildung des Aggressionsmotivs zu schaffen.

    Dies wäre allerdings auch nicht möglich ohne eine frühzeitige Mutter-Kind-Bindung und eine echte emotionale Beziehung zur Mutter, die zu einer Empathie und der Bereitschaft, auf andere einzugehen, also mit ihnen zusammenzuleben, weiterentwickelt würde.

Eine Detailanalyse der Teilkomponenten des Aggressionsmotivs gibt darüber hinaus Aufschluss nicht nur über die qualitativen Besonderheiten der Motivation, sondern lässt auch erkennen, welche Komponenten besonders von den japanischen Erziehungsbedingungen beeinflusst werden.

Zum Schluss muss allerdings auch noch einmal betont werden, dass sicher diese verschiedenen Einstellungen oder Techniken, sei es der Mütter, oder der Lehrer, oder im Kindergarten nicht möglich wären, ohne eine *breite soziale Einbettung dieser Wertschätzungen in das Ideal einer harmonischen gruppenorientierten Gesellschaft*, in der das Ideal, wie vorne erwähnt, der inter-dependenten Persönlichkeit als selbstverständliche Grundorientierung zur Welt herrscht. Das bedeutet auch ein gewisses Caveat gegenüber einer etwaigen naiven Idee, Erziehungsmethoden, wie sie in Japan üblich sind, ohne weiteres auf eine andere bspw. deutsche Kultur zu übertragen, auch wenn grundsätzliche Prinzipien (z. B. frühe Bindung und Sicherheit, Regelsicherheit usw.) generell gelten werden. Darauf gehen wir später noch mal ein.

Es zeichnet sich somit deutlich die qualitativ andere Art ab, auf Beeinträchtigung, ja auf Angriff zu reagieren. Sie beruht auf der mit anderen Emotionen und Vorstellungen von Verursachung, Schuld und Handlungsmöglichkeiten verbundenen „Struktur" des Aggressionsmotivs, das unter Entwicklungsbedingungen in einer Kultur, die Aggressivität nicht billigt, ja ablehnt, entstanden ist.

Auf diese Weise ergibt sich ein Gesamtbild: Danach sind auf vielen Ebenen, von der Mutter bis zu den gesellschaftlichen Rahmenbedingungen im Kindergarten, in der Schule und im sonstigen sozialen Umfeld Bedingungen gegeben, die kaum Anlass zur Ausbildung von Ärger und Aggressivität geben. Das gilt insbesondere gerade für die einzelnen motivationalen Komponenten wie Ärgeraktivierbarkeit, Intentionsdeutung, Frustrationstoleranz, und keineswegs nur für die grobe allgemeine Aggressionswertung.

Allerdings ist bei dieser Darstellung klar, dass es sich um eine vereinfachte und nur eine allgemeine Linie zeichnende Darstellung handelt, die nur eine verallgemeinernde, zusammenfassende Tendenz wiedergibt. Natürlich gibt es an vielen Stellen der Einflussfaktoren wie ihrer Konsequenzen Differenzen und Abweichungen von dieser allgemeinen Linie. Das spiegelt sich ja auch in den Korrelationswerten, die nicht 1.0 sind und damit immer noch eine erhebliche individuelle Variation ausdrücken. Dennoch zeichnet sich doch eben insgesamt ein System von höchst wirkungsvollen, aufeinander bezogenen Bedingungen ab, die eine niedrige Aggressivität als kulturelle Eigenart insgesamt ermöglichen.

11.2 Erziehung und Aggressivität in der Balinesischen Kultur

11.2.1 Sozio-kulturelle Rahmenbedingungen

Bali, häufig als „Insel der Götter" bezeichnet, kommt ohne Zweifel aufgrund seiner religiösen und kulturellen Besonderheiten eine Sonderstellung unter allen indonesischen Inseln, vielleicht überhaupt in Süd-Ost-Asien, zu. Das beruht im Wesentlichen auf der Besonderheit und erstaunlichen Stabilität der Kultur, die die Balinesen trotz äußerer Einflüsse, besonders der Kolonisation durch die Holländer und des gegenwärtigen Massentourismus bewahrt haben. Freilich teilen die Balinesen in vieler Hinsicht grundlegende Persönlichkeitszüge und Verhaltensweisen mit den (meisten) übrigen Indonesiern, insbesondere den tonangebenden Javanesen. Ethnisch sind sie sicher kaum von den Javanesen zu unterschieden, zumal ihr Ursprung sicher dort zu sehen ist, und viele von ihnen im 16. Jahrhundert von dort übergesiedelt sind. Insofern gehören sie, wie die Javanesen auch, zur großen malaiischen Bevölkerungsgruppe. Mit diesen haben auch die Balinesen bestimmte Züge gemeinsam, vielleicht sind es Temperamentseigenschaften, wie emotionale Ausgeglichenheit, Friedfertigkeit, Freundlichkeit und Nachgiebigkeit – aber das sind natürlich reine Spekulationen.

Mit den übrigen Indonesiern, besonders den Javanesen, haben die Balinesen auch den frühen indischen Einfluss und die nachhaltige Wirkung noch früherer (neolithischer?) kultureller Traditionen gemeinsam, die sich auch in der „gemäßigten", unorthodoxen Form das Islam auf Java (z. B. Beibehalten des beliebten Schattenspiels und der Tänze) zeigt. Damit ist auch eine Grundhaltung der Welt und den Menschen gegenüber verbunden, wie wir sie oben als sekundäre Bewältigungshaltung (secondary control) bezeichnet haben, und die häufig den Eindruck einer Art gelassener Zufriedenheit macht.

Der besondere Charakter der Balinesen wird aber ohne Zweifel am stärksten von der Religion geprägt. Es ist eine synkretistische, typisch balinesische Form des Hinduismus, der Agama-Hindu-Dharma. Über 90% der Balinesen gehören ihm an. Nur unbedeutende Minderheiten sind Christen, Buddhisten, oder Moslems, für die gesamte Kultur spielen sie keine Rolle. Der typisch balinesische Hinduismus umfasst die hinduistischen Hauptgötter, wie Shiva, Wishnu und Brahma und darüber hinaus zahlreiche weitere Gottheiten, wie Durga, die Todesgöttin, sowie zahlreiche weitere, die von Dorf zu Dorf verschieden und auch von Familie zu Familie verschieden verehrt werden. Daneben haben sich aber auch noch Elemente der alten Naturreligion erhalten, wie z. B. die aus der uralten Reiskultur stammende Reismutter, später Reis*göttin* Sri. Deren kleine Figuren konnte man überall in Bali finden. Besonders im Norden und Nordwesten der Insel befinden sich auch in vielen Reisfeldern kleine, ihr geweihte „Tempelchen" (s. Abb. 22). Besonders wichtig sind vor allem auch die Ahnenverehrung und der Geister-

11.2 Erziehung und Aggressivität in der Balinesischen Kultur   219

Abbildung 22: Tempelchen für die Reisgöttin Sri

glaube. Jede Familie hat ihren eigenen kleinen Hausschrein für die persönlichen Ahnen und Gottheiten. Es gibt einen Haupt-("Mutter"-)Tempel, Pura Besakih am Hang des Agung, des höchsten, heiligen Berges, in jedem Dorf einen Ursprungstempel pura pusah, sowie unzählige weitere große und kleine, z. T. auch recht alte. Über die ganze Insel sind vermutlich über 10.000 Tempel verstreut, die auch alle reiche Ornamente haben, und ständig gepflegt und mit Opfergaben versehen werden, neben zahlreichen kleinen Tempelhäuschen, in denen auch regelmäßig für die Götter Reis, Blumen u. Ä. geopfert werden. Die Herstellung der oft sehr kunstvollen und aufwendigen Opfergaben (vgl. Abb. 8, S. 68 und Abb. 27, S. 227) für besondere Feste ist Aufgabe der Frauen und Mädchen, die einen erheblichen Teil ihrer Zeit darauf verwenden. Alleine daran ist die außerordentliche Bedeutung des rituellen Lebens für den Alltag erkennbar. Ein besonderes, vielleicht *einmaliges Ereignis* ist übrigens das Neujahrsfest. In vielen Dörfern außerhalb des Großraums Denpasar werden überlebensgroße Figuren böser Geister hergestellt und in einer (OgohOgoh)Zeremonie durch die Dörfer getragen und schließlich zerstört. Am folgenden Neujahrstag, dessen Datum nach dem Mondkalender variabel ist, herrscht nämlich *Nyepi*, die Feier des neuen Jahres mit *absoluter Stille auf der ganzen Insel*! Es gibt kein Licht und keine Geräusche, sondern absolute Ruhe, selbst der gesamte Verkehr ruht, sogar auf dem internationalen Flughafen! Die großen Hotels versorgen ihre Gäste im Haus, weil niemand das Haus verlassen darf, draußen bewegt sich niemand und nichts. Das soll den guten Geistern erleichtern, sich für das kommende Jahr niederzulassen und einzurichten, den bösen Geistern dagegen das Wiederkommen unmöglich machen. (Vielleicht soll es auch noch den Zustand des Weltalls vor der göttlichen Schöpfung symbolisieren.)

Alle diese Riten sind auch für den zwischenmenschlichen Kontakt und die Kindererziehung von erheblicher Bedeutung. Die Angst vor bösen Geistern – oder vielleicht besser: die Rücksicht auf sie – reguliert viele soziale Regeln. Sie betrifft nicht nur das Einhalten bestimmter Rituale, sondern auch in zahlreichen kleinen Handlungen und Vorkehrungen im Alltag und im zwischenmenschlichen Umgang spielt die Rücksicht auf Geister eine (oft nur halb-bewusste) Rolle. Sie beeinflusst auch die Art, wie man mit Kindern umgeht: sie wird auch als Warnung in der Kindererziehung verwendet. Von diesem Geisterglauben zeugen auch die zahllosen Ungeheuer und Dämonenskulpturen, die überall, besonders an heiligen Stellen wie den Tempeleingängen die bösen Geister fernhalten sollen (vgl. Abb. 7, S. 68).

Das vom Hinduismus übernommene *Kastenwesen* findet sich in einer milden abgeschwächten Form, in der das soziale Leben strukturiert ist. Es gibt vier Kasten und eine Unterschicht, die Kaulas, die keiner Kaste angehören. Die oberste, vornehmste Kaste sind die Brahmanen, zu der die Pedandas gehören, die Priester oder Vorsteher großer Tempel. Zusammen mit den Brahmanen bilden die Kaste der Ksatria und der Wesja den balinesischen Adel. Die Privilegien, die mit dem Adel verbunden sind, sind jedoch minimal. Im Alltag, bei der Feldbearbeitung oder in den Dorfgemeinschaften, gibt es *keine Unterschiede*. Jeder hat die gleichen Pflichten. Auch Frauen haben übrigens die gleichen Rechte. Sie spielen eine wichtige Rolle im Reisbau, sie können z. B. auch Priester werden, und meist verwalten sie auch das Geld der Familie.

Diese Struktur und Regelung ist insofern wichtig, als damit auch keine Vorrechte, oder autoritäre Machtentfaltung, die andere frustrieren würden, verbunden ist. Dies entspricht auch dem starken *Bedürfnis nach friedlichem Zusammenleben*, das die balinesische Kultur auszeichnet. Zu den unausgesprochenen Regeln gehört auch, dass man nicht zu heftig etwas verlangen darf. In einem unzufriedenen Menschen fühlt sich die Seele nicht wohl und entweicht. Als ein besonderer Zug sei auch noch die Sitte erwähnt, mit Tieren wie mit Menschen zu sprechen und sich beim Reis, bevor er geschnitten wird, zu entschuldigen. Wir lassen dahingestellt, ob das immer in jedem Fall so eingehalten wird, aber dies ist (oder war) offensichtlich die Regel.

Für die Gemeinschaftsorientierung dieser inter-dependenten Kultur ist wichtig, dass sich das Alltagsleben weitgehend in der Öffentlichkeit, auf dem Hof, im Tempel, im Dorf, auf den Feldern, bei Festen und Kremationen und vielleicht noch

11.2 Erziehung und Aggressivität in der Balinesischen Kultur 221

auf dem Markt abspielt. Eine besondere Rolle haben dabei die *Zeremonien*, die für alle wichtige Ereignisse abgehalten werden, wie z. B. bei Geburt, Erntefest, Dorffest, Tempelfest (Odalan), Einweihung eines neuen Brunnens, Hochzeit und Tod. Diese Zeremonien dienen dem Kontakt mit den Ahnen und Göttern, der Abwehr von Dämonen und bösen Geistern, bei Kremationen auch der dauernden Ruhe der Seele des Toten, die andernfalls die Hinterbliebenen ständig beeinträchtigen könnte. An diesem öffentlichen Leben nehmen alle, auch die Kinder, teil.

Abbildung 23: Reisterassen sogar an steilen Talhängen

Für die Entwicklung von Regeln und Werten und deren Einhaltung ist seit Alters her eine wichtige Basis die *Reisbaukultur*. Sie besteht auf Bali bereits seit Urzeiten (wohl dem Neolithikum) und zwar in der Form von Nass-Reisbau. Dafür sind unzählige Terrassen angelegt, für die eine sorgfältige Bewässerung nötig ist. Um diese zu gewährleisten müssen kunstvolle und komplexe Bewässerungssysteme gebaut und unterhalten werden, die vielleicht einzigartig sind, und wohl nur auf den Philippinen Entsprechungen finden. Sie erfordern besondere Sorgfalt beim Bau und Unterhalt der Terrassen, die an den häufig steilen Hängen der Vulkane angelegt sind. Dies setzt gemeinsame Tätigkeiten und Vereinbarungen voraus hinsichtlich der Zuteilung von Wasser, der Herstellung und Instandsetzung von kleinen Wällen, Gräben, Tunneln und einer Art von Schleusen. Dies alles geschieht notwendigerweise in Arbeitsteilung und setzt neben dem hohen technischen Wissen auch weitreichende Vereinbarungen, auch über einzelne Dörfer hinweg, voraus. Sie werden in besonderen, *genossenschaftlichen Vereinigungen*, den *subak* getroffen, die die Angelegenheiten meist ohne ernste Streitigkeiten regeln. Ähnliche Vereinigungen gibt es z. b. auch für die Organisation größerer Tempelfeste (s. Abb. 23, S. 221).

In dieser Welt wachsen die Kinder auf. Am Anfang werden sie noch viel von der Mutter getragen, z. B. auf dem Rücken. Sie gelten als zart, wenig kräftig und müssen besonders behütet werden. Auch die balinesischen Kinder sind selten von der Mutter getrennt. Mit zunehmendem Alter nehmen sie am Erwachsenenleben teil.

Die Kinder wachsen somit unkompliziert in die Dorf- oder Nachbarschaftsgemeinschaft hinein. Sobald das Kind dazu in der Lage und interessiert ist, nimmt es *zusammen mit Erwachsenen* an der Herstellung der Opfergaben aus Reisstroh oder Bambus, beim Malen, oder beim Schnitzen teil. Es lernt auf diese Weise eifrig durch Nachahmung und wird so zunehmend selbständig (s. Abb. S. 225).

Inzwischen gibt es – wie erwähnt – auch überall Schulen, viele Primarschulen und eine Reihe von Sekundarschulen. Es sieht aber nicht so aus (wir haben viele Schulen selbst besucht), als ob durch die Schule sehr viel an dieser traditionellen balinesischen Kultur geändert würde. Es wird halt zusätzlich „westliches" Wissen vermittelt, vielfach aber in einer indonesischen (nationalen) Form.

Was bisher beschrieben wurde, bezieht sich allerdings mehr auf die Kultur in den von uns untersuchten *Bergdörfern*, weniger auf den Bereich des Großraums Denpasar. Ohne Zweifel ist durch den intensiven Kontakt mit Ausländern, Verwaltungsbeamten, Kaufleuten und Touristen in der Umgebung von Denpasar viel mehr an westlichem Denken und Verhaltensweisen eingedrungen. Das spiegelt sich auch in den Unterschieden unserer Daten in Kapitel 6 zwischen Denpasar und den Bergregionen wieder. Dennoch haben wir den Eindruck, insbesondere auch auf Grund unserer Interviews und der Beobachtung des Mutter-Kind-Verhaltens, dass ganz grundlegende Veränderungen auch in Denpasar, jedenfalls was die Mutter-Kind-Interaktion und das allgemeine Erziehungsklima betrifft, nicht stattgefunden haben. Immerhin haben wir aber gewisse Unterschiede zwischen Denpasar und den ländlichen Regionen gefunden, auf die wir dann noch eingehen werden.

11.2.2 Ergebnisse: Erziehung der Mütter

Die Ergebnisse unserer Untersuchungen der balinesischen Mütter und Jugendlichen sind ein Ausschnitt und eine Bestätigung der sozialwissenschaftlichen Beschreibungen über die balinesische Kultur. Wir finden in unseren Daten, insbesondere in wichtigen Bereichen, klare Übereinstimmungen der Mütter mit der

11.2 Erziehung und Aggressivität in der Balinesischen Kultur

allgemein beschriebenen affektiven Grundeinstellung zur Welt, der Sozialorientierung mit ihren Werten und speziell auch in Bezug auf die Bedingungen der Aggressivitätsentwicklung.

Abbildung 24: Balinesische Mutter mit Kind

Im Ganzen sind die aggressionsrelevantenErziehungs- und Entwicklungsbedingungen und die qualitativen Merkmale der Aggressivität in Bali *sehr ähnlich wie in Japan*. Auf manche detaillierte Ausführungen und Beschreibungen werden wir daher verzichten, um Wiederholungen zu vermeiden.

1. Balinesische Mütter geben sich sehr *viel Mühe mit ihren Kindern*. Manche der relevanten Werte sind hier sogar höher als bei den Müttern anderer Kulturen, z. B. was die Stiftung und den Aufbau positiver Emotionen in Bezug auf sich selbst und auf die Gesellschaft ausmacht, nämlich die Stiftung und Aktivierung von Freude, einer *positiven Selbsteinstellung* und die Förderung von *Empathie* und Rücksichtnahme. Insbesondere in Bezug auf die Behandlung kleiner Kinder finden wir vor allem in den Interviews balinesische Besonderheiten. Es ist die allgemeine Überzeugung, dass man die kleinen Kinder nicht erschrecken oder zu sehr stören darf. Sie dürfen vor allem

tatsächlich nicht gestraft werden und in ihrer Nähe sollen keine harten Worte fallen. Hier spielt offenbar eine spirituelle Orientierung wieder eine Rolle. Auch die balinesischen Kinder leben, wie die japanischen, im engen Kontakt mit der Mutter. Die Mutter vermeidet es, wo sie kann, das Kind weinen zu lassen. Es wird geschaukelt, getröstet und von allem Unangenehmen abgelenkt. Gelegentlich wird ein Baby dazu auch am Genital gestreichelt, wie wir selbst beobachtet haben.

Wir haben also auch in Bali davon auszugehen, dass sich im Allgemeinen eine intensive und *sichere Mutter-Kind-Bindung* ausbildet. Die Kinder sollen sich glücklich und zufrieden fühlen, vor allem im Kreis der übrigen Kinder und der Familie. Dies alles macht in Bali einen *mehr selbstverständlichen* Eindruck und ist weniger bewusst und auch *weniger formalisiert* als in Japan.

Dem entspricht auch, dass bei den Jugendlichen, im Vergleich zu den europäischen Stichproben, durchschnittlich ein deutlich *niedrigeres Aggressionsmotiv* besteht.

2. Auch die Erziehungsbedingungen, die für die Entwicklung der Detailkomponenten des Aggressionsmotivs wichtig sind, führen in Bali zu einer generell niedrigen Ausbildung des Aggressionsmotivs. So finden wir, dass auch die balinesischen Mütter im Falle eines Fehlverhaltens ihrer Kinder, bei Störungen oder sich anbahnenden Konflikten für das Verhalten ihrer Kinder Verständnis haben. Sie bevorzugen „*selbstwertentlastende Deutungen*" und vermeiden ein das Kind ablehnendes Verhalten. Das Kind wird nie als böswillig interpretiert. Dies entspricht auch der naiven Erziehungstheorie der Balinesen, die viel mehr auf die natürliche Reifung setzt als darauf, dass die Kinder bewusst erzogen werden müssten.

Dem entspricht auf der Seite der Jugendlichen, dass sie im Falle einer wahrgenommenen Beeinträchtigung *weniger mit Ärger* und nicht selten auch *mit Kummer* reagieren, und dass sie ihrerseits den Anlass der Beeinträchtigung weniger in einer bösartigen Intention vermuten. Damit entfallen wichtige Voraussetzungen für die Entwicklung von Aggressionen und auch über die Dauer hinweg des Aggressionsmotivs.

3. Auch die *Erziehungsmethoden* sind geeignet, kein hohes Aggressionsmotiv entstehen zu lassen und dafür eher Rücksicht und Empathie im Sinne des Altruismus. Die Mütter geben sich große Mühe, positive Emotionen bei den Kindern in Bezug auf sich selbst und in Bezug auf andere zu entwickeln, ihnen viel Freude zu vermitteln und ganz besonders *positive Einstellungen zu anderen* (Kindern). In diesen von den Müttern vertretenen Haltungen und Wertungen liegen die Balinesen in unseren Ergebnissen sogar höher als alle anderen Kulturen.

Abbildung 25: Balinesische Jungen beim Schnitzen

Auch in der retrospektiven Befragung der Jugendlichen (So-Sit-Jugendliche), ergibt sich das gleiche Bild der Wertschätzung von Nachgiebigkeit und Empathie durch die Mütter.

Mit zunehmendem Alter wachsen die Kinder unkompliziert in die Nachbarschaft und die Dorfgemeinschaft hinein. Bei dem engen Zusammenleben und dem langsamen Erwachsenwerden spielt die *Vorbildfunktion* und das Mitmachen eine entscheidende Rolle im Gegensatz zur Verwendung von Lohn und Strafe oder verbalen Anweisungen. Besonders wichtig ist dabei das langsame und selbstverständliche *Hineinwachsen* der Kinder und Jugendlichen in die Lebens- und Arbeitswelt der Erwachsenen. Von klein auf nehmen viele vor allem an den umfangreichen künstlerischen Aktivitäten der Erwachsenen teil (malen, schnitzen, sonstige Arbeiten; s. Abb. 25), vor allem die Mädchen beteiligen sich sehr früh an der Herstellung der komplizierten Opfergaben oder auch an Tempeltänzen (s. Abb. 26). Vormachen und Mitmachen spielt also eine wesentlich größere Rolle als die bewusste Belehrung. Wie wir gesehen haben, trägt dies wesentlich zu einem positiven Selbstbild bei den Kindern und zu einer positiven *Selbstwirksamkeitsüberzeugung* wie auch zu sozialer Kompetenz im Sinne von Harmonie und Kooperation bei. Dies wird übrigens ohne einen besonderen Leistungsdruck erlangt.

Abbildung 26: Balinesische Mädchen vor dem Beginn eines Tempeltanzes

4. *Leistung*: Besondere Forderungen nach Leistung der Kinder haben wir bei den Balinesen übrigens nicht beobachtet. Dies ist im deutlichen Unterschied zu den Japanern der Fall. Leistung ist offenbar kein besonders herausragendes Erziehungsziel. Ein Leistungsdruck findet weder in der Schule, noch im sonstigen Leben statt, jedenfalls nicht in expliziter Forderung. In Bali scheint vielmehr generell eine unmittelbare Schaffensfreude zu herrschen, wie sie sich in der unglaublichen Vielfalt der künstlerischen Produktivität, oder auch in der Herstellung außerordentlich kunstvoller und aufwendiger Opfergaben (s. Abb. 27) ausdrückt.

Bei den Jugendlichen entspricht dem übrigens eine hohe *Frustrationstoleranz* und wie gesagt eine niedrige Neigung, bei Schwierigkeiten oder Beeinträchtigungen bösartige Intentionen zu vermuten. Übrigens haben wir im Unterschied zu den Japanern kaum Schuldgefühle beobachtet.

Abbildung 27: Opfergaben

5. In der Erziehung werden explizit die *Werte* der Kooperation, der *Nicht-Aggressivität und der Harmonie* vertreten, vor allem eben auch im Sinne des Einbettens und Mitmachens in alle möglichen Gemeinschaftsaktivitäten, wie den Vorbereitungen für Tempelfeste etwa. Die herrschenden Regeln werden offensichtlich implizit vertreten, und nur selten ist es nötig, sie einmal ausdrücklich durchzusetzen. Während bei den Japanern das Auftreten von Schuldgefühlen wohl mit der Verletzung von impliziten und internalisierten Regeln zu tun hat und auch mit der damit verbundenen Angst vor der Ablehnung durch die Gruppe, zu der man gehört, erleben die Jugendlichen in Bali diese Regeln eher implizit und auf die Geister und Götter bezogen. Die vielleicht permanente Bedrohung durch böse Geister oder Götter ist ohnehin unberechenbar, man versucht allgemein, sie durch Tempeldienst und regelmäßige Opfergaben (vgl. Abb. 27) günstig zu stimmen, mehr kann man wohl nicht tun. Aber dies ist keine Basis für das Erleben von Schuldgefühlen.

Zu den expliziten Regeln und Werten gehören vor allem – wie gesagt – die von Müttern, aber auch von der Gesellschaft insgesamt vertretenen Werte der Kooperation und des Helfens. Bei den Jugendlichen drückt sich dies interessanterweise häufig dadurch aus, dass sie – falls sie von einem anderen beeinträchtigt werden, der etwa eine Verabredung nicht einhält, oder sich sonst irgendwie unkooperativ verhält – ihn nicht etwa bestrafen, sondern dass sie ihm durch *Belehren*, wie man es richtig macht, helfen. Diese

Belehrungen haben nicht den Charakter einer herabwürdigenden kritischen Belehrung, sondern wirklich den Charakter des Helfen-Wollens, damit es in Zukunft mit ihm zusammen auch wieder besser geht, und gerade auch in dessen Interesse (s. S. 121).

Insgesamt sehen wir also in Übereinstimmung mit der allgemeinen sozialwissenschaftlichen Literatur über Bali und unseren eigenen Ergebnissen von den Müttern, dass praktisch im Leben der balinesischen Jugendlichen kaum Bedingungen bestehen, die zur Ausbildung eines Aggressionsmotivs beitragen. Insbesondere werden die Teilkomponenten – wie unsere Daten zeigen – nur schwach ausgebildet. Die Jugendlichen haben kaum *Gelegenheit, Erfolg durch Aggressionshandlungen* zu haben, so dass sich auch ein Aggressionszielsystem bei ihnen kaum ausbilden wird, zumal sie auch selbst kaum Aggressionen von anderen erleben.

11.2.3 Ergebnisse: Aggressivität balinesischer Jugendlicher

Die niedrige Aggressivität der balinesischen Kinder und Jugendlichen entspricht somit diesen Rahmenbedingungen der Entwicklung, und bestätigt erneut unsere theoretischen Annahmen.

Von den balinesischen Jugendlichen wissen wir aufgrund unserer Ergebnisse, dass bei ihnen die Aggressivität nicht nur niedriger ist als bei den westlichen Jugendlichen, sondern die Komponenten des Aggressionsmotivs sind so ausgeprägt, wie wir es schon theoretisch aufgrund der Erziehungsbedingungen der Mütter und des gesamten sozio-kulturellen Umfeldes zu erwarten haben: Im Falle von Beeinträchtigung oder Frustrationen empfinden die balinesischen Jugendlichen nicht oder kaum das Bedürfnis nach Vergeltung, sondern eher Kummer, und sie suchen danach, ob sie nicht doch auch selbst daran schuld sind, dass sich der andere falsch verhalten hat. Sie haben entsprechend der allgemeinen kulturellen Tradition deutlich mehr *prosoziale Ziele*, als etwa die Jugendlichen westlicher Kulturen, d. h. sie überlegen, wie man dem anderen helfen kann. Das wird ihnen dadurch erleichtert, dass sie das Verhalten anderer eher als Natur- oder schicksalsgegeben deuten, womit der andere auch eher entschuldigt ist, als wenn man annehmen würde, er täte das absichtlich. Die Mütter versuchen, den Kindern Leid zu ersparen und ihnen durch Mit- und Vormachen, also als Vorbild (wie auch überhaupt in der Gesellschaft beim frühen Mitmachendürfen), ein positives Selbstbild und eine Überzeugung des eigenen Selber-Könnens (Selbstwirksamkeitsüberzeugung) zu vermitteln. Dementsprechend empfinden die Jugendlichen kaum mal die generalisierte Wertlosigkeit, die im Westen leicht zu überschießenden Reaktionen führt.

Dem entspricht auch, dass nach Beeinträchtigung eher nicht Ärger oder irgendeine Form der Vergeltungsabsicht entsteht, sondern das Bemühen, dem anderen „zu helfen, das Richtige zu tun".

Erwähnt sei schließlich noch, dass wir die Frage geprüft haben, ob nicht doch die „westliche" Lebensweise und Interessendurchsetzung eine Änderung der traditionellen Einstellungen und Lebensweise zur Folge haben bei denjenigen Balinesen, die häufigen Kontakt mit den westlichen Touristen haben. In der Gegenüberstellung der „modernen" Probanden aus der Gegend von Denpasar mit den traditionelleren in der Bergregion fanden wir einen gewissen „messbaren" Einfluss: Die „modernen" Balinesen fanden mehr Anlässe, sich zu ärgern und darauf auch mit „Aggression" zu reagieren als die traditionellen Balinesen, und zeigten auch tatsächlich höhere Aggressionsneigung und mehr Ärger.

Dieses Ergebnis ist insofern bemerkenswert, als wir in dem Mütterverhalten kaum Differenzen zwischen den „modernen" und den traditionellen Balinesen gefunden haben. Das spricht also für den allgemeineren Einfluss des Umgangs mit anderen Personen in der übrigen sozio-kulturellen Umwelt, zu dem ja dann in größerem Maße westliche Touristen mit ihren Wertschätzungen und Verhaltensweisen gehören.

11.3 Erziehung und Aggressivität in der Kultur der Bataker

11.3.1 Gesellschaft und Kultur der Bataker

Wie vorne unter 5.2.2 dargestellt, leben die Toba-Bataker von alters her in Nord-Sumatra in der Umgebung des Toba-Sees. Von dort haben wir auch unsere „traditionelle" Stichprobe rekrutiert. Die „moderneren" Bataker haben wir in Jakarta aufgesucht. Über diese fast 10-Millionen Großstadt, Hauptstadt Indonesiens (das alte Batavia) mit den üblichen Merkmalen eines tropischen Entwicklungslandes, ersparen wir uns eine Beschreibung.

Die Bataker werden zu den Proto- oder Alt-Malaien gerechnet (Heine-Geldern, 1932), und sie unterscheiden sich auch in manchem von den übrigen Indonesiern, vor allem von den auf Java und Bali. Bei ihnen sind sehr wahrscheinlich noch lange sehr alte (neolithische) Kulturformen erhalten geblieben, die auf einer animistischen Weltauffassung beruhen, mit entsprechenden magischen Glaubensvorstellungen, Riten und Zaubertechniken (Wagner, 1980, S. 12-13, 33).

Wie erwähnt, haben sie bis zum Ende des 19. Jahrhunderts in großer Abgeschiedenheit gelebt. Sie haben zwar einigen indischen Einfluss aufgenommen, ohne dass dies ihre Kultur aber grundsätzlich verändert hätte. Sie haben sich vor allem jahrhundertelang dem Islam verschlossen, obwohl die nördlich benachbarten Atjeh schon früh islamisiert waren, und zeitweilig ein mächtiges Sultanat hatten.

Abbildung 28:
Zauberstab des Datu

Im 19. Jahrhundert wurden auch die südlich von ihnen lebenden mutterrechtlichen Minangkabau Moslems.

Alle Bataker galten lange Zeit als gefährlich, abweisend, unfreundlich und kriegerisch, und man fürchtete – wahrscheinlich durchaus mit Recht (siehe u. a. Winkler, 1925) – u. a. ihren Kannibalismus. Dessen Opfer waren besonders Feinde, Verräter, Verbrecher und unerwünschte Eindringlinge (wohl auch frühe christliche Missionare), die ihnen in die Hand gefallen waren. Aber auch sonst wurde immer wieder über eine Vielzahl von sehr grausamen Gepflogenheiten und Riten berichtet (z. B. die unappetitliche Zubereitung und Verwendung von Pupuk, einem Zauberbrei), die wir hier nicht wiedergeben möchten. Der Kannibalismus hatte übrigens eine animistische Bedeutung: zu den zentralen Glaubensvorstellungen gehört die Vorstellung des „Tongi", der Seele. Als Körperseele ist Tongi die Lebenskraft; aber Tongi ist die überall waltende geheimnisvolle Kraft überhaupt, sie hält auch Tiere und Pflanzen am Leben. Sie wurde auch Geräten oder sonstigen Objekten zugeschrieben, die Menschen gehör(t)en oder mit ihnen in Berührung gekommen waren. Sie kann durch Riten und Zaubermittel beeinflusst werden. Selbst an winzigen Körperteilen wie Haaren und Nägeln, ja an Kleidern und Fußabdrücken und dem Namen der Menschen haftet Tongi. Sie kann übertragen werden, so z. B. auch auf Feinde, um sie zu verderben.

In diesem Glaubenssystem war folglich der Zauberpriester, der Datu, eine wichtige und mächtige Person. Er verfügt über die Magie, bei Krankheiten oder bei Konflikten Tongi in guten oder bösen Sinne zu beeinflussen, wozu allerdings bestimmte Rituale eingehalten werden müssen. Auf Grund seiner magischen Kraft, die auf seiner Verbindung zur Geisterwelt beruht, und mit seinem Zauberstab, dem tunggal panaluan, dem ebenfalls magische Kraft zugeschrieben wurde (s. Abb. 28), konnte er Herr über Leben und Tod ohne physische Gewalt sein; z. B. wenn jemand durch ein Gottesurteil eines Tabubruchs überführt war, konnte dieser in wenigen Tagen sterben, allein durch die Kraft des Glaubens an die Magie. (Es war ein psychisch ausgelöster Schock, vermutlich aus Angst vor den Geistern; pers. Mitteilung Dr. Yamaluddin, Medan; vgl. auch Schmid, 2000).

11.3 Erziehung und Aggressivität in der Kultur der Bataker

Auf diesem animistischen Hintergrund ist auch der Kannibalismus zu verstehen: Er diente u. a. auch dazu, sich die Macht des Tongi des Opfers, des ehemaligen Feindes zu Eigen zu machen.

Abbildung 29: Kopf einer weiblichen Ahnenfigur der Bataker

Viele traditionelle Dörfer der Bataker waren mit hohen Mauern oder Erdwällen befestigt, im übrigen Indonesien eine Seltenheit und Besonderheit. Alleine daran sieht man, dass die Clans oder Dörfer oder Stämme früher in einer Dauerfehde miteinander lagen. Es herrschte Blutrache, und daher konnten die Konflikte nie ein Ende finden. Es gab auch regelrechte Kriegszüge, ebenso wie versteckte Angriffe auf einzelne, das Rauben von Kindern, oder auch magische Beeinflussung der Feinde. In dieser Welt, in der man selbst nie vor einem Angriff, vor Missgeschick, oder Krankheit sicher war und dies auf das Wirken böser Kräfte zurückführte, musste man sich ständig bedroht fühlen. Eine Möglichkeit darauf zu reagieren ist, selber proaktiv zu werden, sich selber mit aggressiven Mitteln zu wappnen, um bei

Gelegenheit mit grausamen Mitteln, seien sie physisch oder magisch, Oberhand zu behalten. Dementsprechend galten die Batak mit Recht als gefährlich und als wilde, furchterregende Krieger, von denen man sich fern hielt.

Die Gesellschaft ist in Dörfer und Clanfamilien gegliedert, mit einer streng patriarchalischen Ordnung. Man leitet sich von (männlichen) Vorfahren ab und legt Wert darauf, sich die Seele der Vorfahren gewogen zu machen. Geschnitzte Figuren des Stammelternpaares, debata idup (ca. 50 cm groß; vgl. Abb. 29), wurden dazu an besonderer Stelle im Wohnhaus der Großfamilie (rumah adat), meist des Häuptlings, aufbewahrt. Grundlage der sozialen Ordnungsvorstellungen ist das Adat, die überkommenen Verhaltensregeln und Normen, die strikt einzuhalten sind.

Zugleich verfügten die Bataker aber auch über eine hoch entwickelte Technik und Kunstfertigkeit. Dies zeigte sich im Hausbau mit den weit ausladenden Dächern und Giebeln, in der Schrift, und in der Kunst, z. B. der differenzierten Holzschnitzerei oder der Musik.

Wie erwähnt, ist diese traditionelle und animistische Welt bei den Toba-Batak durch die Christianisierung und bei anderen Batak-Gruppen durch die Islamisierung weitgehend untergegangen. Die Toba-Bataker haben nach der Christianisierung eine eigene protestantische Kirche gegründet. Sie ist wohl organisiert und hat jetzt im Leben eine große Bedeutung, und auch die nach Jakarta übersiedelten Toba-Bataker haben sich dort in ihr organisiert. Der frühe erfolgreiche Missionar und wohl eigentliche Gründer, der deutsche Missionar Nommensen, genießt nun große Verehrung*.

Anmerkung: Es war ein geradezu rührendes Erlebnis der großen Verehrung von Nommensen, wie ein älterer Bataker, den ich in Jakarta zum Interview aufsuchte, begeistert darauf reagierte, dass ich auch Protestant und aus Deutschland bin. Er erzählte ausführlich und in vielen (sicher überlieferten) Einzelheiten die Geschichte von Nommensen und wie dankbar er verehrt wird. Als Zeichen dafür und zum Andenken an unser Gespräch schenkte er mir einen wertvollen Nommensen-Gedenkteller (siehe Abb. 14, S. 86).

Das Adat ist in Grenzen trotz der Christianisierung noch immer gültig. Es enthält eine Fülle von strengen Verhaltensregeln und Normen. Sie beziehen sich auf den Umgang mit Eltern und Ahnen, mit älteren im Unterschied zu jüngeren und mit männlichen im Unterschied zu weiblichen Geschwistern (!) und sonstigen Personen, wie auch auf das Verhalten zu ferneren Verwandten und Fremden. Zwischen den Clans gibt es darin auch minimale Unterschiede, besonders wenn es sich um ehemalige „Königs"-familien handelt. Diese sind bis heute am Namen erkennbar und spielen noch immer eine gewisse Rolle im Sinne der Hochachtung, die ihren Nachkommen entgegengebracht wird, wie auch in etwaigen strengeren Regeln innerhalb des Clans.

Die Erziehung richtet sich nach wie vor auf die Einhaltung von Regeln und Pflichten, wie sie im überlieferten Adat geregelt sind. Die Erziehungsmethoden sind durch eine gewisse Strenge charakterisiert, die durchaus auch Bestrafungen nicht ausschließt. Eine gewisse Rolle spielt dabei auch implizit noch immer die Furcht vor etwaigen unbestimmten, negativen Konsequenzen, auch magischer Art, die die Verletzung der Vorschriften und Regeln (eben gelegentlich auch des Tongi) mit sich bringen kann. (Das ist übrigens gar nicht so archaisch, denn auch bei uns haben sich ja gewisse magische Vorstellungen erhalten.)

Wie erwähnt, sind heute die Toba-Bataker zum größten Teil Christen. Unsere Stichprobe hat dementsprechend fast ausschließlich aus Christen bestanden. Bei ihnen haben wir – auf dem Hintergrund der traditionellen Verhaltensweisen mit den ewigen Kriegszügen, gegenseitigen Bedrohungen und dem Kannibalismus – mit einer gewissen Überraschung beobachtet, dass offensichtlich christliche Werte diese alten Verhaltensweisen und Gewohnheiten abgelöst haben. Wir gehen darauf im nächsten Abschnitt näher ein.

Nicht selten haben wir in den Interviews und sonstigen Äußerungen der Jugendlichen und Mütter das christliche Prinzip der Gewaltlosigkeit und des Verzichts auf Vergeltung vertreten gefunden. Dabei hatten wir nicht den Eindruck, dass es sich um Lippenbekenntnisse im Sinne der sozialen Erwünschtheit handelt, wie es Autoritäten gegenüber zur Schau getragen werden mag. Zumal unsere Untersucher und Interviewer z.T. Studenten waren, also im engeren Sinne eigentlich keine Autoritätspersonen.

Insofern hatten wir zwar beobachtet, dass die alten autoritären Einstellungen nach wie vor nicht völlig verschwunden sind, dass aber andererseits auch die christlichen Einflüsse offenbar insofern wirksam geworden sind, als die alte, auf aggressive Verteidigung gerichtete, und die – im Sinne der magischen Glaubensvorstellungen – sozusagen unbekümmerte Einstellung zum Tod, zu Feinden und Unterlegenen sich grundlegend geändert hat. Auch im persönlichen Umgang haben wir das Verhalten der Toba-Bataker – wenn auch keineswegs als so freundlich und entgegenkommend wie bei den Balinesen oder so höflich wie bei den Japanern – so doch aber frei von den früher berichteten abweisenden und feindselig-misstrauischen Verhaltensweisen erlebt. Man wird wohl tatsächlich davon auszugehen haben, dass wir hier die vierte Generation vor uns hatten, die unter christlichem Einfluss und auch unter dem Einfluss der moderneren Lebensweise und wohl auch der Massenmedien in Indonesien grundlegende Einstellungen geändert hat.

Allerdings sei am Rande bemerkt, dass wir bei einem Besuch der benachbarten islamischen Karo-Bataker diese als deutlich unfreundlicher erlebt haben. Wir hatten den Eindruck, dass sie uns gegenüber trotz unserer indonesischen Begleiter und Freunde (z. T. selber Bataker) deutlich abweisend, misstrauisch und wenn nicht gar gehässig waren.

11.3.2 Ergebnisse: Erziehung der Mütter

Welches Bild kann man sich von den Mutter-Kind-Beziehungen und den Erziehungsmethoden der Toba-Bataker machen aufgrund unserer Ergebnisse? Zunächst, dass auch die Mütter der Toba-Bataker in ihrem gesamten Erziehungsverhalten als südostasiatisch erschienen und deutlich mehr den Balinesen als etwa den deutschen Müttern ähneln. Im Ganzen ergibt sich das Bild einer Erziehungsatmosphäre, die durch deutliches Verständnis für die kindlichen Bedürfnisse, besonders das Bedürfnis des Kindes nach Nähe und durch das Eingehen auf diese Bedürfnisse gekennzeichnet ist. Sie geht von der Grundeinstellung aus, bei Schwierigkeiten, die die Kinder haben oder den Müttern machen, eher anzunehmen, dass dies noch auf mangelnder Reife beruht als etwa auf bösartiger Intention beim Kind. Insofern ähnelt das Bild deutlich dem, das wir bei den Balinesen gefunden haben, allerdings gibt es doch auch deutliche Unterschiede zu ihnen.

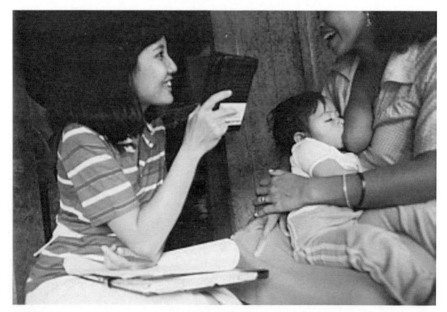

Abbildung 30: Batak-Mutter beim Interview

Auch die Batak-Mütter legen wenig Wert auf aggressives Verhalten, sie schätzen deutlich mehr Kooperation und Hilfsbereitschaft, sie erwarten auch Nachgiebigkeit von den Kindern, und sie erzeugen auch Schuldgefühle bei den Kindern.

Dies ist ähnlich wie bei den Balinesen, wenn auch vielleicht alles insgesamt etwas weniger ausgeprägt.

In ihren Erziehungsmethoden sind die Batak-Mütter mehr darauf eingestellt, mit den Kindern zusammen etwas zu machen oder ihnen vorzumachen, also eher Modellernen als Bekräftigungslernen. Allerdings legen sie doch großen Wert darauf, dass bestimmte Regeln eingehalten werden und setzen diese auch mit einem erheblichen Maß an Strafandrohung durch. Dies sind offensichtlich noch immer große Teile des alten Adat, die hier von den Müttern durchgesetzt werden sollen. Dazu gehört nicht unbedingt das Ausführen von Strafen, doch aber neben der intensiven Strafandrohung, die viel mit Angsterzeugung operiert, auch die Verwendung von selbstwertverletzender Kritik am Kind, die in Bali total vermieden wird. Auch wenn im Vergleich zu den deutschen Müttern die Batak-Mütter mehr Empathie und mehr Bereitschaft zum Nachgeben zeigen, ist dies doch deutlich weniger ausgeprägt als bei den balinesischen Müttern.

Andererseits zeigen die Ergebnisse, dass die Mütter auch viel Wert darauf legen, ihre Kinder zufrieden zu stellen, glücklich zu machen, ihnen Freude zu bereiten, so dass auch diese Kinder weniger Ärger und weniger Enttäuschung zum Ausdruck bringen. Dies spricht wieder für eine insgesamt doch eher freundliche Erziehungsatmosphäre. Allerdings ist das Gesamtbild gerade im Unterschied zu den Balinesen doch ein anderes. Bei aller Freundlichkeit und allem Bemühen um Verständnis für die Kinder herrschen hier doch strengere Regeln, strengere Anforderungen und die größere Bereitschaft, auch mit Strafandrohung Ängste zu erzeugen. Vermutlich spielt hier doch die alte Tradition noch eine Rolle. Insgesamt ist daher nach den Erziehungsbedingungen der Batak-Mütter zwar eine geringere Aggressivität der Kinder zu erwarten, aber eben doch wohl weniger ausgeprägt ist als bei den Balinesen.

Interessant ist eine Ähnlichkeit zu den Japanischen und deutschen Müttern: Auch bei den Batakern sind Erfolg im Leben und vor allem auch (Schul-)Leistung klare Erziehungsziele, und diese Forderungen werden auch mit Nachdruck vertreten (vgl. Chandra, 2004).

Andererseits besteht ein Unterschied zu den deutschen Müttern: Wir hatten überhaupt keinen Anhaltspunkt dafür, dass die Batak-Mütter bei den 4- bis 6-jährigen Kindern etwa an die Einsicht der Kinder appellieren, das was sie verlangen, sollten sie von selber wollen und tun. Hier wird eben viel mehr mit der Erwartung, dass die Kinder noch nicht reif genug sind, operiert und es wird ihnen vorgemacht, und wenn es dann nicht ganz funktioniert, dann wird eher mit Nachsicht ein bisschen nachgeholfen, sofern es nicht um die Verletzung von strikten Anweisungen, insbesondere von Regeln, die aus dem Adat sich ergeben, handelt. Dann wird auch durchaus einmal mit Strafandrohung und Angst operiert.

11.3.3 Ergebnisse: Aggressivität Jugendlicher Bataker

Betrachten wir nun die Aggressivität der Kinder und Jugendlichen bei den Batak, die sich unter diesen sozio-kulturellen Rahmenbedingungen und speziell der Erziehung der Mütter in diesem Kontext entwickelt. Wir haben bereits in den Tabellen in Kapitel 6 gesehen, dass die durchschnittliche globale Aggressivität (auf Aggregatniveau) zu t 2 und t 3 – erwartungsgemäß – auch bei unseren Batak-Jugendlichen deutlich niedriger ist als bei den Deutschen und Schweizern. Sie ist aber – wenn auch nur geringfügig – höher als bei den Balinesen (und Japanern). Vor allem scheint sie – so weit wir überhaupt zwischen den noch im alten Stammesgebiet lebenden und andererseits den nach Jakarta ausgewanderten unterscheiden können – bei den „traditionelleren" etwas höher zu sein als bei den in Jakarta lebenden.

Auf jeden Fall entspricht die niedrige Gesamtaggressivität den gegenwärtigen Sozialisationsbedingungen der Bataker und somit ebenfalls für die von der Motivationstheorie der Aggressivität angenommenen und vorhergesagten Entwicklungsprozesse. Dass die Gesamtaggressivität bei den traditionellen Batakern etwas höher ist als bei den in Jakarta lebenden, mag damit zusammenhängen, dass dort vielleicht noch eher traditionelle Vorstellungen auch in der Erziehung herrschen als in der modernen Großstadt Jakarta. Andererseits haben wir unsere Probanden in Jakarta über die christliche Kirche rekrutiert, was vielleicht mit zur Erklärung heranzuziehen ist.

Aber wie bei den anderen kulturellen Gruppen interessiert natürlich hauptsächlich, worin denn im Vergleich zu den Deutschen und Schweizern die niedrigere Aggressivität, und im Vergleich zu den Balinesen die etwas höhere Aggressivität besteht. D. h. ob die qualitative Struktur des Motivsystems ebenfalls wieder den Entwicklungsbedingungen entspricht und somit ebenfalls unsere Annahmen über die Entwicklung der Motivstruktur bestätigen.

In der Tat ist dies der Fall: Häufigkeit und Intensität von aggressiven Intentionen sind beim Handlungsaufbau niedriger, die der prosozialen Intentionen entsprechend viel höher ist als bei den Deutschen. Beides ist auch etwa so hoch wie in Bali. Entsprechend ist auch die Wertschätzung von Aggressivität als Mittel zur Durchsetzung gering ausgeprägt. Aggressivität wird vielmehr eher (aber doch nicht so ganz) abgelehnt.

Hinsichtlich der Teilkomponenten der Motivstruktur ist deutlich, dass auch die Frustrationstoleranz deutlich höher ist. Offenbar spiegelt sich hierin die größere Zuwendung und Geduld der Mütter in der Erziehung im Fall von Konflikten mit dem Kind. Die kognitiven Komponenten des Motivsystems, die Bereitschaft, Beeinträchtigungen und Frustrationen eher als entschuldbar als böswillig zu deuten, entsprechen ebenfalls wieder der niedrigen Aggressivität. Die Neigung zu böswilliger Intentionsdeutung ist deutlich geringer ausgeprägt. Auch das entspricht dem Verhalten der Mütter bei Konflikten zwischen Mutter und Kind und auch der seltenen Konflikteskalation. Auffallend ist jedoch die Neigung der Jugendlichen, im Konfliktfall sich selber Schuld zuzuschreiben und die vielleicht auch etwas höhere Aggressivität. Beides könnte man auf die größere Neigung der Batak-Mütter mit selbstwertverletzender Kritik in der Erziehung zu operieren, zurückführen. Auch die Tatsache, dass die Vorstellungen und Absichten, sich ggf. auch aggressiv wehren und durchsetzen zu können bei den Bataker mehr akzeptiert sind als bei den Balinesen, ist wahrscheinlich ebenfalls bei der strengeren und eher doch auch Strafen verwendenden Erziehung und den entsprechenden Werten der Mütter zu verstehen.

Zusammenfassung der Ergebnisse der Bataker

Welches Bild kann man sich von den Entwicklungsbedingungen für Aggressivität bei den Batakern aufgrund der Mutter-Kind-Beziehungen und der kulturellen Gesamtbedingungen machen? Insgesamt sind auch die (jetzigen) Mütter der (Toba-)Bataker in ihrem Erziehungsverhalten südostasiatisch und eher den Balinesen als etwa den deutschen Müttern ähnlich.

1. Insgesamt ergibt sich das Bild einer Erziehungsatmosphäre, die durch deutliches Verständnis für die kindlichen Bedürfnisse und das Eingehen auf die Bedürfnisse des Kindes nach Nähe und Geborgenheit gekennzeichnet ist. Der Lebensbereich der Kinder ist in die (Groß-)Familie integriert, und man darf von einer überwiegend sicheren Bindung zwischen Mutter und Kind ausgehen. Dementsprechend haben die Jugendlichen der Bataker in den beiden letzten Untersuchungen deutlich geringere Aggressivität gezeigt als etwa die Deutschen.
2. Die Mütter vermuten bei Konflikten mit den Kindern nicht bösartige Intentionen sondern eher mangelnde Reife. Sie vermeiden damit selbstwertbelastende Deutungen, auf deren Basis eventuell Ärgerkonditionierung oder eine unfreundliche Weltdeutung beim Kind entstehen kann. Die Mütter vermeiden auch Konflikteskalationen, die zum Aufschaukeln von Ärgeraffekten beitragen. Dem entspricht (vgl. Kapitel 6). dass die durchschnittlich globale Aggressivität auf Aggregatniveau auch bei den Batak-Jugendlichen deutlich niedriger ist als bei den Deutschen und Schweizern.
3. In den Erziehungsmethoden sind die Batak-Mütter auf das Modellernen eingestellt. Die Kinder haben wenige Anlass zu Ärger und zu Enttäuschung.
4. In ihren Wertschätzungen legen die Mütter Wert auf Kooperation und Hilfsbereitschaft und sie erwarten von den Kindern auch Nachgiebigkeit. Allerdings ist auch die Selbstbehauptung etwas durchaus Erwünschtes. Das schließt in Grenzen auch etwas Aggressivität, die unter bestimmten Bedin-

gungen toleriert wird – mit ein. Für die Mütter kommt es darauf an, dass die Kinder auch die nötigen Kenntnisse und Fertigkeiten entwickeln, die ihnen ein Sich-Behaupten in der gegenwärtigen Welt ermöglichen.

5. Die Mütter legen Wert auf das Einhalten bestimmter Regeln. Androhung von Strafen und selbstwertverletzende Kritik, die in Bali total vermieden werden, sind dazu nicht völlig ausgeschlossen.
6. Immerhin ist bei den Batak-Jugendlichen die Frustrationstoleranz deutlich höher als bei den westlichen Jugendlichen. Aggressionszielsetzungen sind weniger elaboriert und entwickelt. Auch dies entspricht den beschriebenen Entwicklungsbedingungen.
7. Besonders erwähnenswert ist das Ergebnis vergleichsweise geringer Aggressivität auf dem Hintergrund der anzunehmenden traditionell hohen Aggressivität in der Kultur der Bataker. Hier ist der Einfluss des Christentums zu erkennen mit den auf Nachgiebigkeit, Verzeihen und Nächstenliebe gerichteten Werten. Manche Mütter haben ausdrücklich als Erziehungsziel diese christlichen Werte hervorgehoben, und dass ihre Kinder den Geboten der Kirche folgen sollen.

Insgesamt besteht also auch hier ein relativ klares Bild der im Vergleich zu den deutschen Probanden bestehenden geringeren Ausprägung der Aggressivität mit ihren Komponenten und der entsprechenden Erziehungsbedingungen. Das gilt auch für die etwas höhere Ausbildung der Aggressivität im Vergleich zu den Balinesen. Beides ist aber vor allem wieder nicht ohne die allgemeinen soziokulturellen Rahmenbedingungen zu sehen.

11.4 Erziehungsbedingungen und Aggressivität in Deutschland

Vorbemerkung

Bei dem Bemühen, die für die Aggressionsentwicklung relevante komplexe Ausgangssituation in Deutschland in ähnlicher Weise zu beschreiben, wie wir das für die ost- und südostasiatischen Kulturen getan haben, stehen wir vor dem Problem, das wir bereits zu Beginn des Kapitels 5.3 erwähnt haben: Der deutsche Leser, für den dies geschrieben ist, ist selber Teil dieser Gesellschaft und ihrer Entwicklung und er wird sie z. T. selber mitgestaltet haben. Jeder wird daher seine eigene persönliche Sicht und Erfahrung mit den Sachverhalten haben, um die es hier geht. Aus dieser persönlichen Sicht, um nicht zu sagen Voreingenommenheit heraus, wird vermutlich das eine oder andere anders gesehen oder bewertet. Natürlich geht es nicht ohne Verallgemeinerungen und Vereinfachungen, bei denen auch die persönlichen Erfahrungen und Sichtweisen des Autors nicht ausgeschlossen wer-

11.4 Erziehungsbedingungen und Aggressivität in Deutschland

den können. Daher sollen zunächst nur allgemeine und möglichst unumstrittene Sachverhalte geschildert werden, die sich auf viele historische Fakten und wo immer möglich, auch auf Dokumente stützen [*Anmerkung*: Bei der Fülle von zeitgenössischem und zeitgeschichtlichem Material, seien es Flugblätter, sonstige Schriften und Publikationen in den verschiedensten Publikationsorganen, muss weitgehend auf eine Dokumentation verzichtet werden.].

Vorab soll zur Sicherheit noch einmal betont werden, dass wir hier allgemeine Trends beschreiben, die für den einzelnen natürlich unterschiedlich relevant waren. Auch wenn sich unsere Untersuchung ausdrücklich nur auf Stichproben gründet und wir unsere Ergebnisse nicht auf die gesamte Kultur generalisieren wollen und auch nicht könnten, so haben wir es ja in der Regel mit Durchschnittswerten dieser Stichproben zu tun, also nicht mit individuellen Werten. Auch die Daten über die Mutter-Kind-Zusammenhänge, die auf Individualniveau erhoben sind, sind am Ende Mittelwerte. Sie beziehen sich auf die Probanden, die unter den jeweiligen sozio-kulturellen Rahmenbedingungen aufgewachsen sind bzw. als Mütter gehandelt haben. In sofern ist es unumgänglich, auch die allgemeinen Trends von Veränderungen in diesen Rahmenbedingungen zu beschreiben. Eigentlich unnötig ist es, dabei nochmals zu betonen, dass die einzelnen Mütter, Familien und Jugendlichen sich von den Umständen und dem Zeitgeist natürlich recht unterschiedlich haben beeinflussen lassen. Dies drückt sich ja auch in der Streuung um die jeweiligen Mittelwerte unserer Daten aus. Wie auch bereits zu Beginn dieses Kapitel betont werden unter dem Gesichtspunkt der Aggressivitätsentwicklung bestimmte Aspekte akzentuiert und vielleicht den Eindruck übertriebener oder einseitiger Sicht machen. Wir betonen daher, dass es um Typisierungen geht bei einer gerade bei den Deutschen erheblichen Varianz.

Wir beschränken uns auf drei wesentliche Bereiche, in denen seit Ende des 2. Weltkriegs Entwicklungen eingetreten sind, die für die Erziehung und die Motiventwicklung vermutlich relevant wurden. Da sich unsere Untersuchung nur auf westdeutsche Probanden erstrecken konnte, lassen wir auch die Besonderheiten in Ostdeutschland außer Acht. Grundlegende Daten für die drei Entwicklungslinien haben wir bereits in Kapitel 5.3 berichtet.

In diesem Kapitel 11.4 gehen wir als erstes auf die sozio-kulturellen und ökonomischen Sachverhalte ein, die direkt oder indirekt für die Motiventwicklung der *Kinder* relevant waren. Das Wesentliche an den Änderungen ist die enorme Zunahme an Differenzierungen der Rahmenbedingungen für Mütter und die Entwicklung der Kinder. Es sind viele neue Möglichkeiten und Anreize, aber auch Gefährdungen und Beeinträchtigungen hinzugekommen, ohne dass bisherige Bedingungen damit verschwunden oder obsolet geworden wären. In verstärktem Maße wurden diese Entwicklungen für die (gegen 1970 geborenen) Jugendlichen unserer Untersuchung wirksam, weil sowohl deren Mütter wie auch ihre gemeinsamen unmittelbaren Lebens- und Entwicklungsbedingungen davon beeinflusst waren. Die Konsequenzen für die Entwicklung der uns interessierenden pro- und antisozialen Motive sind mit Sicherheit *sehr uneinheitlich* und für den Einzelnen nicht vorhersagbar. In vielerlei Hinsicht ist ohnehin mit zunehmenden Divergenzen der Bedingungen und ihrer Wirkungen zu rechnen.

In diesen Änderungen beseht übrigens ein deutlicher Unterschied zu den relativ stabilen Bedingungen der japanischen und balinesischen Mütter und Jugendlichen, während die Bataker in dieser Zeit weiter in die modernere Welt der indonesischen Gesellschaft hineinwuchsen. Für die Schweiz treffen dagegen viele der Prozesse ebenfalls zu.

11.4.1 Das sozio-ökonomische Umfeld: Entwicklungsanforderungen, Anreize, Frustrationsquellen

Das, was an Entwicklungsmöglichkeiten, Anreizen, Forderungen und Gefährdungen in einer Gesellschaft besteht und welche Gewohnheiten, Normen, Wertschätzungen und Sanktionen in einer Gesellschaft herrschen bzw. sich verändern, ist sowohl für die Kinder, die in diese Gesellschaft hineinwachsen wie für alle, die an der Erziehung der Kinder direkt oder indirekt mitwirken, von maßgeblicher Bedeutung.

Wie oben in Kapitel 5.3 bereits ausführlich beschrieben, haben sich nach Ende des 2. Weltkrieg tiefgreifende Wandlungen dieser Rahmenbedingungen vollzogen, die auch für die Erziehung und die Entwicklung der in dieser Zeit aufwachsenden Kinder sehr bedeutsam waren: von den Überlebens-Bemühungen während der z. T. vaterlosen Notzeit unmittelbar nach Kriegsende, dem wirtschaftlichen Wieder-Aufschwung und dem Rückgriff auf Einstellungen und Werte aus der Zeit vor dem Krieg, der Verunsicherung hinsichtlich der Erziehungsziele und -methoden unter dem Einfluss der Entnazifizierung, bis schließlich zu den tiefgreifenden Umbrüchen und Wandlungen grundlegender Einstellungen und Werte durch die Studentenrevolte. Dies alles sind Entwicklungen, die an den Kindern, die in dieser Zeit aufwuchsen, kaum spurlos vorübergingen, und zu denen gehörten die späteren Mütter unserer 2. Stichprobe.

Wohlstand

Der mit seinen Konsequenzen für viele Bereiche wahrscheinlich wichtigste Prozess ist wohl der *zunehmende Wohlstand*, der breiten Schichten der westdeutschen Gesellschaft zugute kam. In vielerlei Hinsicht wurde das Leben leichter und von materiellen Sorgen freier. Nimmt man internationale Indikatoren für Lebensqualität (wie z. B. Mercer, 2008), an denen Wohlergehen im Sinne der

Erleichterung des täglichen Lebens gemessen wird, so muss man deren enorme Zunahme feststellen. Für breite Bevölkerungsbereiche wurden Güter, die das Leben erleichtern oder auch schon zum Luxus gehören mögen, vom Kühlschrank bis zum Auto, mehr und mehr zur Selbstverständlichkeit. Nach Preisen von 2008 gerechnet, stieg das durchschnittlich verfügbare Jahreseinkommen eines privaten Haushalts von 3.480 DM im Jahre 1950 auf 15.435 DM im Jahre 1980. Ein „Warenkorb", für den man 1950 durchschnittlich 1 Stunde arbeiten musste, war 1980 bereits nach 13 Minuten verdient (IWD 21.5.2009, Nr. 21. S. 4., Daten nach Statistisches Bundesamt). Die Gefahr wirklicher Entbehrungen wurde immer seltener, und Dank eines ausgebauten nationalen Sozialsystems gilt das selbst für Arbeitslose, Kranke und Alte. Die internationale Forschung zur Happiness zeigt allerdings, dass höherer materieller Wohlstand die allgemeine Zufriedenheit nicht dauerhaft erhöht (Kornadt, 2009).

Lebensverhältnisse

Für die Persönlichkeitsentwicklung der Kinder ist vor allem die zunehmende *Mobilität*, die *Freizügigkeit*, die *Lockerung* – und wenn man so will – Entkrampfung der *Lebensverhältnisse* wichtig. Vieles wurde zusammen mit dem zunehmenden Wohlstand überhaupt erst möglich und besonders für die Mütter wesentlich leichter. Auch der Umfang der Freizeit ist sehr gestiegen und hat Zeit zur „Selbstverwirklichung" ermöglicht. Die Zahl möglicher *Optionen* nahm erheblich zu. Für die Eltern und besonders für die Mütter bedeutete das in vielerlei Hinsicht auch abnehmende Klarheit über mögliche Entscheidungen für sich selbst wie für die Kinder, wo früher bestimmte Rahmenbedingungen, Gegebenheiten und Selbstverständlichkeiten galten. Schon für die damals heranwachsenden Kinder, also unsere späteren Mütter, wie erst recht für deren Kinder in den 70er bis 90er Jahren bedeutete dies die Erfahrung größerer Freiheit, *mehr Wahlmöglichkeiten*, weniger Zwang zur Sparsamkeit und mehr Möglichkeit, sich Wünsche zu erfüllen, zugleich damit aber auch größere Unklarheit und *Unsicherheit* in der wirklichen Erfüllung größerer Ziele, z. B. in der Ausbildung, Berufs- und Lebensplanung.

Verzichtbereitschaft – Selbstdisziplin

In der Erwartung, die Verhältnisse würden mindestens so bleiben, ja sich wahrscheinlich weiter verbessern, schwindet die Notwendigkeit zur Verzichtbereitschaft. Für die Motiventwicklung von Kindern wird das insofern wichtig, als damit auch die Erziehung zum Belohnungsaufschub, also zur Fähigkeit, auf die sofortige Erfüllung eines Wunsches zugunsten einer späteren zu verzichten, weniger wichtig wird. Damit scheint auch die Erziehung zur Selbstdisziplin weniger wichtig zu werden. Dies wird schon für einige der späteren Mütter relevant gewesen sein, erst recht aber für deren Kinder. Vielleicht ist dafür ein Symptom, dass für viele Kinder kein Mangel an (teurem) Spielzeug und (teurer) Kleidung besteht, ja es inzwischen immer verbreiteter ist, den Kindern zum Abitur den Erwerb des Führerscheins zu schenken – wenn nicht gar gleich das erste Auto dazu, ein Luxus, den sich deren Eltern erst nach fünf oder zehn Berufsjahren leisten konnten (!). Wenn allerdings die Ansprüche wachsen und eine geringere Verzichtfähigkeit und niedrigere Selbstdisziplin bestehen, macht dies die spätere Anpassung an etwaige Änderungen, notwendige Umstellungen oder gar Einschränkungen umso schwieriger.

Chancengleichheit

Von den 60er Jahren an, wurde immer mehr die Forderung nach Chancengleichheit erhoben und schließlich zum öffentlich anerkannten Ziel für das Bildungswesen. Dazu wurde u. a die Annahme vertreten, dass Leistungsunterschiede zwischen Kindern im Wesentlichen, wenn nicht überhaupt auf sozialer Benachteiligung und Bevorzugung beruhen, und nicht auch auf Begabungskomponenten. Dies hatte viele Bildungsreformbemühungen zur Folge. Durch sie wurden in der Tat manche begabten Kinder gefördert, die sonst nie die Chance zur höheren Bildung gehabt hätten. Sie müssten nun eigentlich zufriedener sein. Andere Kinder kamen aber auch in Bildungseinrichtungen, durch deren Anforderungen sie überfordert wurden. Wenn zunächst unrealistische Ziele und Hoffnungen geweckt werden und keine rechtzeitige und sachliche Rückmeldung über die tatsächlichen Fähigkeiten und Möglichkeiten erfolgt, muss dies zu umso größerer *Enttäuschung* führen. In den Hochschulen wuchs die Zahl von Studienabbrechern, die in manchen Studienfächern bis zu 50% der Anfänger umfasste, mit den für die Persönlichkeitsentwicklung nachteiligen *Frustrationsfolgen*. Die Kehrseite war die Vernachlässigung besonders Begabter und motivierter Kinder (s. Kapitel 5.3). Sie wurden nicht gefördert, sondern in ihren Entwicklungsmöglichkeiten gehemmt (z. B. als Streber abgelehnt), und nicht selten dadurch ebenfalls frustriert.

Werteambivalenz

Wie in Kapitel 5.3 erwähnt, führte das (begrüßenswerte) Ideal, auch Schwächeren eine Chance zu geben, zur der allgemeinen Scheu, jemand zu frustrieren. Das bedeutete aber auch, ihn nicht für sein Fehlverhalten zu kritisieren. Das führte schließlich auch zu einer Erosion von Wertvorstellungen. Man gewöhnte sich daran, Fehlverhalten auf vielen Ebenen (selbst Korruption z. B.) schulterzuckend hinzunehmen und selbst vernünftige Forderungen nicht mehr zu vertreten [*Anmerkung*: Während es in den japanischen Schulen selbstverständlich ist, dass die Schüler ihre Schulräume aufräumen und für Sauberkeit und Ordnung selbst verantwortlich sind (s. Kapitel 5), gab es kürzlich in einer Schule in Hildesheim eine heftige Diskussion, auch mit Lehrern, Eltern und der Schulbehörde, ob das Gleiche den deutschen Kindern überhaupt zugemutet werden könne!].

Wir sehen hierin Nachwirkungen der *Studentenrevolte*. Einige der damals teils sehr militant vertretenen Parolen sind Bestandteile des *Zeitgeistes* geworden. So z. B. die Forderung, die Fesseln konservativer Werte abzustreifen, wozu auch die preußische Vorstellung gehört, dass „jeder seine Pflicht zu erfüllen hat" und zwar der Gemeinschaft oder dem Staat gegenüber, wenn man ein Amt oder eine Aufgabe hat.

Zum Zeitgeist gehört auch das seit den 70er Jahren vielfach internalisierte Ideal der *Selbstverwirklichung*. Als Lebensideal ist dies das Gegenbild zu einer Lebenserfüllung durch „der Gemeinschaft dienen". Psychologisch gesehen, liegt der entscheidende Unterschied in der Verzichtbereitschaft. Im Zeitgeist hat Selbstverwirklichung (die ja eben auch im Dienst an anderen bestehen könnte) einen *hedonistischen* Charakter bekommen: Es soll einem gut gehen, man macht vor allem was Spaß macht. Besondere Anstrengung und Leistung gehörten nicht unbedingt zum Inhalt der Selbstverwirklichung, es sei dem im Sport. Spaß, ungebundene Freizeit und das eigene Wohlergehen wurden in der Öffentlichkeit allmählich zu wichtigen Lebenszielen, in einer Zeit, als unsere Mütter gerade kleine Kinder hatten.

Die deutsche Gesellschaft ist in dieser Zeit ohne Zweifel als eine „individualistische" oder „in-dependente" anzusehen, in der die Vorstellung des autonomen Individuums selbstverständliches Allgemeingut geworden ist. Im Sinne von Rothbaum, Trommsdorff u.a. (s. a. Kapitel 10, S. 189ff) hat das natürlich auch Auswirkungen auf die Erziehungsmaßnahmen und -ziele.

Auswirkungen auf die Aggressivität?

In dieser Zeit herrschte in Deutschland *kein Zeitgeist, der Aggressivität besonders gefördert hätte*. In der öffentlichen Meinung galt vielmehr *Rücksicht auf Schwache* als Ideal. Aber wie gesagt, dies stärkte die Abneigung, Fehlverhalten zu sanktionieren. Man schaute eher weg statt einzugreifen, zumal das ja auch wieder als „autoritär" gelten könnte. Somit entwickelte sich eher eine Laisserfaire-Haltung. Wenn allerdings auch Aggressivität nicht *angemessen sanktioniert* wird, stärkt dies deren Entwicklung. Wenn Aggressivität zum Erfolg führt, z. B. in der sozialen Auseinandersetzung, wenn es um Rangrivalitäten geht (wie häufig in der Schule und noch mehr in Jugendgruppen), dann stärkt dies natürlich den Aufbau des Motivs. Dies kann geschehen, wenn z. B. dem Lehrer die Sanktionsmöglichkeiten genommen sind. Es kann auch vorkommen, wenn arbeitslose Jugendliche nicht in ein gesellschaftliches System (Arbeits- oder Ausbildungsplatz) mit seinen Disziplinanforderungen integriert sind.

Ohne Schulabschluss und Lebensperspektive und ohne rechtzeitiges Sanktionieren für ihr Fehlverhalten (Aggressivität, Hooligans bei Sportveranstaltungen, Alkoholmissbrauch), kann sich zunehmend eine Einstellung ausbilden, sich von der Gesellschaft vernachlässigt zu fühlen. Und das ist eine typische Quelle von Aggressionsphantasien und -rechtfertigungen, bei denen Gewalt nicht tabu ist, sondern eher einen positiven Wert bekommt. Für die in unseren Daten zum Ausdruck kommende durchschnittliche Aggressivität unserer Jugendlichen wird dieser Aspekt freilich nur einen unbedeutenden Anteil haben, denn insgesamt ist der Anteil dieser Jugendlichen an der Gesamtpopulation sehr gering.

11.4.2 Erziehungsziele und Methoden

In den Kriegs- und Nachkriegsjahren haben wahrscheinlich der vielfältige Mangel, der Hunger und nach dem Krieg Wohnungs- und Heimatlosigkeit (es gab ~16 Millionen Flüchtlinge, auch mit kleinen Kindern) Mütter und ihre Kinder enger zusammengeführt. Für ein Jahrzehnt hat wahrscheinlich für viele Mütter die Sorge um Schutz und Überleben ihrer Kinder auch enge Bindung zu den Kindern bedeutet. Alle Erziehungsmaßnahmen und (Leistung-, Disziplin-) Anforderungen dienten dem Überlebensziel und wurden ganz sicher von den Kindern unhinterfragt akzeptiert, selbst wenn sie einmal übertrieben waren. Die Kinder erlebten ja selbst diese Notzeiten unmittelbar mit und hatten allen Grund, den Anforderungen zu gehorchen.

In vielen Familien herrschten darüber hinaus nach dem Krieg in anderer Hinsicht außergewöhnliche Verhältnisse. Die Väter kamen oft erst nach längerer Abwesenheit aus Kriegsgefangenschaft zurück, oder sie standen unter dem schockartigen Eindruck des verlorenen Krieges und des Bewusstseins der von Deutschen begangenen Verbrechen. Bei nicht wenigen spielte vielleicht auch die nagende Frage nach der eigenen, vielleicht nur indirekten Beteiligung und damit Mitschuld an diesen Verbrechen eine Rolle. Dies hat wohl in manchen Familien auch zu einer gewissen „Sprachlosigkeit" und damit emotionalen Distanz geführt, weil die Eltern (Väter) über die Vergangenheit nicht sprechen wollten oder konnten. Väter konnten dann oft keine Vorbilder für ihre Kinder sein.

Traditionelle Erziehungsziele

In dieser Zeit bestanden die bislang relativ unreflektiert herrschenden Erziehungsziele und die Vorstellungen über die richtigen Erziehungsmethoden zunächst sicher weitgehend unhinterfragt weiter. Insbesondere waren in den allgemeinen Notzeiten *Tüchtigkeit, Selbstbehauptung, Selbstdisziplin, Fleiß* und *Gehorsam* als selbstverständliche Werte akzeptiert. Für viele, die den Verlust materieller Sicherheit erlebt oder vor Augen hatten (besonders die Flüchtlinge), galt als oberstes Ziel, eigene Fähigkeiten und Tüchtigkeiten, aber auch Entbehrungsfähigkeit und Selbstdisziplin zu entwickeln, um sich in späteren Fällen unabhängig von materiellen Gütern behaupten zu können. Diese Ziele wurden sicher auch von Eltern und sonst von der Gesellschaft vertreten und mit gewisser Strenge durchgesetzt, aber auch von denjenigen Kindern akzeptiert, zu denen auch die Mütter unserer Stichproben gehörten.

Verunsicherung

Dann aber kamen erste Unsicherheiten, als mit der „Entnazifizierung" und den „Demokratisierungsbemühungen" der Alliierten auch das (Zerr-)Bild der „autoritären Persönlichkeit" (Adorno) als eine typisch deutsche (Fehl-)Entwicklung beschrieben wurde. Dies wurde auf einen autoritären Erziehungsstil zurückgeführt, der preußisch-deutschen Militarismus geprägt hätte, und der zugleich den Boden für den Nationalsozialismus bereitet hätte. Als typische Merkmale dieses Erziehungsstils wurden harte Gehorsams- und Disziplinforderungen, strenge Strafe und Rücksichtslosigkeit beim Durchsetzen der Forderungen, ohne Rücksicht auf die kindlichen Bedürfnisse und Ängste angesehen. Somit kamen die gewohnten Erziehungsziele und die Erziehungsmethoden in den Verdacht, an dieser „deutschen autoritären Persönlichkeit" Schuld zu sein. Viele Eltern wollten aber keine Erziehung praktizieren, die womöglich den Nationalsozialismus und damit das gegenwärtige Unglück möglich gemacht hatte. Die bisher weitgehend für richtig gehaltenen Erziehungsziele und -methoden waren daher nicht mehr selbstverständlich.

Studentenrevolte und antiautoritäre Erziehung

Schließlich wurden diese alten Werte und Erziehungsmethoden, die ohnehin bereits in Zweifel gezogen waren, von der Studentenrevolte ab 1968 vollständig abgelehnt, und stattdessen wurde das Ideal der *antiautoritären Erziehung* öffentlich und z. T. auch sehr militant vertreten (Mainberger, 1995, S. 76).

Jede Art von Autorität wurde von den Wortführern verfemt, und jede Art des erzieherischen Eingriffs, jede Beschränkung kindlichen Verhaltens wurde in diesem Sinne bereits als autoritär abgelehnt. Ab *1969* wurde diese Ideologie in *„Kinderläden"* in die Tat umgesetzt. Die Vorstellung war, ganz ohne erzieherische Vorschriften, Regeln und Eingriffe in das spontane kindliche Verhalten lasse man am besten die „kreativen Kräfte" der (zwei- bis sechsjährigen) Kinder zur Entfaltung kommen. Ängste vor Autoritäten und vor Strafe brächten nur Duckmäuser und aggressive Typen hervor. Gehorsamsanforderungen waren in dieser Ideologie verpönt, Forderungen nach Ordnung wurden als Spontanitätseinengend und frustrierend abgelehnt (Sadoun, 1970). Begründet wurden diese Vorstellungen und in der Öffentlichkeit auch wirksam vertreten, indem man sich auf unterschiedliche theoretische Konzepte berief.

Eine dieser Quellen war Rousseau und dessen Vorstellung, die Kinder seien von Natur aus gut und alles Übel käme als Deformation durch die Gesellschaft zustande. Eine andere Quelle war Adornos autoritäre Persönlichkeit, sowie ferner simplifizierte Konzepte der Psychoanalyse, vor allem des Außenseiters Wilhelm Reich. Die Unterdrückung von Trieben, besonders der Sexualität frustriere, mache neurotisch und daher aggressiv. Ferner hat das Buch von Margret Mead „Coming of age in Samoa", erst 1965 auf Deutsch erschienen, eine Rolle gespielt. In dem wurde das idyllische aber falsche Bild einer zwanglosen Gesellschaft gezeichnet, in der angeblich glückliche, von Schuldgefühlen freie Menschen leben, in einem System „diffuser", aber warmer menschlicher Beziehungen, in denen weder Jungen noch Mädchen unter Druck gesetzt werden (Freeman, 1983, S. 108) und in der „zwanglose" sexuelle Beziehungen herrschten. Daher sei die samoanische Gesellschaft auch ausgesprochen unaggressiv.

Antiautoritärer Zeitgeist

Diese Quellen gaben den antiautoritären Forderungen eine „wissenschaftlich" scheinende Basis. Das antiautoritäre und Antifrustrations-Gedankengut konnte somit in den *allgemeinen Zeitgeist Eingang* finden. Die Ablehnung der „autoritären Erziehung" und „sexuellen Unterdrückung" schien einleuchtend und gewann mehr und mehr an Sympathie. Erziehungsziele wie Selbstdisziplin, Leistung, Zuverlässigkeit oder Ordnung gerieten in der Öffentlichkeit nach und nach noch mehr in Verruf oder in „Vergessenheit". Auch Leistungsanforderungen wurden unter dem Gesichtspunkt, Schwächere nicht zu benachteiligen, nicht mehr unbesehen durchgesetzt. Wie schon vorne beschrieben, gerieten auch alle Formen der Selektion und z. T. auch der Leistungsbewertung in Verruf mit den vorne bereits erwähnten Nachteilen. Auch den Lehrern wurden mit dieser Begründung fast alle Sanktionsmöglichkeiten aus der Hand genommen. Das hat viele Lehrer hilflos gemacht, und hilflose Lehrer sind keine Vorbilder für Kinder und Jugendliche. Insofern verlor vielfach auch die Schule wichtige erzieherische Funktionen.

Überforderung der Eltern und Erzieher

Dass durch die antiautoritäre Erziehung Eltern/Erzieher und auch Kinder überfordert wurden, wurde nach und nach deutlich und auch öffentlich diskutiert. Es zeigten sich mehr und mehr Erziehungsschwierigkeiten, ja manche Kinder entwickelten sich zu „kleinen Tyrannen", mit denen die Eltern nicht mehr umzugehen wussten. Sie konnten den Kindern nichts mehr verweigern; selbst offensichtlich unsinnige Forderungen nicht, ohne einen unerträglichen und nicht enden wollenden Konflikt mit den Kindern heraufzubeschwören. Die Eltern reagierten ihrerseits hilflos auf das, was manchmal wie eine beginnende Verwahrlosung der Kinder aussah.

Kinderläden und antiautoritäre Kindergärten verschwanden zwar wieder, aber im Zeitgeist lebten doch Grundideen der nichtautoritären, Frustrationen vermeidenden Erziehung als sinnvoll und wünschenswert fort. Die alten Erziehungsideale der Ordnung, des Fleißes, der Anstrengung und Zuverlässigkeit waren nach wie vor suspekt, galten eher als Unwert (als Sekundärtugenden), und wurden nicht ernsthaft vertreten. Viele Eltern, und besonders Mütter, wussten schließlich nicht mehr, was sie machen sollten, wie sie etwa unvernünftige, viel zu teure Wünsche verweigern sollten, oder wie sie etwa egoistische Verhaltensweisen, unter den sie selbst litten, unterbinden könnten und ob man das überhaupt darf.

Die Situation der deutschen Mütter in diesen Rahmenbedingungen

Aber dann kam die Idee der *„Erziehungspartnerschaft"* auf. Sie versprach eine demokratische Lösung der Vereinbarkeit von elterlichen Anforderungen einerseits mit den kindlichen Bedürfnissen andererseits. Es wurde zum Erziehungsideal, Kinder, gerade auch kleine Kinder im Kindergartenalter als „gleichberechtigte Partner", sozusagen wie kleine Erwachsene, zu behandeln. Das bedeutete, Kinder grundsätzlich, wie das für Babys ja auch richtig ist, nicht zu frustrieren, immer ihren momentanen Bedürfnissen nachzugeben, sie zunächst nicht zu zwingen, ihnen nichts vorzuschreiben und nichts von ihnen zu verlangen, was sie nicht selber wollen. Aber beim Baby geht es um ganz schlichte vitale Bedürfnisse. Bei Kindern im Kindergartenalter sind es aber ganz andere, viel weniger „basale", die auch nicht ohne weiteres erfüllt werden sollten. Aber bei diesem Ideal muss alles begründet und ausgehandelt werden, solange, bis das Kind „von sich aus dem zustimmt", was die Mutter für notwendig hält; und wenn es das nicht tut, muss man seine elterlichen Ziele halt aufgeben, wenn man nicht immer weiter verhandeln will oder kann.

Mit diesem Hoffen auf die *Einsicht des Kindes* und vor allem auf die *Fähigkeit* des Kindes, *entgegen seinen momentanen Bedürfnissen zu handeln*, überfordert die Mutter Zwei- bis Vierjährige und evtl. auch noch ältere Kinder und auch sich selbst. Da unerwünschtes Verhalten und unerfüllbare Wünsche so doch nicht einfach verschwinden, das Kind also immer weiter quengelt und schreit, strampelt und trotzt, muss die Mutter schließlich aufgeben. Sie verhilft damit aggressionsartigem Verhalten des Kindes zum Erfolg, oder sie muss schließlich doch noch zum Zwang ihre Zuflucht nehmen. Sie wird in jedem Fall ärgerlich auf das Kind, aber auch auf sich selbst sein, weil sie trotz guten Willens doch wieder „versagt hat", nicht fähig war, mit dem Kind „richtig umzugehen". Am Ende sind beide verzweifelt, beide *frustriert*, beide enttäuscht voneinander. Die Mutter, die diese Prinzipien immer noch für richtig hält, ist ratlos und weiß nicht, wie sie es hätte richtig machen können.

Jeder Mutter ist es peinlich, ihr Kind schreiend und zappelnd aus dem Supermarkt zu ziehen, weil es etwas will, was sie ihm nicht kaufen will. Dies besonders dann, wenn sie es mit dem Zeitgeist ablehnt, sich gegen den Willen des Kindes durchzusetzen. Wenn sie also schließlich widerwillig doch nachgibt, erfährt und lernt das Kind:

- das emotionale Verhältnis zur Mutter, das gerade wegen der „Partnerschaft" nicht funktioniert, ist gestört,
- die Interessen sind verschieden,
- mit aggressivem Verhalten kann es seine spontanen Wünsche gegen die Mutter durchsetzen,
- es lernt auf diese Weise nicht, dass es Regeln gibt, an die sich auch die Eltern selbst halten und die man einhalten kann, ohne besonders frustriert zu sein,
- dass es im Gegenteil sogar erleichternd ist, seine Emotionen zu beherrschen und die Erfüllung von Bedürfnissen längerfristig auf anspruchsvolle Ziele auszurichten (einschließlich Selbstdisziplin, Emotionskontrolle und Belohnungsaufschub),
- es lernt nicht, dass Regeln nicht ein Instrument zur Unterdrückung, sondern gerade zu kooperativem konfliktfreien Zusammenleben sein können.

Was sich andernfalls entwickeln kann, ist der Horror mancher Mütter, dass ihre Kinder tatsächlich zu kleinen Tyrannen zu werden drohen, mit denen sie nicht fertig werden. Freilich handelt es sich hier um ein *Extrembild* von fehlgeleiteter Erziehung, deren Phänomene im Zeitgeist der 70er, 80er und wohl auch noch der 90er Jahre lagen. Aber selbstverständlich gibt es eine *erhebliche Varianz* unter den Eltern und Lehrern darin, wieweit sie sich diese Erziehungsideologie im guten Glauben zu Eigen machten. Natürlich gibt es genügend Eltern und Lehrer, die dem Zeitgeist widerstehen.

Rolle und Selbstbild der Frau in Deutschland

Mit der in Kapitel 5.3 beschriebenen Entwicklung und den politischen Forderungen zur Emanzipation der Frau und ihrer Gleichberechtigung mit dem Mann ist für viele Mädchen das künftige Selbstbild der Frau nicht mehr klar. Das früher eher selbstverständliche Zukunftsbild als verheiratete Frau und Mutter hat seine Attraktivität und seine Selbstverständlichkeit verloren. In Kapitel 5 haben wir eine Reihe von Faktoren erwähnt, die dazu beitragen.

Ein wichtiger Faktor ist wohl auch bereits im Bildungswesen gegeben: Es ist von Anfang an bis zur Universität letztlich auf die männliche Berufswelt ausgerichtet. Irgendwelche besonderen Lerninhalte, die etwa Mädchen auf eine eigene Rolle in der Gesellschaft oder gar auf die Rolle und Aufgabe als Mutter vorbereiten, fehlen. Das ist unseres Wissens auch da der Fall, wo die Geschlechter wieder getrennt unterrichtet werden. Das bedeutet aber eben auch, dass keine ausreichende gesellschaftspolitische Wertschätzung der Rolle und Aufgabe einer Mutter gegeben ist. Hinzu kommt die ständige öffentliche Forderung nach Gleichstellung mit den Männern. Für junge Frauen bedeutet das auch, dass sie sich bemühen müssen, diejenigen Einstellungen und Qualifikationen zu entwickeln, mit denen sie den Anforderungen in der beruflichen Männerwelt entsprechen können.

Vielfach führt das dazu, dass sie sich halt genauso wie ihre männlichen Mitschüler, Kollegen und Kommilitonen auf eine Berufstätigkeit vorbereiten und sie dann auch aufnehmen; etwa Kinder zu haben oder zu heiraten hat da keine Priorität. Es kommt sicher die erwähnte Wertschätzung der „Selbstverwirklichung" hinzu. In den konkreten Zielvorstellungen ist sicher auch das Ungebundensein, auf Partys gehen und Urlaub machen können, also das Ideal einer selbständigen, tüchtigen und attraktiven (jungen) Frau enthalten. Auch in der öffentlichen Darstellung, in den Medien z. B. spielen viel eher in öffentlichen Funktionen stehende Politikerinnen oder Managerin eine Rolle, viel weniger als Frauen, die erfolgreich mit Kindern zusammenleben. Dies steht übrigens im völligen Gegensatz zu den jungen indonesischen Frauen, die unsere Teams bildeten: Unter ihnen, fast alle bereits mit einem ersten akademischen Grad versehen, war nicht eine einzige, für die nicht selbstverständlich gewesen wäre, in wenigen Jahren verheiratet zu sein und Kinder zu haben.

Einstellung zu Heirat und Ehe

Vor diesem Hintergrund ist für viele junge deutsche Frauen die Vorstellung, verheiratet zu sein und/oder Kinder zu haben, nicht besonders attraktiv. Diese Idee wird daher erst einmal „auf Eis gelegt". Für manche, die sich später doch noch dazu entscheiden können, ist es häufig zu spät, zumindest um Kinder zu kriegen. Das Bild einer verheirateten Frau, die sich womöglich nur dem Haus und den Kindern widmet, wird ohnehin in der emanzipatorischen Familienpropaganda als altbacken und rückständig diffamiert (siehe die „KKK ist out"-Propaganda in Kapitel 5.3). Es bedeutet da schon eine gewisse Unabhängigkeit für eine junge Frau (= unsere Mütter), sich davon frei zu machen. Es ist natürlich in der Tat nicht zu übersehen, dass mit Heirat und/oder Kinderbetreuung erst einmal viele Freiheiten, die eine ungebundene junge Frau hat, aufgegeben werden müssen. Manche verheiratete Frauen sehen sich dazu auch nur mit Bedauern genötigt.

Zur Mutterrolle

Für eine Reihe von Frauen gehört die Erfüllung des Kinderwunsches zu ihrer Selbstverwirklichung, für andere jedoch nur partiell und nicht uneingeschränkt, und für andere gar nicht. In jedem Fall erfordert das Baby, wenn es einmal da ist, lange Zeit viel Aufmerksamkeit und tatsächlichen Verzicht auf „eigene" Bedürfnisse der Mutter, allein schon in Bezug auf ungestörten Schlaf. Auch das fast ständige Verfügbarsein-Müssen ist für manche sehr schnell lästig, während es für andere ein Teil der Erfüllung des eigenen Wunsches nach Gemeinsamkeit und Zuwendung zum Kind ist. Wie wir wissen (Kapitel 10) ist jedoch gerade in den ersten Monaten die uneingeschränkte Zuwendung der Mutter zum Kind für dessen Entwicklung und eine sichere Bindung unerlässlich (zumal in Deutschland meist keine anderen Betreuungspersonen verfügbar sind, wie Großeltern, Tanten, Schwestern, sonstige Helfer, oder der Ehemann). Das Zustandekommen einer sicheren Bindung hängt, wie wir gesehen haben, ganz wesentlich von der Zuwendung der Mutter ab, aus der heraus sie meist instinktiv die fundamentalen Bedürfnisse beim Kind erfüllt. Allerdings ist diese „instinktive" Zuwendung auch nicht so „instinktsicher" und selbstverständlich, da viele Mütter ohne Geschwister aufgewachsen sind und ihnen auch sonstige Erfahrung fehlt, die auch auf instinktiver Basis nötig ist. Dies wird besonders relevant bei der Frage, ob die Kinder in den Kindergarten gehen sollen, oder schon mit einem Jahr in eine Krippe. Umso aufnahmebereiter sind die Mütter für externen „Sachverständigenrat". Dafür gibt es in der Tat zahllose Literatur und Ratgeber, die jedoch höchst widersprüchliche Meinungen vertreten. Es gibt vehemente Ablehnung der frühen Trennung von der Mutter, ebenso wie deren ausdrückliche Befürwortung. Nicht selten geht die Diskussion allerdings an dem zentralen Problem der Aufgabe vorbei, dass das Kind eine sichere Bindung entwickeln sollte und dazu eine für das Kind verlässliche Zuwendung erforderlich ist. Es gibt dagegen auch eine heftige Propaganda aus feministischer Sicht, in der sogar eine biologische Fundierung einer Mutter-Kind-Beziehung geleugnet wird. Für eine ratsuchende deutsche Mutter ist daher die öffentliche Diskussion in diesem Zusammenhang problematisch, insbesondere dass eine so einflussreiche Frau wie Rita Süssmuth, eine angesehene, ehemalige Familienministerin sagt: *„Wir sind nicht instinktiv Mutter... und permanente Hingabe macht nicht stärker, sondern schwächer* (Ukena & Voigt in Kulturspiegel, Heft 3/2009, S. 14).

Wenn die Kinder aus der Kleinkindphase herauswachsen, entsteht das übliche Problem für die Mütter, wie sollen sie denn nun erzogen werden. Im Abschnitt vorne sind verschiedene Erziehungsziele und Methoden genannt, von denen in unserem Untersuchungszeitraum die partnerschaftliche am ehesten vertreten war, aber immer spielten auch frühere Vorstellungen eine Rolle, so dass für die deutschen Mütter doch eine erhebliche Varianz von „Vorschlägen", die in der Öffentlichkeit bestehen, vorhanden ist.

Wenn die Kinder in die Schule kommen, leben sie in einer weiteren sozialen Welt, die für ihre Entwicklung und für die Betreuungsrolle der Mutter auf andere Weise wichtig ist. Hier hat sich vielfach die Einstellung entwickelt, dass von nun an die Schule und der Lehrer die eigentlichen Erziehungsaufgaben haben. Aber wie schon erwähnt (Kapitel 5.3), können und wollen die meisten Lehrer diese Aufgabe nicht auf sich nehmen. Aber gerade an dieser Stelle haben viele deutsche Mütter die Einstellung, ihre Kinder *gegen* Schule und Lehrer in Schutz nehmen zu müssen. Eine Erwachsenenwelt mit einigermaßen klaren Regeln und gemeinsamen Anforderungen erleben die Heranwachsenden auf diese Weise nicht.

11.4.3 Ergebnisse: Erziehung und Aggressivität in Deutschland

Frühe Mutter-Kind-Bindung

Die Mütter unserer Stichprobe haben sich ja gegen den Trend und eine gewisse öffentliche negative Grundhaltung dazu entschlossen, ein Kind oder Kinder zu haben, in der Regel auch als verheiratete Mutter. Insofern sind sie eine bestimmte Auslese aus allen deutschen Frauen gleichen Alters. Man kann also eine positive Grundhaltung zu Kindern voraussetzen. Dennoch ist die Frage interessant, wie sie denn mit ihren Kindern umgehen und welche Erziehungsziele und mit welchen Methoden sie diese verfolgen.

Hinsichtlich der frühen Mutter-Kind-Beziehung und der Entwicklung von gegenseitiger Bindung haben wir den Eindruck einer wesentlich größeren Varianz als bei den asiatischen Müttern. Insbesondere scheint es mehr deutschen Müttern schwerzufallen, sich ganz auf das Kind einzustellen. Es fehlt manchen Müttern an uneingeschränkter Einfühlung in die Erlebniswelt kleiner Kinder und die Bereitschaft, deren kindliche Bedürfnisse wenigstens lange genug wirklich ernst zu nehmen. Dass sie dann Widerstände gegen ihre Forderungen als „böswillig" verstehen (Kapitel 5.3), ist ein deutlicher Ausdruck davon, und zugleich natürlich Quelle weiterer Schwierigkeiten, die sich daran anschließen und weiterhin aufschaukeln.

Für Frauen, die eventuell jahrelang im Berufsleben stehen, sich in der sachlich orientierten Männerwelt behaupten und es mit objektiven, relativ großen Problemen zu tun haben, ist es sicher schwierig, sich dann ganz auf die subjektive Erlebnis- und Problemwelt kleiner Kinder einzustellen: d. h. solche „banalen" Probleme ernst zu nehmen, wie rechtzeitig Fläschchen oder Brust zu geben, Windeln zu wechseln oder das schreiende Kind geduldig solange zu trösten bis es zufrieden einschläft, oder später ebenso geduldig klare Regeln zu vertreten. Davon aber hängt wesentlich die Entwicklung sicherer Bindung ab, und gelingt dies nicht richtig, ist dies häufig die Quelle gegenseitiger Frustrationen und eines weiterreichenden Circulus vitiosus.

Erziehungsziele

In den Erziehungszielen stimmen die deutschen Mütter weitgehend überein. Hier gibt es offensichtlich keine so große Varianz wie im Vorangehenden beschrieben und wie sie gleich in den Methoden beschrieben werden wird.

Das übereinstimmende Ziel für ihre Kinder ist bei deutschen Mütter (wie auch bei anderen): sie sollen gesund sein, tüchtig sein, sie sollen lebenstüchtig werden und sie sollen sich behaupten, aber sie sollen sich durchsetzen können, übrigens durchaus auch gegenüber Autoritäten, wo es angebracht ist. Sie sollen sich vor allem nichts gefallen lassen und sich wehren. Das gilt übrigens für Mädchen fast noch mehr als für Jungen. Differenziertere Erziehungsvorstellungen für Jungen und Mädchen werden (in unseren Daten) sonst fast nie geäußert. Man hat den Eindruck, dass schon im frühen Kindesalter die Gleichheit von Jungen und Mädchen als Ziel angestrebt und auch praktiziert wird. Mädchen sollen jedenfalls nicht weich und anpassungsbereit sein, im Gegenteil, sie sollen sich ja nicht von Jungs unterkriegen lassen.

Ein Merkmal der deutschen Mütter ist außerdem, dass sie eigentlich *wenig klare Ziele* haben, die sie konsequent durchsetzen. Vielmehr leiden die deutschen Mütter offensichtlich selbst an einer Unsicherheit, was sie von den Kindern wirklich verlangen können, und ob sie überhaupt etwas verlangen können, und wie sie das, was sie von den Kindern eigentlich wollen, durchsetzen können.

Die deutschen Mütter wollen im Allgemeinen ihre Kinder so erziehen, dass sie freundlich und rücksichtsvoll sind und auch mal nachgeben können. Sie betonen aber, dass auch zu viel Rücksicht nicht gut ist, dass man sich überhaupt auch durchsetzen muss, und dass dazu auch Aggressivität keine von vorne herein schlechte Methode ist. Mit anderen Worten, aggressives Verhalten wird nicht grundsätzlich abgelehnt. Es waren auch Mütter unter den Deutschen, die geradezu stolz darauf waren, wenn ihre Kinder gegen sie selbst aggressiv waren, weil sie das als ein erfreuliches Zeichen der beginnenden Selbstdurchsetzungsfähigkeit der Kinder ansahen. Das hatte allerdings zur Konsequenz, dass sie immer wieder in Konflikte mit den Kindern gerieten (und die sich auch nicht selten zur Eskalation steigerten).

Wenn deutsche Mütter im Allgemeinen wollen, dass die Kinder lernen sich durchzusetzen, aber eben auch Mitgefühl haben sollen, dann sind sich viele nicht sicher, was sie eigentlich vorwiegend wollen. Sie schwanken häufig hin und her und ihre eigene Unsicherheit teilt sich dann auch den Kindern mit. Ebenso bringen deutsche Mütter im konkreten Fall häufig zum Ausdruck, dass sie zwar wollen, dass ihre Kinder ihnen gehorchen, aber sie wollen sich auch nicht unbedingt durchsetzen und sie sind unsicher, *wann* sie etwas durchsetzen wollen. Quasi als Ausweg sagen sie dann, bei unwichtigen Dingen wäre es auch nicht notwendig. Dabei sind sie sich häufig nicht im Klaren darüber, was eigentlich unwichtige Dinge sind. Typisch dafür war, dass einige ausdrücklich sagten, *Regeln sind zwar nötig, manche Regeln aber auch nicht*, wie z. B. *dass man aufräumen muss*. Das ist z. B. auch eine für die Mütter oft lästige Regel, weil sie häufig zu Konflikten mit den Kindern führt. Aber darauf zu verzichten, erzieht Kinder auch nicht dazu, im eigenen Bereich Ordnung zu halten, deren Nutzen und den von Selbstdisziplin zu erfahren. Für die Kinder bleibt damit häufig unklar, was die Mütter wirklich wollen. Bei den Kindern führt das zu einer gewissen Orientierungslosigkeit, weil sie auf diese Weise überhaupt schlecht lernen, Regeln einzuhalten, was am Ende doch wieder zu Konflikten und Frustrationen führt. Ein typischer Effekt dieser Einstellung sind Konflikteskalationen, die bei deutschen Müttern relativ häufig auftraten. Schon dieses sind eine Reihe von Bedingungen, die einer Aggressionsentwicklung Vorschub leisten.

Im Vergleich mit den Müttern der anderen Kulturen fällt auf, dass bei deutschen Müttern unserer Stichprobe merkwürdigerweise im Ganzen wenig und selten darauf Wert gelegt wurde, dass die Kinder in der Schule gute Leistungen bringen, dass sie die Schule in Bezug auf Hausaufgaben und andere Anforderungen ernst nehmen sollen. Auch Disziplin und Ordnungsanforderungen spielen keine große Rolle. Allerdings gibt es hier erhebliche Unterschiede innerhalb der Gruppe der deutschen Mütter. Diese Varianz ist ein typisches Merkmal der deutschen Mütter, das uns im Vergleich zu den Müttern der anderen Kulturen auffällt.

Erziehungsmethoden

Hierin haben sich unsere deutschen Mütter am meisten unterschieden. Von einer fast symbiotischen Gemeinsamkeit wie in Japan, selbst beim Umgang mit Aufgaben und Problemen bis zur völligen Gegensätzlichkeit der Interessen und dem Erteilen von Anordnungen aus Distanz mit Strafandrohung gab es alle Zwischenstufen. Die meisten Mütter haben es vorgezogen, dem Kind aus der Ferne Anweisungen zu geben, und dies in der Erwartung, dass das Kind ja doch nicht gleich gehorcht, sondern erst nach wiederholter Aufforderung mit Strafandrohung. Nicht selten hat das Konflikte ausgelöst und Frustrationen auf beiden Seiten zur Folge gehabt.

> Zwei Beispiele aus der *Telefonsituation* aus unserem So-Sit mögen dies verdeutlichen:
> Ein positives: Das Kind will nicht, dass die Mutter telefoniert und sich nicht mit ihm beschäftigt. Manche Mutter merkt das früh, und ehe die Kinder quengeln und zu stören anfangen, bezieht sie das Kind mit ein *„Komm her, sag der Tante guten Tag und erzähl mal, was du gerade machst und frag mal, wann sie uns besucht."* So ist das Kind nicht ausgeschlossen, und ist ernst genommen und geht zufrieden auf sein Zimmer.
>
> Das Gegenbeispiel: Die Mutter verzichtet nicht nur auf irgendeine Art der Gemeinsamkeit, vielmehr wird der Gegensatz von Interessen noch akzentuiert und verschärft: *„Hau ab, lass mich jetzt in Ruhe. Ich will jetzt telefonieren. Du siehst doch, dass ich für dich keine Zeit habe. Wehe, wenn du mich weiter störst."*
>
> Oder eine andere Mutter: *„Halt jetzt die Klappe oder es gibt Zoff."* Hier quengelt das Kind immer weiter und stört. Das Kind fühlt sich abgelehnt und es erlebt die Gegensätzlichkeit der eigenen Bedürfnisse und der der Mutter.

Das auffallendste Merkmal bei deutschen Müttern im Unterschied besonders zu den japanischen besteht in der Unklarheit der Mütter, ob und welche Regel sie vertreten oder durchsetzen soll. Daraus ergeben sich für sie verschiedene Konsequenzen hinsichtlich ihrer Erziehungsmethoden. Eine davon ist, dass es deutschen Müttern in unserer Stichprobe offenbar häufig schwerfällt, dem Kind klar zu sagen, was sie sollen und was nicht, und im Konfliktfall eindeutige Grenzen zu setzen (Kategorie: *Grenzsetzung*), deren Übertretung tatsächlich negative Konsequenzen hat. Die Mutter erschwert dem Kind damit natürlich seine Orientierung und den Aufbau eigener Prinzipien und Gewohnheiten, mit der künftige Konflikte vermieden werden.

Eine Folge davon ist ein ambivalentes oder wechselndes Verhalten im Konfliktfall: Eine nicht selten berichtete Verhaltensweise deutscher Mütter ist, dass unflexibel an einer einmal getroffenen Forderung festgehalten wird, auch wenn klar ist, dass es dem Kind unmöglich ist, dem nachzukommen. Die Mutter fürchtet dann offenbar, gar zu inkonsequent zu wirken, wenn sie hier nachgibt. Somit fällt es nicht wenigen deutschen Müttern schwer, was japanische Mütter auszeichnet: Dass flexible Nachgeben bei gleichzeitigem klaren unmissverständlichen Festhalten an der prinzipiellen Forderung. Wenn eine Mutter ihrem Kind vermittelt hat, dass bestimmte Regeln grundsätzlich immer gelten, kann sie im Ausnahmefall bei besonderen Umständen auch einmal nachgeben, ohne die Regel und sich selbst unglaubwürdig werden zu lassen.

Die oben beschriebene „partnerschaftliche Erziehung" ist in unserer Stichprobe nicht in ausgeprägter Form berichtet worden, von der erwähnten Unsicherheit bei der Durchsetzung klarer Regeln abgesehen. Natürlich wünschen die Mütter, dass die Kinder „von sich aus" das Richtige tun. Viele sind enttäuscht, wenn die Kinder stören, auf Wünschen nach Zuwendung quengelnd beharren. Dies sind häufig jene Situationen, in denen deutsche Mütter ihre eigenen Interessen betonen. Die Mutter vertieft damit den grundsätzlichen Interessengegensatz zwischen sich und dem Kind, sie macht ihn unmissverständlich klar und fördert im Kind das Bewusstsein, dass es seine eigenen Interessen und Bedürfnisse nur *gegen* die der Mutter oder andere durchsetzen kann.

Eine Interessengemeinsamkeit – wie bei den japanischen Müttern – wird den deutschen Müttern auch dadurch erschwert, dass sie dem quengelnden Kind nicht selten eine böse Absicht unterstellen *(„es will mich ärgern")*, statt den Wunsch nach Zuwendung, der in der Regel dahinter steht, zu verstehen und zu akzeptieren und einfühlsam auf das Kind einzugehen. Aber das hat sicher bereits mit den frühkindlichen Attachment-Defiziten zu tun und diese zur Grundlage.

Dass sich bei einer solchen Ausgangslage bei beiden negative Affekte ausbilden und leicht aufschaukeln, ist verständlich. In unseren Daten spiegelt sich das in der Kategorie *Konflikteskalation*, die bei den deutschen Müttern besonders hoch ist. Hierin haben wir sicher eine weitere aggressionsfördernde Bedingung zu sehen.

Eine andere dieser Bedingungen ist die Erziehungsmethode, mit verbalen Anweisungen und Verboten aus der Ferne zu operieren, die mit Strafandrohung verbunden sind und notfalls auch mit Strafe geahndet werden. Die in Ostasien häufige Erziehung durch Mitmachen und Vorbildwirkung haben wir in den deutschen Stichproben dagegen selten beobachtet.

11.4.4 Ergebnisse: Aggressivität bei deutschen Jugendlichen

Betrachten wir nun die Aggressivität der deutschen Jugendlichen zusammen mit den Erziehungsbedingungen der Mütter im größeren sozio-kulturellen Kontext.

Wie wir in Kapitel 7 gesehen haben, haben die deutschen Jugendlichen im Durchschnitt deutlich höhere Aggressivitätswerte als die Japaner und Indonesier. Wenn wir die Komponenten des Aggressionsmotivs auf eventuelle Bezüge zu den Erziehungsbedingungen hin prüfen, so fällt zunächst ein unerwartetes Ergebnis ins

Auge, das eigentlich nicht Aggressivität selbst ausmacht: Bei deutschen Jugendlichen finden sich deutliche Werte für etwas, was ein schwaches Selbstwertgefühl, Selbstunsicherheit erkennen lässt: in unserem technischen Terminus „*generalisierte Wehrlosigkeit*". Das sieht zuerst eher aus wie das Gegenteil von Aggressivität, kann aber im motivationalen Geschehen doch eine wichtige Basis dafür sein. Wir erkennen hier eine Folge der Erziehungsbedingungen, wie sie oben beschrieben wurden: Wir sahen, dass deutsche Mütter nicht selten etwas ambivalent in ihrer Mutterrolle sind, dass sie ferner nicht recht wissen, welche Regeln sie durchsetzen und wie weit sie das überhaupt tun sollen, und dass sie dann doch mit Enttäuschung oder gar Ablehnung auf das Kind reagieren, wenn es ihre Interessen stört.

Bei unklaren Regeln wissen und lernen die Kinder nicht, wie sie sich verhalten sollen. Sie fühlen sich unsicher, sie haben Probleme und Konflikte. Das sind Entwicklungsbedingungen, die im Kind Selbstzweifel zur Folge haben können. Und wenn das Kind quengelt, um mehr Zuwendung von der Mutter zu erhalten, und statt dessen erlebt, dass sein Verhalten als böswillig gedeutet wird, und es deswegen abgelehnt wird, dann fühlt es sich angegriffen und zugleich dagegen wehrlos. Es ist also bei dem beschriebenen Verhalten und einigen Erziehungsmethoden mancher deutscher Müttern nicht überraschend, dass sich bei deutschen Kindern und Jugendlichen tatsächlich eine höhere Selbstunsicherheit als bei den ostasiatischen Kindern ausbildet. Im Verhalten kann sich dies ebenso in Schüchternheit, Bescheidenheit und Ängstlichkeit wie aber auch in kompensatorischer Großtuerei äußern. Eine typische Folge einer solchen Selbstunsicherheit ist eine erhöhte Empfindlichkeit im Fall von Beeinträchtigungen, auf die u. U. aggressiv reagiert wird.

Hinzu kommt als frühe Basis die mehr oder weniger unsichere Bindung, die eben nicht genug Sicherheit und wenig Vertrauen in eine freundliche und hilfsbereite Umwelt vermittelt.

Dies sind wichtige Ausgangsbedingungen für Aggressionen und für die Entwicklung von Aggressivität, wie wir in Kapitel 10 gesehen haben. Sie führen zur Erhöhung und Verstärkung von zwei Komponenten der Aggressivität, wie wir sie ebenfalls bei den Jugendlichen beobachtet haben:

1. Einer *niedrigen Ärgerschwelle*, d. h. ein leichtes, schnelles und stärkeres Ansprechen von Ärgeraffekt, wie wir es in den Daten der deutschen im Unterschied zu den ost-asiatischen Jugendlichen sehen.
2. Eine damit zusammenhängende Bereitschaft, *Beeinträchtigungen als böswillig verursacht* zu deuten. Auch dies ist nach den Daten im Vergleich zu den asiatischen Jugendlichen deutlich höher.

Vielleicht noch deutlicher drückt sich diese Verknüpfung darin aus, dass es bei den deutschen Jugendlichen kaum vorkommt, dass sie bei Beeinträchtigungen und Frustrationen durch andere die *Ursache bei sich selbst suchen*, den anderen entlastend; auch dies ganz im Unterschied zu den japanischen und indonesischen Jugendlichen. Wenn diese Ausgangsbedingungen einmal gegeben sind, dann wird leicht die Einstellung entwickelt, sich nichts gefallen zu lassen. Auch das ist auf dem Hintergrund der Erziehung zu verstehen. Es ist vermutlich auch eine sehr allgemeine Reaktionstendenz, auf *Angriff mit Gegenangriff*, auf Verletzung mit Vergeltung zu reagieren.

Verstärkt wird dies durch einen Lernprozess, wenn die Mutter im Konflikt mit Strafe, und das ist ja eine Form von Aggression, reagiert. Sie zeigt damit, dass man sich mit Aggression erfolgreich durchsetzen kann. Auch hierin besteht ein deutlicher Unterschied zu den Erfahrungsbedingungen der japanischen Jugendlichen, die ja kaum mal Aggression erleben und auch deutlich niedrigere Aggressivität haben.

Im deutschen sozio-kulturellen Kontext ist darüber hinaus eine gewisse aggressive Selbstdurchsetzung ein im Allgemeinen durchaus akzeptiertes Verhalten. Hier zu ist noch einmal an die Merkmale der „in-dependeten" Kulturen mit ihrer „primären" Bewältigungsform und der Erziehung in diesem Sinne zu erinnern (s. Kapitel 10). Es sind eher die Mittel und das Ausmaß der Vergeltung, für die es sozusagen unausgesprochene Konventionen gibt.

Es ist also sowohl aus der affektiven Dynamik wie nach der allgemeinen Wertung und den kulturell akzeptierten Verhaltensweisen und sicher auch wegen der in der Kinder- und Jugendgesellschaft erfahrenen Reaktionsformen zu erwarten, dass auch Aggressions-Ziele und -Handlungsvorstellungen aufgebaut werden und im gegebenen Fall auch ausgeführt werden.

Dazu trägt sicher auch bei, dass entsprechende Erfahrungen mit der Aggressivität anderer und dem (gelegentlichen) Erfolg eigener Aggressivität im Kindergarten und in der Schule gemacht werden.

Der Ausführung von Aggression können natürlich Hemmungen, z. B. Strafangst oder moralische Argumente entgegenstehen. Aber es ist auch interessant zu beobachten, wie sehr Aggression und Handlungen fast immer mit einer moralischen Rechtfertigung verbunden sind: Vergeltung ist dabei das übliche und fast unangefochtene Argument.

Eine wichtige Komponente, die zu höherer Aggressivität beiträgt, ist außerdem noch das gegenseitige „Aufschaukeln" von Ärger und böswilliger Deutung, besonders auch im interpersonalen Konflikt. Wir haben das auch schon bei den Mutter-Kind-Interaktionen gesehen. Wenn Kinder dieses in der frühen Entwicklung erfahren, ist es auch später für sie sicher nichts Ungewöhnliches. Jedenfalls wird sich auf diese Weise die Einstellung und Fähigkeit kaum entwickeln, gerade Ärger nicht besonders hochkommen zu lassen, sondern eher „herunterzuregeln". In der wissenschaftlichen Terminologie heißt das, dass die *Emotionskontrolle* gerade für negative Affekte gering ausgeprägt wird.

Schließlich haben wir bei deutschen Jugendlichen noch etwas beobachtet, was ihre höhere Aggressivität ebenfalls mit ausmacht: Eine *höhere Wertschätzung von Aggressivität* als mögliche Handlungsoption. Wir fanden ein deutlich *höheres Maß an Akzeptanz für aggressives Verhalten*, jedenfalls wenn man seine Rechte zu verteidigen oder sich durchzusetzen hat. Dies wurde z. T. ja schon, wie wir gesehen haben, in der Erziehung vertreten. Hinzu kommt sogar noch die Erwartung, unter bestimmten Bedingungen auch *öffentliche Anerkennung*, z. B. in der Jugendgruppe, zu erhalten (siehe hierzu Bsp. 14 in Kapitel 7), und nicht etwa – wie in Japan – deswegen abgelehnt oder ausgeschlossen zu werden.

Wenn wir die Aggressionsmotivation der deutschen Jugendlichen im größeren sozio-kulturellen Kontext und im Vergleich zu den Jugendlichen aus den anderen Kulturen betrachten, so können wir verschiedene Feststellungen treffen: Einmal dass die Aggressivität der deutschen Jugendlichen im Durchschnitt zwar deutlich höher, aber doch nicht übermäßig stark und insbesondere nicht besonders bösartig ist. Sie ist in erster Linie auf eine (allerdings leicht ansprechende) Haltung zur *Selbstverteidigung* gerichtet, auch verbunden mit der Wertschätzung, sich (auch des sozialen Ansehens wegen) nichts gefallen zu lassen. Es war ja geradezu überraschend festzustellen, dass zu den Ausgangsbedingungen bei den deutschen Jugendlichen ihr schwaches Selbstwertgefühl und damit ihre Empfindlichkeit gegenüber Selbstwert-Verletzungen gehört, die vermutlich die Bereitschaft erhöht, auf Beeinträchtigungen schnell aggressiv verteidigend zu reagieren.

Das andere ist, dass dies – und dann auch die Deutung von Beeinträchtigungen als böswillig – etwas zu tun hat mit den Erziehungsbedingungen, wie sie von den deutschen Müttern gewollt oder ungewollt angewandt werden. Man wird dazu den Sachverhalt zur Kenntnis nehmen müssen, dass durch das öffentlich propagierte Rollenbild der Frau ihre Rolle als Mutter geschwächt wird, was vermutlich zu ihrer Verunsicherung beiträgt und dass sich dies auch in den Erziehungsinteraktionen mit ihren Kindern wird ausdrücken müssen.

Zum Schluss ist auch noch einmal auf allgemeine sozio-kulturelle Merkmale hinzuweisen: dass – wie in den westlichen Kulturen überhaupt und damit übrigens sicher auch in der Schweiz – die Einstellung besteht, Kinder zur *Autonomie und Selbständigkeit* zu erziehen, d. h. also dazu, sich selber gegen andere durchsetzen zu müssen, und nicht vor allem Kompromisse und Gemeinsamkeit zu suchen, wie in den „inter-dependenten Kulturen", in denen das Ideal der Harmonie herrscht. Ferner begünstigt die beschriebene gesellschaftliche Entwicklung das Entstehen von Enttäuschungen, von geringerer Frustrationstoleranz und schwacher Emotionskontrolle, und auch ein gewisses Maß an Aggression wird allgemein akzeptiert, wenn nicht sogar erwartet und belohnt.

12 Abschliessende Diskussion und Resümee

12.1 Überblick über die Ergebnisse der Untersuchung

Ein Überblick über die Gesamtergebnisse unserer Untersuchungen, wie sie im Voranstehenden dargestellt sind, zeigt uns Folgendes: Kinder, die eine höhere Aggressivität entwickeln, egal in welcher Kultur, haben nicht hinreichende Zuwendung und Geborgenheit erlebt. Sie haben sich nicht verstanden gefühlt in ihren eigentlichen Bedürfnissen und sie haben sich mit diesen Bedürfnissen alleine gelassen gefühlt. Sie hatten den Eindruck, sie müssten sich gegen ihre Mutter oder andere durchsetzen, könnten ihre Bedürfnisse nicht im Einvernehmen mit ihnen erfüllt bekommen. Das hat zu konfliktreichen Auseinandersetzungen geführt, in denen beide aggressiv wurden und die Kinder auf die Weise auch gelernt haben, dass man sich mit Aggressivität durchsetzen kann. Eine Orientierung an konfliktvermindernden Regeln ist ihnen schwer gemacht worden, weil entweder die Regeln nicht klar waren, oder u. U. mit starrem Unverständnis für Sonderbedingungen selbstwertverletzend durchgesetzt wurden.

In den westlichen Kulturen hat auch wesentlich dazu beigetragen, dass die allgemeinen kulturellen Wertschätzungen nicht von vornherein aggressionsfeindlich waren. Autonome Selbstdurchsetzung ist etwas, was in den allgemeinen kulturellen Wertschätzungen akzeptiert, ja sogar gefordert wird, so dass auch eine gewisse Aggressivität in der Gesellschaft nicht abgelehnt wird. Selbstwertverletzungen durch Kritik oder Strafen bei unklaren Regeln führen zusätzlich zur Verunsicherung und Ratlosigkeit, die u. U. kompensatorisch gerade wieder zur Aggressivität beitragen können.

Wenn wir von der Basis dieser Ergebnisse ausgehend Überlegungen für deutsche Mütter oder Familien anstellen oder auch Lehren ziehen wollen, dann ergibt sich daraus im Wesentlichen Folgendes: Als erstes brauchen kleine Kinder Zuwendung und das Gefühl der Geborgenheit und Sicherheit. Hingabe an ihr Kind macht es den Müttern in den ersten Wochen oder Monaten und vielleicht den ersten beiden Jahren nicht etwa schwer, sondern viel leichter, weil sie damit Konflikte, Ängste und Widerstände bei den Kindern vermeiden oder vermindern. Mit zunehmendem Alter wird es allmählich wichtig, dass die Kinder möglichst ohne Frustrationen lernen, dass sie nicht alles können und dürfen. Begründet werden müsste dies nicht mit entgegenstehenden Interessen anderer – das motiviert sie nur, ihre eigenen Interessen zu betonen – als vielmehr mit allgemeinen Regeln, an die sich alle halten, die zum allgemeinen friedlichen Zusammenleben notwendig sind. Eine Erziehung in diesem Sinne wird auch die Entwicklung von Selbstdisziplin und den Wert von Belohnungsaufschub im Auge haben und fördern. So können Kinder lernen, dass momentaner Verzicht keine Frustration, keine böswillige Frustration, kein böswilliges Vorenthalten von berechtigten Wünschen ist, sondern einer besseren langfristigen Gestaltung des eigenen Lebens dient. Dabei helfen klare Regeln, die verständnisvoll, aber zweifelsfrei durchgesetzt werden.

Zum Schluss geben wir einen knappen zusammenfassenden Rückblick auf die Ergebnisse, um auf die Frage zu antworten: *Was wissen wir nun?* Dazu gehen wir auf fünf allgemeine Fragen und zwei speziell Japan und Deutschland betreffende Probleme ein:

1. Die *Grundannahmen der Motivationstheorie der Aggression* haben sich bestätigt. Aggressivität ist unter verschiedenen sozio-kulturellen Rahmen- und Entwicklungsbedingungen tatsächlich unterschiedlich stark ausgeprägt, und diese Unterschiede beruhen nicht auf Unterdrückung (Hemmung).
2. Aggressivität ist nicht einfach so etwas wie eine Eigenschaft (trait) oder ein Trieb, sondern beruht auf einem *motivierenden System* mit mehreren Komponenten. Diese Komponenten sind aufeinander bezogen und zu einem Funktionssystem verknüpft. Die Komponenten werden durch bestimmte Bedingungen aktiviert, beginnend mit einer affektiven Reaktion auf „Beeinträchtigung" = Ärger, der in schneller Wechselwirkung mit der Deutung der Beeinträchtigung (Intentions-/Situationsdeutung „böswillig") steht. Dies aktiviert Zielvorstellungen und Handlungsintentionen, wie die Beeinträchtigung beseitigt werden kann (z. B. Vergeltung, Angriff). Bei geeigneten Bedingungen der Situation kann es schließlich zur Ausführung der Aggressionshandlung kommen.
3. Wie unsere Daten eindrucksvoll zeigen, beruhen die *individuellen Differenzen* in der (Gesamt-)Aggressivität auf Unterschieden in diesen *Teilkomponenten*: z. B. wie stark Ärger anspricht, ob eine Neigung zur gutwilligen oder böswilligen Situations-/Intentionsdeutungen besteht und wie ausgeprägt diese sind, in deren Rückkoppelung mit der affektiven Reaktion, dem nachfolgenden Aufschaukeln („wirklich ärgerliche Gemeinheit"), oder Herunterregeln der Aktivierung („kann mich entspannen, war Zufall"). Davon hängt ab, ob die Motivation weiter aufgebaut wird. Dann werden Handlungsoptionen und -intentionen auf die konkrete Situation bezogen entwickelt. Nur bei geeigneten Bedingungen führt das dann zur Ausführung der Aggressionshandlung, oder auch zum Abbruch.
4. Das Motivationssystem wird mit seinen Komponenten im Laufe der *Persönlichkeitsentwicklung* aufgebaut. Es ist als funktionelles System nicht bereits genetisch bedingt. Es hat lediglich *genetische Ausgangsbedingungen*,

z. B. dass auf „Frustration" Ärger anspricht. Eine für die Entwicklung des Motivs wichtige Anfangsbedingung sehen wir in der Erfahrung der frühkindlichen sicheren oder unsicheren Bindung. Bei unsicherer Bindung bestehen viele Anlässe, Frustration und Ärger zu erfahren und mit einem ersten kognitiven Umweltkonzept (der Unfreundlichkeit, Unzuverlässigkeit) zu verknüpfen. Bei sicherer Bindung wird dagegen wenig Ärger aktiviert und ein Ich-Umwelt-Konzept entwickelt, das eher Vertrauen und Gemeinsamkeit mit anderen enthält. Dies ist dann eine (freilich nicht unveränderbare) Basis für die Verarbeitung späterer Erfahrungen. Für diese seien nur zwei wichtige „Stationen" erwähnt:

- Die Erfahrung von vielen *Konflikten*, bei denen Ärger und wahrscheinlich Erfolge mit Aggression erlebt werden. Frühe Lernprozesse führen so zum Aufbau von abrufbaren Handlungsmustern (Scripts) und Zielvorstellungen, die bei Aktivierung des Motivs abgerufen werden können und die einen Teil der individuellen Differenzen der Aggressivität ausmachen.
- Die Internalisierung eines *Wertsystems*, das Aggressivität als Handlungsoption (z. B. zur Selbstdurchsetzung) enthält oder zulässt (z. B. zur Vergeltung berechtigt) oder – im Unterschied dazu – nicht als Handlungsmöglichkeit zulässt, weil sie (mehr oder weniger) unmoralisch ist.
- Der Aufbau dieser Werteinstellungen hängt einerseits von *Vorbildern* ab, wie weit sie Aggression rechtfertigen und mit ihnen Erfolg haben oder nicht, sowie von der allgemeinen sozio-kulturellen Atmosphäre und den Gepflogenheiten, Aggression im interpersonalen Umgang zu tolerieren oder gar zu fördern oder umgekehrt abzulehnen oder mit Sanktionen zu belegen, wie etwa in Japan.

5. Daraus ergibt sich die entscheidende Bedeutung der *Erziehung* als wichtigstes Element der Erfahrung. Eine besonders wichtige Funktion hat dabei die Mutter als erste Bezugsperson. Von ihrer Responsivität und Zuwendung hängt wesentlich ab, ob die Kinder eine sichere oder unsichere Bindung entwickeln, mit den o. g. Konsequenzen. Auf die Art dieser Bindung bauen sich weitere aggressionsrelevante Prozesse beim Kind und bei der Mutter auf, die die folgenden Interaktionen mitbestimmen. Bei Interessenkonflikten, die immer unvermeidlich sind, kann es auf der Basis einer sicheren Bindung und eines vertrauensvollen „Weltbildes" zu einer schnellen einvernehmlichen Lösung kommen. Im umgekehrten Fall entsteht eine zunehmende Ärgersensibilisierung und Neigung, das Verhalten gegenseitig böswillig zu deuten, was zur Eskalation mit gegenseitiger Aggression und partiellem Erfolg mit Aggression führt. Für die Kinder ist dies eine Situation einer partiellen Aggressions-Lernerfahrung, sofern sie nicht zu sehr Misserfolge darin haben.

Von diesen Erfahrungen hängt ab, ob Ärger so konditioniert wird, dass er schnell und heftig anspricht und ob Beeinträchtigungen meist als böswillig erlebt werden, sodass man sich gegen sie wehren muss, und ob Aggressivität als Mittel der Selbstdurchsetzung erfahren wird, oder dies alles eben gerade nicht erfolgt. Bei früher unsicherer Bindung sind die Kinder schlecht in der Lage, partielle Einschränkungen und Zurückweisungen zu akzeptieren: Sie sind empfindlich gegen Zurückweisung, sie protestieren dagegen und bieten damit der Mutter Anlass, dieses Verhalten ihrerseits als böswillig zu deuten. Damit kommt ein gefährlicher Circulus vitiosus in Gang, der die Voraussetzung für weitere Aggressivitätsentwicklung bietet.

Hinzu kommt später die mehr ex- oder implizite Vermittlung von Wertschätzungen der Aggressivität im Verhalten der Mutter.

Ferner entsteht auf dieser Basis die Bereitschaft, im jeweiligen soziokulturellen Kontext später aggressive oder nicht-aggressive Vorbilder zu akzeptieren. Insofern ist das Erziehungsverhalten der Mutter nur ein Teil aller Bedingungen, von denen die individuelle Aggressivitäts-Entwicklung in einem sozio-kulturellen Umfeld beeinflusst wird. Auch das Verhalten der Mutter ist ja auf Grund ihrer naiven Erziehungstheorie Teil des sozio-kulturellen Umfeldes. Dieses Erfahrungsfeld bietet für die heranwachsenden Kinder vielerlei aggressionsfördernde oder -mindernde Bedingungen (Vorbilder, Anreize, Erfolgsmöglichkeiten, Beeinträchtigungen, Wertungen usw.), die für die weitere Entwicklung der Aggressivität auf der Basis der frühkindlich entwickelten Voraussetzungen wirksam werden.

Gerade diese Einbettung in das sozio-kulturelle Umfeld und die damit zusammenhängenden Unterschiede im Verhalten der Mütter sind eindrucksvoll von unseren Ergebnissen gezeigt worden.

12.2 Bereichsspezifität mit speziellem Blick auf Japan

Von „der" Aggressivität zu sprechen ist nicht nur deswegen zu allgemein, weil es sich um ein komplexes Motivsystem handelt, das aus einer Reihe von Teilkomponenten besteht. Es ist aber auch insofern ungenau, als damit der Eindruck entsteht, dass die Aggressivität bei allen denkbaren Gelegenheiten gleichermaßen anspricht und sich immer auf alle überhaupt mögliche Ziele richten kann. Wir wissen, dass das nicht der Fall ist („*Der X ist doch sonst immer so friedlich, warum ist es denn hier so wütend geworden?"*). Im Entwicklungsprozess sind sowohl die Bereiche, in denen Ärger entsteht und konditioniert werden kann wie auch die Anlässe und Art von Intentionen, die als böswillig erlebt werden, wie auch jene Bereiche in der jeweiligen sozialen Umwelt, in denen man sich angegriffen fühlt oder mit Vergeltung oder sonst wie aggressiv reagiert, höchst unterschiedlich von Kultur zu Kultur, aber selbst von Individuum zu Individuum. Die Anlässe, aus denen sich Menschen ärgern oder angegriffen fühlen, ihre Interessen und Wertsysteme und dem entsprechend auch ihre Ziele und Handlungsmuster entwickeln sich ja *immer aufgrund individueller Erfahrung* in der jeweiligen individuellen Umwelt. Um einen extremen Fall zu nehmen: Papuas einer neolithischen Kultur auf Neuguinea, die traditionellen Batak vor der Christianisierung mit ihrem Geister- und Zauberglauben und ein moderner Mitteleuropäer, haben ganz unterschiedliche Erfahrungen, Frustrationsquellen und damit Aggressionsziele, die in ihrem jeweiligen kulturellen Kontext relevant sind. Wir haben es hier genauso wie bei der Leistungsmotivation (s. Kornadt, 2007) aufgrund der höchst unterschiedlichen, auch Kultur bedingten Entwicklungsbedingungen mit einer Aggressivität zu tun, die sich *immer nur auf bestimmte Bereiche* bezieht, die kulturbezogen und auch individuell verschieden sind. „*Die* Aggressivität" eines jungen Lehrers, der in einer Beamtenfamilie aufgewachsen ist, oder eines jungen Türken in Deutschland, der mit viel körperlichen Strafen erzogen wurde und für den die „Familien-Ehre" ein hoher Wert ist, ist hinsichtlich möglicher Anlässe und Handlungen sehr verschieden (siehe den „Ehrenmord" in Kapitel 1): schwere körperliche Aggression z. B. ist für den einen eine naheliegende, für den anderen eher eine undenkbare Aggressionsform.

In diesem Sinne beschreibt auch die Unterscheidung zwischen „relationaler", auf soziale Beziehungen zielender und „physischer" Aggression eine Bereichsspezifität, ebenso die unterschiedlichen Aggressionsformen von Jungen und Mädchen.

In Bezug auf unsere Ergebnisse aus Japan ist das insofern bedeutsam, als uns gelegentlich entgegengehalten wird, die Ergebnisse könnten nicht stimmen, weil Japaner ja im Krieg schreckliche Massaker, wie z. B. in Nanking verübt haben. Die Erkenntnisse der Bereichsspezifität besagen jedoch, dass die von uns erfasste Aggressivität mit ihrer Affektkonditionierung, Situationsbezogenheit und den Zielen entwicklungsbedingt auf die japanische Gesellschaft bezogen ist (s. Kapitel 10). In diesem Bereich ist die Aggressivität von Japanern wahrscheinlich (soweit man unsere Ergebnisse als typisch ansehen will) gering ausgeprägt. Die Situation während des Krieges und im speziellen Fall des Nanking-Massakers ist jedoch eine völlig andere, die aus diesem Bereich völlig herausfällt. Ohne dies hier im Einzelnen analysieren zu können, muss man bedenken, dass es sich um extreme Ausnahmesituationen handelte. Die Opfer der Massaker waren keine Japaner, sondern Out-Group. Es waren mehr oder weniger Kriegsgegner, (z. B. bei den Massenerschießungen von Kriegsgefangenen), und unter den gegebenen Umständen müssen alle jene Dehumanisierungs- und De-Individualisierungs-Prozesse mitbedacht werden, die unter Ausnahmesituationen, unter extremem Druck und als Massenphänomen unter Befehl universell zustande kommen (Milgram, 1963; Zimbardo, 1969). Wir wissen auch, dass der Befehlshaber, Nakajima, eine untypische sadistische Personen („ein kleiner Himmler", „ein gewalttätiger Mann") war. Der eigentliche Oberbefehlshaber aber war ein frommer Buddhist, der einen strengen Befehl gegen jede Art von gesetzlosem Verhalten, das streng bestraft werden würde, erlassen hatte. Da er schwer erkrankte, konnte er dies jedoch nicht mehr durchsetzen (Chang, 1997, S. 37). Auch von der Ermordung von 6 Millionen Juden während des 2. Weltkriegs durch Deutsche würden wir nicht auf die „durchschnittliche" Aggressivität eines Deutschen schließen.

12.3 Exkurs: Killerspiele

Situationen während eines Krieges und besonders die Situation eines de-individualisierenden Massenphänomens wie in Nanking, die mit ihrer dehumanisierenden Wirkung normale Motivationsprozesse und Kontrollen außer Kraft setzen, sind Ausnahmesituationen.

Eine andere Situation, bei der vermutlich ebenfalls Ausnahmeprozesse möglich sind, ist die intensive Beschäftigung mit Killerspielen. Falls deren Effekte von der Phantasiewelt auf die Realität übertragen werden sollten, würde hier gerade nicht die Bereichsspezifität in Betracht kommen, sondern eine Generalisierung stattfinden. Die Frage, ob Killerspiele Aggressivität erzeugen bzw. verstärken können oder nicht, ist in der Forschung umstritten und nicht mit Ja oder Nein allgemein zu beantworten. Es gibt schon seit den 60er Jahren (vgl. Schönbach, 1966; siehe die Meta-Analyse von Anderson et al., 2010) sehr viele Arbeiten, die eine aggressivitäts-steigernde Wirkung nachweisen. Autoren, die dies bestreiten, stützen sich z. B. auf Untersuchungen an einer Zufalls-Stichprobe, in der einzelne beeinflussbare Probanden unerkannt bleiben, oder auf experimentelle Studien. Diese erfassen aber nur kurze Spielzeiten (15 oder 30 Minuten) und können daher nur kurzfristige Effekte erfassen. Bereits vorhandene Handlungsmuster (Scripts usw.) können dadurch im Sinne des Priming aktiviert werden, nicht jedoch so tiefgreifend und dauerhaft verändert werden, dass Änderungen der motivationalen Grundlagen aggressiven Verhaltens eintreten. Diese sind das eigentliche Problem bei der Frage nach gefährlichen Wirkungen von Killerspielen. Wir wissen, dass für Kinder, die ein gutes Verhältnis zu ihren Eltern haben und die nicht aggressiv sind, Killerspiele bald ihren anfänglichen Reiz verlieren. Es mag sein, dass sie für einige von ihnen einen kathartischen Effekt haben, wie manchmal behauptet wird. Aber so einfach lässt sich zwischen Phantasie-Spiel und Realität doch nicht unterscheiden. Wenn nämlich die Phantasietätigkeit für die Realität einen Effekt haben soll, dann muss durch sie eben doch ein interner Prozess entstanden sein, der auch das Verhalten in der Realität geändert hat. Andererseits wissen wir, dass diejenigen, die schon eine gewisse Aggressivitätsneigung haben, von Killerspielen besonders angesprochen werden. Sie können sich stundenlang in sie geradezu versenken, und manche tun das wochenlang. Es können geradezu hypnoseähnliche Zustände eintreten, und mit einer so intensiven und sicher auch hochemotional erlebten Phantasietätigkeit müssen dann auch entsprechende Handlungsmuster, Überzeugungen und Erfolgserwartungen als Teile eines Aggressionsmotivs aufgebaut werden. Rückwirkungen intensiver Vorstellungstätigkeit auf das reale Verhalten sind ja z. B. aus dem Erfolg des mentalen Trainings vom Sport bekannt. Anderson und Kollegen (2010) haben sehr überzeugend gezeigt, welche Handlungsmuster, Scripts und Erfolgserwartungen bei intensivem und längerfristigem Spielen aufgebaut werden, und dass eine Desensibilisierung stattfindet und Mitgefühl verringert wird. Auch neurophysiologisch ist mit der Bahnung entsprechender Erregungsmuster zu rechnen. Bei Jugendlichen, die einen Hass, z. B. auf Lehrer, die Schule oder „das Leben" haben (wie es immer wieder von den Amok-Läufern berichtet wird), kann bei dieser Phantasietätigkeit die Grenze zwischen Phantasie und Realität (zeitweilig gewollt) verschwimmen. Und ein so mit der Phantasietätigkeit aufgebautes Aggressionsmotiv kann natürlich auch in der Realität wirksam werden, insbesondere wenn den Opfern im Spiel die Bedeutung der gehassten, realen Person gegeben wird. Dass z. B. Steinhäuser in der Kluft eines seiner Killerspiel-Helden zu seiner Tat in die Schule kam, zeigt eindeutig die Identifikation und den Übergang von der Phantasie in die Realität.

Wir ziehen daraus den Schluss, dass jedenfalls Eltern hellhörig werden sollten, wenn sich Jugendliche intensiv in Videospiele vertiefen und zu viel Zeit darauf verwenden. Die Untersuchungen von Anderson und Kollegen (2010) zeigen, dass Eltern, die sich intensiv mit ihren Kindern beschäftigen, auch geringer aggressive Kinder haben. Eltern sollten jedenfalls wissen, womit sich die Kinder beschäftigen, und dass nicht alle Spiele, jedenfalls bei Dauerbeschäftigung, so harmlos sind, wie von manchen gerne aufgrund kurzfristiger experimenteller oder zu allgemeiner Studien behauptet wird.

12.4 Erziehung in Deutschland

Wenn deutsche Jugendliche in unseren Ergebnissen eine etwas höhere Aggressivität haben als die japanischen und dies u. a. etwas mit der Erziehung durch ihre Mütter zu tun hat, dann ist von vornherein klar, dass wir einer deutschen Mutter nicht empfehlen können, sich wie eine japanische Mutter zu verhalten. Die Bedingungen des sozio-kulturellen Kontextes sind nicht übertragbar. Immerhin lässt ein Blick auf die deutsche Situation nach unseren Ergebnissen erkennen, dass deutsche Mütter in der Tat nicht selten Probleme haben, sich ganz auf ihre Kinder einzustellen. Sie begünstigen dadurch Konflikte, weil die Kinder gegen eine als unzureichend empfundene Zuwendung protestieren und damit der oben genannte Circulus vitiosus in Gang kommt. Daraus sollte man den Schluss ziehen, dass die Mütter sich in den ersten Monaten im *eigenen Interesse* ganz auf die Kinder einstellen sollten, um *eine sichere Bindung zu ermöglichen*. Dann können sie später die Kinder auch mal schrittweise ohne Probleme für das Kind und ohne schlechtes Gewissen alleine lassen (Ahnert, 2010), wenn sie sich anschließend wieder richtig den Kindern zuwenden und so die Bindung verstärken.

Es spielt bei deutschen Müttern wohl auch das Persönlichkeitsbild eine Rolle, das sie von den Kindern haben. Die Annahme *böswilliger Absichten* ist bei kleinen Kindern in der Regel *fehl am Platze* und sollte eher der Erkenntnis weichen, *dass die Kinder Zuwendung wollen*. Je mehr die Mutter darauf eingeht, (auch wenn ihr das zunächst lästig sein sollte), wird jener Circulus vitiosus vermieden, die Beziehung zu den Kindern wird besser, Konflikte vermindern sich.

Ein weiterer sehr wichtiger Punkt ist aufgrund unserer Ergebnisse in dem Umgang mit Konflikten zu sehen. Viele Konflikte erwachsen manchen deutschen Müttern offensichtlich auch aus ihrer *Regel-Unsicherheit* und dem Zweifel, ob sie überhaupt Forderungen stellen und durchsetzen sollten. Entwicklungspsychologisch ist jedoch sicher, dass die Kinder es leichter haben, wenn man ihnen klare Regeln vorgibt, an die man sich selber hält, und wenn den Kindern klar wird, dass die Regeln nicht gegen ihre Interessen gerichtet sind, sondern dem allgemeinen kooperativen Zusammenleben in einer Gemeinschaft dienen; ferner dass auch die Emotionsregulation und das partielle Verzichten auf die unmittelbare Befriedigung von noch so schönen Wünschen auf die Dauer mehr Befriedigung verschafft. Es frustriert die Kinder keineswegs, wenn man dieses Erziehungsziel vertritt. Für eine aggressionsarme Entwicklung der Kinder ist es sicher auch förderlich, wenn *Eltern mit den Kindern im ständigen Austausch* bleiben. Vor allem, wenn die Kinder älter werden, sollten die Eltern wissen, womit sie sich beschäftigen, um daran teilzuhaben und konstruktiv darauf eingehen können.

Literaturverzeichnis

In dieses Verzeichnis sind eine Reihe von Publikationen aufgenommen, die nicht im Text zitiert sind. Sie haben jedoch wertvolle allgemeinere Hintergrundinformationen geliefert, die sich nicht auf eine bestimmte Textstelle beziehen.

Ahnert, L. (2010). *Wieviel Mutter braucht ein Kind?* Heidelberg: Spektrum.
Angst, W. (1980). *Aggression bei Affen und Menschen.* Berlin: Springer.
Anderson, C. A., & Bushman, B. J. (2002). Human aggression. *Annual Review of Psychology, 53*, 27-51.
Anderson, C. A., Shibuya, A., Ihori, N., Swing, E. L., Bushman, B. J., Sakamoto, A., Rothstein, H. R., & Saleem, M. (2010). Violent video game effects on aggression, empathy, and prosocial behavior in Eastern and Western countries: A meta-analytic review. *Psychological Bulletin, 136*, 151-173.
Appel, M. (2000). *Reiseerinnerungen aus Indonesien, Kronprinz Ruprecht von Bayern.* München: Staatliches Museum für Völkerkunde.
Asendorpf, J. P. (1994). Entwicklungsgenetik der Persönlichkeit. In K. A. Schneewind (Hrsg.), *Psychologie der Erziehung und Sozialisation, Enzyklopädie der Psychologie* (Bd. 1, S. 107-134). Göttingen: Hogrefe.
Atkinson, J. W. (Ed.). (1958). *Motives and phantasy action and society.* Princeton, JN: Van Nostrand.
Autorenkollektiv am Psychologischen Institut der Freien Universität Berlin (1971). *Sozialistische Projektarbeit im Berliner „Schülerladen Rote Freiheit".* Frankfurt am Main: Fischer.
Averill, J. R. (2001). Studies on anger and aggression. Implications for theories of emotion. In W. G. Parrott (Ed), *Emotions in social psychology* (pp. 237-253). Philadelphia: Psychology Press.
Azuma, H. (1986). Why study child development in Japan? In H. Stevenson, H. Azuma, & K. Hakuta (Eds.), *Child development and education in Japan* (pp. 3-12). New York: Freeman.
Bandura, A. (1973). *Aggression. A social learning analysis.* Englewood Cliffs, NJ: Prentice Hall.
Bandura, A. (1977). *Social learning theory.* New York: General Learning Press.
Bandura, A. (1999). Moral disengagement and the perpetuation of inhumanities. *Personality and Social Psychological Review, 3*, 193-209.
Beck-Gernsheim, E. (2008). „Störfall Kind". Frauen in der Planungsfalle. *Aus Politik und Zeitgeschichte, 24-25*, 26-32.

Berkowitz, L. (1993). *Aggression*. New York: McGraw Hill.
Birbaumer, N. & Schmidt, R. F. (2006). *Biologische Psychologie* (6. Aufl.). Heidelberg: Springer Medizin Verlag.
Bischof-Köhler, D. (1998). Zusammenhänge zwischen kognitiver, motivationaler und emotionaler Entwicklung in der frühen Kindheit und im Vorschulalter. In H. Keller (Hrsg.), *Lehrbuch Entwicklungspsychologie* (S. 319-376). Bern: Huber.
Bode, K. N. (2009). Erziehung ganz anders. *Focus, 9*, 81.
Boesch, E. E. (1980). *Kultur und Handlung. Einführung in die Kulturpsychologie*. Bern: Huber.
Bond, M. H. (2004). Culture and aggression from context to coercion. *Personality and Social Psychology Review, 8*, 62-78.
Bott, G. (Hrsg.). (1970). *Erziehung zum Ungehorsam*. Frankfurt: Merz Verlag.
Bowlby, J. (1973). *Attachment and loss. Vol. 2: Separation: Anxiety and anger*. New York: Hogarth Press.
Brain, P. F., & Benton, D. (1981). *The biology of aggression*. Alphan aan den Rijn, The Netherlands: Sijthoff and Noordhoff.
Brendgen, M., Boivin, M., Vitaro, F., Girard, A., Dionne, G., & Pérusse, D. (2008). Gene-environment interaction between peer victimization and child aggression. *Developmental Psychopathology, 20*, 455-471.
Brennan, P. A., Hall, J., Bor, W., Najman, J. M., & Williams, G. (2003). Integrating biological and social processes in relation to early-onset persistent aggression in boys and girls. *Developmental Psychology, 39*, 309-323.
Buss, D. M. (2004). *Evolutionäre Psychologie*. München: Pearson.
Chandra, J. S. (2004). Notions of critical thinking in Javanese, Batak Toba and Minangkabau culture. In B. N. Setiadi, A. Supratiknya, W. J. Lonner, & Y. H. Portinga (Eds.), *Ongoing themes in psychology and culture* (pp. 275-293). Yogyakarta: Kanisius.
Chang, I. (1997). *The rape of Nanking*. London: Pinguin.
Christiansen K. O. (1974). The genesis of aggressive criminality. Implications of a study of crime in a Danish twin study. In J. DeWit & W. W. Hartup (Eds.), *Determinants and origin of aggressive behaviour* (pp. 233-253). The Hague: Mouton.
Cloninger, C. R., Svrakic, D. M., & Przybeck, T. R. (1993). A psychobiological model of temperament and character. *Archives of General Psychiatry 50*, 975-990.
Coulmas, F. (1993). *Das Land der rituellen Harmonie*. Frankfurt: Campus-Verlag.
Coulmas, F. (2005). *Die Kultur Japans. Tradition und Moderne*. München: Beck.
Cummings, E. M., & Zahn-Waxler, C. (1992). Emotions and the socialization of aggression: Adults' angry behavior and children's arousal and aggression. In A. Fraek & H. Zumkley (Eds.), *Socialization and aggression* (pp. 61-84). Berlin: Springer-Verlag.
Deidesheimer Kreis (1997). *Hochschulzulassung und Studieneignungstests*. Göttingen: Vandenhoeck & Ruprecht.
DeVos, G. (1973). *Socialization of achievement: Essays on cultural psychology of the Japanese*. Berkeley, CA: University of California Press.
Diamond, A. (2009). The interplay of biology and the environment broadly defined. *Developmental Psychology, 45*, 1-8.

Diener, E. (1980). Deindividuation: The absence of self-awareness and self-regulation in group members. In P. B. Paulus (Ed.), *The psychology of group influence* (pp. 209-242). Hillsdale, NY: Lawrence Earlbaum.

Dodge, K. A. (2008). Framing public policy and prevention of chronic violence in American youth. *American Psychologist, 63*, 573-590.

Doi, T. (1973). *The anatomy of dependence.* Tokyo/New York/San Francisco: Kodansha International Ltd.

Doi, T. (1982). *Amae: Freiheit in Geborgenheit. Zur Struktur japanischer Psyche.* Frankfurt: Suhrkamp.

Dollard, J., Doob, L. W., Miller, N. E., Mowrer, O. H., & Sears, R. R. (in collaboration with Ford, C. S., Hovland, C. I., & Sollenberger, R. T.). (1939). *Frustration and aggression.* New Haven, CT: Yale University Press.

Drinck, B. (1996). Sohn, Gatte, Gehaltsempfänger: Ein Leben als japanischer Sarariiman. In A. Schründer-Lenzen (Hrsg.), *Harmonie und Konformität.* (S. 172-190). München: Iudicium.

Dutton, D. G., Boyanowsky, E. O., & Bond, M. H. (2005). Extreme mass homicide: From military massacer to genocide. *Aggression and Violent Behavior, 10*, 437-473.

Eccles, J. (2008). *A social contextual view of developmental changes in motivation and engagement.* Würzburg: Meeting International Society for the Study of Behavioural Development, 16. Juli.

Eibl-Eibesfeldt, I. (1972). *Die !Ko-Buschmann-Gesellschaft: Aggressionskontrolle und Gruppenbildung.* München: Piper.

Eibl-Eibesfeldt, I. (1977). *Der vorprogrammierte Mensch.* München: Deutscher Taschenbuch Verlag.

Erbe, A. (1994). *Schikane an japanischen Schulen.* Bochum: Universitätsverlag Brockmeyer.

Ferris, C., & Grisso, T. (Eds.). (1996). *Understanding aggressive behavior in children.* New York: New York Academy of Sciences.

Feshbach, S. (1974). The development and regulation of aggression: Some research gaps and a proposed cognitive approach. In J. de Wit & W. W. Hartup (Eds.), *Determinants and origins of aggressive behavior* (pp. 167-191). The Hague: Mouton.

Fischer, A. H., & Roseman, I. J. (2007). Beat them or ban them: The characteristics and social functions of anger and contempt. *Journal of Personality and Social Psychology, 93*, 103-115.

Foljanty-Jost, G. & Thränhardt, A. M. (Hrsg.). (1995). *Der schlanke japanische Staat.* Opladen: Leske und Budrich.

Foppa, K. (1999). Das vergessene Gedächtnis: Über rezeptives Erinnern. *Zeitschrift für Psychologie, 207*, 149-172.

Francis, D., Diorio, J., Lui, D., & Meaney, M. J. (1999). Nongenomic transmission across generations of maternal behavior and stress responses in the rat. *Science, 286*, 1155-1158.

Franz, D., & Collins, C. (1989). *Selling out: How we are letting Japan buy our land, our industries, our financial institutions, and our future.* Chicago: Contemporary Books.

Freeman, D. (1983). *Liebe ohne Aggression.* München: Kindler.

Friedlmeier, W. (2010). Emotionale Entwicklung im kulturellen Kontext. In B. Mayer & H.-J. Kornadt (Hrsg.), *Psychologie – Kultur – Gesellschaft* (S. 121-138). Wiesbaden: VS Verlag für Sozialwissenschaften.

Friedlmeier, W., & Trommsdorff, G. (1998). Japanese and German mother-child interactions in early childhood. In G. Trommsdorff, W. Friedlmeier, & H.-J. Kornadt (Eds.), *Japan in transition: Social and psychological aspects* (pp. 217-230). Lengerich, Germany: Pabst Science.

Fuchs, R. (1963). Funktionsanalyse der Motivation. *Zeitschrift für experimentelle und angewandte Psychologie, 10*, 626-645.

Fukuzawa, A., & Yamaguchi, S. (2008, July). *Relationship between instability of self-esteem and self-improvement motivation among Japanese.* Paper presented at Crossing Borders: International Congress on Cross-Cultural Psychology at Jacobs University, Bremen.

Geary, D. C. (2006). Evolutionary developmental psychology: Current status and future directions. *Developmental Review, 26*, 113-119.

Goozen, S. H. M., Fairchild, G., Snoek, H., & Harold, G. T. (2007). The evidence for a neurobiological model of childhood antisocial behavior. *Psychological Bulletin, 133*, 149-182.

Grossmann, K. & Grossmann, K. E. (2009). *Bindungen – Das Gefüge psychischer Sicherheit.* Stuttgart, Klett-Cotta

Harahap, P. (1987). *Sistem motif agresi pada remaja (Batak Toba).* Unpublished dissertation thesis Padjadjaran University, Bandung, Indonesia.

Harlow, H. F. (1958). The nature of love. *American Psychologist, 13*, 573-685.

Heckhausen, H. (1963). *Hoffnung und Furcht in der Leistungsmotivation.* Münster: Hain.

Heckhausen, H. (1980). *Motivation und Handeln.* Berlin: Springer.

Heine, S. J. (2001). Self as cultural product: An examination of East Asian and North American selfs. *Journal of Personality, 69*, 881-906.

Heine, S. J., & Buchtel, E. E. (2009). Personality: The universal and the cultural specific. *Annual Review of Psychology, 60*, 369-394.

Heine, S. J., Takata, T., & Lehmann, D. R. (2000). Beyond self-presentation: Evidence for self-criticism among Japanese. *Personality and Social Psychology Bulletin, 25*, 71-78.

Heine-Geldern, R. von (1932). Urheimat und früheste Wanderungen der Austronesier. *Anthropos*, Wien, *27*, 543-619.

Helfritz, H. (1981). *Indonesien.* Köln: Dumont.

Hennig J. & Netter P. (Hrsg.). (2005). *Biopsychologische Grundlagen der Persönlichkeit.* München: Elsevier. (Spektrum akademischer Verlag)

Hewlett, B. S., & Lamb, M. E. (2002). Integrating evolution, culture, and developmental psychology: Explaining caregiver-infant proximity and responsiveness in Central Africa and the United States of America. In H. Keller, Y. H. Poortinga, & A. Schölmerich (Eds.), *Between culture and biology* (pp. 241-269). London: Cambridge University Press.

Himeoka-Sumizawa, T. (1996). Die „gute Ehefrau und weise Mutter" (Ryosai Kenbo) – Stationen auf dem Weg zur Emanzipation? In A. Schründer-Lenzen (Hrsg.), *Harmonie und Konformität* (S. 151-160). München: Iudicium.

Hofstede, G. (1984). *Cultures' consequences.* London: Sage Publications.

Holloway, S. D., & Minami, M. (1996). Production and reproduction of culture. The dynamic role of mothers and children in early socialization. In D. W. Shwalb & B. J. Shwalb (Eds.), *Japanese child rearing* (pp. 164-176). New York: Guilford Press.

Hommerich, C., (2010). Angst vor sozialem Abstieg. Deutsches Institut für Japanstudien, Tokyo, *Newsletter 40*, (S. 4).

Hoskins, J. A. (1989). On loosing and getting a head: Warfare, exchange, and alliance in a changing Sumba, 1888-1988. *American Ethnologist, 16*, 419-440.

Huesmann, L. R. (1988). An information processing model for the development of aggression. *Aggressive Behavior, 14*, 13-24.

Huesmann, L. R. (2010). Nailing the coffin shut on doubts that violent video games stimulate aggression: Comment on Anderson et al. (2010). *Psychological Bulletin, 136*, 179-181.

Husarek, B. (1992). *Empathische Responsivität bei Vorschulkindern: Individuelle Unterschiede und ihre Genese*. Unveröffentlichte Dissertation der Universität des Saarlandes, FB Erziehungswissenschaft, Saarbrücken.

Iacoboni, M. (2009). Imitation, empathy, and mirror neurons. *Annual Review of Psychology, 60*, 653-670.

Izard, C. (1978). On the ontogenesis of emotions and emotion-cognition relationships in infancy. In M. Lewis & L. A. Rosenblum (Eds.), *The development of affect* (pp. 389-413). New York: Plenum Press.

Jacques N. ((1910) 1977). Es regnet im Urwald auf Sumatra. In G. A. Narciß (Hrsg.), *Von Hinterindien bis Surabaja. Forscher und Abenteurer in Südostasien* (S. 139-144). Tübingen: Erdmann.

Janke, W., Schmidt-Duffy, M. & Debus, G. (2008). *Experimentelle Emotionspsychologie*. Lengerich: Pabst.

Junghuhn, F. W. ((1855) 1977). Licht und Schattenbilder aus dem Innern von Java. In G. A. Narciß (Hrsg.), *Von Hinterindien bis Surabaja. Forscher und Abenteurer in Südostasien* (S. 100-138). Tübingen: Erdmann.

Kanagawa, C., Cross, S. E., & Markus, H. R. (2001). „Who am I?" The cultural psychology of the conceptual self. *Personality and Social Psychology Bulletin, 27*, 90-103.

Karylowski, J. (1982). Two types of altruistic behavior: Doing good to feel good or to make the other feel good. In V. J. Derlaga & J. Grzelak (Eds.), *Cooperation and helping behavior* (pp. 397-414). New York: Academic Press.

Kirsch-Werner, C. (2001). *Unterschiede zwischen deutschen und japanischen Jugendlichen bei der Bearbeitung des Aggressions-TAT*. Unveröffentlichte Diplomarbeit der Universität des Saarlandes, Saarbrücken.

Kloet de, E. R., Korte, S. M., Rots, N. Y., & Kruk, M. R. (1996). Stresshormons, genotype, and brain organisation: Implications for aggression. In C. F. Ferris & T. Grisso (Eds.), *Understanding aggressive behavior in children* (pp. 179-191). New York: The New York Academy of Sciences.

Kojima, H. (1986). Child rearing concepts as a belief-value system of the society and the individual. In H. Stevenson, H. Azuma, & K. Hakuta (Eds.), *Child development and education in Japan* (pp. 39-54). New York: Freeman.

Kornadt, H.-J. (1974). Toward a motivation theory of aggression and aggression inhibition: Some considerations about an aggression motive and their application to TAT and ca-

tharsis. In J. de Wit & W. W. Hartup (Eds.), *Determinance and origins of aggressive behavior* (pp. 567-577). The Hague: Mouton.
Kornadt, H.-J. (Hrsg.). (1981a). *Aggression und Frustration als psychologisches Problem* (Bd. 1). Darmstadt: Wissenschaftliche Buchgesellschaft.
Kornadt, H.-J. (1981b). Die Entwicklung der Frustrations- und Aggressionsforschung. In H. J. Kornadt (Ed.), *Aggression und Frustration als psychologisches Problem* (Bd. 1, S. 3-59). Darmstadt: Wissenschaftliche Buchgesellschaft.
Kornadt, H.-J. (1982). *Aggressionsmotiv und Aggressionshemmung* (Band 1 und 2). Bern: Huber.
Kornadt, H.-J. (1984a). Development of aggressiveness: A motivation theory perspective. In R. M. Kaplan, V. J. Konečni, & R. W. Novacno (Eds.), *Aggression in children and youth* (pp. 73-87). The Hague: Martinus Nijhoff Publ.
Kornadt, H.-J. (1984b). Motivation theory of aggression and its relation to social psychological approaches. In A. Mummendey (Ed.), *Social psychology of aggression* (pp. 21-31). Berlin: Springer.
Kornadt, H.-J. (Hrsg.). (1992). *Aggression und Frustration als psychologisches Problem* (Bd. 2). Darmstadt: Wissenschaftliche Buchgesellschaft.
Kornadt, H.-J. (1993). Modern or traditional or both? In Tokiwa University, Faculty of Human Sciences (Ed.), *Mit Japan, Asien und der Welt* (japanisch) (pp. 30-36). Tokyo: Santosha.
Kornadt, H.-J. (2002). Biology, culture, and child-rearing: The development of social motives. In H. Keller, Y. H. Poortinga, & A. Schölmerich (Eds.), *Between culture and biology* (pp. 191-211). Cambridge: Cambridge University Press.
Kornadt, H.-J. (2007a). Motivation im kulturellen Kontext. In G. Trommsdorff & H.-J. Kornadt (Hrsg.), Enzyklopädie der Psychologie: Themenbereich C Theorie und Forschung, Serie VII *Kulturvergleichende Psychologie. Band 2: Erleben und Handeln im kulturellen Kontext* (S. 283-376). Göttingen: Hogrefe.
Kornadt, H.-J. (2007b). Social change in the 21st century. Chances and risks in global perspective. In S. Kusumae, Y. Nishijima, & H. Adachi (Eds.), *Social, cultural transformation in the 21st century? Risks and challenges of social changes* (pp. 27-52). Kanazawa: Elektric Publishing Company.
Kornadt, H.-J. (2009). Quality of life and happiness – Transculturally comparable? In G. Széll & U. Széll (Eds.), *Quality of life and working life in comparison* (pp. 387-397). Bern: Peter Lang.
Kornadt, H.-J., Eckensberger, L. H., & Emminghaus, W. B. (1980). Cross-cultural research on motivation and its contribution to a general theory of motivation. In H. C. Triandis & W. J. Lonner (Eds.), *Handbook of cross-cultural psychology: Vol. 3. Basic processes* (pp. 223-321). Boston: Allyn and Bacon.
Kornadt, H.-J., Hayashi, T., Tachibana, Y., Trommsdorff, G., & Yamauchi, H. (1992). Aggressiveness and its developmental conditions in five cultures. In S. Iwawaki, Y. Kashima, & K. Leung (Eds.), *Innovations in cross-cultural psychology* (pp. 250-268). Amsterdam: Swets & Zeitlinger.
Kornadt, H.-J., & Tachibana, Y. (1999). Early child-rearing and social motives after nine years: A cross-cultural longitudinal study. In W. J. Lonner, D. L. Dinnel, D. K. Forgays, & S. A. Hayes (Eds.), *Merging past, present, and future in cross-cultural psychology* (pp. 429-441). Lisse: Swets & Zeitlinger.

Kornadt, H.-J. & Trommsdorff, G. (1990). Naive Erziehungstheorien japanischer Mütter – deutsch-japanischer Kulturvergleich. *Zeitschrift für Sozialisationsforschung und Erziehungssoziologie, 10*, 357-376.

Kornadt, H.-J. & Trommsdorff, G. (1997). Sozialisationsbedingungen von Aggressivität in Japan und Deutschland. In G. Foljanty-Jost & D. Rössner (mit B. Bannenberg & A. Erbe). (Hrsg.), *Gewalt unter Jugendlichen in Deutschland und Japan: Ursachen und Bekämpfung* (S. 27-51). Baden-Baden: Nomos Verlagsgesellschaft.

Kornadt, H.-J. & Voigt, E. (1970). *Situation und Entwicklungsprobleme des Schulsystems in Kenia, Teil 2. Empirischer Beitrag zur sozialpsychologischen Funktion der Schule, besonders der Sekundarschule.* Stuttgart: Klett.

Kornadt, H.-J. & Zumkley, H. (1981). Thematische Apperzeptionsverfahren. In L. Michel & K. Hoffmann (Hrsg.), *Handbuch der Psychologie, Bd. 6, 3. Teilband* (S. 258-372). Hogrefe: Göttingen.

Kornadt, H.-J. & Zumkley, H. (1992). Ist die Katharsis-Hypothese endgültig widerlegt? In H.-J. Kornadt (Hrsg.), *Aggression und Frustration als psychologisches Problem* (Bd. 2, S. 156-226). Darmstadt: Wissenschaftliche Buchgesellschaft.

Krahè, B., & Greve, W. (2002). Aggression und Gewalt. Aktueller Erkenntnisstand und Perspektiven künftiger Forschung. *Zeitschrift für Sozialpsychologie, 33*, 123-142.

Krause, G., & With, K. (1922). *Bali*. Hagen: Volkwang Verlag.

Lagerspetz, K. & Fuorinen, K. H. (1981). Aufzucht von auf Aggressivität gezüchteten Mäusen durch vertauschte Eltern. In H.-J. Kornadt (Hrsg.), *Aggression und Frustration als psychologisches Problem* (Bd. 1, S. 375-382). Darmstadt: Wissenschaftliche Buchgesellschaft.

Lawrence, A. D., Calder, A. J., McGowan, S. W., & Grasby, P. M. (2002). Selective disruption of the recognition of facial expressions of anger. *Neuroreport, 13*, 881-884.

Le May, R. (1975). *Südostasien*. Essen: Magnus.

Lebra, T. S., & Lebra, W. P. (1974). *Japanese culture and behavior*. Honolulu: University Press of Hawaii.

Lefkowitz, M. M., Eron, L. D., Walder, L. O., & Huesmann, L. R. (1977). *Growing up to be violent. A longitudinal study of the development of aggression*. New York: Pergamon.

Lemerise, E. A., & Dodge, K. A. (2008). The development of anger and hostile interactions. In M. Lewis, J. M. Haviland-Jones, & L. F. Barrett (Eds.), *Handbook of emotions* (pp. 730-741). London: Guilford Press.

Lerner, R. M. (1982). Children and adolescents as producers of their own development. *Developmental Review, 2*, 342-370.

Loofs, H. H. (1964). *Südostasiens Fundamente. Hochkulturen und Primitivstämme, Geisterglauben, Religionen, Große Politik*. Berlin: Safari.

Lorenz, K. (1963). *Das sogenannte Böse*. Wien: Borotha-Schoeler

Mae, M. (1996). Das Japanische als „Sprache der Harmonie" oder die Formalisierung der Differenzen. In A. Schründer-Lenzen (Hrsg.), *Harmonie und Konformität* (S. 130-150). München: Iudicium.

Mainberger, G. K. (1995). Etappen einer Annäherung an Deutschland. In K. J. Maaß (Hrsg.), *Deutschland von außen. Der andere Blick 50 Jahre danach* (S. 74-84). Rheinbach: Verlag Druckpartner Moser.

Markus, H. R., & Kitayama, S. (1991). Culture and the self: Implications for cognition, emotion, and motivation. *Psychological Review, 98*, 224-253.

McClelland, D. C. (1951). *Personality*. New York: Dryden-Press.
McClelland, D. C. (1980). The merits of operant and respondent measures. In L. Wheller (Ed.), *Review of personality and social psychology* (Vol. 1, S. 10-41). Beverly Hills, CA: Sage.
McClelland, D. C., Atkinson, J. W., Clark, R. A., & Lowell, E. L. (1953). *The achievement motive*: New York: Appleton Century Croft.
McDougall, W. (1923). *Outline of psychology*. Strand: Methuen.
Megargee, E. I., & Hokanson, J. E. (1970). *The dynamics of aggression*. New York: Harper & Row.
Mercer (2008). *Quality of living survey highlights*. Retrieved from: http://www.mercer.com/qualityofliving11december2008
Meyer-Bahlburg, H. F. L. (1981). Androgens and human aggression. In P. F. Brain & D. Benton (Eds.), *The biology of aggression* (pp. 263-290). Alphan aan den Rijn, The Netherlands: Sijthoff and Noordhoff.
Milgram, S. (1963). Behavioral study of obedience. *Journal of Abnormal and Social Psychology, 67*, 371-378.
Moerdowo, R. M. (1977). *Reflections on Balinese traditional and modern arts*. Denpasar: Udayana University.
Morio, H., Yamaguchi, S., Murakami, F., & Ozaki, Y. (2007). The dynamism of self-narratives and its relation to explicit and implicit self-esteem. In J. H. Liu, C. Ward, A. B. I. Bernado, M. Karazawa, & R. Fischer (Eds.), *Casting the individual in societal and cultural contexts* (pp. 147-167). Seoul, Korea: Kyoyooka-Kwahak-Sa Publishing.
Moyer, K. E. (1981). Biological substrates of aggression and implications for control. In P. F. Brain & D. Benton (Eds.), *The biology of aggression* (pp. 47-67). Alphan aan den Rijn, The Netherlands: Sijthoff and Noordhoff.
Müller, H. P., & Ziltener, P. (2004). The structural roots of values. In H. Vinken, J. Soeters, & P. Ester (Eds.), *Comparing cultures* (pp. 122-140). Leyden: Brill.
Mummendey, A. (1982). Zum Nutzen des Aggressionsbegriffs für die psychologische Aggressionsforschung. In R. Hilke & W. Kempf (Hrsg.), *Aggression* (S. 317-333). Bern: Huber.
Mummendey, A. (Ed.). (1984). *Social psychology of aggression*. Berlin: Springer.
Nakane, C. (1970). *Japanese society*. Berkeley Hills, CA: University of California Press.
Nickel, H. (Hrsg.). (1985). *Sozialisation im Vorschulalter*. Weinheim: VCH Verlagsgesellschaft.
Olweus, D. (1978). *Aggression in the schools*. New York: John Wiley.
Olweus, D., Mattsson, A., Schalling, D., & Low, H. (1980). Testosterone, aggression, physical and personality dimensions in normal adolescent males. *Psychosomatic Medicine, 42*, 253-263.
Oyserman, D., Coon, H. M., & Kemmelmeier, M. (2002). Rethinking individualism and collectivism: Evaluation of theoretical assumptions and meta-analyses. *Psychological Bulletin, 128*, 3-72.
Park Shin, H. K. (2003). *Aggressionshemmung und ihre innere Struktur. Eine kulturvergleichende Untersuchung an deutschen und koreanischen Kindern* (IV, 2098, A). Seoul, Korea: Digital Network.
Pauen, S. & Rauh, H. (2008). Frühe Kindheit: Das Säuglingsalter. In M. Hasselhorn & R. K. Silbereisen (Hrsg.), *Entwicklungspsychologie des Säuglings- und Kindesalters*, Bd. 4,

Enzyklopädie der Psychologie: Themenbereich C: Theorie und Forschung, Serie V (S. 67-126). Göttingen: Hogrefe.
Peper, D. (1980). *Aggression und Katharsis im Sport. Motivationstheoretischer Beitrag zur Funktion von motorischer Aktivität und Zielerreichung.* Unveröffentlichte Dissertation, Universität des Saarlandes, Saarbrücken.
Pidada, S. U. (1993). *Mütterliche Erziehungsbedingungen für prosoziale Motivation. Eine empirische Untersuchung bei 9-10jährigen Kindern und deren Müttern in Bandung* (Indonesien). Phil. Dissertation. Saarbrücken: Universität des Saarlandes.
Pohl, M. (2002). *Geschichte Japans.* München: C. H. Beck.
Postmes, T., & Spears, R. (1998). Deindividuation and anti-normative behavior: A meta analysis. *Psychological Bulletin, 123*, 238-259.
Reischauer, E. O. (1977). *The Japanese.* Tokyo: Charles E. Tuttle./Cambridge, MA: Harvard University Press.
Rothbaum, F., & Morelli, G. (2005). Attachment and culture: Bridging relativism and universalism. In W. Friedlmeier, P. Chakkarath, & B. Schwarz (Eds.), *Culture and human development. The importance of cross-cultural research for the social sciences* (pp. 99-123). Hove, UK: Psychology Press.
Rothbaum, F., & Trommsdorff, G. (2007). Do roots and wings complement or oppose one another? The socialization of relatedness and autonomy in cultural context. In J. E. Grusec & P. Hastings (Eds.), *The handbook of socialization* (pp. 461-489). New York: The Guilford Press.
Rothbaum, F., Weisz, J. R., & Snyder, S. S. (1982). Changing the world and changing the self: A two-process model of perceived control. *Journal of Personality and Social Psychology, 42*, 5-37.
Rothbaum, F., & Wang, Y. Z. (2010). Fostering the child's malleable views of the self and the world: Caregiving practices in East Asian and European-American communities. In B. Mayer & H.-J. Kornadt (Hrsg.), *Psychologie – Kultur – Gesellschaft* (S. 101-120). Wiesbaden, Germany: VS Verlag für Sozialwissenschaften.
Rule, B. G., & Ferguson, T. J. (1984). Developmental issues in attribution, moral judgment and aggression. In R. M. Kaplan, V. J. Konecni, & R. W. Novaco (Eds.), *Aggression in children and youth* (pp. 138-161). Den Haag: Martinus Nijhoff Publishers.
Rushton, J. P., Fulker, D. W., Neale, M. C., Nias, D. K. B., & Eysenck, H. J. (1986). Altruism and aggression: The heritability of individual differences. *Journal of Personality and Social Psychology, 50*, 1192-1198.
Rutter, M., & Silberg, J. (2002). Gene-environment interplay and relation to emotional and behavioral disturbance. *Annual Review, 53*, 463-490.
Sadoun, K. (1970). *Berliner Kinderläden. Antiautoritäre Erziehung und sozialistischer Kampf.* Köln: Kiepenheuer & Witsch.
Scheidhauer, H. (2003). *Aggressives Verhalten von Jungen und Mädchen.* Göttingen: Hogrefe.
Scherer, K. R. (1984). On the nature and function of emotion: A component process approach. In K. R. Scherer & P. Ekman (Eds.), *Approaches to emotion* (pp. 293-317). Hillsdale, NJ: Lawrence Erlbaum Associates.
Schmid, G. B. (2000). *Tod durch Vorstellungskraft.* Wien: Springer.

Schmidt, W. (1930). „Würfel Beziehungen der austrischen Sprachen zum Japanischen", „die Anschlüsse der Austric Sprachen zum Japaner". *Wien Beitrag zur Kulturgeschichte und Linguistik, 1*, 239-51.

Schmidtchen, G. (1984). *Die Situation der Frau*. Berlin: Duncker und Humblodt.

Schönbach, P. (1966/1992). James Bond – Anreiz zur Aggression? In H.-J. Kornadt (Hrsg.), *Aggression und Frustration als psychologisches Problem* (Band 2, S. 437-444). Darmstadt: Wissenschaftliche Buchgesellschaft.

Schubert, V. (1992). *Die Inszenierung der Harmonie*. Darmstadt: Wissenschaftliche Buchgesellschaft.

Schubert, V. (1996). Das Glück der Gemeinsamkeit. Konturen „harmonischer Kooperation" in japanischen Kindergärten. In A. Schründer-Lenzen (Hrsg.), *Harmonie und Konformität. Tradition und Krise japanischer Sozialisationsmuster* (S. 52- 5). München: Iudicium.

Shwalb, D. W., & Shwalb, B. J. (Eds.). (1996). *Japanese child rearing*. New York: Guilford Press.

Sibeth, A. (1990). *Mit den Ahnen leben. Batak*. Stuttgart: Hans-Jörg Mayer. (Winden-Museum).

Simon, N. G., McKenna, S. E., Lu, S.-F., & Cologer-Clifford, A. (1996). Development and expression of hormonal systems regulating aggression. In C. F. Ferris & T. Grisso (Eds.), *Understanding aggressive behavior in children* (pp. 8-17). New York: The New York Academy of Sciences.

Smith, E. R., & Mackie, D. M. (2000). *Social psychology* (2nd ed.). Philadelphia: Psychology Press.

Sorrentino, R. M., & Yamaguchi, S. (2008). *Handbook of motivation and cognition across cultures*. Amsterdam: Elsevier.

Staub, E. (2000). Genocide and masskilling: Origins, prevention, healing, and reconciliation. *Political Psychology, 21*, 367-382.

Steckel, R. (1998). *Aggression in Videospielen: Gibt es Auswirkungen auf das Verhalten von Kindern?* Münster: Wachsmann.

Steffgen, G., & Gollwitzer, M. (Eds.). (2007). *Emotions and aggressive behavior*. Göttingen: Hogrefe.

Strauss, M. M., Makris, N., Aharon, I., Vangel, M. G., Goodman, J., Kennedy, D. N., Gasic, G. P., & Breiter, H. C., (2005). FMRI of sesitization to angry faces. *Neuroimage, 26*, 389-415.

Streib, F., & Ellers, M. (1994). *Der Taifun. Japan und die Zukunft der deutschen Industrie*. Hamburg: Hoffmann und Campe Verlag.

Suleiman, S. (1974). *Concise ancient history of Indonesia*. Jakarta: The Archeological Foundation.

Tedeschi, J. T. (1984). A social psychological interpretation of human aggression. In A. Mummendey (Ed.), *Social psychology of aggression* (pp. 5-20). Berlin: Springer.

Tomkins, S. (1991). *Affect, imagery and consciousness*. New York: Springer Publishing Company.

Triandis, H. C. (2002). Generic individualism and collectivism. In M. J. Gannon & K. L. Newman (Eds.), *The Blackwell Handbook of cross-cultural management* (pp 16-45). Oxford, NY: Blackwell Business Publ.

Triandis, H. C., & Suh, E. M. (2002). Cultural influences on personality. *Annual Review of Psychology, 53*, 133-60.
Trommsdorff, G. (1985). Some comparative aspects of socialization in Japan and Germany. In I. Reyes Lagunes & Y. H. Poortinga (Eds.), *From a different perspective: Studies of behavior across cultures* (pp. 231-240). Amsterdam: Swets & Zeitlinger.
Trommsdorff, G. (1995). Parent-adolescent relations in changing societies: A cross-cultural study. In P. Noack, M. Hofer, & J. Youniss (Eds.), *Psychological responses to social change: Human development in changing environments* (pp. 189-218). Berlin, Germany: de Gruyter.
Trommsdorff, G. (mit Kobayashi, M.). (1996). Prosoziales Verhalten bei deutschen und japanischen Kindern. In G. Trommsdorff & H.-J. Kornadt (Hrsg.), *Gesellschaftliche und individuelle Entwicklung in Japan und Deutschland* (S. 257-267). Konstanz: Universitätsverlag Konstanz.
Trommsdorff, G. (1997). Familie und Eltern-Kind-Beziehungen in Japan. In B. Nauck & U. Schönpflug (Hrsg.), *Familien in verschiedenen Kulturen* (S. 44-63). Stuttgart: Enke.
Trommsdorff, G. (2001). Eltern-Kind-Beziehungen aus kulturvergleichender Sicht. In S. Walper & R. Pekrun (Hrsg.), *Familie und Entwicklung: Aktuelle Perspektiven der Familienpsychologie* (S. 36-62). Göttingen: Hogrefe.
Trommsdorff, G. (2005). Entwicklung sozialer Motive: Pro- und antisoziales Handeln. In J. B. Asendorpf (Hrsg.), *„Soziale, emotionale und Persönlichkeitsentwicklung". Enzyklopädie Serie V, Band 3* (S. 75-139). Göttingen: Hogrefe.
Trommsdorff, G. (2006). Parent-child relations over the life-span. A cross-cultural perspective. In K. H. Rubin & O. B. Chung (Eds.), *Parenting beliefs, behaviors, and parent-child relations. A cross-cultural perspective* (pp. 143-183). New York: Psychology Press.
Trommsdorff, G. (2007). Entwicklung im kulturellen Kontext. In G. Trommsdorff & H.-J. Kornadt (Hrsg.), Enzyklopädie der Psychologie: Themenbereich C Theorie und Forschung, Serie VII *Kulturvergleichende Psychologie. Band 2: Kulturelle Determinanten des Erlebens und Verhaltens* (S. 435-519). Göttingen: Hogrefe.
Trommsdorff, G. (2008). Intergenerational relations and cultural transmission. In U. Schönpflug (Ed.), *Cultural transmission: Psychological, developmental, social, and methodological aspects* (pp. 126-160). Cambridge, MA: Cambridge University Press.
Trommsdorff, G. (2009). Culture and development of self-regulation. *Personality and Social Psychology Compass, 3,* 687-701.
Trommsdorff, G. (submitted). Development of agentic regulation in cultural context: The role of self- and world-views. *Child Development Perspective.*
Trommsdorff, G., & Cole, P. M. (in press). Emotion, self-regulation, and social behaviour in cultural contexts. In X. Chen & K. H. Rubin (Eds.), *Socioemotional development in cultural context*. New York: The Guilford Press.
Trommsdorff, G., & Friedlmeier, W. (2010). Preschool girls' distress and mothers' sensitivity in Japan and Germany. *European Journal of Developmental Psychology, 7, 350-370.*
Trommsdorff, G., & Kornadt, H.-J. (2003). Parent-child relations in cross-cultural perspective. In L. Kuczynski (Ed.), *Handbook of dynamics in parent-child relations* (pp. 271-306). London: Sage.

Trommsdorff, G., & Rothbaum, F. (2008). Development of emotion regulation in cultural context. In M. Vandekerckhove, C. v. Scheve, S. Ismer, S. Jung, & S. Kronast (Eds.), *Regulating emotions: Culture, social necessity, and biological inheritance* (pp. 85-120). Malden, MA: Blackwell.

Tsuji, H. (1993). Besonderheiten der japanischen Sprache und wie der Japaner mit ihnen umgeht. In H.-J. Kornadt & G. Trommsdorff (Hrsg.), *Deutsch-japanische Begegnungen in den Sozialwissenschaften* (S. 151-158). Konstanz: Universitätsverlag.

Ueda, J. (Ed.). (1993). *Asahi Shimbun Japan Almanac 1994*. Tokyo: Yasunori Asai.

Uhlig, H. (1976). *Indonesien hat viele Gesichter. Geheimnisvolle Inselwelt zwischen Asien und Australien*. Berlin: Safari.

Ukena, S. & Voigt, C. (2009). Hingabe macht schwach. *Kulturspiegel, 3/2009*, 14.

Veenstra, R., Lindenberg, S., Oldehinkel, A. J., De Winter, A. F., Verhulst, F. C., & Ormel, J. (2008). Prosocial and antisocial behavior in pre-adolescence: Teachers' and parents' perceptions of the behavior of girls and boys. *International Journal of Behavioral Development, 32*, 243-251.

Villiers, J. (Hrsg.). (1965). *Fischer Weltgeschichte, Bd.18, Südostasien vor der Kolonialzeit*. Frankfurt am Main: Fischer.

Vogel, E. F. (1971). *Japan's new middle-class*. Berkeley, CA: University of California Press.

Vogel, S. H. (1996). Urban middle-class Japanese family life, 1958-1996: A personal and evolving perspective. In D. W. Shwalb & B. J. Shwalb (Eds.), *Japanese childrearing: Two generations of scholarship* (pp. 177-200). New York: Guilford Press.

Wagner, F. A. (1980). *Indonesien* (2. Auflage). Baden-Baden: Holle.

Warneck, J. (1909). *Die Religion der Batak. Ein Paradigma für die animistischen Religionen des indischen Archipels*. Leipzig: Diederichse Verlagsbuchhandlung.

Weggel, O. (1989). *Die Asiaten*. München: Beck.

Werder, L. von (1977). *Was kommt nach den Kinderläden?* Berlin: Verlag Klaus Wagenbach.

Whiting, B. W., & Whiting, W. M. (1975). *Children of six cultures, a psycho-cultural analysis*. Cambridge, Mass.: Harvard University Press.

Winkler, J. (1925). *Die Toba-Batak auf Sumatra in gesunden und kranken Tagen*. Stuttgart: Belfer.

Wissenschaftsrat (1976). *Empfehlungen zu Umfang und Struktur des tertiären Bereichs*. Köln: Wissenschaftsrat.

Yoshizawa, R. (1996). Studium und Beruf – Wege zur Gleichstellung von Männern und Frauen? In A. Schründer-Lenzen (Hrsg.), *Harmonie und Konformität* (S. 161-171). München: Iudicium.

Zahn-Waxler, C., Cummings, E. M., & Iannotti, R. (1986). A*ltruism and aggression. Biological and social origins*. London: Cambridge University Press.

Zimbardo, P. G. (2007). *The Lucifer effect. How good people turn evil*. London: Rider.

Zimbardo, P. S. (1969). The human choice: Individuation, reason, and order vs. deindividuation, impulse, chaos. In W. J. Arnold & D. Levine (Eds.), *Nebraska Symposium on Motivation, Vol. 17* (pp. 237-307). Lincoln, NE: University of Nebraska Press.

Zumkley, H. (1978). *Aggression und Katharsis*. Göttingen: Hogrefe.

Zumkley, H. (1984). Individual differences and aggressive interactions. In A. Mummendey (Ed.), *Social psychology of aggression* (pp. 33-49). Berlin: Springer.
Zumkley, H. (1985). Operante vs. respondente Messung von Aggressivität, Vigilanz und Wahrnehmungsabwehr bei der Identifikation von aggressionsrelevanten Wörtern. *Psychologische Beiträge, 27*, 68-78.
Zumkley, H. (1992). Stability of individual differences in aggression. In A. Francek & H. Zumkley (Eds.), *Socialization and aggression* (pp. 55-57). Berlin: Springer.
Zumkley-Münkel, C. (1994). *Erziehung aus der Sicht des Kindes*. Münster: Wachsmann.

Abbildungsverzeichnis

Abbildung 1:   Traditionelle und moderne Wohngegend in Japan
              (zu S. 82) 25
Abbildung 2:   Handlungsschema einer Aggressionshandlung 41
Abbildung 3:   Japan, Untersuchungsorte 55
Abbildung 4:   Indonesische Inselwelt 62
Abbildung 5:   Bali, Untersuchungsorte 64
Abbildung 6:   Nassreis-Anbau auf Bali 65
Abbildung 7:   Tempelwächter gegen böse Geister 68
Abbildung 8:   Opfergaben 68
Abbildung 9:   Sumatra 70
Abbildung 10: Sehr alter Versammlungs- und Gerichts(!)platz der
              Toba-Bataker 73
Abbildung 11: Zauberstab 74
Abbildung 12: Untersucher- und Auswerter-Training in Bandung 87
Abbildung 13: Auf dem Weg zu Probanden 88
Abbildung 14: Traditionelle Batak-Häuser und Mütter-Untersuchung 90
Abbildung 15: Nommensen-Gedächtnis-Teller 91
Abbildung 16: Untersuchungsplan und Zeittafel 92
Abbildung 17: Übersicht über die verwendeten Unersuchungs-Instrumente . 98
Abbildung 18: A-Sit Bild: Beinstellen 100
Abbildung 19: So-Sit Bild: Mutter mit Telefon 101
Abbildung 20: Japanische Mutter mit Kind 210
Abbildung 21: Japanische Probanden bei der Bearbeitung des A-TAT 212
Abbildung 22: Tempelchen für die Reisgöttin Sri 219
Abbildung 23: Reisterassen sogar an steilen Talhängen 221
Abbildung 24: Balinesische Mutter mit Kind 223
Abbildung 25: Balinesische Jungen beim Schnitzen 225
Abbildung 26: Balinesische Mädchen vor dem Beginn eines
              Tempeltanzes 226
Abbildung 27: Opfergaben 227
Abbildung 28: Zauberstab des Datu 230
Abbildung 29: Kopf einer weiblichen Ahnenfigur 231
Abbildung 30: Batak-Mutter beim Interview 234

Abbildungsnachweis:
Alle Fotos und Zeichnungen vom Verfasser. Ausnahme: Abb. 13: V. Tachibana

Graphikverzeichnis

Graphik 1:	TAT Netto Aggression 1986	105
Graphik 2:	Netto Aggression nach A-TAT 1. Studie 1981	106
Graphik 3:	15-jährige Jugendliche 1986	107
Graphik 4:	14-jährige Jugendliche 1995/1997	108
Graphik 5:	Aggressivitätswerte der indonesischen Subgruppen	109
Graphik 6:	Ärger, Eskalation	129
Graphik 7:	Kummer, Bedauern	130
Graphik 8:	Scham-, Schuldgefühle	130
Graphik 9:	Zweifel, Fragen nach eigener Schuld	130
Graphik 10:	Prosoziale Werte (niemandem schaden)	131
Graphik 11:	Prosoziale Handlungsintention	131
Graphik 12:	Handlungsintention nach Beeinträchtigung (=Aggression)	132
Graphik 13:	Spontane Handlung = Aggression, Vergeltung nach Beeinträchtigung	132
Graphik 14:	Allgemeines Gefühl der Unterlegenheit, mangelndes Selbstvertrauen	133
Graphik 15:	Reaktion der Mütter auf Störung durch das Kind	150
Graphik 16:	Vermittlung von Wertschätzungen durch die Mütter	151
Graphik 17:	Erziehungsmethoden der Mütter (2. Messung): Häufigkeit des Gebrauchs	152
Graphik 18:	Konflikteskalation bei Müttern (2. Untersuchung)	153
Graphik 19:	Aggressions-fördernde und -mindernde Erziehung der Mütter und Aggressivität von Jugendlichen in derselben Kultur	158
Graphik 20:	Zusammenhangs-Analyse für Aggressivität über alle Probanden (alle Kulturen)	166
Graphik 21:	Zusammenhang von Erziehung und Aggression, Deutschland	167
Graphik 22:	Zusammenhang von Erziehung und Aggression, Japan	168
Graphik 23:	Zusammenhang von Erziehung und Aggression, Bali	168
Graphik 24:	Jungen, Gesamtstichprobe ohne Batak	169
Graphik 25:	Mädchen, Gesamtstichprobe ohne Batak	169

Graphik 26: Einfluss der frühen Erziehung auf die Entwicklung
von Altruismus – Gesamtstichprobe ohne Batak 171

Graphik 27: Schema der Entwicklungspfade für späteren Altruismus
oder Aggressivität 188

Tabellenverzeichnis

Tabelle 1:	Beispiele für den Wohlstandsschub Japans in den 60er und 70er Jahren	58
Tabelle 2:	Aufteilung aller Probanden auf die Teilstichproben	92
Tabelle 3:	Aggression bei Jugendlichen der verschiedenen Kulturen: Motiv-Komponenten, die einer Aggression vorangingen	125
Tabelle 4:	Reaktion der Jugendlichen verschiedener Kulturen auf Beeinträchtigung	127
Tabelle 5:	Typische Reaktionssequenzen von Müttern bei Schwierigkeiten mit ihrem Kind (signifikant häufige Konfigurationen nach KFA)	147
Tabelle 6:	Reaktionssequenzen von Müttern, nach Ärger (t 2)	148
Tabelle 7:	„Typisch" = hochsignifikant häufige Handlungsabläufe nach Frustration Deutschland/Japan	148
Tabelle 8:	Mütterliche Reaktionssequenzen und Mutter-Kind-Interaktion aus der retrospektiven Sicht von Jugendlichen	149
Tabelle 9:	Reaktionsweisen deutscher und japanischer Mütter	155
Tabelle 10:	Korrelation der Verhaltensmerkmale der Mütter mit der Aggressivität der Jugendlichen derselben Kultur	157
Tabelle 11:	Zusammenhang von Erziehung und Aggressivität bei individuellen Mutter-Kind-Paaren	159
Tabelle 12:	Stabilität der Aggressivität für das Intervall von neun Jahren	162
Tabelle 13:	Langfristige Bedeutung von Erziehungsmethoden für die Aggressivität	165

Methoden

Christian Geiser
Datenanalyse mit Mplus
Eine anwendungsorientierte Einführung
2010. 291 S. mit CD-Rom. Br. EUR 34,95
ISBN 978-3-531-16393-2

Das Analyseprogramm Mplus erfreut sich als eines der aktuellsten, flexibelsten und anwenderfreundlichsten Statistikprogramme zunehmender Beliebtheit. Praxisnah, mit zahlreichen Beispielen, Probedatensätzen und Abbildungen führt der Autor Schritt für Schritt in die Grundlagen der Handhabung von Mplus ein und beschreibt die Anwendung grundlegender Analyseverfahren.

Franz Breuer
Reflexive Grounded Theory
Eine Einführung für die Forschungspraxis
Unter Mitarbeit von Barbara Dieris und Antje Lettau
2009. 182 S. Br. EUR 19,90
ISBN 978-3-531-16919-4

Die Grounded Theory-Methodik (GTM) ist eines der meistverwendeten Verfahren der qualitativen Sozialforschung. In diesem Buch werden die Vorgehensschritte der GTM in einer praxisorientierten Weise dargestellt und die GTM in einem methodologischen Rahmen neu interpretiert, bei dem der reflexive Umgang mit der Subjektivität des/der Forschenden zu einer Erkenntnisquelle eigener Art ausgearbeitet wird.

Günter Mey / Katja Mruck (Hrsg.)
Handbuch Qualitative Forschung in der Psychologie
2010. ca. 1000 S. Geb. ca. EUR 59,90
ISBN 978-3-531-16726-8

Namhafte Experten setzen Psychologie und Qualitative Forschung in Beziehung, beschreiben ihre Methoden und Herangehensweisen und liefern so einen lückenlosen Überblick über den Stand der qualitativen psychologischen Forschung im deutschsprachigen Raum.

Karl-Heinz Renner / Gerhard Ströhlein / Timo Heydasch
Forschungsmethoden der Psychologie
Von der Fragestellung zur Präsentation
2010. ca. 120 S. (Basiswissen Psychologie)
Br. ca. EUR 12,90
ISBN 978-3-531-16729-9

Das Buch führt in verständlicher, übersichtlicher Form in die Forschungsmethoden der Psychologie ein. Zahlreiche Beispiele und Exkurse in die Praxis lassen den Stoff lebendig werden und machen deutlich, wie wichtig und „praktisch" gute Methodenkenntnisse sind.

Erhältlich im Buchhandel oder beim Verlag.
Änderungen vorbehalten. Stand: Juli 2010.

www.vs-verlag.de

Abraham-Lincoln-Straße 46
65189 Wiesbaden
Tel. 0611.7878-722
Fax 0611.7878-400